HEYNE BIOGRAPHIEN

Zum Autor

DAVID DUFF, geboren 1912, leitet seit 1947 das geschichtliche Institut in London. Unter anderem sind von ihm erschienen: »Hessian Tapestry«, »Elizabeth in Glamis«, »Alexandra, Princess and Queen« und »Albert und Victoria«. Er ist Herausgeber der »Queen Victoria Highland Journals«.

David Duff
EUGENIE UND NAPOLEON III.

Glanz und Elend des Zweiten Kaiserreichs

Wilhelm Heyne Verlag
München

HEYNE BIOGRAPHIE
12/165

Titel der englischen Originalausgabe
Eugénie and Napoleon III.

Aus dem Englischen übertragen von Rosemarie Heyd

Copyright © 1978 by David Duff
Copyright © 1988 dieser Ausgabe by
Wilhelm Heyne Verlag GmbH & Co. KG, München
Copyright © der deutschen Übersetzung by Eugen Diederichs Verlag, Köln
Printed in Germany 1988
Umschlagfoto: Archiv für Kunst und Geschichte, Berlin
Innenbilder: Archiv für Kunst und Geschichte, Berlin
Umschlaggestaltung: Atelier Ingrid Schütz, München
Zeittafel und Stammtafel: Dr. Hubert Fritz, München
Satz: VerlagsSatz Kort GmbH, München
Druck und Bindung: Presse-Druck Augsburg
Bildteil: RMO, München

ISBN 3-453-02617-9

Inhalt

Vorwort 7

Prolog 9

Teil I
Louis Napoleon 11
1807–1849

Der Sohn von Hortense Beauharnais 12
Zukunftspläne 33
Gescheiterte Invasion 52
Im Elysée-Palast 70

Teil II
Vom Staatsstreich bis zur Hochzeit 85
1849–1853

Eugénie de Montijo 86
Staatsstreich 103
Brautschau 113
Hochzeit 132

Teil III
Victoria und Albert 145
1853–1861

Besuch in Windsor 146
Victorias Gegenbesuch 157
Geburt des Kaiserlichen Kronprinzen 168
Die Schlacht von Magenta 182
Eugénie auf Reisen 191

Teil IV
Dem Abgrund entgegen 201
1861–1870

Bismarck 202
Der Kronprinz 220
Charlotte von Österreich 230
Die Pariser Weltausstellung 236
Die Eröffnung des Suez-Kanals 246
Krieg 259

Teil V
Flucht 277
1870

Das Ende des Zweiten Kaiserreichs 278
Flucht aus Paris 291
Über den Kanal 300

Teil VI
Im Exil 309
1870–1920

Napoleons III. Tod 310
Tod des Kronprinzen 327
Die Witwe 344
Die Doyenne der europäischen Monarchien 354

ANHANG

Zeittafel 367

Stammtafel 376

Bibliographie 378

Personenregister 381

Vorwort

Die hier vorliegende Biographie Napoleons III., seiner Gemahlin Eugénie und ihres einzigen Sohnes, des Kaiserlichen Kronprinzen, will keine politische oder militärische Analyse des Zweiten Kaiserreichs sein. Sie ist vielmehr der Versuch, zwei außergewöhnliche Persönlichkeiten zu schildern, die im achtzehnten Jahrhundert verwurzelt sind und bis in das Jahr 1920 hineinwirkten.

Da sich die Darstellung auf den Kaiser, die Kaiserin und ihren Lebenslauf konzentriert, wurden viele der bedeutenden Gestalten des Zweiten Kaiserreichs nur am Rande erwähnt. Napoleons Charakter, sein undurchschaubares Wesen und sein scharfer Verstand bewahrten ihn vor der Beeinflussung durch andere. Sein Handicap war seine schlechte Gesundheit, vielleicht auch sein humaner Sinn, denn er besaß nicht die Skrupellosigkeit seines Onkels, Napoleons I. Die treibende Kraft hinter ihm war Eugénie, seine schöne, gebieterische, tapfere Frau. Daß sie nur ein einziges Kind bekam, brachte das Eheleben der beiden ins Wanken.

Ich bin vielen Personen in Frankreich, insbesondere dem Schloßpersonal von Compiègne, für die Hilfe bei der Rekonstruktion der Schauplätze zu Dank verpflichtet. Ich danke ferner Miß Jennifer Hassell für ihre Anregung, Hilfe und ihren erfahrenen Rat seit Beginn der Arbeit; Mr. Cecil Barclay für seine Assistenz bei der Materialsuche und der Publikation, sowie meiner Frau, die die Hauptlast zu tragen hatte.

David Duff

Prolog

Paris – Juli 1870. Der Kaiser der Franzosen und die Kaiserin hielten sich in Saint-Cloud auf. Sie hatten getrennte Schlafzimmer, weil Napoleon III. an einem Blasenstein litt und, von Schmerzanfällen geplagt, nur wenige Stunden schlief. Sobald es die politische Lage erlaubte, sollte er in London operiert werden. Er war zweiundsechzig, Kaiserin Eugénie vierundvierzig Jahre alt.

Napoleon hielt die Sitzungen des Stadtrats in den frühen Morgenstunden ab und gewährte vom Bett aus Audienzen. Baron Alphonse de Rothschild aus der berühmten Bankiersdynastie wußte das: Deshalb verließ er sein Haus in der Rue St. Florentin, als es vier Uhr schlug, und fuhr nach Saint-Cloud. Dort hoffte er, Antwort auf eine Frage zu bekommen, die für sein in ganz Europa verbreitetes Bankennetz lebenswichtig war. Stand Frankreich vor einem Krieg mit Deutschland?

Baron Alphonse erreichte das Schloß Saint-Cloud noch vor der Staatsratssitzung. Er wurde sogleich in das Schlafzimmer des Kaisers geführt. Napoleon, auf seinen Kissen ruhend, versicherte seinem Besucher, daß er volles Verständnis für dessen Befürchtungen hinsichtlich der Weltlage habe. Dann nahm er Alphonses Hand und sagte sehr ernst: »Es gibt keinen Krieg, mein lieber Baron, Ehrenwort, es gibt keinen Krieg.«

Erleichtert und überschwenglich bedankte sich Baron Alphonse und zog sich unter vielen Bücklingen zurück. Als er den Gang entlangeilte, öffnete sich eine Tür, und wie eine überirdische Erscheinung trat Eugénie im Morgenmantel heraus. Sie ging geschmeidig auf ihn zu, so als hätte sie keine Füße, sondern Rollen unter ihrem Kleid. Es war eine unnachahmliche, gleitende Bewegung. Sie blieb stehen und streckte ihm die Hand zum Kusse entgegen. Ihre zarte Schönheit überwältigte ihn. Sie war ebenso schön wie der strahlende Frühsommermorgen draußen. Man tauschte ein paar belanglose Begrüßungsworte und Komplimente aus; dann verbeugte sich Alphonse de Rothschild tief und stieg die Treppe hinab zu seinem Wagen, während Eugénie das Schlafzimmer ihres Gemahls betrat.

Erregt durch die Begegnung mit dem Kaiser und der Kaiserin eilte der Baron zu seiner Bank in der Rue Lafitte, und über den Telegraphen ging in alle Hauptstädte die frohe Botschaft, daß in Europa der Friede erhalten bleiben werde. Zwei Stunden später traf auf schweißdampfendem Pferd ein Kurier aus Saint-Cloud bei dem Baron ein. Dieser riß das Sendschreiben auf und las, auf kaiserlichem Briefbogen in Eile dahingekritzelt, die wenigen Worte: »Alles hat sich geändert. Es gibt doch Krieg. gez. N.«

Und es gab Krieg. Für Eugénie und Napoleon war das Leben nie mehr so wie vorher; ihr Schicksal war besiegelt.

Teil I

Louis Napoleon
1807 – 1849

Der Sohn von Hortense Beauharnais

Carlo Buonaparte und Letitia Ramolino, die Eltern von Napoleon Bonaparte, hatten zehn Kinder. Als sie 1764 geheiratet hatten, war er achtzehn und sie erst vierzehn Jahre alt gewesen.

Ihre ersten beiden Kinder starben noch als Säuglinge. Ein Sohn, Josephe, kam 1768 zur Welt, als die Franzosen gerade Korsika erobert hatten. Carlo stand auf seiten des Inselpatrioten Paoli. Er kämpfte im Widerstand gegen Frankreich; seine Frau und sein Sohn waren bei ihm. Letitia erwartete damals wieder ein Kind, ein Kriegskind. Es bekam den Namen Napoleon. Sie nannte ihn ›Napolione‹. Es folgten noch drei Knaben und drei Mädchen: Lucien, Louis und Jérôme, Marianne, Elisa, Pauline und Caroline. Das letzte Kind wurde 1784 geboren; ein Jahr später starb Carlo. 1796 wurde die Schreibweise des Familiennamens in Bonaparte geändert.

Charakterlich war Napoleon seinen Geschwistern weit überlegen. Er allein hatte die Willenskraft seiner Mutter geerbt, der Madame Mère, wie sie als Witwe allgemein genannt wurde. Er war ein ehrgeiziger und besitzgieriger Knabe, der sehr unter seiner Armut litt. Das Beet, das er im Garten hatte, war sein Reich, das er mit geradezu militärischer Umsicht und mit einer Hacke in der Hand gegen die Überfälle anderer Jungen verteidigte.

Später sollte er dann allen Glanz und alle Herrlichkeiten dieser Welt seinen Geschwistern zuteil werden lassen: die Königtümer Spanien, Holland, Westfalen und Neapel reiften am Stamm der Familie. Ohne seine Hilfe hätte jedoch nicht einer seiner Brüder auf der Bühne Europas eine Rolle gespielt. Die Schwestern waren dafür besser gerüstet. Die schönste und lebenslustigste von ihnen war Pauline, die in zweiter Ehe mit dem Prinzen Camillo Borghese verheiratet war. Antonio Canovas lebensgroße Marmorfigur von ihr als ›Ruhende Venus‹ hat ihr einen Platz in der Geschichte gesichert.

Unter den Brüdern Napoleons interessiert uns hier vor allem der um neun Jahre jüngere Louis.

Er war der Lieblingsbruder Napoleons I., der Vaterstelle an ihm vertrat und auch seine Erziehung und seine militärische Ausbildung überwachte. Während des ersten Italienfeldzuges war Louis der Adjutant seines Bruders, sein Tischgenosse, Sekretär und vertrauter Berater. Sie hingen sehr aneinander. Dann aber bekam Louis als Folge der Strapazen des Krieges einen sehr schweren Rheumatismus, der ihn körperlich stark behinderte und sein ganzes Wesen und auch seine Einstellung zum Leben völlig veränderte. Aus dem guten Kameraden und fröhlichen Abenteurer wurde ein depressiver, mürrischer und mißtrauischer Hypochonder. Sein älterer Bruder konnte das Schicksal, das den Jüngeren getroffen hatte, einfach nicht begreifen. Er glaubte noch immer, seine üble Laune würde vorübergehen und sie würden sich wieder so gut verstehen wie früher. Aber die düstere Stimmung verließ seinen Bruder nicht. Im Laufe der Jahre verwandelten sich Napoleons Gefühle gegenüber Louis in Gereiztheit, Ungeduld, ja Abscheu.

Im Jahre 1802 meinte Napoleon, es wäre für seinen Bruder und die napoleonische Erbfolge wohl das beste, wenn Louis heiratete. Also wurde für ihn eine Frau gesucht. Hortense de Beauharnais, Napoleons Stieftochter, die Tochter seiner Gattin Josephine aus ihrer ersten Ehe, schien die richtige. Ihr Vater hatte während der Französischen Revolution auf der Guillotine geendet. Hortense war nicht eigentlich schön, aber sehr attraktiv. Sie war blond und blauäugig, sehr lebhaft, aber auch eigenwillig. Wenn man sie ärgerte, konnte sie halsstarrig werden. Louis verliebte sich in sie; aber sie erkannte bald seine Mängel, und er wurde ihr gleichgültig. In ihren Flitterwochen gab es bereits Streit, weil Louis abfällige Bemerkungen über seine Schwiegermutter gemacht hatte. Danach verließ er Paris für mehrere Monate. Hortense, die schwanger war, lebte in dieser Zeit mit ihrer Mutter und

Napoleon entweder in den Tuilerien oder in Josephines Schloß Malmaison.

Im Sommer begab sich Josephine, deren Gedanken hauptsächlich um ihre eigene Person kreisten, wie gewohnt zur Badekur nach Plombières. Napoleon und Hortense blieben allein in den Tuilerien zurück. Schon regten sich böse Zungen, vor allem die von Napoleons Schwestern, die seit je auf Hortense eifersüchtig waren. Man hielt es darum für das beste, daß sie die Tuilerien verließ. In der Rue de la Victoire wurde für sie ein Haus gekauft, und dort kam auch im Oktober des Jahres 1802 ihr erster Sohn zur Welt. Dem Vater hatte Napoleon einen energischen Brief geschrieben: Louis kam gerade noch rechtzeitig zur Geburt. Das Kind erhielt den Namen Napoleon Charles.

Louis war rastlos. Er tauschte das Stadthaus gegen ein größeres und kaufte dann in Saint-Leu, zwölf Meilen von Paris entfernt, ein reizendes Landgut. Aber selbst hier ging ihm das Leben mit Frau und Kind auf die Nerven, und er verschwand aufs neue. Wieder regten sich böse Zungen, als im Oktober 1804 Hortense ihren zweiten Sohn gebar. Der Papst, der sich zu Napoleons Krönung zum Kaiser in Paris aufhielt, taufte das Kind auf den Namen Napoleon Louis.

Napoleon plante, die von ihm eroberten, an Frankreich angrenzenden Staaten möglichst eng an sich zu binden, und machte 1806 seinen Bruder Louis zum König von Holland. Hortense ging mit ihm. Aber jetzt war sie es, die immer wieder verschwand. Louis liierte sich mit einer Hofdame. Darüber geriet seine Frau in Zorn, obwohl sie dazu wohl kaum berechtigt war. Im Mai 1807 starb ihr ältester Sohn an Diphterie. Der herbe Kummer zerrüttete die Ehe hoffnungslos. Mit gebrochenem Herzen zog sich Hortense in die friedliche Pyrenäenlandschaft Cauterets zurück. Louis besuchte sie dort nur kurz: Doch von diesem Zeitpunkt an bekommen die späteren Daten und Reisen entscheidende Bedeutung.

Louis hatte nämlich Cauterets und Hortense am 6. Juli verlassen und war nach Toulouse gereist. Dort traf sie dann am 12. August ein, und sie fuhren gemeinsam nach Paris weiter, um an der Hochzeit von Jérôme, dem jüngsten Bruder des Kaisers, mit Prinzessin Katharina von Württemberg teilzunehmen. Das gab den Anlaß zu einer großen Familienfeier, die am 23. August in Saint-Cloud stattfinden sollte. Kaiser Napoleon selbst hatte Mitte Juli Tilsit verlassen und war zunächst nach Warschau und von dort weiter nach Dresden gereist. Am 24. Juli zog er im Triumph in Frankfurt ein, der Hauptstadt der im Rheinbund zusammengeschlossenen Fürstentümer. Am 27. Juli war er wieder in Saint-Cloud. Am 16. August eröffnete er die Sitzung der Gesetzgebenden Versammlung, und am 23. August nahm er an der Hochzeit Jérômes teil.

Diese Daten und Ortswechsel sind wichtig, weil Hortense am 20. April 1808 ihren dritten Sohn zur Welt brachte. Er kam einen Monat zu früh, wie die um Hortense bemühten Ärzte, darunter auch des Kaisers Leibarzt, bezeugten. Das Baby war sehr schwach. Man mußte es in Wein baden und in Watte wickeln, um es am Leben zu erhalten. Daß es einen Monat zu früh geboren wurde, legt das Datum der Zeugung auf einen Zeitpunkt um den 20. August 1807 fest. Das Kind bekam den Namen Louis Napoleon.

In Anbetracht des gespannten Verhältnisses zwischen Louis und Hortense kamen bald Zweifel an der Vaterschaft auf. Zufällig, vielleicht aber auch absichtlich, wurde nicht weiter bekanntgegeben, daß das Kind zu früh geboren worden war. Die Meinung, der Kaiser selbst sei der Vater, war immerhin sehr verbreitet. Einige Biographien haben jedoch diese Theorie verworfen und sie als üble Verleumdung bezeichnet. Ihr schwerstes Geschütz war die Tatsache, daß Napoleon und Hortense neun Monate vor der Geburt tausend Meilen voneinander getrennt gewesen seien. Das waren sie auch, aber wichtig ist ja, daß es acht Monate waren, nicht neun. Acht Monate vor der Geburt waren Napoleon und Hortense in Saint-Cloud zusammen.

Um jeden Verdacht zu zerstreuen, legte man eine falsche Fährte: Der wirkliche Vater, hieß es, sei der gutaussehende holländische Admiral Carel-Hendrik gewesen, eine Theorie, die wegen Hortense' Freundschaft zu diesem Mann sogar glaubhaft war. Es wurden Beweise dafür geliefert, daß tatsächlich jemand dieses Namens Hortense in Cauterets besucht habe. In Wirklichkeit war der Admiral jedoch den ganzen Juli über auf seinem Posten in Den Haag gewesen. Hingegen hatte sein Bruder, der Gesandter in Spanien war, Hortense' einen offiziellen Routinebesuch gemacht. Auf alle Fälle hatte dieser Besuch viel zu früh stattgefunden, als daß er Beweiskraft hätte. Aber die Geschichte war in Umlauf gesetzt worden, und immer mehr Leute hielten sie für glaubwürdig. Schon während des Zweiten Kaiserreichs pflegte der Fremdenführer in der königlichen Gemäldegalerie in Den Haag den Besuchern vor einem Porträt des Admirals zu sagen: »Und dies, meine Herrschaften, ist der Vater des Kaisers Napoleon III.«

Allerdings darf man nicht vergessen, daß Louis seine Frau bei Jérômes Hochzeit getroffen hatte. Dies könnte Grund für die Behauptung sein, das Kind wäre ehelich. Aber da war Louis' merkwürdiges Benehmen. Seine Eifersucht war mittlerweile bereits zur Manie geworden. Offen bezichtigte er seine Frau der Untreue. Er kam schließlich 1809 nach Paris, um vom Kaiser die Erlaubnis zur Scheidung zu erwirken.

Inzwischen hatte Napoleon die Geduld mit seinem Bruder verloren. Er hatte ihn als Statthalter auf den holländischen Thron gesetzt und erwartet, daß er seinen Befehlen gehorche. Statt dessen hatte der sogenannte König von Holland die Sache Oraniens zu der seinen gemacht und war ein Patriot seines Adoptivlandes geworden; das Angebot, König von Spanien zu werden, hatte er deshalb abgelehnt. Napoleons Ansichten über die Haltung gegenüber seiner Frau und seinem Land kamen recht deutlich in dem folgenden Brief zum Ausdruck:

»Sie regieren diesen Staat zu sehr wie ein Betbruder. Die Haltung eines Königs muß immer etwas Majestätisches haben, nicht das Gehabe eines Mönches... Ihre Streitereien mit der Königin dringen ebenfalls an die Öffentlichkeit. Seien Sie doch in Ihrem Privatleben so väterlich und milde, wie Sie es beim Regieren sind. Und üben Sie bei den Staatsgeschäften die Strenge, die Sie zu Hause walten lassen. Sie behandeln eine junge Frau, wie man ein Regiment kommandiert... Sie haben die beste und treueste Frau, und Sie machen sie unglücklich. Lassen Sie sie tanzen, so lange sie will, das entspricht doch ihrem Alter. Meine Frau ist vierzig Jahre alt, doch ich schreibe ihr vom Schlachtfeld aus, sie solle auf Bälle gehen. Aber Sie wollen, daß eine Frau von zwanzig Jahren, die ihr Leben vorbeigehen sieht, die sich noch alle Illusionen bewahrt hat, wie in einem Kloster lebt und wie eine Amme dauernd ihr Kind badet... Schade, daß Sie eine so tugendhafte Frau haben; wenn Sie eine kokette Frau hätten, würde sie Ihnen auf der Nase herumtanzen.«

Außer der Scheidung hatte der König von Holland noch eine andere Angelegenheit mit dem Kaiser zu besprechen. Er wollte für sein Land bessere Bedingungen bekommen. Ihm drohte nämlich der Einfall französischer Truppen, weil die Holländer weiterhin heimlich mit England Handel trieben und auf diese Weise die Wirksamkeit der Blockade und des Handelskrieges verringerten. Aber der arme Louis scheiterte in beiden Fällen. Im Jahre darauf verlor er den Thron. Holland wurde dem französischen Kaiserreich einverleibt; Besatzungstruppen kontrollierten die Küste und die Zollhäuser. Louis flüchtete zunächst nach Böhmen, während seine Frau und seine Kinder in Paris zurückblieben. Später übersiedelte er nach Italien. Er führte dort ein obskures Leben, ohne je wieder eine Rolle zu spielen. Sein Ersuchen um die Erlaubnis zur Scheidung wurde abgelehnt; jedoch gestattete man ihm, sich von Hortense zu trennen. Dies war sein Glück, denn 1811 bekam sie von dem Grafen Flahaut einen vierten Sohn. Hortenses dritter und vierter Sohn sollten für Frankreich von großer Bedeutung werden. Der dritte, Louis Napoeleon, wurde Kaiser Napoleon III.; der letzte, Herzog von Morny, wurde dessen Freund und Berater.

Zurück zum Jahr 1809, dem Jahr, in dem Louis die Erlaubnis seines Bruders zur Scheidung von Hortense erbeten hatte. Napoleon war damals gerade dabei, seine eigenen Eheverhältnisse zu überprüfen. Josephine »wurde älter«, wie er es drastisch formulierte, und Kinder hatte sie immer noch nicht. Die Schuld daran läge nicht bei ihm, sagte er, und wies auf seine zwei Bastarde hin. Josephine spürte einen kühlen Luftzug in den langen Korridoren der Tuilerien.

Fünf Jahre nach ihrer Krönung zur Kaiserin saß sie nun den Bonapartes an einem Tisch in den Tuilerien gegenüber. Sie trug ein weißes Kleid und keinen Schmuck. All ihren Mut und all ihre Kraft nahm sie zusammen und verzichtete feierlich auf ihren Gemahl. Dann wankte sie zur Tür hinaus. In der gleichen Nacht kam sie noch einmal an sein Bett, mit aufgelöstem Haar, tränenüberströmt. Am nächsten Morgen fuhr sie im Regen nach Malmaison, um sich dort zu verstecken und ihre letzten Lebensjahre zu verträumen.

Napoleon sah sich nunmehr nach einer jungen Frau von etwa zwanzig Jahren um, die ihm einen Sohn schenken sollte. Sie mußte nicht nur die physische Eignung besitzen, gesunde Kinder zur Welt zu bringen, sondern auch aus einer möglichst alten, fürstlichen Familie stammen, um die Dynastie Napoleons aufzuwerten. Ermutigt durch den österreichischen Kanzler, Fürst Metternich, heiratete er 1810 die Erzherzogin Marie-Louise, die Tochter Franz' I., des Kaisers von Österreich. Sie war erst neunzehn Jahre alt. Während der Flitterwochen des jungen Paares in Compiègne fiel Metternich auf, wie verliebt Napoleon war. »Er konnte kaum seine Gefühle verbergen.« Die Weindiät half. Nach einem Jahr wurde ein Sohn geboren; er sollte später die nichtssagenden Titel ›König von Rom‹ und ›Napoleon II.‹ tragen.

Hortense hatte ihre Mutter Josephine immer geliebt und bewundert und dabei über ihre Fehler und Schwächen hinweggesehen. Über die Scheidung war sie ebenso schockiert wie gekränkt. Trotzdem verlor sie niemals ihre Loyalität und Verehrung für den Kaiser. Ihre Söhne erzog sie in der Bewunderung für ihn als den herrlichsten und größten Helden, den die Welt je gesehen hatte. Diese Einstellung erklärt so manches. Hortense verbrachte jetzt ihre Zeit teils in den Tuilerien, teils in ihrem Pariser Haus; aber meist hielt sie sich in Malmaison auf, um Josephine zu trösten und ihr Gesellschaft zu leisten. Ihre beiden Söhne betrachteten Malmaison als ihr eigentliches Zuhause. Hier wurden sie von ihrer Großmutter verwöhnt und durften deren Sammlung von seltenen Pflanzen bewundern. Hier konnten sie durch die Wälder streifen und in den ausgedehnten Gärten spielen, sich mit den Wachsoldaten anfreunden und beim Exerzieren mitmachen.

Es hatte eine Weile gedauert, bis der jüngere der beiden am Leben gebliebenen Knaben, Louis Napoleon oder Louis, der von seiner Großmutter mit dem Kosenamen ›Oui-Oui‹ gerufen wurde, die Folgen der Frühgeburt überwunden hatte und imstande war, wie ein normales Kind zu leben. Seine Taufe wurde hinausgeschoben, bis er zwei Jahre und fünf Monate alt war. Dann wurde sie mit viel Pomp und großem Aufwand in Fontainebleau vollzogen: der Kaiser und die neue Kaiserin waren Paten. Louis war von den beiden Jungen Napoleons Liebling. Der Kaiser überschüttete ihn mit Geschenken. Er brauchte keine Bestätigung, daß das Kind ein Bonaparte war. Es hatte die typische Schädelform, den langgestreckten Oberkörper und die kurzen Beine seines Onkels. Beim Frühstück in den Tuilerien pflegte der Kaiser den kleinen Louis am Kopf zu packen und ihn laut lachend hoch in die Luft zu halten. Dagegen erhob Hortense aus medizinischen Gründen heftigen Einspruch. Sie mußte in ihrem Umgang mit Napoleon jedoch etwas vorsichtiger sein, denn nun war Marie-Louise immer anwesend.

Kurz vor Louis Napoleons sechstem Geburtstag brach das Kaiserreich zusammen. Als Napoleon nach Elba ging und Marie-Louise mit ihrem Sohn heimlich nach Österreich zurückkehrte, packte Hortense ihre Kinder in einen Wagen und fuhr mitten in der Nacht, von fernem Kanonendonner begleitet, nach Malmaison. Der Schock war für Josephine zu groß. Ein paar Tage, nachdem der Bourbonenkönig Ludwig XVIII. in Frankreich an die Macht kam, starb sie.

Unter der Bedingung, daß sie sich zurückhielt, durfte Hortense in Malmaison bleiben. Um ganz sicherzugehen, unterstellte sie sich dem Schutz des Zaren Alexander I. von Rußland, einem hochgewachsenen, sehr imposanten Mann in glänzender Uniform, zu dem Louis sofort große Zuneigung faßte. Auf Alexanders Veranlassung hin verlieh der König Hortense den Titel einer Herzogin von Saint-Leu und ließ ihr auch weiterhin ihre Apanage von vierhunderttausend Francs auszahlen.

Anfang März 1815 erfuhr Hortense von einem Engländer, daß Napoleon Elba verlassen hatte und vom Golf Juan aus über die Berge nach Norden zog. Noch in der gleichen Nacht verließ sie mit ihren beiden Söhnen und deren Erzieherin durch das Gartentor heimlich ihr Pariser Haus und brachte die Kinder in das Haus einer alten Kinderfrau, einer treuen Freundin der Familie. Dort versteckten sich die vier auf dem Dachboden. Die Kinderfrau hielt sie auf dem laufenden und konnte ihnen schließlich berichten, daß der Bourbonenkönig nach Gent geflohen sei.

Als Napoleon am Abend des 20. März, dem Geburtstag seines Sohnes, in den Tuilerien einzog, gehörte Hortense zu den Großen des Kaiserreichs. Was hatte sich in dem einen Jahr alles geändert! Josephine war tot, Marie-Louise lebte in Österreich und hatte sich von Napoleon getrennt. Seinen Sohn sollte er niemals wiedersehen. Bei der Begrüßung zwischen Napoleon und Hortense herrschte anfangs eine gewisse Kühle vor, und es fielen ein paar harte Worte darüber, daß sie von König Ludwig XVIII. und dem Zaren

Alexander so zuvorkommend behandelt worden war. Aber nach ein paar Minuten überwältigte ihn das dramatische Wiedersehen, und er nahm seine Stieftochter in die Arme. Danach füllte Hortense eine Zeitlang die Lücken aus, die Josephine und Marie-Louise hinterlassen hatten. Und das ging leichter, als die beiden sich das hätten vorstellen können. Abend für Abend speiste sie mit dem Kaiser. Zusammen fuhren sie nach Malmaison: Dort ging er allein in das Zimmer, in dem seine erste Frau gestorben war. Dann spazierten sie eine Stunde durch den Park und sprachen von Josephine. Er hatte sie sehr geliebt – früher war ihm dies nicht so bewußt gewesen. Jetzt, wo er seinen Sohn nicht mehr bei sich hatte, bedeuteten ihm Hortense' Söhne um so mehr. Nach dem Frühstück pflegte er sie am Fenster hochzuheben, damit die unten versammelten Soldaten sie sehen konnten. Die beiden Jungen waren dabei, als der Kaiser den Eid auf die neue Verfassung ablegte. An diesem großen Tag durften sie neben dem Thron stehen, während der Kaiser seinen Soldaten die Standarten übergab. Dieses Bild hatte sich dem damals siebenjährigen Louis Napoleon tief eingeprägt. Am 11. Juni fungierte Hortense bei einem Diner im Elysée-Palast als Gastgeberin. Napoleon war guter Laune, er war ruhig und gefaßt; denn er konnte wieder die Rolle spielen, die er beherrschte und die er liebte: er war wieder Oberbefehlshaber einer Armee. Seine Neffen durften beim Nachtisch hereinkommen. Am anderen Morgen war er auf dem Weg nach Belgien – und nach Waterloo.

Acht Tage später war Napoleon zurück in Paris. Sobald Hortense die Hiobsbotschaft erhalten hatte, daß die französischen Streitkräfte von Wellington und Blücher geschlagen worden waren, versteckte sie wieder ihre Kinder. Diesmal im Hause ihrer Schneiderin am Boulevard Montmartre. Sie selbst aber wartete im Elysée-Palast auf ihren geschlagenen Helden, um ihn zu trösten und ihm in dem Wirbel der sich überstürzenden Ereignisse und der sich stündlich ändernden Lage mit Rat und Tat zur Seite zu stehen. Beim Diner am 24. Juni sagte er zu ihr: »Ich möchte nach Malmaison. Es gehört Ihnen. Wollen Sir mir dort Gastfreundschaft gewähren?« Zusammen verbrachten sie drei herrliche Sommertage im Grünen. Nur die Erinnerung an Josephine war um sie. Die beiden Jungen wurden aus ihrem Versteck herbeigebracht, um ihrem Onkel Lebewohl zu sagen. Hortense nähte ihr Diamanthalsband, das so oft bei Bällen gefunkelt hatte, in einen schwarzen Seidengürtel. Es sollte Napoleon Sicherheit geben. Er band den Gürtel um und trug ihn bis an sein Lebensende.

Am Nachmittag des 29. Juni, um fünf Uhr, stand Napoleon Bonaparte, eine seltsame und fast unkenntliche Gestalt in Zivil, neben einem Wagen und verabschiedete sich von einer kleinen Gruppe von Freunden. Er war ruhig und gefaßt: Als er aber zu Hortense kam, drückte er sie in einer langen Umarmung fest an sich, als ob seine Welt, sein Zeitalter vorüber sei, sobald er sie losließe.

Dann sprang er ohne ein weiteres Wort in den Wagen. Er blickte so lange zu Hortense zurück, die vor dem Hinterportal von Malmaison stand, bis eine Wegbiegung ihm die Sicht versperrte. Er reiste westwärts nach Rochefort, wo das englische Kriegsschiff ›Bellerophon‹ auf ihn wartete.

Hortense war eine Gezeichnete. Sie hatte kaum Aussicht, abermals in Frieden gelassen zu werden wie 1814. Während der Hundert Tage hatte sie fest zu Napoleon gestanden, hatte klar und deutlich ihre Liebe und Treue zum Kaiser bekundet, und das wurde ihr nicht vergessen. Die Familie Napoleons zerstob in alle Winde, von Triest bis zum Delawarefluß. Als der Bourbonenkönig nach Paris zurückkehrte und von allen Seiten mit Anklagen gegen die Bonapartisten überhäuft wurde, traf Hortense ihre Vorbereitungen zur Abreise. Am 19. Juli erhielt sie ihren von einem preußischen General unterzeichneten Marschbefehl. Man gab ihr vierundzwanzig Stunden Zeit, Paris zu verlassen.

In der Stunde der höchsten Not kam ihr ein unerwarteter Retter zu Hilfe. Es war Fürst Karl Schwarzenberg, der österreichische Feldmarschall, einer der älteren Generäle der Alliierten aus dem Feldzug von 1813–1814, der zum Fall von Paris geführt hatte. Schwarzenberg hatte persönliche Beziehungen zu Napoleon, weil er seinerzeit aus Wien nach Paris geschickt worden war, um über die Heirat des Kaisers mit der Erzherzogin Marie-Louise zu verhandeln. Jetzt kommandierte er seinen Adjutanten ab, um Hortense und ihre Kinder in die Schweiz, die Zuflucht aller emigrierten Herrscher, zu begleiten. Es wurde eine dramatische und anstrengende Reise.

Hortense stieg im Hotel ›Sécheron‹ in Genf ab und hoffte vergebens, hier eine Weile bleiben zu können. Die Schweizer waren schnell auf die Seite der Sieger umgeschwenkt, und im Speisesaal des Hotels hielt gerade die örtliche Miliz ein Bankett zur Feier von Napoleons Sturz ab. Alsbald traf ein Schreiben der Behörde ein, worin die Exkönigin von Holland aufgefordert wurde, das Land zu verlassen. Es gab nur einen Platz, wo sie hingehen konnte – zurück nach Frankreich.

Kaiserin Josephine besaß zwei wunderschöne Wohnsitze: Malmaison und das Schloß Prégny bei Aix-les-Bains. Nach dem Letzten Willen ihrer Mutter hatte Hortense Prégny und den Schmuck geerbt; Malmaison war Hortense' Bruder, Eugène de Beauharnais, dem Herzog von Leuchtenberg, zugefallen. Hortense hatte angenommen, in ihrem eigenen Haus im fernen Savoyen werde sie vor Spitzeln und vor der Pariser Polizei sicher sein, aber sie hatte sich geirrt. Für ›Boney‹ (Napoleon) schwärmte man in ganz Europa. Deshalb hätten es manche Staatsmänner gern gesehen, wenn man ihn nach Waterloo erschossen hätte. Was er von Elba aus geschafft hatte, würde er wohl wieder schaffen, und wenn es ihm abermals gelänge, würden wieder viele Franzosen dem Zauber des kleinen Korsen erliegen. Und da lebte nun diese Frau, so sagte man, die während der Hundert Tage seine rechte Hand war, unbehelligt in Frankreich und noch dazu in einer strategisch günstigen Lage, von der aus sie ihm helfen könnte.

Außerdem zog sie einen Knaben auf, der es womöglich seinem Onkel nachtun könnte. Aus diesem Grund wurde Hortense bespitzelt und Gegenstand heftiger Diskussionen bei den Beratungen der Alliierten.

In Wirklichkeit war Hortense physisch und geistig einem Zusammenbruch nahe. Sie hatte erlebt, wie ein Kaiserreich zerfiel, wie es wiedererstand und endgültig scheiterte. Durch diese ungeheure seelische Belastung war sie über ihre zweiunddreißig Jahre hinaus gealtert. Schlaflose Nächte und die anstrengende Flucht aus Paris hatten an ihren Kräften gezehrt.

Ein weiterer Schicksalsschlag hatte sie getroffen: ihr früherer Gemahl, der Exkönig von Holland, war vor Gericht gegangen, und die Richter hatten ihm das Sorgerecht für seinen ältesten Sohn, Napoleon Louis, zugesprochen. Das war eine ausgesprochene Bosheit; denn zweifellos hatten sich die beiden Jungen bei ihrer Mutter sehr wohl gefühlt, und es wäre besser für sie gewesen, wenn sie zusammen aufgewachsen wären. Der Ältere war kräftig, fröhlich und lebhaft, der Jüngere dagegen körperlich schwächer und von ernster Gemütsart. Er litt immer noch unter den Folgen der frühen Geburt. Napoleon Louis war das belebende Element, das seine Mutter dringend brauchte. Doch im Oktober wurde er ihr genommen und zu seinem Vater nach Florenz gebracht. Hortense flüchtete sich in ihre Lieblingsbeschäftigungen: sie sang, schriftstellerte und zeichnete. Sie war in all diesen Dingen sehr begabt. Doch auch hier wurde sie nicht in Ruhe gelassen. Mit Mißtrauen wurde sie beim Schreiben beobachtet, und ihren Skizzen, die sie in der Herbstsonne am Lac de Bourget machte, wurde ein verdächtiger Sinn zugeschrieben.

Abermals erhielt sie einen Marschbefehl. Jetzt sollte sie in die verschlafene kleine badische Stadt Konstanz übersiedeln. Im November kam sie dort an. Wieder ein trübseliges Hotel und das Ersuchen der Behörden weiterzureisen. Nun hatte sie genug. Jetzt zeigte sich ihre Hartnäckigkeit. Aus Trotz kaufte sie im Schweizer Kanton Thurgau ein kleines Haus, nahe der Stelle, wo der Rhein wieder aus dem Bodensee heraustritt. Im übrigen hatte sie jetzt in Deutschland mehr Rückhalt; ihr Bruder Eugène war mit Augusta, der Tochter des Herzogs Maximilian von Bayern, verheiratet und lebte in München. Stephanie de Beauharnais, Napoleons Adoptivtochter, war die Frau des Großherzogs Karl von Baden. Sowohl Stephanie wie Eugène besaßen Sommerhäuser am Bodensee.

Die Bewohner des Kantons Thurgau, in dem die Exkönigin und ihr Sohn Louis jetzt lebten, freundeten sich bald mit ihr an und forderten sie auf, für immer in dieser Gegend zu bleiben. 1817 kaufte Hortense das Schloß Arenenberg. Es lag auf einer bewaldeten Höhe, sechs Meilen westlich von Konstanz, mit Blick auf den Untersee. Ein Historiker beschreibt es als »ein kleines, altmodisches Schloß mit herrlichem Blick über den See, den Rhein und die Landschaft, im Schutz hoher Tannen und umgeben von Weinbergen. Man betrat es über eine alte Zugbrücke. Es war genau der Flecken Erde, der Hortense' romantischen Neigungen entsprach.«

Jetzt hatte das Leben für sie wieder einen Sinn. Sie ging daran, ein zweites Malmaison einzurichten, um das Bild des fern in St. Helena lebenden Napoleon hier lebendig werden zu lassen. Für die Empfangsräume wählte sie den Einrichtungsstil aus der Zeit des Konsulats, den sogenannten ›Zeltstil‹. Als sie die Möbel sah, die aus Frankreich gekommen waren, fühlte sie sich in alte Zeiten zurückversetzt. Jahrelang sammelte sie Erinnerungsstücke: Bilder, Uniformen und Briefe, so daß Arenenberg bald zu einem Museum für Napoleon I. wurde.

Zunächst aber lebten Hortense und Louis Napoleon von aller Welt abgeschieden. Sie nannte ihn den ›sanften Träumer‹ und übernahm selbst seine Erziehung. Sie war eine kultivierte und begabte, durchaus unbürgerliche Frau. Strenge Moral- und Erziehungsvorschriften gab es bei ihr nicht. Wenn Besucher nach Arenenberg kamen, hörte Louis Napoleon Französisch, Deutsch, Italienisch, Spanisch und konnte bald diese Sprachen fließend sprechen. Es war ein Glück für ihn, daß Hortense für seine Schwierigkeiten und Probleme so viel Verständnis hatte. Als Achtmonatskind entwickelte sich Louis Napoleon körperlich und geistig nur sehr langsam. Dazu trug noch die Tatsache bei, daß seine Mutter nach der Geburt an schweren Depressionen gelitten hatte, eine Folge der ständigen Verdächtigungen durch ihren Gatten. Der Junge konnte sich offensichtlich überhaupt nicht konzentrieren und zeigte nicht den geringsten Lerneifer.

Als es Zeit wurde, dem Prinzen Louis einen Erzieher zu geben, wählte Hortense den Abbé Bernard. Dieser hochintelligente Priester war für den Prinzen eher Kamerad als Erzieher. Zusammen durchstreiften sie die Wälder, beobachteten die Vogelwelt und die Flora; feste Zeiten für Essen und Schlafen gab es nicht. Erst als Hortense sah, daß ihr Sohn kräftiger wurde und ein gesundes Interesse an jugendlichem Zeitvertreib zeigte, stellte sie ein richtiges Erziehungsprogramm zusammen. Aus Paris kam ein neuer Hauslehrer, ein gewisser Philippe Le Bas. Nun wurde eine systematische Ordnung eingeführt: Die Mahlzeiten wurden mit dem Glockenschlag serviert, die Unterrichtsstunden regelmäßig abgehalten. Sie dauerten oft recht lange. Doch der Schüler gab sich jetzt viel Mühe und lernte schnell. Stets wurde ihm Napoleon I. als Beispiel vorgehalten, und das gab ihm Auftrieb. Als aus St. Helena die traurige Nachricht vom Tod des Kaisers kam, schrieb der dreizehnjährige Louis Napoleon an seine Mutter: »Wenn ich etwas falsch mache, denke ich an den großen Mann. Dann kommt es mir so vor, als flüstere mir sein Schatten zu, daß ich mich des Namens Napoleon würdig zu erweisen hätte.«

1821 wurde beschlossen, Louis Napoleon mit anderen Jungen seines Alters zusammenzubringen. Man schickte ihn nach Augsburg auf das St.-Anna-Gymnasium. Sein französischer Erzieher und seine Mutter, die dort ein Haus mietete, begleiteten ihn. In Augsburg gewöhnte er sich übrigens den deutschen Akzent an, den er nie mehr ablegte. Durch den Schulbesuch wurde der Ehrgeiz des Jungen geweckt. Früher hatte er seiner zarten Gesundheit wegen keine wilden Spiele spielen dürfen; aber jetzt trieb es ihn, seine Kameraden zu übertreffen. Er wurde ein ausgezeichneter Schwimmer und Schütze sowie ein großartiger Reiter. In den Ferien wurde viel gereist; er wohnte in deutschen Schlössern, kletterte in Schweizer Bergen und begleitete seine Mutter in alle möglichen internationalen Badeorte. Manchmal besuchte er auch seinen Bruder und seinen Vater, den Exkönig Louis, in Florenz.

Mit siebzehn verließ er Augsburg und bereitete sich auf das von ihm erwählte Kriegshandwerk vor. Er schrieb sich an der Schweizer Militärakademie in Thun ein. Dort waren zwei ehemalige Offiziere Napoleons, Oberst Fournier und Oberst Dufour, seine Lehrer. Er ließ sich als Artillerist und im Pionierwesen ausbilden.

Die Winter am Bodensee in dem alten Schloß Arenenberg bekamen Hortense nicht. Jeden Herbst unternahm sie deshalb eine ausgedehnte Pilgerfahrt nach Rom, der Sonne entgegen. Unterwegs besuchte sie dann auch ihren ältesten Sohn in Florenz, vorausgesetzt, ihr Gatte war abwesend. Louis Napoleon begleitete seine Mutter. An den Ufern des Rubikon begann er den Traum seines Lebens zu träumen. Er hißte die Trikolore und versammelte die männlichen Mitglieder der Familie Bonaparte um sich, was die Aufmerksamkeit der Polizei erregte. Louis fiel aber auch Lord Malmesbury auf, der entsetzt beobachtete, wie Louis Napoleon durch die Straßen von Rom galoppierte. Malmesbury schrieb über ihn:

»Er war zwar klein, aber sehr beweglich und muskulös. In allen Leibesübungen war er hervorragend, ein ausgezeichneter Schwimmer, bewundernswerter Reiter und gewandter Turner. Er hatte ein dunkles, ernstes Gesicht, gewann aber durch sein strahlendes Lächeln. So sah Louis Napoleon mit einundzwanzig Jahren aus.«

Zwei Jahre danach, 1830, brach die Julirevolution aus. Der Nachfolger Ludwigs XVIII., Karl X., wurde gestürzt, und damit war das Zeitalter der Bourbonen vorbei. Louis Napoleon war in Thun und schrieb von dort an seine Mutter: »Frankreich ist frei. Unser Exil ist zu Ende...« Durch einen Erlaß aus dem Jahre 1816 war ihm jedoch immer noch verboten, nach Frankreich zurückzukehren. Er übersiedelte nach Genf, um möglichst nahe der französischen Grenze zu sein, falls sein Vetter, Napoleon II., der König von Rom, aus Österreich herbeigerufen würde. Statt dessen kam aber die Familie Orléans ans Ruder.

Am 7. August 1830 wurde Louis Philippe, der in England und Amerika gelebt hatte, zum König von Frankreich gewählt.

Die Julirevolution breitete sich über die Grenzen hinweg bis zum Kirchenstaat aus. Die Welle des Liberalismus wurde von Frankreich nach Süden weitergetragen. Das zerrissene und unterdrückte Italien wurde eine Brutstätte für Verschwörer und Geheimbündler. Ein paar von ihnen fanden ihren Weg sogar bis nach Arenenberg, dem Wohnsitz von Hortense.

Wie immer kamen Louis Napoleon und seine Mutter im November nach Rom. Ein paar Tage darauf starb Papst Pius VIII. In der dadurch entstandenen Aufregung benahm sich Louis Napoleon mehr als verdächtig. Die vatikanische Polizei komplimentierte ihn bis zur Grenze des Kirchenstaates. Er reiste zu seinem Bruder nach Florenz. Seine Mutter ließ er allein zurück.

Im Februar 1831 erhoben sich die Aufständischen in der Romagna mit dem Ziel, den Papst aus Rom zu vertreiben. Hortense sandte eine dringende Botschaft an ihre Söhne und warnte sie vor der Gefahr, in die Unruhen verwickelt zu werden. Doch Menotti, einer der Anführer der Aufständischen, hatte den beiden jungen Leuten mit großen Reden vom Ruhm der Bonapartes und der Freiheit der Unterdrückten den Kopf verdreht. Hortense merkte, was vorging, und reiste überstürzt aus Rom ab, um ihre mütterliche Autorität einzusetzen. Sie kam zu spät. In ihrem Hotelzimmer fand sie die folgende Nachricht von Louis Napoleon vor: »Wir haben Verpflichtungen, denen wir uns nicht entziehen können. Der Name, den wir tragen, zwingt uns, einem leidenden Volk zu helfen, das nach uns ruft.« Am 20. Februar waren sie in den Kampf gezogen, beide im Offiziersrang.

Am nächsten Morgen besuchte Hortense ihren früheren Mann, den sie seit zwanzig Jahren nicht mehr gesehen hatte. Er kam ihr nervös, verwirrt und ziemlich kläglich vor. Zu der kritischen Lage der Söhne machte er lediglich den Vorschlag, Hortense solle sich in das Kriegsgetümmel stürzen und die beiden mit Gewalt vom Schlachtfeld holen. Er würde inzwischen die weniger anstrengende Aufgabe übernehmen, den österreichischen Gesandten aufzusuchen und ihn um Hilfe zu bitten. Hortense war sich darüber klar, daß ihr politisches Renommee für immer dahin war, wenn man sie bei den Revolutionstruppen antraf. Also wartete sie, in der vergeblichen Hoffnung, ihre Söhne würden zurückkommen. Sie kamen aber nicht.

Die beiden Brüder waren bei Civita Castellana, zwischen Viterbo und Rom, eingesetzt worden. Nach einem von Louis Napoleon ausgearbeiteten Plan, den er auf Grund seiner Schweizer Militärausbildung ausarbeiten konnte, war die Aktion erfolgreich verlaufen, und die Stadt wurde eingenommen. Dann aber hatte es Eifersüchteleien zwischen den Anführern gegeben. Man fürchtete im Hauptquartier der Rebellen, Frankreich werde sich gegen ihre Sache wenden, weil die Bonapartes auf ihrer Seite mitmachten. Es bestand die Gefahr, daß man sie zu Geächteten erklärte. Außerdem wurde bekannt, daß sich österreichische Truppentransportschiffe der Adriaküste näherten und daß im Osten des Landes eine Epidemie ausgebrochen sei.

Anfang März wurde die Lage so kritisch, daß Hortense keine andere Möglichkeit mehr sah, als sich selbst auf den Kriegsschauplatz zu begeben. Am 10. März verließ sie Florenz, wo sie dem britischen Gesandten einen Paß abgeschmeichelt hatte. Damit wollte sie später durch Frankreich nach England reisen. Vorher aber fuhr sie nach Süden und suchte Fühlung mit den Truppen der Aufständischen. Dort mußte sie hören, daß ihre Söhne nach Bologna abgereist waren. Eilig folgte sie ihnen. In Perugia erfuhr sie, daß sie nach Osten weitergezogen waren und daß österreichische Truppen in die Kämpfe eingegriffen hatten. Sie reiste weiter in die Berge hinauf. Unterwegs bekam sie die Nachricht, daß Napoleon Louis in Forli mit Fieber darniederliege.

In Pesaro traf sie Louis Napoleon, von dem sie erfuhr, daß sein älterer Bruder nach nur dreitägiger Krankheit am 27. März gestorben war. Er hatte erst, kurz bevor er sich in das Kriegsabenteuer stürzte, geheiratet. Hortense fiel in Ohnmacht. Man brachte sie in das Haus, in dem ihr jüngerer Sohn sich versteckt hielt.

Doch zum Trauern war keine Zeit. Nicht nur, daß Louis Napoleon ein verfolgter Rebell war – auch bei ihm zeigten sich die ersten Anzeichen desselben Fiebers, das seinen Bruder dahingerafft hatte. Es war eine gefährliche Form von Masern, die durch Erkältung und Überanstrengung verschlimmert wurde. Die österreichischen Truppen gewannen die Oberhand. Hortense mußte also schnell handeln. Einer ihrer Neffen hatte einen Besitz in Ancona. Dorthin wandte sie sich in äußerster Eile zusammen mit ihrem kranken Sohn, den sie auf dieser Reise, so gut es ging, verbarg. Nach der Ankunft steckte man ihn sofort ins Bett. Die Stadt war von den Österreichern besetzt. Unglücklicherweise suchte sich der Komandierende General Geppert als Quartier ausgerechnet die Villa aus, die Hortense' Neffen gehörte. Sein Schlafzimmer lag direkt neben dem Raum, in dem Louis Napoleon im Fieber lag. Hortense hatte aber vorbeugenderweise schon das Gerücht verbreiten lassen, ihr Sohn sei nach Griechenland gesegelt. Das wurde auch geglaubt. Nun hatte sie eine doppelte Aufgabe: zu verhindern, daß er durch Husten seine Anwesenheit verriet, und das Vertrauen des General Geppert zu erlangen. Die zweite Aufgabe war für sie leichter als die erste, denn in der Behandlung von Männern war Hortense von jeher unübertroffen.

Acht Tage lang kämpfte Louis Napoleon mit dem Fieber. Dank der Pflege, die seine Mutter ihm angedeihen ließ und die sein Bruder leider nicht bekommen hatte, kam er durch. Inzwischen hatte Hortense ihre Rolle als Exkönigin brillant gespielt und Geppert mit ihren Erzählungen über Kaiserin Marie-Louise und Feldmarschall Fürst Schwarzenberg gewaltig beeindruckt. Sie entlockte ihm einen Passierschein durch die österreichischen Linien.

In der Frühe des Ostermorgens, noch bevor die Österreicher auf den Beinen waren, bestieg Hortense ihren Wagen. Auf dem Kutschbock saß ein junger livrierter Diener. Es war Louis Napoleon, dessen erste Ausfahrt als Rekonvaleszent eine Reise von der Adria quer durch Italien bis zur Mittelmeerküste sein sollte. Wären die Tage nicht so traurig und vom Tode überschattet gewesen, hätte die Fahrt wie ein Akt aus einer Operette sein können. Da fuhr eine vornehme Dame mit einem britischen Paß, aber sehr geringen Kenntnissen der englischen Sprache durch die österreichischen Linien, hielt den Grenzwachen einen Passierschein unter die Nase, flirtete mit den italienischen Polizisten und reiste nach London, als wäre es die einfachste Sache der Welt. Dabei saß hinter ihr auf dem Dienersitz ein Geächteter, einer der meist gesuchten Männer in Italien, noch blaß und unsicher auf den Beinen. Oft waren sie nahe daran, entdeckt und verhaftet zu werden.

Sie reisten über Perugia, Siena, Pisa, Lucca, Genua und Nizza. Trotz des ausdrücklichen Verbots, französischen Boden zu betreten, überquerten sie dank der britischen Pässe die Grenze nach Frankreich. Für kurze Zeit ruhten sie sich in der herrlichen Bucht von Cannes aus.

Es war April und Frühling in Frankreich. Sie fuhren weiter nach Paris. Jetzt ließen sie sich Zeit, denn für Hortense war es eine wehmütige Fahrt an den Stätten vorbei, die sie früher so gut gekannt hatte. Überallhin führte sie ihren Sohn, der nun kein Geächteter und kein Lakai mehr war, sondern nur noch Tourist. In Fontainebleau zeigte sie ihm das Becken, in dem er getauft worden war, die Säle, in denen sie bei den Siegesfeiern von 1807 getanzt, und den kleinen Tisch, an dem der Kaiser 1814 die Abdankungsurkunde unterzeichnet hatte. Dann näherten sie sich den Befestigungen von Paris.

Hortense dirigierte den Kutscher in die Rue de la Paix. Sinnigerweise suchte sie sich das ›Hôtel de Hollande‹ als Aufenthaltsort aus. Von ihrem Appartement im ersten Stock konnte sie auf die Place Vendôme sehen. Es dauerte nicht lange, bis ein Abgesandter der Regierung erschien und sie über den Zweck ihres Aufenthaltes befragte. Sie hatte jedoch bereits den König von ihrer Ankunft in Kenntnis gesetzt und wurde jetzt zu ihm gebeten.

Louis Philippe war immer noch der Bürgerkönig und hielt folglich die Fahne der Gleichheit hoch. Er hatte die bourbonischen Lilien von seinen Wagentüren abnehmen lassen und war noch nicht aus dem Palais Royal, das der Bevölkerung zugänglich war, in die Tuilerien umgezogen. Für einen Herrscher, der noch nicht fest im Sattel saß, war es wohl ebenso peinlich wie kompromittierend, mit der ehemaligen Königin von Holland, also der Frau zusammenzutreffen, die bis zuletzt bei Napoleon geblieben war. Aber er hatte ihre Eltern gekannt und verstand die Probleme der Menschen, die im Exil leben müssen.

Hortense fand das Leben am Hof von Louis Philippe recht farblos im Vergleich zu den Tagen des Kaiserreichs. Im Palais Royal wurde sie in ein kleines Schlafzimmer geführt. Nach einer Weile kam der König herein. Um ganz sicherzugehen, von der berühmten ›femme fatale‹ nicht verführt zu werden, brachte er seine Frau und seine Schwester mit. Als Hortense erzählte, daß sie mit einem britischen Paß auf dem Weg nach London sei und sich nur kurz in Paris aufhalten werde, lächelten alle zufrieden. Sie hatte jedoch den Eindruck, daß es dem König sehr recht war, wenn sie bald abreiste; je eher, desto besser. Als sie in ihr Hotel zurückkam, erfuhr sie, daß Louis Napoleon einen Rückfall erlitten hatte, und entschied, er könne jetzt unmöglich reisen.

Täglich erkundigte sich der König nach dem Befinden des Kranken. Seine Botschaften wurden immer dringlicher; er hatte ganz offensichtlich den Wunsch, sie möglichst bald aus Paris abreisen zu sehen. Hortense kannte auch den wahren Grund. Der 5. Mai war der 10. Todestag von Napoleon I., und seine alten Veteranen würden sicherlich auf den Straßen demonstrieren. Schließlich kam ein Ultimatum von der Regierung: Sofortige Abreise, krank oder nicht krank. Doch Louis Napoleons Aufbruch hatte sich so lange hinausgezögert, daß er noch hören konnte, wie die Menge »Vive Napoléon!« schrie, als auf dem Place Vendôme an der Säule Kränze niedergelegt wurden. Und das war Musik in seinen Ohren.

Zukunftspläne

Am 10. Mai 1831 wurde Louis Napoleon eine sehr nützliche, wenn auch unbequeme Lektion in Strategie zuteil. Er lernte die Gefahren und Schwierigkeiten kennen, die jeder Versuch einer Invasion Englands von Calais aus über den Kanal mit sich bringen würde. Von Westen her war ein starker Sturm aufgekommen, und heftige Regengüsse peitschten dem Schiff ›Royal George‹ entgegen, auf dessen Deck der Reisewagen festgezurrt war. Hortense ruhte auf ihrem Liegestuhl, neben ihr stöhnte ihre treue Hofdame Mademoiselle Masuyer. Diese Dame, die alle Unbill der italienischen Berge und alle Gefahren während der kriegerischen Unternehmungen der Aufständischen klaglos ertragen hatte, flehte jetzt zu ihrem Schöpfer, er möge sie so schnell wie möglich zu sich nehmen.

Aber nachdem das Abenteuer der Kanalüberquerung überstanden war und man sich in Canterbury erholt hatte, trugen die Frühlingssonne in den Obstgärten von Kent und die Freude, ein neues Land zu entdecken, viel dazu bei, die körperlichen Anstrengungen vergessen zu lassen. Einige zynische Äußerungen fielen über die englischen Straßen und den Verkehr dort. Louis Napoleon übernahm die Aufgabe, mit den Einheimischen zu verhandeln. Mit echt bonapartischem Selbstbewußtsein hielt er alle Leute für töricht, die sein Gestotter und seinen ausländischen Akzent nicht verstanden.

In Großbritannien war gerade Wahlkampf. Das Volk war viel zu sehr mit der Politik und der politischen Aktivität des neuen Königs Wilhelm IV. und mit einem fortschrittlichen Reformgesetz beschäftigt, als daß es sich für die Ankunft eines kleinen Häufleins von ›Boneys‹ Verwandten in einer alten Kutsche interessierte. Ihre Kutsche sah wirklich recht mitgenommen und schäbig aus, da man mit ihr seit der Abfahrt aus Arenenberg im Herbst mehr als 2000 Meilen zurückgelegt hatte.

London war überfüllt. Es war schwierig, ein Hotel zu finden, das sie aufnehmen wollte. Hortense war solche Behandlung nicht gewöhnt. Sie gab dem Reisewagen die Schuld und beschloß, einen neuen anzuschaffen. Schließlich wurde in St. James im ›Fenton-Hotel‹ für vier Pfund pro Tag eine Bleibe gefunden. Mademoiselle Masuyer, die die Kasse verwaltete, fand das außergewöhnlich teuer. Ein paar Tage später wurde deshalb in der George Street ein Haus gemietet; es hatte den Vorteil, in der Nähe des Regent Park, also fast im Grünen zu liegen. Hortense hatte in London nur wenige einflußreiche Bekannte. Einige Verwandte kamen zu Besuch: ihre Nichte Amélie, die Frau von Dom Pedro, dem ersten Kaiser von Brasilien, Lady Dudley Stuart, die Tochter von Napoleons I. ältestem Bruder Lucien. Achille Murat, der Sohn von Caroline Bonaparte und dem unglücklichen König von Neapel, kam auf der Durchreise von Amerika vorbei; und es kam auch Graf Walewski, ein natürlicher Sohn Napoleons mit Marie Walewska. Aber diese so sehr verschiedenartigen Verwandten brachten nur geringen gesellschaftlichen Kontakt. Hortense war immer dafür gewesen, sich in den besten Gesellschaftskreisen zu bewegen. Deshalb sandte sie schleunigst ein Schreiben an König Wilhelm und frischte frühere Verbindungen mit zwei der wichtigsten Familien, den Hollands und den Woburns, wieder auf.

Lord Holland, einer der Führer der Liberalen, hatte immer sehr streng kritisiert, daß man Napoleon während seines zweiten Exils so hart behandelte. So gab es zwischen ihm und Hortense viel Gesprächsstoff. Seine Frau, unter dem Namen ›Die alte Madagaskar‹ bekannt, hatte sich einen Ruf als hervorragende Gastgeberin erworben, nach Art der großen Damen, die im 18. Jahrhundert in Paris ihre ›Salons‹ hatten. Hortense wurde zu den Hollands eingeladen.

Ihre zweite wichtige Beziehung war die Herzogin von Bedford, die sie in dem friedlichen Jahr 1802 in Paris kennengelernt hatte. Damals hieß sie noch Lady Georgiana Gordon, war von ihrer kupplerischen Mutter nach Paris gebracht worden und hatte sich in Hortense' Bruder Eugène verliebt. Aber Napoleon hatte dem bald ein Ende gemacht. Darauf heiratete Georgiana den sechsten Herzog von Bedford. Sie war vermögend, einflußreich und sehr vital. Es kam eine Einladung für ein paar Tage im Juni nach Woburn Abbey, und Hortense fuhr mit ihrer Begleitung im nagelneuen Wagen dorthin. Die prachtvollen Anlagen des Bedfordschen Landsitzes beeindruckten die Bonapartes sehr. Ein ganzes Regiment von Bediensteten empfing die Gäste am Eingang, Lakaien mit gepuderten Perücken huschten umher. Es gab einen ausgedehnten Park, einen Geflügelhof und eine moderne Meierei. Zu Ehren der Gäste wurde ein großes Fest gegeben – all das machte auf den jungen Louis Napoleon einen unvergeßlichen Eindruck.

Aber nicht er, sondern seine Mutter war der gesellschaftliche Mittelpunkt der Saison. Er war noch zu jung, um auf Frauen zu wirken. Mit seinem langen Oberkörper und seinen kurzen Beinen machte er zu Pferde eine bessere Figur als auf dem Parkett. Während seine Mutter in alle vornehmen Häuser zum Tee geladen wurde, beschäftigte er sich damit, seine Kenntnisse zu erweitern. So besichtigte er zum Beispiel die Befestigungsanlagen im Tower. Der Erbauer, Sir Marc I. Brunel, führte ihn durch den im Bau befindlichen Tunnel unter der Themse. Louis Napoleon war bei der Eröffnung des Parlaments dabei. Er geriet auch einmal in eine Straßendemonstration für die Reformgesetze und mußte vor der aufgebrachten Menge Schutz suchen. Aber seine Tätigkeit beschränkte sich nicht auf die Betrachtung von Sehenswürdigkeiten und auf Bildungserlebnisse. Er ließ sich wieder mit Verschwörern ein. London war die Zentrale der Gegner des Orléans-Regimes in Frankreich. Sie fanden, Louis Napoleon sei ein recht gutes Aushängeschild für ihre Sache.

Nach dem italienischen Abenteuer hielt die französische Regierung Hortense und ihren Sohn für fähig, überall Unheil anzurichten. Achille Murat war es, der als erster seine Tante darauf aufmerksam machte, daß es wegen ihres Aufenthaltes in London in den diplomatischen Kreisen beträchtliche Aufregung gäbe. Besonders Talleyrand, der neue französische Botschafter, sei beunruhigt. Das war insofern pikant, als darüber gemunkelt wurde, Talleyrand sei der Vater des Grafen Flahaut, dem Hortense im Jahre 1811 einen Sohn, den späteren Herzog von Morny, geboren hatte. Bei den Gerüchten, die im Umlauf waren, hieß es unter anderem, Louis Napoleon hätte ein Auge auf den Thron von Belgien geworfen. Er stritt dies in Presseveröffentlichungen ab: übrigens hätte er auf keinen Fall eine Chance gehabt. Die schlauen Coburger hatten die Beute längst für sich selbst reserviert, und Leopold war im Juni 1831 zum König der Belgier gewählt worden.

Bevor Leopold in sein neues Land übersiedelte, besuchte er Hortense; er hoffe, sagte er bei dieser Gelegenheit, sie werde, wenn sie über Belgien in die Schweiz zurückkreise, nicht sein Königreich mitnehmen. Die Verdächtigungen, denen die Bonapartes in London ausgesetzt waren, machten es sehr schwierig, Pässe für ihre Rückkehr nach Arenenberg zu bekommen. Erst hieß es, sie sollten über Paris fahren, dann, sie sollten nicht über Paris fahren. Es wurde August, ehe ihre Papiere kamen. In der Zwischenzeit wirkten sich die Aufregungen über Talleyrands seltsame Einfälle und die Verschwörertätigkeit ihres Sohnes auf Hortense' Nerven fatal aus. Ihre Gesundheit litt darunter. Sie beschloß, London zu verlassen und in der ruhigen Umgebung von Tunbridge Wells eine Badekur zu machen. Sie hoffte, wieder zu Kräften zu kommen. Dort konnte sie auch ihren Sohn besser vor heimlichen Besuchern und mitternächtlichen Zusammenkünften bewahren. Glücklicherweise gingen Louis Napoleons Neigungen jetzt in eine andere, ihr sympathischere Richtung. Er hatte sich nämlich in eine sehr hübsche Miß Godfrey verliebt. Jetzt waren seine Mondscheinpartien harmloser Natur.

Am 7. August begann die Rückreise in die Schweiz. Hortense fand es klüger, Paris zu meiden; König Louis Philippe schien nicht sehr gastfreundlich zu sein. Überdies, und das war noch wichtiger, hatte Louis Napoleon ihr angekündigt, er werde sich, wenn er irgendwo Straßendemonstrationen sehen sollte, den Freiheitskämpfern anschließen. Sie nahm sich deshalb vor, seinen Napoleonkult zu fördern. Sie fuhr mit ihm nach Boulogne, wo sie 1805 die für eine Invasion nach England vorbereitete Flotte vor Anker hatte liegen sehen. Sie zeigte ihm das kleine Haus, in dem der Kaiser gewohnt hatte. Dann fuhren sie weiter nach Rueil, wo ihre Mutter begraben lag. 1824 hatten ihr Bruder und sie dort in der Kirche eine der Seitenkapellen erworben und darin eine weiße Marmorstatue der betenden Kaiserin aufstellen lassen. »Für Josephine von Eugène und Hortense, 1825« stand auf dem Sockel. Hortense wollte auch Malmaison besuchen. Das war jedoch von einem schwedischen Bankier erworben worden, und man mußte Eintritt bezahlen. Doch sie wollte keine Eintrittskarte kaufen, um den Ort wiederzusehen, an dem der

Kaiser sie zum letztenmal umarmt hatte, bevor er aus Frankreich und aus ihrem Leben verschwand.

Als sie wieder in Arenenberg waren, herrschte eine Zeitlang Ruhe. Louis Napoleon baute sich einen eigenen Pavillon und füllte ihn mit militärischen Erinnerungsstücken. Er schrieb lange Abhandlungen über Kriegsstrategie und über die Ziele der Bonapartes. Er interessierte sich auch für Kommunalfragen und spielte ein bißchen den Gutsherrn. In der Gegend, in der er lebte, machte er sich durch seine freundliche Art sowie durch persönlichen Einsatz und durch finanzielle Förderung der Volksbildung so beliebt, daß ihm der Kanton Thurgau das Bürgerrecht verlieh. Nun hatte er zum erstenmal, seit er sieben Jahre alt war, wieder eine Heimat.

Das ruhige Leben wurde am 22. Juli 1832 jäh gestört. Aus Wien kam die Nachricht, daß der Herzog von Reichstadt, alias Napoleon II., alias König von Rom gestorben war. Er war nur zweiundzwanzig Jahre alt geworden und hatte immer in dem Palast seines Großvaters, Kaiser Franz von Österreich, wie in einem goldenen Käfig gelebt. Es war schon seltsam, daß drei Knaben aus der Dynastie der Bonapartes, die älter waren als Louis Napoleon, in jungen Jahren starben. Nun schien es Louis Napoleon, als lege sich der Mantel des Großen Kaisers fester um seine Schultern. Offensichtlich wollte es das Schicksal, daß er Frankreich regieren und in den Tuilerien wohnen sollte. Als der Leichnam von Napoleon II. in der Kapuzinergruft in Wien zur letzten Ruhe gebettet wurde, dachte Louis Napoleon voller Erregung daran, was die Zukunft ihm bringen werde. Mademoiselle Masuyer schrieb damals über ihn: »Er war ganz in Schwarz gekleidet. An seiner Krawatte trug er einen mit Diamanten besetzten Adler, der einen Blitz aus Rubinen in den Fängen hielt. Er kam mir vor wie ein Schicksalsengel. Wenn ein freundliches Lächeln seine Züge erhellt, wirkt er sehr geheimnisvoll.« Nach dem Tode seines Neffen meinte Josephe Bonaparte, der ältere Bruder Napoleons I., daß er sich jetzt, als Familienoberhaupt, doch zu weit vom Geschehen befände. Deshalb verließ er sein Haus in Bordentown (New Jersey) und reiste nach London. Hier rief er alle Napoleon-Brüder zusammen. Lucien und Jérôme folgten der Aufforderung. Der holländische Exkönig Louis war durch Rheumatismus zum Krüppel geworden und konnte Florenz nicht verlassen. Louis Napoleon wurde eingeladen, seinen Vater zu vertreten. Hortense war damit einverstanden. Sie hoffte, er werde in dem abwechslungsreichen Londoner Leben weniger Schwierigkeiten machen als in Arenenberg, wo seine üblen Freunde vor lauter Langeweile nichts Besseres zu tun wußten, als fortwährend neue Verschwörungen auszuhecken.

Mitte November kam er in London an. Schon sehr bald beklagte er sich in Briefen an seine Mutter darüber, daß seine Onkel viel zu wenig von sich hermachten, gar keine eigenen Pläne hätten und zu allen Kompromissen bereit seien. Der Neffe wurde immerhin durch gesellschaftlichen Erfolg entschädigt: er gehörte jetzt zu den obersten Kreisen. Bei einem Empfang traf er Talleyrand, der ihn geflissentlich übersah. Er rächte sich. Louis Napoleon wartete, bis der Botschafter sich mit einer reizenden Dame unterhielt. Er unterbrach das Gespräch und entführte die Dame. In London traf er aber auch erneut mit einigen Verschwörern zusammen und fuhr mindestens einmal heimlich über den Kanal. Sein Onkel Josephe war jedenfalls höchst erleichtert, als der Prinz im Mai 1833 wieder nach Arenenberg zurückfuhr.

Louis Napoleon war überzeugt, daß sowohl für seine persönliche Entwicklung wie für seine zukünftige Rolle eine militärische Ausbildung unerläßlich war. Er nahm deshalb wieder den Dienst bei der Schweizer Truppe auf, wurde zum ›Hauptmann Bonaparte‹ befördert und verfaßte ein Handbuch der Artillerie. Aber wenn er abends in seinem Pavillon saß, beschäftigte er sich vor allem mit Plänen für ein Zweites Kaiserreich. Er sah es als einen »Nationalstaat, das heißt eine Macht, die ganz und gar vom Volke ausgeht, der einzigen Quelle von Größe und Erhabenheit«.

Unverständlicherweise spielten Louis Philippe und seine Minister diesem Träumer die Bälle zu. Die maßgeblichen Politiker Frankreichs waren mittleren Alters, gehörten dem Mittelstand an und waren ziemlich einfallslos. Doch der Bürgerkönig wußte, daß sein Volk Romantik brauchte, und er bot ihm Romantik in Form der Napoleon-Legende. Seit Waterloo waren rund zwanzig Jahre vergangen, die Erinnerung an Blut und Tränen, an Massaker und Todeskämpfe war längst verblaßt. Im Licht der Gegenwart glänzten lediglich die großen historischen Augenblicke. Deshalb war die Volksmenge begeistert, als man die Statue des Kaisers wieder auf ihrem alten Platz auf der Place Vendôme aufstellte und die Namen der Siege in den Marmor des Arc de Triomphe eingemeißelt wurden.

Die Trikolore war wieder Frankreichs Nationalflagge. Dichter verherrlichten Austerlitz und Elba. Schauspieler, die Napoleon darstellten, spielten vor vollbesetzten Häusern. Man sprach davon, daß Napoleons Leichnam aus St. Helena überführt werden sollte. Aber da wurde gesagt, es gäbe dann zwei Herrscher in Paris, einen in den Tuilerien und einen im Invalidendom. Genaugenommen war es nur die Legende um Napoleon, die gepflegt wurde, und nicht der Bonapartismus. Die alternden Brüder des Kaisers und ihre Nachkommen spielten dabei keine Rolle. Sie waren in Vergessenheit geraten. Dies war für Louis Napoleon wiederum sehr günstig. Denn auch er hatte die Familie abgeschrieben, auch er wünschte, daß die Legende aufgefrischt werde.

Nun trat Jean Gilbert Victor Fialin in Louis Napoleons Leben, ein Mann seines Alters, ein Byron-Typ. Er war der Sohn eines Steuereinnehmers und wegen Insubordination aus der Armee entlassen worden. Daraufhin hatte er sich dem Journalismus zugewandt und für ›Le Temps‹ in Paris geschrieben. Inzwischen hatte er sich, unter Berufung auf seine Abstammung aus einer alten bretonischen Adelsfamilie, den Titel eines Vicomte de Persigny zugelegt. Er liebte politische Intrigen und schöne Frauen.

Auf einer Reise sah er eines Abends in Baden-Baden eine junge Dame, die ihm gefiel. Er fand heraus, wo sie wohnte, und wollte sie am anderen Morgen besuchen. Unterwegs zu ihr überholte sein Wagen einen allein dahinschlendernden jungen Mann, bei dessen Anblick sich der Kutscher von seinem Sitz erhob und »Vive Napoléon!« rief. Als Persigny erfuhr, wer dieser junge Mann war, vergaß er sein galantes Abenteuer und hatte plötzlich eine Vision. Er sah einen neuen Napoleon auf dem Marsch nach Paris, sah, wie sich immer mehr Anhänger um ihn scharten, wie eine ungeheure Menschenmenge den zweiten Kaiser der Franzosen in seiner Hauptstadt mit stürmischer Begeisterung empfing. Persigny verschaffte sich einen Einführungsbrief und machte in Arenenberg seine Aufwartung. Kurz darauf übernahm er die Rolle des Chefs im Planungsstab von Louis Napoleon.

Bei ihren Plänen bauten die beiden auf die noch lebendige Erinnerung an Napoleons Rückkehr von Elba. Aber sie hatten sich verrechnet. Lafayette hatte zwar geschrieben: »Die Regierung kann sich nicht halten. Nur Ihr Name ist populär... wagen Sie es, ich werde Ihnen, wenn der Augenblick gekommen ist, mit allen Mitteln helfen, die mir zur Verfügung stehen.« Aber dies war nur der Wunsch einer kleinen Gruppe in Paris, die die Einstellung der Armee überhaupt nicht berücksichtigte. Der Kaiser Napoleon war für Lafayette und seine Leute eine Legende. Als er aus Elba zurückkam, war er nur ein Jahr nicht bei seinen Truppen gewesen. Im Jahre 1836 hingegen hatte die Armee Grund zur Klage und war unzufrieden. Aber Prinz Louis Napoleon war sowohl für die Offiziere wie für die Truppen ein unbeschriebenes Blatt. Außerdem hatten nur die Älteren unter ihnen Fronterfahrung. Den Unterschied in der Denkart und Reaktion von kampferfahrenen Truppen und der Etappe kannten und begriffen die Pläneschmiede nicht. Die Regimenter, die entlang der Rhein grenze stationiert waren, glaubten, ihre einzigen Aufgaben seien Paraden, Wachen und Zollkontrollen. Ihre Gedanken kreisten um Urlaub und Frauen. Wochenendbesuche in den Casinos und Cafés von Baden-Baden sollten die Eintönigkeit und Härte ihres Militärdienstes auflockern. Eine gründliche Umschulung wäre nötig, um diese Männer zu solchen Soldaten zu machen, wie sie Napoleon in die Schlacht bei Waterloo geführt hatte. Sein Neffe mußte noch viel lernen.

Persigny unternahm eine Aufklärungsfahrt durch die Grenzstädte und entschied, Straßburg zum Ausgangspunkt für das geplante Abenteuer zu machen. Dort war das Vierte Artillerieregiment stationiert, dasselbe Regiment, das sich zu Beginn der Hundert Tage sofort Napoleon angeschlossen hatte. Es wurde angenommen, daß das Regiment erneut so reagieren könnte wie damals.

Der nächste Punkt, der geregelt werden mußte, war die Zusammensetzung des Generalstabes. Neben den beiden Anführern gehörten dem Stab zu Beginn Graf Francesco Arese an, der in den italienischen Carbonari-Aufstand verwickelt gewesen war und Louis Napoleon auf seiner zweiten Reise nach London begleitet hatte; Oberst Parquin, der Mann von Hortense' Vorleserin, ein begeisterter Bonapartist, und Charles Thélin, der treue Kammerdiener des Prinzen. Im Sommer 1836 beschloß Persigny, es wäre Zeit, näher an den Schauplatz heranzugehen. Er mietete ein Haus auf dem deutschen Rheinufer, von wo aus Straßburg leicht erreichbar war. Hier schloß sich ihnen auch ein neues Mitglied an, eine auffallend schöne Witwe und berühmte Sängerin.

Eleanora Marie Brault wurde im September 1808 in Paris geboren. Ihr Vater war Hauptmann in der Kaiserlichen Garde. Sie war in einem Kloster in der Rue de Sèvres erzogen worden. Ihre Liebe galt der Musik, sie studierte am Konservatorium und hatte eine Zeitlang Rossini als Lehrer. Ihre Altstimme wurde sehr bewundert. Sie sang in Italien und in vielen Städten Europas. 1831 heiratete sie in

London Sir Gordon Archer, einen Offizier, der zur anglospanischen Mission gehörte. Im März 1836 starb er in Spanien an Typhus. Seine Witwe nannte sich Madame Gordon, kehrte zur Bühne zurück und wurde Persignys Geliebte. Sie nahm ein Engagement als Sängerin in Straßburg und Baden-Baden an. In beiden Städten hatte sie Wohnungen, was für die Pläne der Verschwörer außerordentlich günstig war.

Eleanora Gordon galt als Mannweib, gleichzeitig aber auch als männermordend. Sie war eine Frau, die immer fanatisch für eine Sache eintrat. Jetzt teilte sie ihr Interesse zwischen dem Bonapartismus und der Liebe, mit Betonung auf dem ersteren. Sie konnte fechten und schießen. Es hieß, sie habe auf einer Reise mit ihrem Mann in Bengalen einen Tiger erlegt. Klatschbasen behaupteten auch, sie sei die Geliebte von Louis Napoleon gewesen. Beide bestritten das, wobei Eleanoras Ableugnen entschieden mehr Gewicht hatte. Sie sagte, er käme ihr zu weibisch vor, gab aber zu, daß sie ihn politisch bewundere. Wenn es darauf ankam, einen Mann zu verführen, konnte ihr keiner widerstehen. Louis Napoleon übernahm die Aufgabe, Kontakte anzuknüpfen. Er war häufiger Besucher des Casinos in Baden-Baden und kam dort mit einer Anzahl jüngerer Offiziere ins Gespräch, die aus Straßburg auf Urlaub gekommen waren. Er suchte nach Menschen, die Grund zur Klage hatten. Per Zufall stieß er auf einen Leutnant Laity, der nicht nur mit seinem Los unzufrieden, sondern auch ein glühender Bewunderer des Kaisers Napoleon war. Durch ihn wurde ein gutes Dutzend neuer Verschwörer angeworben. Als nächster Schritt galt es, einen älteren Offizier für die Sache zu gewinnen. Louis Napoleon ging gleich aufs Ganze und versuchte sein Glück bei General Voirol, der die Fünfte Division befehligte. Von ihm erbat er nur ein Wort der Zusage. Er erhielt ein paar kurze und sehr präzise Worte, des Inhalts, daß General Voirol dem Prinzen eine Frist von einer Viertelstunde gebe, um wieder über den Rhein zurückzukehren.

Der nächste, an den er herantrat, war Oberst Vaudrey, der das Vierte Artillerieregiment kommandierte. Claude Nicolas Vaudrey war zweiundfünfzig Jahre alt. Er hatte zwischen 1806 und 1814 an allen Feldzügen der Großen Armee teilgenommen, war Kriegsgefangener gewesen und hatte sich bei Waterloo ausgezeichnet. 1830 wurde er reaktiviert und drei Jahre später zum Obersten befördert. Aber wie so viele Offiziere mit langer Dienstzeit war Vaudrey der Meinung, der hätte Besseres verdient. Seine Bewerbung um einen Generalstabsposten war abgelehnt worden. Er war ein gutaussehender Mann, verheiratet und hatte zwei Kinder. Obwohl er allen Grund hatte, unzufrieden zu sein, stellte sich jedoch bei der ersten Fühlungnahme heraus, daß er nicht daran dachte, seine Karriere für einen riskanten Plan aufs Spiel zu setzen. Ein anderer Weg mußte gefunden werden. Die schöne Eleanora wurde als Köder eingesetzt. Sie betörte den Obersten und konnte ihn bald um den Finger wickeln. Er bat sie, seine Geliebte zu werden. Sie sagte, sie werde nur demjenigen gehören, der für Prinz Napoleon wäre. Vaudrey antwortete: »Werden Sie die Meine, ich bin der Seine.« Und so geschah es.

Anfang Oktober schlich sich Louis Napoleon verkleidet in die Stadt Straßburg. In einem Zimmer von Eleanoras Haus hielt er im Morgengrauen vor etwa zwei Dutzend seiner Anhänger eine Ansprache. Er redete von der Heiligkeit seiner Sache und wiederholte all die Schlagworte aus den Tagen des Kaiserreichs. Der Empfang, den man ihm bereitet hatte, überzeugte ihn davon, daß die Zahl seiner Anhänger groß genug sei, um ohne weiteren Aufschub einen Versuch wagen zu können. Er fuhr nach Arenenberg, um Hortense' Segen zu erbitten. Sie streifte ihm einen einfachen Goldring über den Finger, in dem die Namen ›Napoleon Bonaparte‹ und ›Josephine Tascher‹ eingraviert waren. Es war der Trauring ihrer Eltern gewesen.

Am 26. Oktober 1836 brach Louis Napoleon auf. Zunächst tauchte er unter und wählte Schleichwege, um sicherzugehen, daß man ihm nicht folgte. Die Nacht zum 27. verbrachte er in Lahr. Am folgenden Tag fuhr er nach Freiburg, überquerte bei Neu-Breisach die französische Grenze und wandte sich nordwärts nach Colmar. Spät am Abend kam er in Straßburg an. Die Nacht blieb er in Eleanoras Haus in der Rue de la Fontaine 7. Er hatte einen großen Koffer voller Flugblätter, Proklamationen und französischen Uniformen bei sich. Am 29. nahm er Fühlung mit seinen Anhängern auf. Spätabends traf er auf dem Quai Neuf mit Vaudrey zusammen.

In dieser Nacht fand in Eleanoras Haus kaum jemand Schlaf. Am Morgen des 30. kurz vor sechs Uhr schlichen die Verschwörer hinaus in die Dämmerung. Es schneite. Louis Napoleon trug die Uniform eines Obersten, Parquin die eines Generals. Sie hatten eine Trikolore bei sich, mit dem kaiserlichen Adler gekrönt.

Vaudrey hatte seine Leute frühzeitig antreten lassen. Er ließ sie strammstehen und salutierte militärisch korrekt, als Louis Napoleon mit seinen Verschwörern aus dem Dunkel auftauchte. Der Kaiser in spe hielt eine zündende Ansprache. Sie wurde nur von einigen halbherzig mit dem Ruf »Vive L'Empereur!« beantwortet. Die frühe Stunde und das unfreundliche Wetter waren nicht dazu angetan, große Begeisterung zu wecken. Eine Musikkapelle spielte, Befehle wurden erteilt, und das Vierte Artillerieregiment marschierte in Richtung auf die Kaserne des 46. Linienregiments.

Persigny stürmte davon, um den Präfekten festzunehmen, während Parquin den Militärgouverneur, General Voirol, verhaften sollte. Dieser, vom Lärm aufgeschreckt, wollte jeglichen ernsten Zusammenstoß vermeiden, lief von einem Zimmer ins andere und schlug Parquin die Türen vor der Nase zu. Schließlich gelangte er auf die Straße, sah zwar zersaust aus, war aber noch immer als General zu erkennen. Da richteten sich plötzlich zwei Pistolen auf ihn, hinter denen das erregte Gesicht von Eleanora Gordon erschien. Sie hatte die Nacht mit Vaudrey verbracht und stürzte sich jetzt, in jeder Hand eine Pistole schwingend, voller Begeisterung in das Getümmel. Zum Glück hielt sie Voirol für einen Anhänger Napoleons, sonst hätte sie ihm bestimmt eine Kugel in den Kopf gejagt, wie sie später sagte. Sie war übrigens an diesem Morgen das einzig wirklich gefährliche Element in Straßburg.

Leider gab es bei dem Marsch des Vierten Artillerieregiments ein unerwartetes Hindernis. Man hatte geplant, die Wälle zu stürmen, hinter denen die Unterkünfte lagen, weil man hoffte, damit die Infanterie zu beeindrucken. Aber statt in breiter Front vorstürmen zu können, wurde die Kolonne einen schmalen Pfad entlanggeführt. In dem Dämmerlicht konnte deshalb der wachhabende Infanteriesergeant zunächst nur einige wenige Männer erkennen. Es beeindruckte ihn dann auch nicht besonders, als die gesamte Sturmkolonne schließlich eingetroffen war und ein niederer Dienstgrad von ihm verlangte, er solle das Regiment antreten lassen. Napoleon hin, Napoleon her, die Infanterie nahm eben keine Befehle von der Artillerie entgegen. Inzwischen hatte sich eine Menge Soldaten im Hof der Kaserne versammelt. Louis Napoleon begann seine Ansprache, wurde aber durch den Ruf ›Hochstapler‹ unterbrochen. Der Offizier vom Dienst erschien auf der Bildfläche und befahl den Soldaten, den Möchtegern-Kaiser festzunehmen. Louis Napoleon verbot seinen Anhängern, die Waffen zu ziehen. Er wurde verhaftet und in das Stadtgefängnis eingeliefert. Persigny verbarg sich in Eleanoras Haus. Als Soldaten kamen, um ihn festzunehmen, leistete sie so erbitterten Widerstand, daß er durch die Hintertür fliehen konnte.

General Voirol sandte sofort einen Bericht nach Paris, und zwar über den ›Semaphor‹, eine Signalstafette, deren Hebelarmzeichen von einem hoch gelegenen Punkt zum nächsten übermittelt wurden. Aber unterwegs herrschte Nebel, so daß nur die Hälfte der Botschaft ankam. Als man sie entzifferte, lautete sie:

»Heute gegen sechs Uhr früh ist hier Louis Napoleon, der Sohn der Herzogin von Saint-Leu, unterstützt von dem Artillerieobersten Vaudrey, in den Straßen von Straßburg erschienen, mit einer Gruppe von...«

Louis Philippe und seine Minister waren äußerst verwirrt. Solange der Nebel sich nicht hob, war es ganz und gar unmöglich herauszufinden, wie der Rest der Botschaft lautete. Vor allem konnte man nicht abschätzen, wie groß die Zahl der eventuellen Anhänger Louis Napoleons war. Es konnte durchaus sein, daß schon ein neuer Kaiser mit einem Heer von Aufständischen auf dem Marsch nach Paris war. Auch am anderen Tag herrschte dichter Nebel; erst gegen Abend kam ein reitender Bote aus Straßburg in Paris an. Noch nie hat sich ein König so erleichtert gefühlt. Aus Dankbarkeit beförderte er sofort den General Voirol.

In gebührendem Zeitabstand nach dem Kurier war noch jemand auf dem Weg nach Paris. Es war Hortense. Sie hatte es sehr eilig. In der Hauptstadt angelangt, suchte sie sofort Louis Philippe auf und bat ihn für ihren Sohn um Verzeihung. Es sei ja nichts weiter als jugendliche Abenteuerlust gewesen. Sie versprach, ihn wieder zur Vernunft zu bringen. Der König wollte jede Unruhe vermeiden, und außerdem lag ihm daran, die Napoleon-Legende makellos zu erhalten. Deshalb verzieh er unter der Bedingung, daß Louis Napoleon nach Amerika ginge. Auch den anderen Verschwörern verzieh er; vor Gericht wurden sie für nicht schuldig erklärt. Aber so etwas dürfte nicht noch einmal vorkommen, meinte der König.

Louis Philippe zögerte nicht lange. Der Prinz wurde unter Bewachung nach Paris gebracht und wenige Stunden später auf die Festung Port Louis in der Nähe von Lorient geschickt. Seine Mutter durfte er nicht mehr sehen. Einen weiteren Kummer bereitete ihm ein Brief seines Onkels Jérôme. Dieser teilte ihm nämlich mit, es könne nun keine Rede mehr davon sein, daß er seine Kusine Mathilde zur Frau bekäme, weil er sich in dieses unmögliche Straßburger Abenteuer eingelassen hatte. Dabei waren die beiden von jeher miteinander befreundet, und er hing sehr an ihr.

Am 21. November begab sich Louis Napoleon an Bord der Fregatte ›Andromède‹. Auf der Gangway hatte er zwei tröstliche Erlebnisse: zunächst erhielt er als Abschiedsgeschenk von König Louis Philippe eine Geldbörse mit 16 000 Goldfranken. Und ein Offizier der Gendarmerieeskorte flüsterte ihm zu: »Frankreich weiß jetzt, daß der Kaiser einen Erben hat.« Erst auf hoher See öffnete der Kapitän die versiegelte Order: Die Fahrt in die Vereinigten Staaten solle vier Monate dauern, und sein Passagier sei als Gefangener zu behandeln. Darum schipperte die ›Andromède‹ den ganzen Winter über durch den Atlantik, segelte von den Kanarischen Inseln nach Rio und landete erst am 30. März 1837 in Norfolk, Virginia. Die Schiffsoffiziere gaben Louis Napoleon ein Abschiedsdiner. Von nun an war er ein freier Mann. Aber die lange Seereise hatte seinen Ehrgeiz gedämpft. Er sah sich bereits als amerikanischen Farmer. In einem Brief aus New York schilderte er Hortense diesen Abschnitt seiner Reise:

»Am 2. April begleiteten mich der Kapitän und seine Offiziere zu dem Dampfboot, das mich durch die Chesapeake Bay nach Baltimore brachte. Um 4 Uhr nachmittags legten wir ab. Etwa zweihundert Passagiere waren an Bord. Die Kajüte ist ein schmaler, etwa 160 Fuß langer Raum, der sich über die ganze Länge des Schiffes erstreckt. Um sieben Uhr gab es Abendessen. Eine halbe Stunde später wurden die Tische weggeräumt und Betten aufgeschlagen. Die Frauen haben eigene Kabinen. Da es sehr heiß war, stand ich gegen vier Uhr früh auf und ging an Deck, um frische Luft zu schnappen. Um sechs Uhr kamen wir in Baltimore an und stiegen auf ein anderes Schiff um. Am Nordufer der Bucht stand ein Zug bereit, der uns zum Delawarefluß brachte. Von dort ging es wieder per Schiff nach Philadelphia weiter. Von Philadelphia nach New York reisten wir abwechselnd per Bahn oder Schiff. Ich bin am Point Breeze vorbeigefahren, dem Wohnsitz meines

Onkels (König Josephe lebte in Bordentown, New Jersey). Es ist ein hübsches kleines Haus am Ufer des Delaware; aber die Gegend ist ziemlich flach. Das einzig Schöne ist der breite Strom mit den prächtigen Dampfbooten darauf.«

In New York angekommen, hatte sich Louis Napoleon nicht mehr über Einsamkeit und Isolierung zu beklagen. Schon bei seiner Ankunft begrüßten ihn zwei seiner Mitverschworenen, Graf Arese und sein treuer Diener Charles Thélin. Dann waren da noch drei Vettern: Pierre, der Sohn von Lucien Bonaparte, sowie Achille und Lucien Murat. Er nahm eine Wohnung im ›Washington Hall Hotel‹, einem der schönsten Häuser der Stadt an der Ostseite des Broadway. Aufgrund seines Namens und seiner Abenteuer wurde auch die Presse auf ihn aufmerksam.

Er speiste mit General Webb, dem Herausgeber des ›Courier and Enquirer‹, und wurde dem Schriftsteller Washington Irving vorgestellt. Die Clintons und die Livingstons öffneten ihm ihre Häuser. Bald hatte er so viele gesellschaftliche Verpflichtungen, daß er seine Pläne für eine ausgedehnte Rundreise durch die Staaten aufschieben mußte. Nur einen Ausflug an die Niagarafälle hatte er unternommen und das Haus seines Onkels am Delaware besichtigt, das man die ›Villa Bonaparte‹ nannte.

Aber dann wurde sein Aufenthalt jäh durch einen Brief seiner Mutter unterbrochen. Bevor er ihn geöffnet hatte, las er auf dem Umschlag die Worte: »Kommen Sie schnell!« Er erkannte die Handschrift ihres Arztes Dr. Conneau. Dann las er:

»Mein lieber Sohn,
ich muß mich einer absolut notwendigen Operation unterziehen. Für den Fall, daß sie schlecht ausgeht, erteile ich Dir meinen Segen. Wir werden uns wiedertreffen, nicht wahr, in einer besseren Welt, wo Du zu mir kommst, so spät wie möglich. Du darfst nicht vergessen, daß mir, wenn ich diese Welt verlassen muß, nur der Abschied von Dir schwerfällt. Nur Deine Liebe und

Anhänglichkeit haben mir mein Leben versüßt. Denke daran, wie sehr ich Dich liebe, und verliere nicht den Mut. Glaube mir, wir wachen über all unsere Lieben, die wir hier unten zurücklassen, und behalten sie im Auge, bis wir sie wiedersehen. Behalte den Glauben an diesen tröstlichen Gedanken: Er muß wahr sein, man braucht ihn. Ich segne auch den guten Arese wie einen eigenen Sohn. Ich drücke Dich an mein Herz, mein lieber Junge. Ich bin ganz ruhig und gefaßt und hoffe doch, daß wir uns auch in dieser Welt noch einmal sehen. Gottes Wille geschehe.

Deine Dich liebende Mutter

Hortense.«

Louis Napoleon vermutete, daß es sich um Krebs handelte. Sicher war Hortense schon länger krank gewesen und hatte es ihm verheimlicht. Er buchte sofort eine Überfahrt auf dem ersten abgehenden Schiff, der ›George Washington‹, und traf bereits am 10. Juli 1837 im ›Fenton Hotel‹ in London ein. Jetzt brauchte er dringend jemanden, der ihm zu einem Paß für den Rest der Reise verhalf. Aber er war ein Gezeichneter. Als sein Onkel Josephe von seiner Ankunft hörte, schrieb er ihm einen bösen Brief und zog sich sofort auf sein Landgut inmitten eines 150 Morgen großen Parks in Suffolk zurück. Lady Dudley Stuart war hilfsbereiter. Sie benutzte ihren Einfluß auf den österreichischen Botschafter, der seinerseits einen Vorstoß bei der Französischen Botschaft unternahm und versuchte, für Louis Napoleon die freie Durchreise durch Frankreich zu erreichen. Er wurde jedoch strikt abgewiesen. Nun aber tauchte im ›Fenton Hotel‹ ein sehr willkommener Besuch in Gestalt von Persigny auf. Er besaß einen großen Schatz an konspirativer Erfahrung.

Inzwischen hatte der französische Botschafter Anweisung aus Paris erhalten: »Tun Sie alles, um genau herauszubekommen, was der junge Mann treibt und welche Reisepläne er hat. Sollte er England verlassen, so werden Sie mich bitte umgehend mit Kurier und einer Depesche informieren, in welche Richtung er gereist ist.« Der Botschafter wurde im Innenministerium vorstellig, wo Lord John Russell ihm Hilfe zusicherte.

Louis Napoleon bekam einen zweiten Brief von seiner Mutter, woraufhin er beschloß, nicht länger zu warten. Er lieh sich einen amerikanischen Paß, auf den ihm der Schweizer Gesandte ohne weitere Rückfragen ein Visum erteilte. Am 29. Juli verließ Louis Napoleon in aller Öffentlichkeit mit seinem gesamten Gepäck das ›Fenton Hotel‹, reiste nach Richmond und quartierte sich dort in einem Gasthof ein. Von jetzt an übernahm Persigny die Organisation der Weiterreise. Am folgenden Tag wurde Louis Napoleon in einem schnellen Wagen nach London zurückgebracht. Am Stadtrand sprang er hinaus, während die Droschke weiterfuhr. Er nahm einen Pferdeomnibus und erreichte so das Themseufer. Dort bestieg er den holländischen Dampfer ›Batavier‹.

Inzwischen benachrichtigte Persigny Mademoiselle Masuyer von der Abreise des Prinzen und trug ihr auf, sich mit Herrn Thomson in Mannheim in Verbindung zu setzen. Am 31. Juli informierte die Londoner Polizei die Französische Botschaft, daß sie jede Spur des Prinzen verloren habe. Unterdessen hatte der Flüchtling bereits Rotterdam erreicht und war auf einen Rheindampfer umgestiegen. Er ging in Mannheim von Bord, holte seine Post ab und fuhr nach Arenenberg weiter. Am späten Abend des 4. August kam er dort an. Seine Mutter schlief und war so krank, daß man sie nicht wecken wollte.

Als sie ihn am anderen Morgen sah, gewann sie durch die Freude neue Lebenskraft. Die ganzen warmen, ruhigen Monate August und September hindurch saß er an ihrem Bett, las ihr vor, sprach von früheren Zeiten und brachte sie wieder zum Lachen.

Am 5. Oktober starb sie kurz vor Tagesanbruch. Ihr letzter Blick galt dem Sohn, dem sie all ihre Liebe gegeben hatte.

Gescheiterte Invasion

Louis Napoleons Herz war gebrochen. In völliger Abgeschiedenheit sichtete er in Arenenberg den Nachlaß seiner Mutter und sorgte für die Erfüllung ihres Testaments. In dem Zimmer, das sie für ihn eingerichtet hatte, las er immer wieder ihre letzten Ratschläge:

»*Vergiß nie, darauf hinzuweisen, daß der Kaiser unfehlbar war und daß er für alle seine Taten ein echtes vaterländisches Motiv hatte. Versäume keine Gelegenheit, immer wieder zu sagen, daß er Frankreich mächtig und zu einem blühenden Land gemacht hat, daß jede seiner Eroberungen der Neuordnung Europas diente und Institutionen mit sich brachte, die dauernden Wert behalten. Die Leute glauben schließlich immer das, was man ihnen ununterbrochen erzählt; man bekommt immer, was man oft genug und auf jede mögliche Weise fordert.*«

Doch im Januar 1838 konnte der Prinz die Einsamkeit und die ständig gegenwärtige Erinnerung an seine verstorbene Mutter nicht länger ertragen und zog in das nahe gelegene Schloß Gottlieben, einen Besitz, den Hortense ihm vermacht hatte. Dort versammelten sich auch wieder seine Freunde. Sie fanden, sein Kummer und sein Einsiedlerdasein hätten nun lange genug gedauert, und wollten ihn aufmuntern. Einige dieser Freunde hatten bereits an dem Straßburger Abenteuer teilgenommen.

Die französischen Behörden, die während der Trauerzeit für die Exkönigin von Holland nichts unternommen hatten, erfuhren von diesen Zusammenkünften und waren jetzt auf der Hut. Hinzu kam die Veröffentlichung eines Pamphlets aus der Feder des Leutnants Laity, worin er versuchte nachzuweisen, daß der Straßburger Überfall sehr viel gefährlicher gewesen sei, als allgemein angenommen wurde. Diese Indiskretion brachte Laity eine Gefängnisstrafe von fünf Jahren ein. Die französische Regierung sah Louis Napoleon nun offensichtlich als eine ernste Gefahr an. Ende Januar erschien der Herzog von Montebello, Sohn des Marschalls Lannes, in Luzern und verlangte, daß Prinz Louis Napoleon aus der Schweiz ausgewiesen werde.

Diese kategorische Forderung verärgerte die Schweizer. Sie hatten keine Lust, sich Vorschriften über das Kommen und Gehen ihrer Ehrenbürger diktieren zu lassen. Sie duldeten auch keinerlei Einmischung in ihr traditionelles Recht, wohlhabenden Emigranten Asyl zu gewähren. Dementsprechend übten sie eine Hinhaltetaktik aus. Als der französische Gesandte sich erkundigte, wie es mit der Erfüllung seiner Forderung stünde, wurde ihm mitgeteilt, die Angelegenheit sei an eine andere Abteilung weitergeleitet worden. Man habe einen Ausschuß gebildet, der über den Fall beraten wolle. Ein international anerkannter Rechtsanwalt sei beauftragt worden, ein Gutachten zu erstatten. Dies war ein Fall, bei dem sich immer neue Aktennotizen aufeinandertürmten und die Dossiers mit dem Vermerk ›Zur Weiterbearbeitung‹ von Hand zu Hand gereicht wurden. Aber bearbeitet wurde gar nichts. Schließlich erreichte das Aktenkonvolut den Kanton Thurgau. Dort war man mit Vorgängen von internationaler Tragweite noch niemals konfrontiert worden. Den Lokalbehörden fiel daraufhin ein, Louis Napoleon schnellstens zum Präsidenten ihres Schützenvereins zu ernennen.

Die Franzosen waren wütend und verloren die Geduld. Im September wurde in Lyon ein Armeekorps von 25000 Mann aufgestellt und in Richtung Schweizer Grenze in Marsch gesetzt. Der Kommandeur der Truppe wetterte: »Unsere aufrührerischen Nachbarn werden vielleicht zu spät merken, daß es besser wäre, den berechtigten französischen Forderungen nachzukommen, als beleidigende Reden zu halten.« In der Schweiz wurde Louis Napoleon zum Nationalhelden. Er wurde mit Ehren überhäuft. Inzwischen beschimpften sich die französische und die Schweizer Presse gegenseitig. In Luzern meldeten sich Freiwillige, um für die Ehre der Nation zu kämpfen.

Die Schweizer Armee machte mobil; in den Straßen wurden Schützengräben ausgehoben, und es sah gefährlich nach Krieg aus. Die Sommerfrischler fanden die Lage beängstigend. Unter ihnen war die Familie Nightingale, die sich damals in Genf aufhielt und nun überstürzt nach Paris abreisen wollte. Florence saß mit ihrer Mutter im Hotel und hörte den Lärm von der Straße, wo Barrikaden errichtet wurden. Inzwischen versuchte ihr Vater, in der Stadt Pferde für ihren Reisewagen aufzutreiben. Das war Miß Nightingales erster Vorgeschmack von Krieg.

Louis Napoleon war jetzt ein Held. Zum erstenmal konnte er diese Rolle wirklich auskosten. Der König von Frankreich selbst hatte ihm ja dazu verholfen, als er öffentlich verkündete, ein neuer Kaiser drohe auf der politischen Bühne zu erscheinen. Aber diesmal machte Louis Napoleon keinen Fehler. Auf dem Höhepunkt der Krise erklärte er in aller Ruhe, er werde aus freien Stücken die Schweiz verlassen. Die Franzosen waren blamiert, die Schweizer hingegen entzückt, daß sie ihren Zweck erreicht hatten und aus einer schwierigen Situation herausgekommen waren. Anfang Oktober ließ Louis Napoleon seine Wagen und Pferde versteigern, und am 14. fuhr er unter dem Jubel der Bevölkerung durch Deutschland den Rhein entlang, nach Rotterdam und von dort nach London.

Durch das Testament seiner Mutter und den Verkauf von Landbesitz in der Schweiz war Louis Napoleon jetzt ein reicher junger Mann geworden. Er gab das Geld mit vollen Händen aus, mietete ein schönes Haus in der Carlton Terrace 17 und zog später nach Carlton Gardens I um. Zu seinem Gefolge gehörten jetzt: Persigny, General Montholon, der bis zum Tode des Kaisers Napoleon bei ihm in Elba geblieben war, Oberst Parquin und Dr. Conneau. Der Arzt hatte Hortense auf ihrem Totenbett versprochen, er werde ihren Sohn niemals verlassen. Zu seinen Dienstboten gehörten der treue Charles Thélin und zwei ehemalige Diener von Hortense. Louis Napoleon engagierte den besten Koch von London. Auf die Türen seines Wagens wurde der kaiserliche Adler gemalt. Seine Anzüge ließ er in der Savile Row anfertigen, und seine Krawattennadel war ein mit Brillanten besetzter Kaiseradler. Wenn er durch den Hyde Park ritt, erregte er Aufsehen. Die Familie der Hollands und die Herzogin von Bedford beeilten sich, die Bekanntschaft mit ihm zu erneuern. Wenn die Londoner Gesellschaft im Winter zur Badekur nach Leamington aufbrach, reiste auch Louis Napoleon dorthin. Mit den Warwickshires ging er auf die Jagd und wurde auf die prachtvollen Landsitze in den verschiedenen Grafschaften eingeladen.

Zu seinen Bekannten gehörten: die Herzogin von Somerset, Herzog und Herzogin von Beaufort, Lord Eglinton, Bulwer Lytton, Captain Marryat, Michael Faraday, Rossetti, Marie Taglioni und Benjamin Disraeli mit seiner Frau Mary Anne. Eines Tages lud Louis Napoleon in Bulwer Lyttons Villa an der Themse die Disraelis zu einer Ruderpartie ein. Er steuerte das Boot auf eine Sandbank, und die Bugwelle eines vorbeifahrenden Motorbootes drohte es umzuschlagen. Dabei wurde Mary Anne in die Arme des Prinzen geschleudert, worüber ihr Gatte sich amüsierte und prophetisch ausrief: »Sie sollten nie etwas anfangen, was Sie nicht zu Ende führen können. Sie sind immer zu abenteuerlustig, mein Herr!«

Der Herzog von Wellington zeigte deutliches Interesse für den Neffen des von ihm besiegten Kaisers. Sein Kommentar war: »Sie werden es vielleicht nicht glauben, aber dieser junge Mann, Louis Napoleon, will nicht hören, wenn man sagt, er werde niemals Kaiser der Franzosen sein.« Auch anderen fiel auf, wie sehr sich der Prinz mit Zukunftsgedanken beschäftigte. In Schottland war er in Brodrick Castle bei dem Sohn des Herzogs von Hamilton zu Gast, dem Gatten seiner Kusine Mary, der Tochter der Großherzogin Stephanie von Baden. Unter den Gästen war auch der Herzog von Newcastle, der später schrieb: »Prinz Louis Napoleon und ich gingen oft zusammen auf die Jagd; aber wir waren beide nicht sehr erpicht auf diesen

Sport. Wir setzten uns lieber ins Heidekraut und diskutierten über ernste Dinge. Er begann das Gespräch immer mit Betrachtungen über das, was er tun wolle, wenn er die Krone tragen würde. Ich bin überzeugt, daß ihn dieser Gedanke nicht einen Augenblick verließ.«

Seinen größten Erfolg in der britischen Gesellschaft errang Louis Napoleon 1839 als Teilnehmer an dem berühmten Eglinton-Turnier. Tausende von Zuschauern strömten nach Ayrshire, um den Ritterspielen beizuwohnen, die alten Rüstungen und die historischen Gewänder der Damen zu bewundern. Leider ging eines der am besten vorbereiteten und anspruchsvollsten Schauspiele des 19. Jahrhunderts im strömenden Regen unter. »Eine große Kavalkade, mit Prinz Louis Napoleon als einem der Ritter, verließ Eglinton Castle am 28. August um zwei Uhr nachmittags. Herolde, Fahnenträger und ihre Gefolgsleute, der Hofmarschall, der Hofnarr, der König des Turniers, die Schönheitskönigin und eine glänzende Schar von Rittern und Edelfrauen, Seneschallen, Kammerherren, Knappen, Pagen und Waffenträgern zogen in langen Reihen zum Turnierplatz, wo Tribünen für fast 2000 Zuschauer aufgestellt waren. Jedoch goß es die ganze Zeit wie aus Kübeln.«

Obwohl sich Louis Napoleon sehr bemühte, immer zum richtigen Zeitpunkt mit den richtigen Leuten gesehen zu werden, wurde er von der britischen Gesellschaft doch mit etwas Mißtrauen angesehen, besonders von den Müttern hübscher Töchter. Für sie war er ein Abenteurer und ein Emporkömmling. Als Debütantin war Lady Dorothy Nevill sehr von ihm angetan, er hatte sie zum Lachen gebracht. Sie schrieb später darüber: »Meine Schwester und ich sahen ihn oft, so oft, daß wir gewarnt wurden. Die feine Gesellschaft von damals mißtraute dem Prinzen, und als Begleiter junger Damen wurde er schon gar nicht gern gesehen.«

Was ihn außerdem verdächtig machte, waren seine häufigen Besuche in Gore House, Kensington, wo Lady Blessington und Graf d'Orsay residierten. Allerdings verkehrten dort gelegentlich auch Angehörige der britischen Gesellschaft, machten aber nur kurze Besuche und reisten bald wieder ab. Louis Napoleon war Dauergast. Leveson Gower urteilte sehr negativ über das Haus: »Ich selbst bin nie in Gore House gewesen; aber andere, die es kannten, haben mir erzählt, daß dort mit geringen Ausnahmen eine sehr gemischte Gesellschaft war. Es ist einfach lächerlich, es mit dem Haus der Hollands zu vergleichen, wie es mitunter geschehen ist.« Kaum freundlicher war Greville: »Lady Blessingtons Leben ist recht kurios. Ihr Haus und ihre Gesellschaft haben den Vorzug, originell zu sein, aber das Milieu ist nicht so angenehm, wie es nach der Zusammensetzung der Besucher hätte sein können. Eine ganze Reihe bedeutender und angesehener Männer gehen gelegentlich dorthin... Lady Blessington war auch einmal sehr intim mit Byron und ist jetzt noch mit Walter Savage Landor liiert. Ihr Haus ist mit unerhörtem Luxus und unübertroffener Pracht eingerichtet. Sie gibt oft vorzügliche Diners, die gern besucht werden. d'Orsay spielt dabei erfolgreich den zuvorkommenden und liebenswürdigen Gastgeber. Aber all das ist in Wirklichkeit noch keine gute Gesellschaft. Es ist ein großes Kommen und Gehen, Essen und Trinken, aber Konversation gibt es so gut wie gar nicht...«

Neben der Tatsache, daß Lady Blessington für Geld Bücher schrieb, was man damals als Frau natürlich nicht tun durfte, war es ihre Affäre mit d'Orsay, woran die Leute Anstoß nahmen; besonders an der Art, wie die beiden die junge Frau des Grafen d'Orsay behandelten, die allgemein ›Die keusche Frau‹ genannt wurde. Sie war eine geborene Lady Harriett Gardiner, die einzige legitime Tochter des Earl of Blessington. Ihre Mutter starb, als Harriet noch klein war, und ihr Vater heiratete die geistreiche, sehr aparte und extravagante Marguerite St. Leger Farmer, die für das Kind eine sehr böse Stiefmutter wurde. Leveson fährt in seiner herben Kritik fort: »Lord Blessingtons Tochter wurde von zwei frommen alten Tanten in Irland nach den strengen Regeln von Religion und Moral erzogen. Als sie sechzehn geworden war, arrangierte ihre Stiefmutter Lady Blessington eine Heirat zwischen ihrem eigenen Liebhaber Graf d'Orsay und dem unschuldigen jungen Mädchen, um dem Grafen dadurch das Vermögen der Familie zu sichern. Nach der Hochzeit brachte sie ihn dazu, seine junge Frau völlig zu vernachlässigen. Zudem bemühte sie sich, den Glauben und die Moral ihrer Stieftochter dadurch zu untergraben, daß sie ihr entsprechende Bücher zu lesen gab. Was noch schlimmer war: sie unterstützte die Avancen, die andere Männer der unerfahrenen schönen Gräfin machten. Harrietts Leben in Gore House wurde schließlich so unerträglich, daß sie die Flucht ergriff und nie wieder dorthin zurückkehrte.«

Louis Napoleon hielt sich auch deshalb gern und oft in Gore House auf, weil d'Orsay ein begeisterter Bonapartist war. Sein Vater hatte seinen Titel vom Kaiser erhalten. Im Laufe der Zeit jedoch merkte der Prinz, daß es nicht opportun war, sich so fest an die beiden ebenso gescheiten wie skrupellosen Abenteurer zu binden. Freunde eines in London allzu ungebunden lebenden Prinzen waren nicht unbedingt die richtigen Freunde für den zukünftigen Herrscher eines Kaiserreichs.

Als Lady Blessington einige Jahre nach dem Staatsstreich den neuen Kaiser in Paris besuchte, erwartete sie als Belohnung für ihre frühere Gastfreundschaft zumindest eine Einladung in die Tuilerien. Aber es kam keine Einladung. Endlich begegnete sie ihm bei einem Empfang, wo er nicht umhin konnte, sie zu begrüßen. Er zeigte ein gelangweiltes und abweisendes Lächeln und sagte: »Ah, Mylady Blessington! Bleiben Sie lange in Paris?« Sie sah ihm gerade ins Gesicht und antwortete schlagfertig: »Und Sie, Majestät?«

Aber sein Herz verlor Louis Napoleon in London nicht an eine der Schönen aus den vornehmen Salons, sondern an die Tochter des reichen Bauunternehmers Henry Rowles aus Kent. Emily Rowles war sehr schön und hatte von ihrer Mutter her spanisches Blut in den Adern, eine Mischung, die der französische Thronprätendent offenbar sehr anziehend fand. Er beschenkte Emily reich und war oft bei ihr in Camden Place in Chislehurst. Sonderbarerweise erlebte er, als er später, als Kaiser im Exil, in England Zuflucht suchte, daß seine Frau in dem gleichen Camden Place in Chislehurst ein Asyl gefunden hatte. Mit seinem Auftreten in der britischen Gesellschaft bezweckte Louis Napoleon zweierlei: zunächst einmal sollte sein Name im Gespräch bleiben, und zum andern war es eine gute Tarnung. Insgeheim befaßte er sich nämlich intensiv mit der Sache, die er zu seinem Lebensziel gemacht hatte. Von sechs Uhr morgens bis zur Stunde seines Ausritts am Nachmittag und seinen gesellschaftlichen Verpflichtungen am Abend arbeitete er hart. Er las alle Meldungen über Politik und Wirtschaft, forschte und schrieb lange Abhandlungen. Im Sommer 1839 erschien sein Buch ›Des Idées Napoléoniennes‹. Es war in pathetischer Sprache, geradezu hymnisch abgefaßt. Napoleon I. wurde darin als Sozialreformer dargestellt, dem seine Feldzüge nur aufgezwungen worden waren. Die Zukunft liegt in »einer sozialen, humanitären Industriegesellschaft... durch den Ruhm der Waffen zu einem noch größeren und dauerhaften Ruhm der Gesellschaft«. Eine billige Ausgabe kam in Frankreich heraus und wurde ein Bestseller.

Immer häufiger kamen geheimnisvolle Besucher nach Carlton Gardens; auch Eleanora Gordon war unter ihnen. Die französische Regierung ersuchte den britischen Premierminister, Louis Napoleon zu verbieten, in London zu leben. Lord Melbourne antwortete darauf, ein derartiges Verbot sei in England nicht möglich. So wurde der französische Botschafter beauftragt, die Aktivitäten des Prinzen genau zu beobachten und über jede seiner Reisen nach Paris zu berichten. Von da an waren immer Spitzel um ihn herum. Man tat alles, um den Prinzen bei den britischen Behörden anzuschwärzen. So plante man zum Beispiel, ihn in ein Duell zu verwickeln. Ein natürlicher Sohn des Kaisers Napoleon, Graf Léon, ein ziemlich liederlicher Mensch, wurde nach London geschickt, um mit Louis Napoleon einen Streit vom Zaun zu brechen. Dies machte er auch höchst wirkungsvoll; er führte unerträglich beleidigende Reden, worauf ihn Louis Napoleon selbstverständlich forderte. Sie trafen sich frühmorgens im Park von Wimbledon. Léon versuchte Zeit zu gewinnen und fing einen Disput über die Wahl der Waffen an. Wie vorauszusehen war, erschien die Polizei, bevor Schaden angerichtet werden konnte. Die Gegner und ihre Sekundanten wurden festgenommen und zur Polizeiwache in der Bower Street gebracht. Dort wurden sie wegen Landfriedensbruch eingesperrt, aber gegen Kaution später wieder freigelassen. Louis Napoleon blieb in London; Léon mußte sich jedoch ohne einen Cent und mit Schande bedeckt nach Paris zurückbegeben.

Jetzt ließ sich Louis Napoleon auf die wohl dümmste und leichtsinnigste Eskapade seiner Laufbahn ein. Angefeuert durch die Nachricht, daß der Leichnam seines kaiserlichen Onkels im Triumphzug von St. Helena heimgeholt und unter der vergoldeten Kuppel des Invalidendoms beigesetzt werden sollte, hielt er seine Stunde für gekommen. Er überschätzte dabei die Macht der Napoleon-Legende in Frankreich und unterschätzte die Intelligenz der Spione des französischen Botschafters. Im Juni 1840 lieh er sich, gegen zweifelhafte Sicherheiten, von seinem Florentiner Bankier Graf Orsi die Summe von zwanzigtausend Pfund. Orsi übernahm außerdem die Organisation der geplanten Invasion. In Birmingham wurden Gewehre, in Paris Uniformen bestellt und in London wurden Flugblätter gedruckt. Im Juli mietete man für einen Monat einen Dampfer, die ›Edinburgh Castle‹, angeblich – wie man dem Eigentümer sagte – für eine Kreuzfahrt. Eine Besatzung von sechsundfünfzig Mann wurde angeheuert, mehr als die Hälfte waren französische Emigranten. Nur vier Menschen wußten um das wahre Ziel dieser Reise:

Dr. Conneau, Orsi, Charles Thélin und Persigny. Nicht einmal den alten General Montholon und Oberst Parquin hatte man eingeweiht. Am Morgen des 4. August wurde an der London Bridge die Ladung an Bord gebracht, darunter neun Pferde und zwei Wagen. Viele Kisten, alle nach Hamburg adressiert, wurden im Laderaum versteckt. Sie enthielten Gewehre und Pistolen, Uniformen und Flugblätter mit Proklamationen. Kaum getarnt waren andere Kisten mit Wein, Schnaps und Lebensmitteln, für eine Kreuzfahrt die passende Ladung. Die Invasionstruppen wurden bei der Fahrt flußabwärts nach und nach in kleinen Gruppen an Bord geholt. Um zwei Uhr erreichte die ›Edinburgh Castle‹ Gravesend. Hier stieg Parquin mit zehn Leuten zu. Louis Napoleon sollte auch da sein, aber er hatte unterwegs Schwierigkeiten gehabt, die Spitzel der Französischen Botschaft abzuschütteln. Es war fast sechs Uhr früh, als er endlich eintraf. Parquin ging von Bord, um ein paar Zigarren zu kaufen, und kam mit einem zerfledderten Geier zurück, der als Karikatur des kaiserlichen Adlers an den Mast gebunden wurde. Zum letztenmal kamen in Ramesgate in den frühen Morgenstunden des 5. August Leute an Bord. Dann entschwand die ›Edinburgh Castle‹.

Nun gab es kein Zurück mehr. Louis Napoleon ließ seine Mannschaft antreten und eröffnete ihnen, was sie erwartete. Er gab ihnen die Uniformen und zahlte jedem Mann hundert Francs aus. Um ihren Schock zu mildern, ließ er die Schnaps- und Likörkisten öffnen. Der unerwartete alkoholische Luxus dieser ›Kreuzfahrt‹ erstickte bald jeden Widerspruch, und die Leute schliefen ein.

Am 6. August um drei Uhr morgens, noch vor Sonnenaufgang, bei ruhiger See, stolperte die Invasionstruppe an Deck; verschlafen und halb angezogen nestelten sie noch an den ihnen fremden Uniformen. Im Süden blinkten die Lichter des Hafens von Boulogne. Eine Meile entfernt trat schattenhaft die Silhouette von Wimereux aus dem Dunst. Zwei Küstenwachen patrouillierten am Ufer. Sie erkannten im Nebel die Umrisse der ›Edinburgh Castle‹ und den dunklen Schatten eines herannahenden Ruderbootes. Sie warteten an der Pointe aux Oies, bis das Boot dreißig Schritt entfernt auf Grund kam und die Insassen ans Ufer wateten. Auf den Anruf der Küstenwache sagten sie, sie gehörten zum Regiment Nr. 40, wären unterwegs von Dünkirchen nach Cherbourg, und das Schaufelrad ihres Dampfers sei gebrochen. Doch ein leichtsinniges Mitglied der Truppe verriet ihr Vorhaben. Die Wirkung auf die Küstenwache war verheerend. Sie zitterten vor Angst. Anstatt, wie Louis Napoleon gehofft hatte, ihn als Messias zu begrüßen, benahmen sie sich, als stünde der Hunnenkönig Attila vor ihnen. Louis Napoleon beging den Fehler, sie gehen zu lassen, und sie brachten sich schleunigst nach Wimereux in Sicherheit. Dreimal fuhr das Ruderboot zwischen dem Dampfer und dem Ufer hin und her. Bei Sonnenaufgang stellte Louis Napoleon seine Mannen in Schlachtordnung auf und marschierte mit ihnen über die Anhöhe nach Boulogne. Sein Ziel war die Infanteriekaserne, wo ein gewisser Leutnant Aladenize in den Plan eingeweiht war und Hilfe versprochen hatte. Die Marschkolonne kam ungehindert bis zur Wache auf der Place d'Alton. Beeindruckt von der Zahl der Offiziere an der Spitze der Kolonne ließ der Sergeant die Wache antreten. Als nun aber von ihm verlangt wurde, er solle sich den Invasoren anschließen, lehnte er mit dem Hinweis ab, er kenne seine Pflicht. Da zogen sie weiter. Sie trafen auf einen einzelnen Offizier, der zu früher Stunde auf dem Weg zum Dienst war. Er wurde herzlich begrüßt und aufgefordert, sich der Truppe anzuschließen. Er schien jedoch diese Ehre nicht zu schätzen und enteilte, um seinen Vorgesetzten zu warnen.

Bei der Infanteriekaserne hatten sie mehr Glück. Die Wache salutierte, Leutnant Aladenize ließ die Männer antreten und strammstehen. Louis Napoleon sprach zu ihnen in echt kaiserlichem Stil, verteilte Beförderungen und Geld. Plötzlich erschien ein zorniger Oberst auf der

Bildfläche. Es entwickelte sich ein Rededuell, wobei Persigny mit Mühe davon zurückgehalten werden konnte, einen Anhänger der Royalisten, der »Vive le Roi!« gebrüllt hatte, zu erschießen. In der Zwischenzeit waren alle Offiziere alarmiert worden und traten unter Führung des Obersten gegen die Rebellen an. Und schon war der Spuk vorbei. Sehr enttäuscht führte Louis Napoleon seine Leute zur Oberstadt, wo sich ein Waffenarsenal befand. Es war etwa sechs Uhr morgens; wenige Menschen standen auf den Straßen oder lehnten aus den Fenstern, aufgeschreckt von den Trommeln der Infanterie. Man verteilte Flugblätter und Geschenke; aber die Menschen starrten sie an, als seien sie der Werbetrupp eines Wanderzirkus.

Als es der Marschkolonne nicht gelang, die Porte de Calais zu durchbrechen, fanden die älteren und weniger enthusiastischen Verschwörer, daß hier Zurückhaltung ein besseres Zeichen für Tapferkeit sei, schwenkten ab und eilten zum Hafen, in der Hoffnung, der Gefangennahme zu entgehen. Mit seinen restlichen Anhängern marschierte Louis Napoleon zur Siegessäule der ›Grande Armée‹, entschlossen, dort einen letzten verzweifelten Widerstand zu versuchen. Doch die Nationalgarde hatte die Straßen besetzt. Es war klar, daß das Ende kommen mußte. Louis Napoleon lehnte seine Fahne an die Säule, ließ sich aber unter Protest dazu überreden, nach Wimereux an die Küste zu flüchten, wo das Ruderboot wartete. Zahlreiche Offiziere, Soldaten, Polizisten und Neugierige waren den Fliehenden dicht auf den Fersen. Als der klägliche Rest der ›Armee‹ an den Strand kam, wurden die letzten übermannt und gefangengenommen. Nur die an der Tête, die schnell genug laufen konnten, kamen bis ans Wasser, darunter Louis Napoleon, Persigny und Conneau. Als sie das Boot erreichten und über Bord kletterten, eröffnete die Nationalgarde das Feuer. Ein Mann wurde getötet. Dann schlug das Boot um, und ein zweiter Mann ertrank. Vom Ufer stieß ein Motorboot ab. Louis Napoleon und die anderen Überlebenden wurden aus dem Wasser gezogen und auf den Steinstufen der Mole abgesetzt. Louis Napoleon durfte seine nassen Kleider im Zollhaus wechseln. Darauf wurden die Gefangenen auf verschiedenen Karren und Wagen in das Alte Schloß von Boulogne gebracht. Um neun Uhr war die Invasion vorbei. Die ›Edinburgh Castle‹ wurde in den Hafen geschleppt, und dort entdeckte man ihre merkwürdige Ladung. Die Nachricht von der gescheiterten Invasion ging telegraphisch nach Paris; Louis Philippe lachte sich ins Fäustchen. Ein paar Tage darauf begann Louis Napoleons Fahrt nach Paris. In seinem Wagen saßen bewaffnete Polizisten, die Befehl hatten, ihn zu erschießen, falls er einen Fluchtversuch wage. Eine Nacht verbrachte er in dem düsteren Schloß Ham an der Somme. Am 12. August um Mitternacht kamen sie in Paris an. Dort wurde er in die ›Conciergerie‹ eingeliefert. Am 28. September stand er mit den wichtigsten Komplicen als Angeklagter vor der Pairs-Kammer, die als Oberster Gerichtshof fungierte. In einer brillanten und kraftvollen Rede legte Louis Napoleon sein politisches Glaubensbekenntnis ab und die Gründe für seine Landung in Boulogne dar. Bis zu einem gewissen Grad befreite er sich dadurch sogar von der Lächerlichkeit, der er sich ausgesetzt hatte. Aber seine Schuld stand außer Frage. Er wurde zu lebenslanger Festungshaft verurteilt. Seine Begleiter erhielten Gefängnisstrafen zwischen zwei und zwanzig Jahren und wurden nach Doullens gebracht. Louis Napoleon und die anderen Hauptanführer, Montholon, Conneau und Thélin, kamen unter starker Bewachung in die düstere Festung Ham zurück.

Ham liegt 36 Meilen südöstlich von Amiens, an der Straße nach Laon. Die Ortschaft wurde damals noch von ihrer aus dem zehnten Jahrhundert stammenden Burg beherrscht, einer Zitadelle, die fast ein Jahrtausend überdauert hatte, die aber durch schweren Beschuß beim Rückzug 1917 zerstört wurde. Vor Louis Napoleon hatten schon andere berühmte Gefangene dort geschmachtet: Jeanne d'Arc, Louis von Bourbon und die Minister Karls X.

Die Festungsgebäude waren düster und feucht. Die Nebelschwaden über der Somme verdichteten sich zu kalten Tropfen, die an den dicken Steinwänden herabrannen. Während der fünfeinhalb Jahre, die Louis Napoleon in der Festung verbrachte, traten durch die Nässe, die Zugluft und den Mangel an Bewegung die alten Leiden aus der Kindheit wieder hervor. Er alterte um Jahrzehnte. Er war zweiunddreißig, als er streng bewacht eingeliefert wurde, und achtunddreißig, als er entkam. Die besten Jahre seines Lebens hatte er fast verloren. Doch ohne diese zweitausend Tage der Einsamkeit wäre er nie zu dem Kaiser gereift, der er werden sollte.

Man mußte zwei Zugbrücken überschreiten, dann betrat man den Mittelhof, wo rechts ein zweistöckiges Gebäude lag. Durch eine verschlossene und bewachte Tür gelangte man in einen weißgekalkten Gang. Das war das Gefängnis der Abenteurer von Boulogne. Hier lagen die zwei Zimmer des Generals Montholon, der Wachraum, die Kapelle und das Badezimmer. Eine Treppe höher befanden sich die Räume von Louis Napoleon, Dr. Conneau und Charles Thélin sowie der gemeinsame Eßraum. Louis Napoleon hatte ein Schlafzimmer, ein Arbeitszimmer und einen dritten Raum, in dem er sich später ein Laboratorium einrichtete. Im Arbeitszimmer standen ein Schreibtisch, ein Spieltisch, ein Sofa, ein Sessel und vier Rohrstühle. Auf seine Bitte hin wurden an den Wänden Bücherregale aufgestellt. Sehr notwendig war ein Vorhang, der die ärgste Zugluft abhielt. Der Raum wurde ein bißchen wohnlicher, als die Bücher ankamen und Bilder vom Kaiser, von Josephine und Hortense die Wände zierten.

Außer dem sonntäglichen Gottesdienst in der Kapelle gab es keine Unterbrechungen im täglichen Einerlei. Jeden Tag arbeitete Louis Napoleon vom Frühstück bis zum Mittagessen. Er las, schrieb Briefe, verfaßte Artikel für die wenigen Zeitungen, die etwas von ihm abdruckten, und sammelte Unterlagen für seine Pamphlete und seine Bücher. Nachmittags ging er auf den Festungswällen spazieren. Schon bald erlaubte man ihm, im Hof zu reiten und auf dem Wall einen kleinen Garten anzulegen. Nur von dort aus konnte er den Horizont sehen. Dort oben konnte er fünfzig Schritt hin und fünfzig Schritt zurück gehen. Zu sehen gab es wenig außer den langsamen Schleppkähnen auf dem St.-Quentin-Kanal und den Wachen auf dem gegenüberliegenden Flußufer. Sie waren so aufgestellt, daß der Gefangene keine Verbindung mit der Außenwelt aufnehmen konnte. Vierhundert Mann lagen in der Festung, von ihnen zogen jeweils sechzig auf Wache. Sie hatten aber noch andere Aufgaben. Ham war eine Ausbildungsstätte für Militärmusiker, deren schrille Töne und lautes Geschmetter das Leben in der Festung besonders unerträglich machten. Die Abendstunden waren die angenehmsten. Es gab endlose Kartenspiele, und der Festungskommandant machte bei seinen drei älteren Gefangenen den vierten Mann. Louis Napoleon nannte Ham seine ›Universität‹. Die Bezeichnung paßte, denn während seines Aufenthaltes dort erweiterte er sein Wissen; er überwand seine frühere engstirnige Überzeugung, daß nur die erneute Herrschaft der Bonapartes wichtig sei. Er studierte die britische Geschichte und veröffentlichte eine Broschüre mit dem Titel ›Fragments Historiques 1688 et 1830‹, worin er die beiden wichtigen Revolutionen in England und Frankreich miteinander verglich. Er zeichnete und erfand Verbesserungen für die damals üblichen Kleinwaffen. In einer Zeit, als aufregende Entdeckungen auf dem Gebiet der Chemie gemacht wurden, sicherte er sich die Hilfe eines örtlichen Fachmannes. Zusammen richteten sie ein kleines Labor ein und experimentierten mit Gasen und Elektrizität. Eine Zeitlang befaßte er sich ausschließlich mit der Frage des Anbaus von Zuckerrüben. Ein Artikel, den er darüber schrieb, erregte beim Zuckerhandel beträchtliches Aufsehen. Dann wandte er sich den Vorzügen eines von den Gezeiten freigehaltenen Kanals durch Nicaragua zu, der den Atlantik mit dem Pazifik verbinden sollte. Die Nicaraguaner waren begeistert von der Idee, die dann schließlich nicht bei ihnen, sondern in Panama realisiert wurde. Seine letzten Studien galten der Möglichkeit, in der ganzen Welt die Armut abzuschaffen. Inzwischen sehnte er sich aber sehr nach menschlicher Ansprache.

Besucher waren nicht gern gesehen. Aber einige kamen durch, darunter die gefährliche Eleanora Gordon und andere einflußreiche Freunde aus London. Sie berichteten nach ihrer Rückkehr von Louis Napoleons kränklicher Gesichtsfarbe und davon, wie er vom ersten Moment ihrer Begegnung an pausenlos redete, Fragen stellte und die Antwort nicht abwartete. Sie schilderten den Ausdruck von Qual und Trauer in seinen Augen, als er sich von ihnen verabschieden mußte. Es gab auch Besuche anderer Art, doch sie mußten vom Kommandanten genehmigt werden, denn sie galten seinem Bedürfnis nach intimer Beziehung.

Das Frankreich Louis Philippes war in dieser Beziehung toleranter und verständnisvoller als das England von Victoria und Albert.

Louis Napoleons erste Bitten um weibliche Gesellschaft wurden offensichtlich mißverstanden. Eine Dame aus der Stadt, die ihn bei seinen Spaziergängen auf den Wällen gesehen hatte und von dem Prinzen zu träumen begann, wurde ihm vorgestellt und zog sich mit den Worten zurück: »Ich bekam einen Kuß, der noch jetzt auf meiner Hand brennt.« Pauline Virginie Déjazet, die berühmte Schauspielerin, die im ›Gymnase‹ in Hosenrollen auftrat, war weit verführerischer; aber sie sandte ihm nur ein paar Kußhände, und das war nicht genug. Deshalb beantragte Louis Napoleon über den Kommandanten beim Innenminister die Erlaubnis, sich richtig ausleben zu dürfen. Der Minister antwortete, er könne einem so unmoralischen Gesuch natürlich nicht stattgeben, aber er werde bei den lockeren Sitten des Gefangenen ein Auge zudrücken. Der Kommandeur interpretierte dies als eine Genehmigung für die Zulassung von weiblichen Wesen niederen Standes. Eine ganze Anzahl Frauen aus der Stadt gingen in der

Festung ein und aus. Sie kochten, wuschen die Wäsche und besserten die Kleider aus oder verkauften Gemüse, Fisch und Wein. Sie waren ein wichtiges Element in einer Garnison von vierhundert Mann, und die Wachen kannten sie alle. Alexandrine Eleanora Vergeot arbeitete als Büglerin und lebte im Haus eines der Torwächter. Sie bügelte die Offiziersuniformen. Sie war zwanzig Jahre alt, sehr sinnlich, hatte kastanienbraunes Haar und blaue Augen. In der Garnison war sie aus unbekannten Gründen als ›La belle Sabotière‹, ›die schöne Holzschuhmacherin‹, bekannt, vielleicht, weil sie in Holzschuhen gut tanzen konnte. Sie verbrachte die Nächte in Louis Napoleons Zimmer; der Kommandant ließ es stillschweigend geschehen. Sie war nicht nur eine Liebschaft, sondern auch ein Bindeglied zur Außenwelt. Louis Napoleon brachte ihr Grammatik bei und lehrte sie, sich auszudrücken. Er hielt ihr auch Vorträge über geschichtliche Themen. Sie gebar ihm zwei Söhne: Alexandre Louis Eugène, später Graf d'Orx, und Alexandre Louis Erneste, der den Titel Graf de Labenne bekam. Louis Napoleon hatte seine ›Belle Sabotière‹ nie vergessen. Während des Zweiten Kaiserreichs lebte sie sehr komfortabel in einer Wohnung an den Champs-Elysées. Anfang 1846 hörte Louis Napoleon, daß sein Vater, der Exkönig Louis von Holland, schwer erkrankt sei. Er bat um die Erlaubnis, ihn in Florenz besuchen zu dürfen. Als dies ihm verweigert wurde, fand er, daß er nun ohne Gewissensbisse fliehen könne. General Montholon hatte nur noch ein Jahr abzusitzen. Dr. Conneau und Thélin hatten beide ihre Strafe bereits verbüßt; doch sie waren aus Loyalität geblieben, um ihrem Herrn Gesellschaft zu leisten und für ihn zu sorgen. Beide konnten in der Festung ein und aus gehen.

Eines Tages kam ein Besucher nach Ham, der zwei Pässe bei sich hatte. Einen Paß ließ er zurück. Danach beschwerte sich Louis Napoleon über den reparaturbedürftigen Zustand seines Quartiers. Der Kommandant gestattete, daß Arbeiter aus der Stadt kamen. Thélin schmuggelte nun die gleiche Arbeitskleidung in die Festung ein, wie sie die Zimmerleute trugen. Die Verschwörer warteten, bis die Reparaturen beinahe fertig waren und die Wachen sich an das Kommen und Gehen der Arbeiter gewöhnt hatten. Erst dann handelten sie. Dr. Conneau beschrieb die Vorgänge am Morgen des 25. Mai 1846 folgendermaßen:

»Wir standen um sechs Uhr auf. Der Prinz zog die Arbeitskleidung an: ein grobes Hemd, einen blauen Kittel, eine blaue Hose, Schürze und ein paar Holzpantinen, die er über seinen Stiefeln trug. Da er von Natur ein blasses Gesicht hatte, malte er es dunkel an. Er färbte sich auch die Augenbrauen und setzte eine schwarze Perücke auf, die seine Ohren ganz bedeckte. Kurz nach sieben rasierte er sich seinen dicken Backenbart und seinen Schnurrbart ab...«

Der Arbeitstrupp kam, und Thélin lud ihn im Erdgeschoß zu einem Trunk ein. Louis Napoleon nahm eine Pfeife in den Mund, schulterte ein Brett und schlenderte zur Tür, die offenstand, aber bewacht war. Er hielt das Brett so, daß der Wachmann sein Gesicht nicht sehen konnte; schon war er an ihm vorbei. Da er kein Pfeifenraucher war, fiel ihm unterwegs die Pfeife aus dem Mund. Er bückte sich und sammelte gelassen die Scherben auf. Am Haupttor las der wachhabende Sergeant gerade einen Brief und sah nicht einmal auf. Louis Napoleon ging weiter durch die kleine Stadt bis auf die Straße nach St. Quentin. Dort warf er das Brett in einen Graben. Bald erreichte er den verabredeten Treffpunkt, einen Friedhof an der Landstraße. Er kniete vor einem Kreuz nieder und betete.

Inzwischen hatte Dr. Conneau es fertiggebracht, eine Strohpuppe in das leere Bett zu legen. Dem Kommandanten teilte er mit, Louis Napoleon sei krank. Er bat ihn deshalb, die tägliche Kontrolle zu verschieben. So geschah es. Thélin verließ die Festung unter dem Vorwand, er müsse Ham, den kleinen schwarzen Hund seines Herrn, spazierenführen. Louis Napoleon konnte den Gedanken nicht ertragen, von seinem treuen Gefährten so vieler einsamer Tage getrennt zu sein. Thélin hatte am Tage zuvor eine Droschke gemietet; darin kam er mit dem kleinen Hund zum Friedhof. Louis Napoleon tauchte hinter den Grabsteinen auf, und dann ging es in wilder Fahrt die zwanzig Kilometer bis nach St. Quentin. Hier trennten sie sich. Der Diener ging in die Stadt, um einen Reisewagen zu mieten, während Louis Napoleon mit Ham zu Fuß auf der Straße nach Valenciennes weiterwanderte. Thélin hatte sie bald wieder eingeholt, und nun fuhren sie so schnell wie möglich die rund vierzig Kilometer nach Valenciennes weiter. Der Kutscher erhielt öfters ein Trinkgeld, damit es noch schneller ging; denn es bestand höchste Gefahr, daß man die Flüchtigen verfolgte. Um zwei Uhr nachmittags erreichten die beiden Männer mit dem Hund den Bahnhof von Valenciennes. Der schlimmste Teil der Reise stand ihnen noch bevor. Zwei Stunden lang saßen sie auf dem Bahnsteig, verbargen ihre Gesichter hinter Zeitungen und hielten sich möglichst abseits. Endlich fuhr ein Zug ein, und es dauerte nicht mehr lange, bis sie die Grenze nach Belgien überquert hatten und in Sicherheit waren.

Am Abend des nächsten Tages war Louis Napoleon in London. Mit angeschwärztem Gesicht und Bartstoppeln betrat er zur Dinnerzeit das Gore House. Lady Blessington fiel beinahe in Ohnmacht. Aber noch verblüffter war der zufällig anwesende französische Attaché, der von der Flucht keine Ahnung hatte. Er verließ die Tafel und stürzte fort in seine Botschaft.

Im Elysée-Palast

Den fröhlichen Abenteurer, der in den Sommertagen von 1840 Boulogne stürmen wollte, gab es nicht mehr. In den trostlosen Jahren in Ham war seine Jugend dahingeschwunden. Wenn Prinz Louis Napoleon mit seinem kleinen schwarzen Hund durch die Straßen oder durch den

Park von St. James schlenderte, erkannten ihn die Leute kaum noch. Er hinkte jetzt; die Nebel an der Somme hatten sein Rheuma verschlimmert. Durch das viele Lesen bei schlechtem Licht hatte sich seine eine Pupille vergrößert. Zur Behandlung wurden ihm Blutegel angesetzt. Für einige Zeit mußten die Träume von einer Machtübernahme in Frankreich wohl ad acta gelegt werden. Nur zwei Nahziele gab es im Moment für ihn – seine Gesundheit wiederherzustellen und seinen Vater, den Exkönig von Holland, zu besuchen. Obwohl sich die beiden selten getroffen und in früheren Tagen oft heftige Meinungsverschiedenheiten gehabt hatten, wurde während Louis Napoleons Haft in Ham ein reger Briefwechsel geführt. Zwischen dem alten Invaliden und dem Gefangenen in Frankreich war sogar eine Art gegenseitiges Verständnis aufgekommen.

Vom Premierminister Sir Robert Peel bekam Louis Napoleon die Erlaubnis, in England zu bleiben, dem französischen Botschafter versicherte er, er werde keine weiteren Invasionsversuche unternehmen. Danach beantragte er bei verschiedenen Behörden Pässe für eine Reise zu seinem sterbenden Vater. Aber niemand wollte für Hortense' Sohn noch einmal ein Risiko eingehen. Das italienische Abenteuer und die späteren Putschversuche in Straßburg und Boulogne waren in zu frischer Erinnerung. Die Österreicher antworteten nicht einmal. So starb der Exkönig von Holland am 25. Juli 1846 einsam und allein in Livorno. In seinem Testament vermachte er seinem Sohn den Palast in Florenz, einen Landsitz in Civita Nuova und über drei Millionen Francs in Wertpapieren. Außerdem erbte der Prinz eine Sammlung von Orden, Familienerbstücken und vielen interessanten Andenken an Kaiser Napoleon. Diese Erbschaft war höchst willkommen und sehr nützlich, denn Louis Napoleon hatte einen großen Teil des von seiner Mutter ererbten Vermögens für die Pläne der Wiederbelebung des Bonapartismus ausgegeben, für den Putschversuch in Boulogne und, nicht zu vergessen, beim Spiel. Er war zu allen, die Hortense und ihm gedient hatten, sehr großzügig. Als Dr. Conneau nach England kam, nachdem er für seine Mitwirkung an der Flucht des Prinzen aus Ham eine kurze Strafe abgesessen hatte, kaufte ihm Louis Napoleon in London eine Praxis.

Eine Erlaubnis, am Begräbnis seines Vaters teilzunehmen, bekam Louis Napoleon natürlich nicht. Er änderte seinen Lebensstil. Er kleidete sich wieder elegant. Bei seinem Schneider in der Savile Row bestellte er einen hochelegantenn, zweireihigen Rock mit Seidenfutter, ein Paar maßgeschneiderte Hosen aus Rehleder, einen seidengefütterten venezianischen Tuchmantel und eine Weste aus Kaschmirwolle. Dann tauschte er Londons rußgeschwängerte Luft gegen ein gesünderes Klima. Einige Monate verbrachte er in Bath, machte Trinkkuren und wanderte mit dem Hündchen Ham über die Hügel von Claverton. Dann wechselte er in die kräftigende Seeluft von Brighton über und ritt regelmäßig aus, um seine sportliche Form wiederzuerlangen. Er erhielt viele Einladungen in große Häuser. Bis zum Jahresende hatte er wieder den alten napoleonischen Elan. Natürlich war er auch wieder hinter den Damen her. Während man ihn vor 1840 mehr als Flirt betrachtete, für den sich ein junges Mädchen wohl erwärmen konnte, aber nicht mehr, so hatten ihn seine Erfahrungen in dem harten, engen Bett von Ham mit der ›schönen Holzschuhmacherin‹ in einen Schürzenjäger verwandelt. Dennoch ist wohl die Zahl der Frauen, mit denen er in der Zeit zwischen 1846 und 1848 intime Beziehungen gehabt haben soll, selbst für einen Franzosen wie Louis Napoleon, der nichts zu tun und sehr viel Zeit zur Verfügung hatte, übertrieben. In Wirklichkeit genügte es, wenn man sah, wie er einer hübschen jungen Dame den Hof machte, um gleich das Schlimmste anzunehmen. Einige junge Damen fanden das sogar schick und gaben sich gar keine Mühe, es zu bestreiten. In jenen Jahren, bevor Albert die »gefährliche Schlange der Sinnlichkeit« am Hofe abgewürgt hatte, war es gang und gäbe, daß jeder mit jedem intime Beziehungen hatte. Lord Palmerston befand sich bei einer Hofdame, als er nach Windsor gerufen wurde. Der Vetter der Königin, Prinz George von Cambridge, hatte der Schauspielerin Louise Fairbrother eine Wohnung eingerichtet und mit ihr drei Söhne gezeugt.

Louis Napoleon war im Grunde ein Snob. Es verlangte ihn zwar nach intimer Beziehung; aber er kannte nicht die Liebe, für die er seine persönlichen Ziele und Pläne beiseite geschoben hätte. Sicher, er war den Damen dankbar für ihr Entgegenkommen und hatte sie gern; das war jedoch alles. Er legte es darauf an, alle, die ihn von oben herab behandelten, zu verführen; was er suchte, war der Triumph. Er spielte gern den fröhlichen Abenteurer und gutaussehenden Verführer. Mit seinem leichten Lächeln und der Aura von Skrupellosigkeit und Unheil, die um ihn war, wirkte er auf Frauen, auch auf Queen Victoria, sehr anziehend – aber nie als echter Liebhaber. Die Frauen, die ihn reizten und die ihn auch beherrschten, waren Kurtisanen, erfahrene Frauen, die sich ihm um des Geldes oder der Macht willen hingaben. Für sein Selbstbewußtsein war es wohl nötig, daß er sich als großer Liebhaber fühlen konnte, und es sollte eine Gunst für die Erwählte sein, wenn er sich zu ihr herabließ. In Wirklichkeit war es anders. Es existierte ein Bericht über eine seiner Liebesnächte, und es gibt keinen Grund zu bezweifeln, daß sie sich von andern Liebesnächten sehr unterschied:

»Die Marquise Taisey-Chatenoy, die einzige seiner Geliebten, die so indiskret war, eine genaue Schilderung seiner Qualitäten im Bett zu geben, beschreibt, wie er auf einem Ball in einer kunstvoll gearbeiteten Uniform erschienen war. Man verabredete ein Stelldichein in ihrem Schlafzimmer. Dort erschien er dann in den frühen Morgenstunden, recht unbedeutend aussehend in einem violetten Seidenpyjama. Es folgte ein kurzer Augenblick physischer Erregung, während dem er heftig schnaufte und das Wachs an seinen Barthaaren schmolz, so daß sie herunterhingen. Danach ein hastiger Rückzug, und er verließ die wenig beeindruckte, unbefriedigte Marquise.«

Die Frau, der es noch am besten gelang, den Prinzen Louis Napoleon physisch und psychisch an sich zu fesseln, war Elizabeth Anne Howard. Er begegnete ihr in Gore House, wo sie mit Graf d'Orsay flirtete. Sie war zwar erst vierundzwanzig, hatte jedoch in ihrem jungen Leben schon mehr Abenteuer und Erfahrungen hinter sich als manche andere Frau in ihrem ganzen Leben. Warum sie den Familiennamen der Herzöge von Norfolk angenommen hatte, ist nicht bekannt. Ihr wirklicher Name war Haryett; sie stammte aus Brighton, aus einem Milieu von Wirtshäusern und Pferden. Sie ritt ausgezeichnet, schon als Teenager wurde sie die Geliebte von Jem Mason, der auf dem Pferd Lottery 1839 das erste Grand National gewann. Dann wechselte sie zu James Young Fitzroy über, einem notorischen Spieler, der bei Pferderennen große Gewinne machte und ihr viel Geld gab. Danach stieg sie eine Stufe höher hinauf und wurde die Freundin von Francis Montjoye Martin, einem Major des zweiten Leibgarderegiments; 1842 bekam sie einen Sohn von ihm. Da der Major verheiratet war, gab es Ärger, und er verließ sie. Das Kind wurde gut versorgt. Sie war sehr traurig, doch es fehlte nicht an Nachfolgern. Sie galt als teures Spielzeug und erhielt eine ganze Reihe von wertvollen Geschenken, darunter auch Grundbesitz in Civita Vecchia.

Zu der Zeit, als Louis Napoleon sie kennenlernte, war Elizabeth Howard eine unabhängige, bildschöne, blonde Frau mit klassischen Zügen, hatte prachtvolle Schultern und einen anmutigen Gang. Sie war an niemanden gebunden. Der zukünftige Kaiser mit dem großen Kopf und dem schütteren Haar, dem langen Oberkörper und den kurzen Beinen erregte bald ihr Interesse. Sie wurde seine Geliebte. Dies paßte ihren früheren Freunden allerdings gar nicht; vor allem dem Schriftsteller A. W. Kinglake, der sich mit bösartigen Publikationen rächte. Die Formen wurden gewahrt. Louis Napoleon mietete für dreihundert Pfund im Jahr das Haus King Street Nr. 3 in St. James. Elizabeth wurde in Berkeley Street Nr. 9 einquartiert, einen Katzensprung von seinem Haus entfernt. Louis Napoleon hatte in seinem Leben bisher wenig Gelegenheit gehabt, Hausherr zu spielen. Diese neue Erfahrung machte ihm großen Spaß. Er verwandelte sein Haus in ein Museum des Ersten Kaiserreichs. Mitte Februar 1847 schrieb er an seinen alten Erzieher Monsieur Vieillard in Paris:

»*Seit zwei Wochen wohne ich jetzt in meinem neuen Haus, und ich bin froh, zum ersten Mal seit sieben Jahren wieder ein Heim zu haben. Ich habe alle meine Bücher und Familienbilder zusammengeholt, das heißt, all die kostbaren Dinge, die den Zusammenbruch überdauert haben.*«

Damals hatte er es nicht sehr eilig, an die Macht zu kommen. Er wußte, daß Louis Philippes Uhr bald ablaufen würde, und er ließ sie ruhig laufen. Der französische König war vierundsiebzig und kümmerte sich nur noch um dynastische Fragen. Nachdem er mit Königin Victoria Besuche ausgetauscht und es sich in den Kopf gesetzt hatte, daß seine Tochter Prinzessin Louise ihren Onkel Leopold, den König der Belgier, heiraten sollte, hatte er sich in Windsor durch die Affären der ›Spanischen Heiraten‹ unbeliebt gemacht. Er hatte nämlich versucht, die Politik der Bourbonen, die auf Vorherrschaft Frankreichs in Spanien abzielte, wiederzubeleben, und sich dadurch in Großbritannien den Ruf der Unaufrichtigkeit zugezogen. Im eigenen Land und im Schoß des französischen Mittelstands fühlte er sich aufgehoben. Doch Louis Napoleon wußte es besser. Persigny versorgte ihn aus Paris mit Nachrichten aus dem Untergrund. Danach deutete alles auf eine wachsende Opposition der Republikaner hin. Der Kronprätendent aus dem Hause Bonaparte durfte sich also nicht wieder auf ein riskantes Abenteuer einlassen. Diesmal würden die Franzosen zu ihm kommen.

Louis Napoleon führte in England ein wahres Doppelleben. Manchmal spielte er bei den Crockfords, ging zum Rennen und fuhr mit Elizabeth Howard durch die

Gegend. An anderen Tagen gab er Herrenabende für Staatsmänner und Politiker, Schriftsteller und Wissenschaftler. Und völlig abgeschieden, in seiner eigenen Welt, betrieb er seine naturwissenschaftlichen Forschungen weiter. Im Sommer nahm er an den Zusammenkünften der Britischen Naturwissenschaftlichen Gesellschaft in Oxford teil. Dort fand er auch weibliche Gesellschaft, nämlich Florence Nightingale. Was für ein seltsamer Gegensatz zu Eleanora Gordon in Straßburg, zur ›schönen Holzschuhmacherin‹ in Ham und zu Elizabeth Howard in Newmarket!

In Oxford entzündeten sich heftige Diskussionen über die Frage, welchen Namen man dem neuen Planeten geben sollte, der gleichzeitig von dem Engländer Adams und dem Franzosen Leverrier entdeckt worden war. Jeder der beiden wollte seinen Namen verewigt sehen. Darüber gab es einige franko-britische Streitereien. Als der Planet schließlich Neptun genannt wurde, herrschte wieder Frieden. Und friedlich war es hier überall, die Sonne schien, der Rasen war grün und die Rosen dufteten lieblich. Florence berichtet, sie habe sich niemals soviel Schönheit und soviel Gelehrsamkeit zusammen vorstellen können. Sie schlenderte umher und plauderte mit Richard Monckton Milnes, Henry Hallam, Sir Robert Inglis und Louis Napoleon. Im ›Kloster‹ und auf dem Hof der Universität mochte sie den Franzosen ganz gut leiden. Doch später, als er in den Tuilerien residierte, schimpfte sie ihn einen Tyrannen.

1848 war das Jahr der Revolutionen, eine kritische Zeit für Kaiser und Könige, Fürsten und Präsidenten, Königinnen und Großherzöge. Die noch junge Zeitschrift ›Punch‹, die man jetzt in allen Salons fand, veröffentlichte eine Karikatur von diesen Potentaten, wie sie in kleinen Booten auf dem Meer trieben. Einige waren schon am Ertrinken, und die Frage war, wer der nächste sein würde. Es gab Unruhen in Österreich, Polen, Preußen, Sizilien, Ungarn, Spanien, Portugal, in der Schweiz, in der italienischen Landschaft Piemont, in Frankreich, in Venedig und in Griechenland. Zu Prinz Alberts Entsetzen gab es sogar in seinem geliebten Coburg einen Aufstand. In England war das Gebrüll der Revolutionäre allerdings lauter als ihr Tun. Dagegen war die Lage in Irland gefährlich; die Bauern wurden angestiftet, gegen die Großgrundbesitzer tätlich zu werden. Königin Victoria war in anderen Umständen. Als die Bulletins aus Europa eintrafen und die Welt um sie herum in Aufruhr geriet, fürchtete sie, daß ein in solcher Zeit voller Spannungen geborenes Kind unweigerlich darunter leiden müsse. Und tatsächlich fiel Prinzessin Louise später ziemlich aus dem Rahmen.

Am Morgen des 22. Februar herrschte in Paris Ruhe. Dann wurde aber von der Regierung ein Demonstrationsmarsch für die Reformgesetze verboten. Dies verärgerte die verhinderten Demonstranten; sie stürzten Omnibusse um und verbrannten Parkbänke. In der Nacht wurden Waffengeschäfte geplündert. Am 23. entließ der König seinen Premierminister Guizot, und am Abend rottete sich eine feindselige Menge vor Guizots Haus zusammen. Die Infanteristen des Wachtrupps wurden angepöbelt. Ein Sergeant eröffnete das Feuer, und ein Mann wurde tödlich getroffen. Die gereizten Soldaten folgten dem Beispiel und feuerten eine Salve in die Menge. Es gab über dreißig Tote und Verwundete. Jetzt explodierte das Pulverfaß: Louis Philippe konnte sich gerade noch rechtzeitig in einen Wagen werfen und in Richtung Küste entfliehen. Zwei Tage darauf erreichten er und die Königin ohne ein einziges Stück Gepäck Newhaven. Sie reisten unter dem Namen Mr. und Mrs. Smith. Zur Tarnung trug der König einen flachen Hut und eine Sonnenbrille. In einem Gasthof am Quai mieteten sie sich ein.

Louis Napoleon hingegen saß am Morgen des 27. im Eisenbahnzug, der von London zur Küste fuhr. In seiner Begleitung waren sein Bankier Orsi und sein Diener Charles Thélin. Der Prinz trug einen dicken Schal wegen der kalten Luft auf dem Ärmelkanal und um nicht erkannt zu werden. In Folkestone verließen gerade Freunde und

Verwandte von Louis Philippe den Dampfer ›Lord Warden‹. In der Gegenrichtung war wenig Schiffsverkehr. In Boulogne frühstückte das Trio am Bahnhof, dem Schauplatz des Desasters von 1840. Auf der Bahn herrschten chaotische Zustände. Erst am folgenden Morgen erreichte man Paris. Louis Napoleon fand bei seinem alten Erzieher Vieillard Unterschlupf und beeilte sich, Lamartine, den Chef der rasch gebildeten provisorischen Regierung, von seiner Anwesenheit in Kenntnis zu setzen. Als Antwort erhielt er vierundzwanzig Stunden Zeit, um Frankreich wieder zu verlassen. Da Louis Napoleon nicht noch einmal eine Festungshaft in Ham riskieren wollte, reiste er sofort ab. Völlig erschöpft kam er schließlich wieder in Kingsley Street und in seinem Marmorbadezimmer an. Der ›Punch‹ behandelte ihn ziemlich unfreundlich: Eine Karikatur zeigte ihn, wie er aus einem Gänseei in einem Adlerhorst ausgebrütet wird und gerade dabei ist, sich von einem Phantasieschneider einen Kaisermantel aus Mondstrahlen anmessen zu lassen. »Armes Frankreich!« stand darunter.

Aber man konnte auch etwas für das Land tun, das einem Schutz gewährt hatte. Einige Tage später versammelte sich eine Menge auf dem Trafalgar Square und rief »Vive la République!« Die Demonstranten zogen weiter zum Buckingham-Palast; unterwegs zertrümmerten sie Straßenlaternen. Am Schloß angekommen, zerstörten sie Prinz Alberts Kegelbahn. Es wurde ein Polizeiaufgebot aus Freiwilligen gebildet, und Louis Napoleon meldete sich beim Polizeirevier von Marlborough. Am entscheidenden Tag, dem 10. April 1848, als ein Marsch von Chartisten von Kennington Common zum Parlament geplant war, tat er Dienst im Westend. Der Marsch verlief im Sande, weil man dem Anführer sehr energisch zu verstehen gegeben hatte, er werde erschossen, wenn er Unruhe stifte. Louis Napoleons einzige Aufgabe bestand darin, eine schwer betrunkene alte Frau festzunehmen.

In der Zwischenzeit hatte in Frankreich Lamartines vorläufige Regierung, durch den Gegensatz von Gemäßigten und Extremisten gespalten, die größten Schwierigkeiten. Louis Napoleon war gut beraten, daß er seinen Namen nicht für die allgemeinen Wahlen zur Verfassunggebenden Versammlung hergab, die im April stattfanden. Die Wirtschaftslage verschlechterte sich, und Mitte Mai griff der Mob das Rathaus an. Als Louis Napoleon an den Kammerpräsidenten schrieb und seine Rechte als französischer Staatsbürger geltend machte, starteten seine Anhänger, angeführt von Persigny, Montholon, Eleanora Gordon, Laity und Mocquard, Louis Napoleons späterem Sekretär, einen wilden Propagandafeldzug. Dabei wandten sie alle erdenklichen Tricks an. Über Nacht erschienen Plakate an den Hauswänden und Bretterzäunen. Kurze Artikel wurden in die Zeitungen lanciert, Pamphlete und Handzettel wurden verteilt. Man verschenkte Porträts und Bilder von ihm, schrieb politische Lieder und bezahlte Straßensänger dafür, daß sie sie pausenlos herunterleierten. Schauspieler wurden bestochen, damit sie von der Bühne herab für Louis Napoleon Propaganda machten. Keine Gelegenheit wurde ausgelassen, um der napoleonischen Legende neuen Auftrieb zu geben.

Im Juni gab es Nachwahlen. In letzter Minute meldete Louis Napoleon seine Kandidatur an. Er wurde in den vier Departements Seine, Yonne, Charente-Inférieure und Korsika gewählt. Während die Menschenmenge auf der Place de la Concorde seinen Namen rief, erhielt die Polizei den Befehl, ihn zu verhaften, sobald er französischen Boden beträte. Louis Napoleon verzichtete auf seinen Sitz und sandte folgende Botschaft: »Wenn das Volk mir Pflichten überträgt, werde ich sie zu erfüllen wissen.«

Zur Bekämpfung der Arbeitslosigkeit hatte die Regierung ›staatliche Werkstätten‹ eingerichtet. Jedermann sollte das Recht auf Arbeit haben und natürlich vom Staat bezahlt werden. Schwierig war es nur, die geeignete Arbeit zu finden. Man ließ sich sogar auf so unproduktive Tätigkeiten ein wie das Umgraben des ›Champs de Mars‹. Bis Juni waren bereits über hunderttausend Mann allein in

Paris bei diesen Arbeiten registriert. Aber Arbeit gab es nur für ein Sechstel von ihnen. Die meisten Männer waren bewaffnet. Die Kosten für das Unternehmen waren astronomisch. Am 21. Juni wurde eine ziemlich niederträchtige Verordnung herausgegeben, wonach alle diese Arbeiter innerhalb von drei Tagen entlassen und die kräftigsten von ihnen in die Armee eingegliedert werden sollten. Nun brach die Hölle los.

Die Männer hungerten, sie kämpften ohne Hoffnung, ohne Anführer, ohne Begeisterung; widerwillig schossen sie auf die Rebellen, die sich hinter den dicken Barrikaden verschanzt hatten. Vier Tage lang lag eine düstere Glut über Paris. Dann wurden Kanonen gegen die Barrikaden aufgefahren, und über die rauchende Stadt brach ein Sturm los. Frauen wurden ohne Mitleid erschossen. An einem Sonntag wurde ein General, der mit der Besatzung der Barrikaden als Parlamentär verhandelte, hinterrücks ermordet. Der Erzbischof von Paris zog bei Sonnenuntergang los, um mit einer großen Geste der Versöhnung Frieden zu schließen. Er wurde niedergeschossen und starb. Es war eine Zeit des Schreckens. Vier Tage lang tobten in Paris erbarmungslose Kämpfe. Der Mann, der endlich den Aufstand niederschlug, war der Kriegsminister General Cavaignac. Er war ein erfahrener und disziplinierter Soldat, ein treuer Anhänger der Zweiten Republik. Aus seiner Sicht handelte er gerecht und mit der nötigen Härte. Nach dem Blutbad war er der große Mann in Frankreich und hatte das Zeug für einen Diktator. Aber französische Zivilisten schätzen nun einmal keine militärischen Maßnahmen zur Unterdrückung von inneren Unruhen. Als sich die Nachrichten von den Barrikadenkämpfen im Lande verbreiteten und Massendeportationen von Leuten, die an den Kämpfen beteiligt waren, stattfanden, war es klar, daß General Cavaignac wenig Aussicht hatte, die nächste Wahl zu gewinnen. Bei einem Diner in Gore House bemerkte Louis Napoleon dazu: »Dieser Mann macht den Weg für mich frei.«

Seine erste Sorge war jetzt, wie er Gelder auftreiben könne, um seine Anhänger für ihre Vorarbeit in Paris zu bezahlen. Er mußte auch entsprechend auftreten können, wenn er nach Frankreich zurückkehrte. Während Orsi sich bei den Banken um Kredite bemühte, verpfändete Louis Napoleon den von seinem Vater ererbten Landsitz in Civita Nuova. Mit dem Darlehen und dem Geld für die Verpfändung kam er auf insgesamt eine halbe Million Francs. Doch der eigentliche Weg zur Gründung des Zweiten Kaiserreichs war mit Elizabeth Howards Gold gepflastert. Sie verkaufte ihren Besitz in Civita Vecchia und gab den Erlös Louis Napoleon als Kredit. Damit war es ihm möglich, weitere Gelder zu leihen. Auf seinem Weg nach oben brauchte er keine finanziellen Sorgen mehr zu haben.

Im September sollten in Frankreich Neuwahlen stattfinden. Am 28. August schrieb Louis Napoleon an seinen Onkel König Jérôme von Westfalen, den einzigen überlebenden Bruder des Kaisers:

»*Deine klugen Ratschläge zu den bevorstehenden Wahlen haben nur den Brief vorweggenommen, den ich Dir über das gleiche Thema schreiben wollte. Ich bin mit Dir der Meinung, daß es meine Pflicht ist, dieses Mal das Mandat meiner Mitbürger anzunehmen. Unter jenen Umständen, die jetzt glücklicherweise gegenstandslos geworden sind, habe ich nicht gezögert, mein Exil fortzusetzen, anstatt meinen Namen als Vorwand für gefährliche Umtriebe mißbrauchen zu lassen. Jetzt, wo die Ordnung wiederhergestellt ist, werden mich ungerechtfertigte Vorurteile hoffentlich nicht länger daran hindern, als Vertreter des Volkes zur Konsolidierung dieser Republik, zu ihrem Glück und Ruhm beizutragen.*«

Bei diesen Wahlen wurde er in fünf Départements gewählt. Jetzt konnte ihm sein Sitz in der Kammer nicht mehr verweigert werden. Wieder setzte er über den Kanal, aber diesmal kehrte er nicht gleich wieder zurück. Am 24. September nahm er ein Zimmer im ›Hôtel du Rhin‹ an der Place Vendôme. Kurz darauf konnte man Elizabeth Howard auf der Fahrt nach Paris sehen. Sie logierte im ›Hôtel Maurice‹ in der Rue de Rivoli.

Der ›Bürger Louis Napoleon Bonaparte‹ machte auf die Mitglieder der konstituierenden Versammlung keinen besonderen Eindruck. Er hatte in Regierungsfragen wenig Erfahrung, seine Reden waren weder klar noch schwungvoll, und sein deutscher Akzent ging manchen auf die Nerven. Ein Antrag, daß kein Mitglied der Familie Bonaparte jemals Präsident werden dürfe, wurde zurückgezogen, weil der Antragsteller selbst so etwas für ganz unmöglich hielt. Aber Louis Napoleon suchte auch nicht den Beifall der Politiker, was er brauchte, waren Wählerstimmen. Zur Zeit von Louis Philippe besaßen in ganz Frankreich nur zweihunderttausend Menschen das Wahlrecht. Mit der Erweiterung des Stimmrechts war die Zahl auf acht Millionen angestiegen. Die Neuhinzugekommenen hatten keine Ahnung von dem Wahlvorgang und bekamen nur wenige der Kandidaten zu Gesicht. Aber den Namen Napoleon kannten sie. In ihren Liedern hatten sie die Erinnerung an den großen Kaiser bewahrt. Ein Napoleon brauchte nichts weiter zu tun, als ihnen Sicherheit, Arbeit und ausreichenden Lohn zu versprechen.

Die Präsidentenwahl fand am 10. Dezember 1848 statt. Der Bürger Bonaparte erhielt 5434226 Stimmen, General Cavaignac 1448107. Am 20. Dezember wurde er im überfüllten Parlament zum Präsidenten der französischen Republik ausgerufen. Jetzt zog er im Elysée-Palast ein, der sein offizieller Amtssitz wurde. Dort war er seit jenem Abend im Juni 1815, als er vor Waterloo dem Kaiser Napoleon I. Lebewohl sagte, nicht mehr gewesen. Die Palastbeamten wurden von der plötzlichen Ankunft eines neuen Napoleon überrascht. Es war kein Schlafzimmer für ihn vorbereitet, so daß er die Nacht schreibend, dösend und träumend in einem Sessel verbrachte.

Schon nach dem ersten Monat seiner Präsidentschaft war ihm klar, daß eine Frist von knapp vier Jahren für die

Erreichung seiner Ziele nicht genügen würde. Er ging daran, die Opposition zu spalten und die einzelnen Gruppen gegeneinander auszuspielen, damit er keine geschlossene Front mehr gegen sich hatte. »Der Name Napoleon selbst ist ein Programm«, erklärte er. »Er bedeutet Ordnung, Autorität und das Wohl des Volkes. In der Außenpolitik bürgt er für nationale Würde.« Im Hinblick auf seine eigene Sicherheit machte er den Fehler, den Nationalismus zu stark zu betonen und der Kirche eine übergroße Machtstellung einzuräumen.

Eines seiner ersten Probleme war, wie er mit dem Strom von Verwandten und Freunden fertig werden sollte, die nach seiner Wahl Tür und Tor zu Ämtern und Pfründen offenstehen sahen. Zahllose Bonapartes tauchten auf; jeder streckte die Hand aus. Am anspruchsvollsten war Onkel Jérôme, der letzte überlebende Bruder des Kaisers, der für den Neffen auf seinem beschwerlichen Weg zur Macht eher ein Hindernis als eine Hilfe gewesen war. Als eine seiner Forderungen abgelehnt wurde, nannte er seinen Neffen vor versammelter Mannschaft einen Bastard.

Aber für diejenigen, die ihm bei seinem Kampf entscheidend geholfen hatten, sorgte Louis Napoleon gut. Charles Thélin wurde zum Chef der Zivil-Liste ernannt. Oberst Vaudrey bekam seinen Posten als Brigadegeneral wieder, wurde Kommandant der Tuilerien und erhielt das Kreuz der Ehrenlegion. Persigny wurde Innenminister und erklomm später diplomatische Höhen. Der alte General Montholon wurde Mitglied der Gesetzgebenden Versammlung. Prinzessin Mathilde wirkte als Hausherrin im Elysée-Palast. Elizabeth Howard wurde in der Rue de Cirque Nr. 14 einquartiert. Der Präsident brauchte bei seinem Abendspaziergang mit Ham nur durch ein Gartentürchen zu schlüpfen, um bei ihr zu sein. Während der ersten Zeit hielt sich Miß Howard diskret zurück. Man sah sie in der Öffentlichkeit nur zwischen Monsieur Mocquard, dem Sekretär des Präsidenten, und dessen Frau. Aber schließlich hatte sie es satt, immer von Anstandspersonen begleitet zu werden. Bald zeigte sie sich allein an der Seite ihres Liebhabers und erregte Aufmerksamkeit, wenn sie in einer Kutsche fuhr, auf deren Türen ein Pferd gemalt war.

Für eine andere treue Anhängerin, Eleanora Gordon, gab es nur herbe Enttäuschungen. Sie hatte gerade die Vierzig überschritten. Zwölf Jahre lang hatte sie für die napoleonische Sache gekämpft; immer war die Polizei ihr auf den Fersen gewesen. Und was war ihr Lohn? Im Laufe der Jahre hatten sich ihre Gefühle Louis Napoleon gegenüber geändert. In der Straßburger Zeit, als sie noch voller glühender Lebenslust war, spornte sie ihn als seine Geliebte an. Jetzt, müde geworden, erwartete sie noch immer, bei ihm die erste Rolle spielen zu können. Statt dessen war er mit der bildschönen Elizabeth Howard in Paris eingezogen. Eleanora erhielt eine Pension von viertausendachthundert Francs, wirklich ein schäbiger Dank. Voller Zorn ging sie in den Elysée-Palast, wo man ihr nochmals eine Börse mit fünftausend Francs in die Hand drückte und ihr die Tür wies. Sie wurde krank und starb am 11. März 1849, an gebrochenem Herzen, sagte man. Der Präsident bezahlte das Begräbnis. Die Rechnung betrug siebenhundertzwanzig Francs.

Im April des gleichen Jahres entdeckte Louis Napoleon bei einem Empfang im Elysée-Palast ein großes schönes spanisches Mädchen mit kastanienbraunem Haar – Eugénie de Montijo. Er blieb stehen, und sie wurde ihm von den Rothschilds vorgestellt. Sie erzählte ihm, sie hätte oft mit Madame Eleanora Gordon über ihn gesprochen. Daraufhin wurde er merklich kühler. Er ging weiter und sprach kein Wort mehr mit ihr. Eine seltsame Art, seine zukünftige Frau kennenzulernen!

Teil II

Vom Staatsstreich bis zur Hochzeit
1849 – 1853

Eugénie de Montijo

Maria Eugénie Ignace Augustine de Montijo, die letzte Kaiserin der Franzosen, wurde am 5. Mai 1826 in Granada geboren. Die Mutter war Schottin und stammte aus der Familie der Kirkpatricks of Closeborn, Dumfries, die treue Anhänger der Stuarts waren. Einer ihrer Vorfahren wurde 1746 aufs Schafott geschickt, weil er den Kronprätendenten Charles Edward, den ›Bonnie Prince Charlie‹, unterstützt hatte.

Eugénies Großvater William Kirkpatrick war ein ehrgeiziger, großer, starker Mann. Da er in Schottland keine Möglichkeit sah, voranzukommen, versuchte er sein Glück in Spanien.

Er ließ sich als Obst- und Weingroßhändler in Malaga nieder, nahm Geschäftsbeziehungen nach England und Amerika auf, wurde wohlhabend und kaufte ein großes Haus in der Calle San Juan. Er verliebte sich in Françoise, die Tochter des Barons Grivegnée, eines aus Belgien eingewanderten Weinhändlers, und heiratete sie. Ihre älteste Tochter Maria Manuela wurde 1794 geboren, sechs Jahre bevor William Kirkpatrick zum Konsul der Vereinigten Staaten in Malaga ernannt wurde. Er übersiedelte später nach Amerika und starb dort 1837.

Manuela war eine rassige, dunkelhaarige, etwas herbe Schönheit. Sie konnte singen, tanzen, Theater spielen und sich in fünf Sprachen unterhalten. Sie war eine tüchtige Frau, die ihr Leben in vollen Zügen genoß. Ihr einziges Ziel war, eine führende Rolle in der Gesellschaft zu spielen. In dem ›Club‹, der in den hinteren Räumen der Weinhandlung ihres Vaters tagte, spielte sie die Gastgeberin.

William Kirkpatrick wurde durch die Ehe einer Schwester seiner Frau mit dem Grafen Mathieu de Lesseps, dem Sproß einer vornehmen französischen Familie und späteren Vater von Ferdinand de Lesseps, dem berühmten Erbauer des Suezkanals, zum Bewunderer Napoleons. Manuela und ihre Schwestern wurden nach Paris in die

Schule geschickt und kehrten 1814 als heiratsfähige Damen zurück. Manuela, die interessanteste, war sehr ehrgeizig.

Sie hatte in Paris 1813 die Bekanntschaft eines gewissen Oberst Portocarrero gemacht, eines Spaniers, der ebenfalls ein enthusiastischer Bewunderer Napoleons I. war und an dessen Seite gekämpft hatte. Als Folge vieler Schlachten, die bei Trafalgar begonnen hatten, besaß er nur noch ein Auge, einen gesunden Arm und ein gesundes Bein. Trotz seiner körperlichen Gebrechen nahm er 1814 aktiv an der Verteidigung von Paris teil und schloß sich während der Hundert Tage wieder dem Kaiser an. Ludwig XVIII. war nach seiner Rückkehr dem spanischen Glücksritter wegen seiner Kriegstaten nicht sehr wohlgesonnen und erklärte ihn kurzerhand zum Kriegsgefangenen. Dem Oberst gelang es jedoch, über die Grenze in sein Heimatland zu entkommen, bevor man ihn verhaften konnte.

Der Offizier, der sich bisher der Einfachheit halber ›Portocarrero‹ hatte nennen lassen, war inzwischen in der Versenkung verschwunden. Jetzt reiste er unter seinem wahren Namen und Titel: Don Cipriano Guzman de Palafox y Porto Carrero, Conde de Teba. Er war ein spanischer Grande, der zweite Sohn des Grafen Montijo. 1817 kam er nach Malaga und erneuerte hier die Bekanntschaft mit den Kirkpatricks. Manuela war gerade 23 Jahre alt.

Die Meinungen über diesen kriegsversehrten spanischen Granden sind geteilt. Spätere Autoren sahen ihn meist als romantische Figur, als Kriegshelden mit schwarzer Augenklappe. Er war ihrer Meinung nach aber auch ein Zyniker, der einem romantisch veranlagten Mädchen sehr wohl den Kopf verdrehen konnte. Zeitgenössische Autoren sahen ihn anders und sollten recht behalten. William Kirkpatrick erkannte jedenfalls schon frühzeitig die Vorteile einer familiären Verbindung mit ihm. Obwohl Don Cipriano nicht übermäßig begütert war, so war es immerhin sein älterer Bruder Don Eugenio, ein eingefleischter Junggeselle mittleren Alters. Don Cipriano war somit der Erbe des gesamten Vermögens der Familie Montijo. Als er bei William Kirkpatrick um die Hand seiner Tochter Manuela anhielt, wies er auch sofort darauf hin, daß man König Ferdinand von Spanien die Ebenbürtigkeit der Kirkpatricks mit einem spanischen Grande würde darlegen müssen. William Kirkpatrick aber war gut vorbereitet und konnte seinen zukünftigen Schwiegersohn beruhigen: »Wenn Ihr Stammbaum bis auf König Alfonso XI. zurückreicht, kann ich den meinen bis auf König Robert Bruce zurückverfolgen. Damit werden Seine Majestät wohl zufrieden sein.« Dem König wurde ein beglaubigtes Schreiben des Heroldsamtes in Edinburgh unterbreitet, worin die Abstammung der Kirkpatricks väterlicherseits von den alten Baronen von Closeburn bestätigt war. Der König mochte Don Cipriano nicht. Zynisch bemerkte er: »Soll doch der edle Montijo ruhig die Tochter des irischen Sagenhelden Fingal heiraten!« So wurde Maria Manuela Kirkpatrick am 15. Dezember 1817 dem Grafen Teba, Don Cipriano, angetraut. Er war einunddreißig, somit acht Jahre älter als sie.

Die Ehe war von vornherein zum Scheitern verurteilt. Die beiden waren große Gegensätze, und keiner wollte seine Ansichten oder seinen Lebensstil ändern. Sie gab gern Gesellschaften, er konnte es nicht ausstehen, wenn Leute ins Haus kamen. Er war geizig, sie war großzügig. Er war für Entbehrungen und Härte, sie liebte den Luxus. Er nahm politische Dinge sehr ernst, während sie ihre Ansichten oft änderte, wenn es ihr opportun erschien. Er dachte meist an die Vergangenheit, Manuela hingegen lebte ganz in der Gegenwart und träumte von der Zukunft. Bald hatten sie sich auseinandergelebt, sahen sich immer seltener und in den letzten Jahren ihrer Ehe überhaupt nicht mehr.

Doch zunächst machten ihnen die politischen Vorgänge in Spanien das Leben schwer. Cipriano war wegen seiner früheren Aktivitäten und seiner Treue zu Napoleon immer noch verdächtig und stand unter Polizeiaufsicht. König

Ferdinand war grausam, feige und verschlagen, und er verfolgte alle Menschen, die liberal dachten. Darunter waren viele Soldaten, die in Frankreich gedient und fremdes Gedankengut in sich aufgenommen hatten. Auch Cipriano gehörte dazu. 1820 brach in Spanien die Revolution aus, und Ferdinand wurde von den Aufständischen gefangengenommen. Doch die ›liberales‹ waren untereinander zerstritten, und die verworrenen Verhältnisse in Spanien veranlaßten die Monarchien der ›Heiligen Allianz‹ einzugreifen. 1823 überquerte eine starke französische Armee die Grenze, unterdrückte den Aufstand und setzte Ferdinand wieder ein. Zwar hatte er feierlich geschworen, daß er alle seine Gegner amnestieren werde. Doch er brach sein gegebenes Wort und begann, zum Entsetzen der Franzosen, eine Orgie von Grausamkeiten und Folterungen wie zu Zeiten der Inquisition. Cipriano wurde verhaftet und in Nordspanien in ein Gefängnis geworfen. Dort schmachtete er anderthalb Jahre lang. Danach erhielt er die Erlaubnis, seine Strafe in Granada abzubüßen, wo er unter strenger Bewachung und bei geringer Bewegungsfreiheit mit seiner Familie leben durfte. Dies war nur erträglich, weil Manuela die Einschränkungen nicht ernst nahm, die Wachen bestach und mit jenen, die sie bewachen sollten, heftig flirtete.

Sie war jetzt dreißig Jahre alt, aber Kinder hatte sie noch nicht. Wenn man an die damaligen Sitten und religiösen Bindungen denkt, so erscheint das seltsam. Aber am 29. Januar 1825 wurde ihnen eine Tochter geboren. Sie wurde Maria Francisca de Sales getauft und Paca oder Paquita gerufen. Wenn Cipriano der Vater war, muß die Zeugung stattgefunden haben, als er Insasse des strengen Gefängnisses von Santiago de Compostela war, wo die ›liberales‹ wie zu Zeiten der Inquisition gefoltert wurden. Am 5. Mai 1826 wurde eine zweite Tochter, Eugenia, geboren. Die beiden Mädchen waren im Aussehen wie im Charakter grundverschieden. Wo war also Manuela überall gewesen, während sie durch das Urteil von ihrem im

Gefängnis sitzenden Mann getrennt war? Man hat, nicht ganz ohne Grund, angenommen, daß sie in Paris bei ihrer Tante Catherine de Lesseps gewesen sei, bei der sie schon während ihrer Schulzeit gelebt hatte. In diesem Fall ist die während des Zweiten Kaiserreichs in Frankreich allgemein verbreitete Ansicht durchaus glaubhaft, daß der Vater der Kaiserin Eugénie George Villiers, der spätere vierte Earl of Clarendon und britische Außenminister, gewesen sei. Man weiß, daß Villiers im Sommer 1825 in Paris war, und man weiß auch aus Briefen seiner Schwester, daß er es dort »arg getrieben« habe.

Während Manuela mit zwei kleinen Kindern und einem Mann, der in seiner Bewegungsfreiheit eingeengt war, das Leben meistern mußte, trat ein für sie höchst interessantes und dramatisches Ereignis ein. Ihr Schwager Eugenio heiratete. Seine Frau war eine Frau von leichten Sitten und bewegter Vergangenheit. Ihre Absicht war klar: sie wollte das Reich der Montijos erobern. Sie verführte den alternden Mann, der bisher völlig zurückgezogen gelebt hatte. Das war zuviel für Eugenio; ihn traf der Schlag, und er blieb halbseitig gelähmt. Dies warf natürlich die Pläne der Dame über den Haufen: sie wollte einen Erben gebären, durch den der Titel und das Vermögen fest in ihrer Hand verblieben wären. So kam sie auf die Idee, ein Kind unterzuschieben. Da ihr bekannt war, daß Cipriano und Manuela Madrid nicht betreten durften, fühlte sie sich sicher. Aber sie unterschätzte ihre Schwägerin, die sehr genau wußte, daß eine Vaterschaft über Eugenios physische Kraft gegangen wäre. Nachdem ihr Madrid verboten war, verschaffte sie sich die Erlaubnis, nach Valladolid zu reisen, wo sich, wie sie wußte, König Ferdinand aufhielt. Sie erhielt eine Einladung zu einem Hofball und wurde, als Frau eines Granden, in dieselbe Quadrille placiert wie der König. Der Rest war für sie ein Kinderspiel. Sie rang ihm die Erlaubnis ab, die Hauptstadt zu besuchen.

Unangemeldet betrat Manuela Eugenios Haus und brachte die Vorbereitungen für die baldige Ankunft des falschen Erben durcheinander. Die nicht schwangere ›Mutter‹ rannte schreiend in ihr Zimmer und versuchte dort, mit einem neugeborenen kleinen Waisenkind eine Geburt vorzutäuschen. Manuela lief ihr nach, riß das Bettzeug auseinander und brachte so die Wahrheit ans Licht. Es gab nichts mehr zu erklären. In ihrer Großmut und vielleicht auch, um einen weiteren Unfug zu verhindern, nahm sie den Wechselbalg mit, adoptierte den Knaben und erzog ihn zusammen mit ihren eigenen Kindern.

Als König Ferdinand älter wurde, ließen seine Rachegelüste nach, und er führte sogar ein vorbildliches und glückliches Familienleben. Im Jahre 1830 war Cipriano endlich ein freier Mann. Er liebte seine Töchter heiß und innig. Der Gedanke an sie hatte ihn während seiner langen Haftzeit aufrecht gehalten. Doch über ihre Erziehung gab es mit der Mutter heftige Auseinandersetzungen. Ihr Wunsch war es, daß Paca und Eugénie eine glänzende gesellschaftliche Karriere machen sollten. Deshalb legte sie Wert auf Bildung und gute Umgangsformen. Cipriano hingegen war entschlossen, die Mädchen zu Härte und Selbständigkeit zu erziehen, sie sollten spartanisch essen und einfache Kleidung tragen. Von Schulunterricht hielt er nicht viel. 1832 besuchte die Familie Paris. Zwischen den Eheleuten herrschte ein gespanntes Verhältnis. Manuela führte ein lustiges Leben, und George Villiers war häufiger Gast ihres ›Salons‹. Er arbeitete bei einer Zollkommission in Paris, wo sie ihn schon 1825 kennengelernt hatte.

Auf der Rückreise nach Spanien lernte die Familie den siebenundzwanzigjährigen Romanschriftsteller und Archäologen Prosper Mérimée kennen. In ihm gewann Manuela einen Freund und Ratgeber, der ihr und ihren Töchtern bis zum Zusammenbruch des Zweiten Kaiserreichs treu und hilfreich zur Seite stand. Manuela und Mérimée liebten sich, ohne daß ihre Freundschaft durch intime Beziehungen gestört wurde. Sie taten viel füreinander. Sie war es, die ihn zu ›Carmen‹ anregte. Und er war für die Kinder eine Art Patenonkel.

König Ferdinand starb im Jahre 1833. Er hatte, unter Umgehung der in Spanien herrschenden Salischen Erbfolge, seine Tochter Isabella zur Nachfolgerin bestimmt und ihre Mutter als Regentin eingesetzt. Darüber erboste sich sein Bruder Don Carlos, der allgemein als Thronfolger anerkannt war. So begann, nach kurzen Jahren des Friedens, der Carlistenkrieg, er dauerte sechs Jahre, bis 1839.

Cipriano brachte seine Familie nach Madrid. Und dort riß das letzte Band, das diese Ehe noch zusammengehalten hatte. George Villiers war kurz zuvor zum britischen Gesandten ernannt worden; Manuela wurde seine Geliebte. Die kurze Eskapade in Paris hatte Cipriano noch dulden können, nicht aber ein offen zur Schau getragenes Verhältnis in seiner eigenen Heimat. Es fiel auf, daß Villiers ein besonderes Interesse für die jüngere Tochter Eugénie zeigte, das sich im Laufe der Jahre zu einem echten Vatergefühl entwickelte. Die Lage komplizierte sich noch dadurch, daß Don Eugenio starb und Don Cipriano Graf Montijo wurde. Er erbte den Palast der Familie im Herzen von Madrid und den herrlichen Landsitz Carabanchel, nicht weit von der Hauptstadt. Es dauerte nicht lange, bis der Bürgerkrieg wieder aufflammte. Dazu brach die Cholera aus. Vom Fenster des neuen Hauses aus konnte die kleine Eugénie mitansehen, wie draußen auf der Straße Mönche gefoltert und niedergestochen wurden. Manuela beschloß fortzugehen. Am 18. Juli 1834 brach sie mit ihren Kindern zur französischen Grenze auf. Zwei Tage später schrieb der Gouverneur von Perpignan, Marschall Castellane, in sein Tagebuch:

»Viele Spanier passieren Perpignan, die meisten kommen aus Madrid und sind auf dem Weg nach Toulouse. Sie fliehen vor der Cholera und dem Bürgerkrieg. Die Gräfin Teba, eine gescheite Frau von fünfunddreißig, reist nach Toulouse. Sie hat ein beachtliches Vermögen. Ihr Gatte ist wegen der Sitzungen der Cortes in Madrid geblieben. Madame de Teba ist erst am 18. Juli aus Madrid abgereist; sie hat dort gräßliche Dinge mitansehen

müssen. Die Stadtwache hat sogar in den Kirchen Mönche und Jesuiten verstümmelt und ermordet. Die regulären Truppen waren bewaffnet, haben aber untätig zugesehen.«

Nach ihrer Ankunft in Paris war Manuelas erste Sorge, wie die Erziehung ihrer Töchter weitergehen sollte. Sie schickte sie in das Kloster Sacré-Cœur in der Rue de Varennes. Die ›Damen vom Heiligen Herzen Jesu‹, wie sie genannt wurden, waren ein junger Orden, der erst 1799 gegründet worden war. Sie sahen es gern, wenn ihre Schülerinnen Vermögen hatten, aber sie waren, bei aller Bewunderung für Reichtum, doch auch von einer intensiven Frömmigkeit und hohem Bildungsniveau. Die Mädchen bezeichneten sie als ›weibliche Jesuiten‹. Nach zwei Jahren Aufenthalt bei den Ordensschwestern brauchten die Töchter nach Manuelas Ansicht eine Abwechslung zum Klosterleben. Deshalb schickte sie sie nun in das ›Gymnase normal, civil et orthosomatique‹, ein Institut für Leibeserziehung, eine Art Sportschule, wo Jungen und Mädchen gemeinsam erzogen wurden. Das war nun etwas ganz anderes als ›Sacré-Cœur‹ und so recht nach Eugénies Sinn: Sie war mutig und stolz; man spürte das Erbteil von Cipriano. Sie konnte unvermittelt über Sofas springen oder unter die Tische kriechen. Ihr Sportlehrer berichtete, sie sei sehr temperamentvoll gewesen, dabei voller Schwung, sehr sportbegeistert und kraftvoll, aber auch ausdauernd.

An den Abenden hatten die Mädchen anderen Unterricht. Prosper Mérimée kam regelmäßig, korrigierte ihre französischen Aufsätze und lehrte sie, korrekte Briefe zu schreiben. Danach ging er mit ihnen spazieren, und diese körperliche Ertüchtigung endete meist in einer Konditorei. Eines Abends brachte er einen Schriftstellerfreund mit, der aus Italien zu Besuch da war, Henri Beyle, mit dem Pseudonym Stendhal. Damals war er noch wenig bekannt. Er sagte lachend, seine Zeit käme viel später, erst im Jahre 1935. Stendhal war ein glühender Bewunderer des Großen

Kaisers und schürte bei den Mädchen den Napoleon-Kult, den schon Cipriano gepflegt hatte. Stendhal hatte als Dragoner unter Napoleon in Italien gekämpft und war 1812 mit in Moskau. Die Mädchen freuten sich auf seine Besuche und saßen ganz verzaubert auf seinen Knien, wenn er ihnen von Austerlitz und Waterloo erzählte. Aber einen anderen Mentor vermißten sie schmerzlich, ihren Vater. Cipriano kam nur selten nach Paris, und dann schlief er unter einem fremden Dach. Doch er nahm sie mit in den Zirkus oder ins Theater und überschüttete sie mit Geschenken. Paca und Eugénie konnten nie verstehen, warum sie ihn nicht öfter sehen durften. Sie schrieben ihm sehnsuchtsvolle Briefe.

Bald kam noch ein neuer Einfluß in ihr Leben. Eine englische Gouvernante tauchte auf. Aber sie hatte keinen Erfolg. Es gelang der Dame nicht, ihren Schützlingen ein korrektes ›H‹ beizubringen. Überdies fand sie sie aufsässig. Was sie brauchten, war mehr Disziplin. Sie wurden deshalb nach England geschickt und in eine Schule in Clifton, in der Nähe von Bristol, gesteckt.

Eugénie war dort unglücklich. Die englischen Mädchen betrachteten die Zeitgenossin, die ihr bisheriges Leben zwischen Spanien und Frankreich verbracht hatte, als Wundertier. Ihrer roten Haare wegen hänselten sie sie und nannten sie ›Karottenkopf‹. Nur mit zwei indischen Mitschülerinnen freundete sie sich an. Alle drei hatten Heimweh. Wenn die Mädchen vom Orient erzählten, glühte Eugénie vor Begeisterung. Im Schlafsaal heckten sie zu dritt den Plan aus, als blinde Passagiere mit einem Schiff von Bristol aus in den Fernen Osten zu fahren. Die Flucht aus der Schule gelang ihnen zwar, aber sie wurden aufgegriffen, noch bevor sie die Docks erreichten.

Eugénie schrieb an ihren Vater und bat ihn, sie zu besuchen. Der Ort sei langweilig, es gäbe keine Unterhaltung, nicht einmal ein paar nette Leute seien auf den Straßen zu sehen. Auf die flehentlichen Bitten der Mädchen hin wurde ihr Aufenthalt in Clifton abgekürzt, und sie kehrten unter der Obhut einer neuen Erzieherin, Miß Flowers, nach Paris zurück. Miß Flowers gehörte zu jener seltenen Sorte von englischen Kinderfrauen und Gouvernanten, die ihren Lebensinhalt darin sehen, in fremden Kinderstuben und Schulzimmern zu herrschen. Sie blieb bis in die achtziger Jahre im Dienst der Montijos. Für sie war Eugénie, selbst als Kaiserin, noch immer ›Miß Eugénie‹.

Zu Beginn des Jahres 1839, als der Carlistenkrieg zu Ende ging, hörte Manuela aus Madrid, daß Cipriano ernsthaft erkrankt sei. Sie reiste sofort hin, um ihn zu pflegen. Ihre Töchter sollten unter Obhut von Miß Flowers nachkommen. George Villiers, inzwischen Lord Clarendon, befand sich immer noch auf seinem diplomatischen Posten in der spanischen Hauptstadt. Allerdings hatte er schon seine Rückberufung nach London in der Tasche. Mit Manuela war er ständig in Verbindung geblieben, und sie hatten sich jedesmal getroffen, wenn er auf seinen Urlaubsreisen durch Paris kam. Für Manuela war es ein Glück, daß er noch in Madrid war, denn sie hatte, bevor die Wirren des Bürgerkriegs sie 1834 nach Frankreich vertrieben, kaum Zeit gehabt, sich mit den Montijoschen Besitzverhältnissen vertraut zu machen. Sie brauchte dringend jemanden, der ihr half.

Als Cipriano im März starb, war Clarendon wenig befriedigt von den Bestimmungen des Testaments, weil sie sehr zum Nachteil der Witwe abgefaßt waren. Wenn man allerdings ihr Verhalten gegenüber ihrem Gatten in Betracht zieht, so hatte sie kaum Grund, sich zu beschweren. Die Mädchen und Miß Flowers waren sehr traurig, daß sie erst in Madrid ankamen, als die Beerdigung schon vorüber war.

Bald trat im Verhältnis zwischen Eugénie und ihrer Mutter eine Änderung ein. Manuela war reich, ihr Einkommen betrug über einhundertzwanzigtausend Francs im Jahr. Sie hatte auch Grundbesitz und verwaltete das Vermögen ihrer Töchter, bis sie volljährig waren. Sie selbst, dem wachsamen Auge Ciprianos und seiner übertriebenen

Sparsamkeit entronnen, konnte sich jetzt voll ausleben. Sie war Mitte Vierzig, sehr gefühlsbetont und dies in einer Zeit, wo die spanische Gesellschaft für ihre laxe Moral bekannt war. Manuela versammelte eine Schar von Frauen ihres Alters und ihrer Neigungen um sich und feierte mit ihnen an der Plaza del Angel jeden Sonntagabend Feste, die bis in den frühen Montagmorgen dauerten und Madrid allerhand Gesprächsstoff lieferten. Was sie in manchen Landhäusern trieben, war berüchtigt. Wenn sie und ihre Busenfreundinnen zu wenig männliche Begleitung hatten, scheuten sie nicht vor einer Entführung zurück. Wie sie das machten und wie das endete, schilderte ein anonymer Tagebuchschreiber:

»Gräfin Montijo nahm sich scharenweise Liebhaber. Sie hatte die amüsante Gewohnheit, jeden männlichen Zweibeiner, der ihr gefiel, zu entführen. Dies schien ihr die beste Methode zu sein; jedenfalls war es die praktischste und wenig zeitraubendste. Ein sehr lieber und intimer alter Freund von mir, ein Mann, dem ich persönlich sehr zugetan war, der verstorbene José Hidalgo, wurde einmal auf diese Weise eingefangen. Eines Tages, als er noch ein junges Kerlchen war und durch den Prado schlenderte, hielt plötzlich eine Kutsche neben ihm, ein Mann stieg aus und trat auf ihn zu. Lächelnd, mit vielen Verbeugungen, lud er den jungen Mann ein, ihn zu begleiten. Mein Freund hatte schon mehr als eine bloße Ahnung von dem Geschick, das ihm bevorstand, und war auf das Schlimmste (oder soll ich sagen, das Beste?) gefaßt. So machte er gute Miene zum bösen Spiel und ließ sich nach ›La Granja‹ entführen. Dort lebte er viele Wochen unter der tyrannischen Herrschaft von Madame Montijo, von einigen anderen ebenso faszinierenden und ebenso mitleidlosen weiblichen Piraten und einer Handvoll junger Männer, die gleich ihm, wie Ganymed, ihren Familien gestohlen worden waren. Zu ihrem Zeitvertreib gehörte, wie Hidalgo berichtete, daß die Männer auf allen vieren auf der Erde kriechen mußten, die Damen auf ihnen saßen und wie Ritter in einem Turnier sich gegenseitig aus dem Sattel zu werfen versuchten.«

Prinz Louis Napoleon als Präsident,
um 1850.

Hortense Beauharnais,
Stieftochter Napoleons I., mit Louis,
dem älteren Bruder.

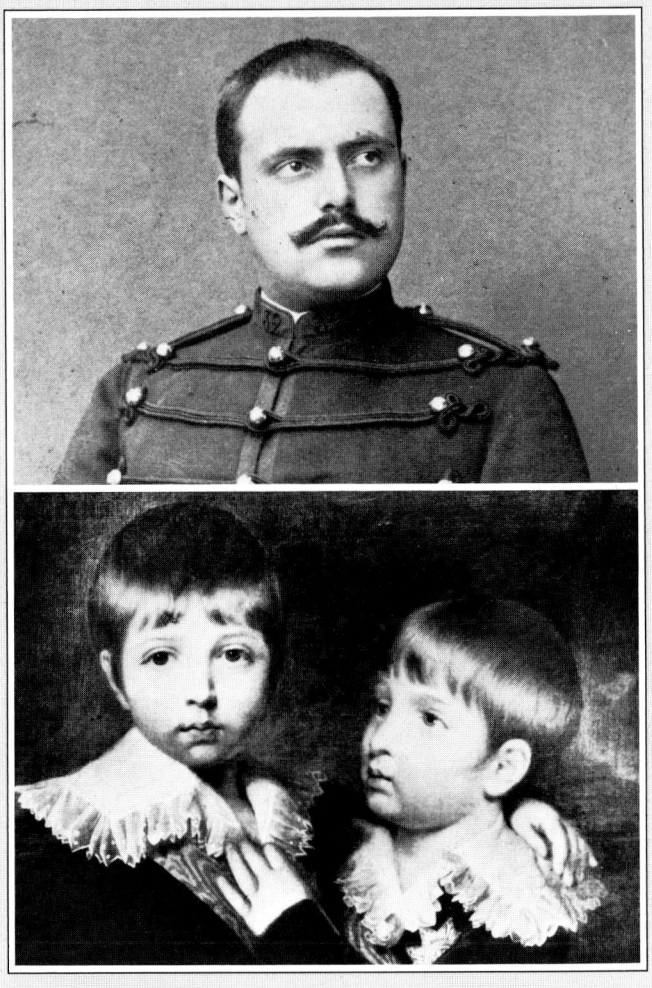

Oben: Victor Napoleon Bonaparte,
der Enkel Jeromes, des Königs von Westfalen. Foto um 1897.

Unten: Doppelbildnis der Prinzen
Napoleon Louis (links) und Louis Napoleon, dem späteren Kaiser.
Gemälde von Gerard um 1812.

Napoleon II., der Herzog von Reichsstadt,
mit dem späteren Kaiser Franz Joseph und der Herzogin
von Salerno. Zeichnung von Joh. Ender.

Manuelas Liaison mit Clarendon mag dazu beigetragen haben, daß sie als Frau in mittleren Jahren so leichtlebig wurde. Nach Ciprianos Tod mag sie gehofft haben, nun Lady Clarendon zu werden. Die beiden hatten sich ja immer sehr nahe gestanden. Um so härter mußte sie die Erkenntnis treffen, daß für englische Lords eine Liebschaft im Ausland und eine standesgemäße Heirat zwei verschiedene Dinge sind. Er hatte nämlich von Spanien aus an seine Schwester geschrieben und sie dringend gebeten, für ihn eine passende Frau zu suchen. Das tat sie, und nach seiner Rückkehr in die Heimat heiratete er die Tochter des ersten Earl of Verulam, eine Witwe. Manuela nahm das zum Anlaß, ihrem Liebhaber über englische Freunde eine Reihe recht sarkastischer Grüße zu bestellen.

Ihr zügelloses Leben barg die große Gefahr, daß es sich auf ihre Töchter nachteilig auswirken konnte. Sie waren beide in dem Alter, in dem Mädchen sehr leicht zu beeinflussen sind. Die dunkelhaarige Paca war glücklicherweise dagegen immun. Sie war sehr spanisch und nahm das Leben, wie es kam, gehorsam und ohne Fragen zu stellen. Eugénie war ganz anders, sie war eine romantische, egozentrische Träumerin, die ganz in der Welt ihres Vaters lebte, einer Welt von Helden und Rittern. Mit ihrem kastanienbraunen Haar und ihren klassischen Gesichtszügen gehörte sie fast mehr auf einen vornehmen englischen Landsitz als in einen spanischen Palast. Von den Ansichten und dem Lebensstil ihrer spanischen Zeitgenossen hielte sie nicht viel, sagte sie einmal zu Stendhal.

In schweigender Auflehnung entfernte sich Eugénie innerlich immer mehr von ihrer Mutter. Die Folge war, daß die ältere Schwester Paca Manuelas Liebling wurde, während Eugénie, wie sie sagte, immer der Esel war, der die Prügel bekam. Die Situation verschärfte sich, als die Mädchen ins heiratsfähige Alter kamen. Manuela, die Gräfin Montijo, war eine unübertroffene Ehestifterin und hatte den Ehrgeiz, für ihre Töchter möglichst vorteilhafte Partien zu finden.

Als die Mädchen noch in Paris waren, hatten sie sich mit einem bescheidenen jungen Landsmann angefreundet. Er war der elfte Herzog von Derwick, der fünfzehnte Herzog von Alba und ein zwölffacher spanischer Grande. Er war klein und schwächlich, mit blasser Gesichtsfarbe und einer belegten, aber ganz reizvollen Stimme. Paca und Eugénie mochten den ruhigen jungen Mann beide gern. Es machte ihnen nichts aus, ihn zu teilen. Erst als Eugénie, inzwischen vom Mädchen zu einer jungen Frau herangereift, den Herzog in Madrid wiedertraf, verwandelten sich ihre Gefühle in Liebe. Er war so anders als die jungen Leute, mit denen sie sonst zusammenkam, die nur von Kleidern, Gesellschaftsklatsch und Skandalen reden konnten. Er unterhielt sich mit ihr über kulturelle Themen, über Reisen und über die Schätze in seinem prächtigen Heim, dem Palacio de Liria. Sie gestand ihm ihre Liebe, sagte, sie würde für ihn betteln gehen und wäre sogar zu intimen Beziehungen bereit. Aber in dieser Hinsicht konnte sie sicher sein. Der Herzog hegte keine fleischlichen Gelüste.

Manuela kümmerte sich wenig um die romantischen Neigungen ihrer Tochter. Sie hatte beschlossen, daß Paca Herzogin von Alba werden sollte, und dabei sollte es bleiben. Sie lud den jungen Heiratskandidaten zu einem vertraulichen Gespräch unter vier Augen ein, setzte ihm ihre Absichten auseinander, und der passive Jüngling war einverstanden. Unglücklicherweise hatte Eugénie an der Tür gehorcht. Als sie das Ergebnis vernahm, rannte sie in ihr Schlafzimmer, machte eine Szene und drohte, sich umzubringen oder in ein Kloster zu gehen. Das konnte verhindert werden, aber zuvor schrieb sie ihrem zukünftigen Schwager noch schnell den folgenden Brief:

»*Mein sehr lieber Vetter,*   16. Mai 1843

Sie werden es sonderbar finden, daß ich Ihnen diesen Brief schreibe. Aber alles in der Welt hat einmal ein Ende, und mein Ende steht nahe bevor. Ich möchte Ihnen alles sagen, was ich auf dem Herzen habe, denn es ist mehr, als ich ertragen kann.

Es stimmt, daß ich sehr eigenwillig bin, ich will auch mein Benehmen nicht entschuldigen. Wenn man gut zu mir ist, tue ich alles, was man will, aber wenn ich wie ein Esel behandelt und vor allen Leuten geschlagen werde, so ist das mehr, als ich aushalten kann. Dann kocht mein Blut, und ich weiß nicht mehr, was ich tue. Viele mögen glauben, ich sei der glücklichste Mensch auf der Welt. Aber das ist ein Irrtum. Ich bin unglücklich, weil ich mich selber dazu mache... Mehr als den Tod fürchte ich die Lächerlichkeit. Meine Liebe und mein Haß sind grenzenlos. Ich weiß nicht, was stärker ist, meine Liebe oder mein Haß. Ich habe viele Leidenschaften, schreckliche und herrliche. Ich kämpfe dagegen an, aber immer wieder verliere ich. Mein Leben wird eines Tages elendiglich in einem Wirrwarr von Passionen, Tugenden und Tollheiten enden.

Sie werden jetzt sicher sagen, ich sei romantisch und albern. Aber Sie sind gut und werden einem armen Mädchen verzeihen, das alle die Menschen verloren hat, die sie liebten, und jetzt von allen anderen gleichgültig behandelt wird, sogar von ihrer Mutter und ihrer Schwester. Und auch von dem Mann, den sie am meisten liebt, dem Menschen, für den sie mit Freuden betteln gegangen wäre und für den sie sogar ihre Mädchenehre hingegeben hätte.«

Es kam eine willkommene Abwechslung. Manuela hatte beschlossen, die Aussteuer für Paca in Paris zu kaufen, und reiste mit ihren beiden Töchtern ab. Die Schönheit der siebzehnjährigen Eugénie verdrehte manchem jungen Herrn den Kopf, unter anderem auch dem Sohn des amerikanischen Gesandten in Paris, William C. Reeves, der sie vom Fleck weg heiraten wollte.

Nach Manuelas Ansicht war er eine gute Partie, sowohl finanziell wie seiner gesellschaftlichen Stellung nach. Aber die Familie Reeves bestand darauf, daß alle Kinder einer künftigen Ehe ihres Sohnes protestantisch erzogen werden müßten. Das kam für Eugénie nicht in Betracht. Ihr Anbeter fügte sich den Wünschen seiner Eltern und zog sich zurück.

Pacas Heirat bot Eugénie wenigstens einen Trost, jetzt hatte sie ein Haus, in das sie sich vor der ewigen Nörgelei ihrer Mutter flüchten konnte. Sie verbrachte im Palacio de Liria fast ebenso viel Zeit wie zu Hause. Doch jetzt war keine Rede mehr von Liebe zu ihrem Schwager. Ihre Leidenschaft hatte ein anderes Ziel gefunden, ihre Schwester oder Halbschwester, wie dem auch sei. Von der Beziehung zu Paca mag herrühren, daß man Eugénie lesbische Neigungen nachsagte. Sicherlich wurde diese neue Liebe von Paca nicht in gleichem Maße erwidert. Ein paar Jahre nach ihrer Hochzeit erhielt sie von Eugénie folgenden Brief:

»*Ich habe geweint, als ich Deinen Brief las. Ich weiß nicht, ob aus Kummer oder aus Freude. Ich glaube gewiß nicht, daß Deine Zuneigung zu mir geringer geworden ist, sondern weiß, daß wir uns aufrichtig lieben. Doch dasselbe ist es nicht mehr. Ich werde nie die Tage in Paris vergessen, als Du nicht einschlafen konntest, wenn Du mir böse warst – aber wie oft hast Du mir seitdem in kaltem Ton ›gute Nacht‹ gewünscht.*«

In ihrem ganzen Leben hat Eugénie keinen Mann je so geliebt, wie sie ihre Schwester Paca liebte. Diese Liebe wurde nur von der Liebe zu ihrem Sohn übertroffen.

Die jungen Leute in Madrid fanden Eugénie zwar hinreißend, doch sie hielten Distanz, weil sie die konservative, in Spanien übliche Art, einem Mädchen den Hof zu machen, gewöhnt waren. Eugénie hatte für sie ein zu stürmisches und heftiges Temperament. Mit ihrer Energie und ihren sportlichen Leistungen konnte sie sich mit den Männern messen. Ihre Stimme war hart, sie war oft schwierig und betonte stets ihre Unabhängigkeit. Immer legte sie die höchsten Maßstäbe an und konnte grausam kritisieren, wenn man ihren Ansprüchen nicht gerecht wurde.

Versuchen wir einmal, sie uns vorzustellen, wie ein Zeitgenosse sie sah – bei einem Stierkampf, dem einzigen Erlebnis, das ihren Drang nach prickelnder Erregung und Pracht zu befriedigen schien. Sie war ausersehen worden, dem siegreichen Torero den Preis zu überreichen. Auf einem wilden, ungesattelten andalusischen Pferd ritt sie, mit einer Zigarette im Mund, in die Arena. Sie trug die Nationaltracht, mit einem enganliegenden, reichbestickten Mieder. Im Gürtel steckte ein Dolch, und an Stelle des üblichen Fächers hatte sie eine Reitgerte in der Hand. Ihre hohen Stiefel waren aus rotem Satin. Ihr rotbraunes Haar, in breiten Flechten aufgesteckt, war mit Perlen und Blumen geschmückt.

Die spanische Politik war wie ein Vulkan, der immer wieder zu kleineren Ausbrüchen neigte. Offiziersputsche waren an der Tagesordnung, immer wieder kamen neue Generäle an die Macht. Im April 1847 wurde Manuela zur Hofdame der Königin Isabella ernannt, im Oktober stieg sie zur ›Camarera Mayor‹, zur Oberhofmeisterin, auf, der höchsten Stellung bei Hofe. Doch ihre Eskapaden, ihre Intrigen und Affären wurden der Königin zuviel. Sie ernannte deshalb ein paar Wochen später den Marquis de Miraflores zum Palastkommandanten, der damit den Vortritt vor der ›Camarera Mayor‹ bekam. Miraflores war ein alter Freund von Cipriano und folglich kein besonderer Freund von Manuela. Er legte ein Dossier über ihren zweifelhaften Lebenswandel an und schrieb an die Königin: »Für mich ist es unmöglich, weiter auf meinem Posten zu bleiben, solange die Gräfin Montijo den ihren innehat... Seit 1839, als ich Eure Majestät als Botschafter in Paris vertrat, habe ich mit dieser Dame ebenso heftige wie unangenehme Zusammenstöße.« Am 16. Dezember trat Manuela zurück, es blieb ihr keine andere Wahl. Eugénie schämte sich so, daß sie erwog, ins Kloster zu gehen. Doch statt dessen verliebte sie sich.

Diesmal war es der Marquis Pepe de Alcanizes, ein amüsanter, ehrgeiziger und reicher Mann. Er besuchte sie häufig und schrieb ihr viele Briefe. Aber dann entdeckte sie, daß Pepe eigentlich in ihre Schwester Paca verliebt war und sie nur dazu benutzte, ihm Zutritt bei der Herzogin von Alba zu verschaffen. Eugénie brach zusammen. Sie braute sich ein giftiges Getränk aus Streichholzköpfen und Milch zusammen und trank es. Das Gegengift, das ihr der Arzt verschrieb, lehnte sie energisch ab. Manuela jedoch, die sich in den Verirrungen der weiblichen Psyche bestens auskannte, schickte Pepe an ihr Bett. Dort fragte er sie, ob er seine Briefe zurückhaben könnte, bevor sie stürbe. Angewidert bejahte sie und nahm das Gegengift. Da sie aber stets nach allem verlangte, was sie nicht bekommen konnte, verzehrte sie sich weiter nach Pepe. Es wird erzählt, daß sie, bevor sie einwilligte, Louis Napoleon zu heiraten, bei ihm anfragte, ob er sie, mit oder ohne Liebe, haben wolle. Alcanizes lehnte ab.

Nachdem Manuela bei Hofe in Ungnade gefallen war, eine unglückliche Affäre mit einem Italiener gehabt hatte, der ihre Juwelen stahl, und auch noch das Drama mit Eugénie erleben mußte, sah sie sich veranlaßt, Madrid zu verlassen. Während der folgenden vier Jahre reisten Mutter und Tochter in Europa herum.

Das Reisen war durch die neuangelegten Eisenbahnlinien wesentlich erleichtert worden. So entdeckten sie ganz Spanien, flanierten am Strand von Biarritz und machten Trinkkuren in Spa und Eaux-Bonnes. Den Winter verbrachten sie manchmal in Brüssel. Ihr Standquartier in Paris war eine Wohnung an der Place Vendôme. Wie schon gesagt, wurden sie kurz nach Eleanora Gordons Tod durch die Rothschilds Louis Napoleon vorgestellt.

Sie waren längere Zeit in England und dort oft mit Lord Clarendon zusammen. Bei Ferdinand Huddleston in Sawston Hall erregte Eugénie durch ihre Ritte in der Landschaft um Cambridge beträchtliches Aufsehen. In einem Bericht über einen Empfang bei Lady Palmerston im Frühjahr 1849 wurde Eugénie als »Bild von Jugend und Schönheit« geschildert, und es wurde gesagt, sie sähe aristokratischer und britischer aus als alle britischen Aristokraten. Während Eugénie überall in Europa gesellschaftliche Eroberungen machte, bereitete Louis Napoleon das erfolgreichste Unternehmen seines Lebens vor.

Staatsstreich

So sah die Zeitschrift ›Punch‹ am 2. Februar 1850 den Aufstieg des Prinz-Präsidenten Louis Napoleon seit seinem Amtsantritt im Jahre 1848. Die Karikatur war zutreffend und wahr. Man hatte allgemein erwartet, der kleine Mann mit der Hakennase und dem großen Schnurrbart werde in der Geschichte Frankreichs nur eine kurze Gastrolle spielen. Er hatte den Platz, auf dem er jetzt saß, mit Hilfe der Volksmassen errungen, weil er der Neffe des großen Kaisers war und man seinen Namen kannte. Die erfahrenen Politiker und die Leute, die die Fäden in der Hand hatten, sahen in ihm immer noch den Emporkömmling, der sich in Straßburg und in Boulogne zum Narren gemacht hatte. Sein Auftreten im Parlament hatte niemandem imponiert; man fand, er mache eine traurige Figur. Die Monarchisten hatten seine Präsidentschaft als Vorstufe für die Wiedereinsetzung des Königtums akzeptiert. Seine Amtszeit sollte im Frühjahr 1852 enden, und nach der Verfassung konnte er nicht wiedergewählt werden. Also brauchte man nicht mehr lange zu warten.

Aber er wurde unterschätzt. Louis Napoleon war in den langen Studienjahren in Ham gereift. Hinter seinem ausdruckslosen Gesicht verbarg sich kalte Verachtung für alle, die ihm im Wege standen. Er spielte die politischen Parteien gegeneinander aus, die Monarchisten gegen die Sozialisten und die Sozialisten gegen die Republikaner. Auf die

Meinungen der Männer, die im Parlament ihre Machtkämpfe austrugen und brillante Reden hielten, legte er wenig Wert. Worauf er Wert legte, waren Zahlen, vor allem die Zahl derer, die ›Ja‹ zu Louis Napoleon sagen würden. Er wußte, daß die Volksabstimmung die Entscheidung bringen würde. Deshalb reiste er durch das Land und hielt Reden, die jeweils der Mentalität der verschiedenen Bevölkerungsgruppen angepaßt waren. Immer wenn eine neue Eisenbahnlinie oder eine Brücke eingeweiht wurde, war der Prinz-Präsident zur Stelle. Sein Ziel war die Alleinherrschaft. Dieses Ziel konnte er nur durch das Volk erringen, also ging er zum Volk.

Um sein Ziel zu erreichen, arbeitete er auch mit den gewählten Mitgliedern der Regierung zusammen. Der Presse wurde ein Maulkorb angelegt. Versammlungen wurden verboten. Durch das Falloux-Gesetz vom März 1850 kontrollierte fortan die katholische Kirche das Erziehungswesen, was dem Geist der Aufklärung des achtzehnten Jahrhunderts völlig zuwiderlief. Louis Napoleon hielt sich zurück, als das Parlament das allgemeine Wahlrecht aufhob. Durch einen Erlaß, wonach man mindestens drei Jahre am gleichen Ort gelebt haben mußte, um wählen zu können, wurde die Zahl der Wahlberechtigten von neun Millionen auf sechs Millionen herabgesetzt.

Von Monat zu Monat wuchs die Macht des Präsidenten. Bei der Armee machte er sich beliebt und sammelte eine Schar entschlossener Männer um sich, die verschworene Anhänger des Kaisertums waren: Persigny, Rouher, Saint-Arnaud, Fleury, Maupas, Magnan und nicht zuletzt Morny. Louis Napoleon war mit seinem Halbbruder nicht ganz einverstanden und mochte ihn auch nicht sehr, weil er als illegitimer Sohn das Andenken an Königin Hortense trübte. Aber Morny war skrupellos, ehrgeizig und schlau, ein echter Enkel Talleyrands. Als im Juli 1851 im Parlament ein Antrag auf Verfassungsänderung eingebracht wurde, einer Änderung, die es Louis Napoleon erlaubt hätte, weiterhin Präsident zu bleiben, war es Morny, der ihn davon überzeugte, daß jetzt ein Staatsstreich fällig war. Den ganzen August hindurch und auch noch im Spätherbst wurde der Plan ausgearbeitet, Einzelheiten wurden festgelegt und absolutes Schweigen gewahrt. Der Stichtag sollte der 2. Dezember, ein Dienstag, sein, der Jahrestag der Schlacht bei Austerlitz und der Krönung des Kaisers Napoleon I.

Am Abend des 1. Dezember hielt Louis Napoleon seinen üblichen Montagsempfang ab. Vollkommen gelassen stand er am Kamin und unterhielt sich über Eisenbahnen, Sanierung von Elendsvierteln und Fragen der Kommunalpolitik. Aber das war alles Schauspielerei, und zwar gute. Er war sich darüber im klaren, daß es Leute gab, die ihn beobachteten, Leute, die wußten, daß ein Staatsstreich geplant war, und die nach Anzeichen von Aufregung oder ungewöhnlicher Geschäftigkeit Ausschau hielten. In Wirklichkeit waren sogar zwei Staatsstreiche geplant und in Vorbereitung; auch die Monarchisten hatten etwas Ähnliches vor wie Louis Napoleon. Es ging das Gerücht, daß zwei Söhne des Exkönigs Louis Philippe bereits in Frankreich seien und einen Militärputsch organisieren wollten. Die Herzogin von Orléans hielt sich in London bereit, mit ihrem jüngsten Sohn nach Paris zu kommen. Viele Leute in Paris waren gespannt, welcher Staatsstreich zuerst stattfinden würde. Aus dem Elysée-Palast sickerte nichts durch. Um neun Uhr entschuldigte sich Louis Napoleon für ein paar Minuten, um in seinem Arbeitszimmer mit seinem Sekretär Mocquard zu sprechen, der gerade die geheimen Anweisungen für die nächsten Stunden überprüfte. Louis Napoleon nahm das Aktenstück und schrieb quer darüber ›RUBIKON‹. Schon nach wenigen Minuten war er wieder unter seinen Gästen.

Morny war noch nicht da, kam aber kurz darauf. Er war bei der Premiere von Limmandiers neuer Oper ›Le Château de la Barbe Bleue‹ in der Opéra Comique gewesen. Der Korrespondent der ›Times‹ hatte ihn dort neben Thiers und General Cavaignac sitzen sehen. Das war ein Meisterstück. Die Leute sagten, wenn Morny in der Oper sitzt, gibt es keinen Staatsstreich.

Um zehn Uhr war der Empfang zu Ende. Die letzten, die aufbrachen, waren der Kriegsminister Saint-Arnaud und der Polizeipräsident Maupas. Nachdem sie sich verabschiedet und den Elysée-Palast durch den Haupteingang verlassen hatten, machten die beiden kehrt und kamen nach wenigen Augenblicken durch einen Seiteneingang zurück. Sie gesellten sich zu Morny, Mocquard und Louis Napoleon, der ihnen kurz und bündig erklärte: »Es ist heute allgemein von einem unmittelbar bevorstehenden Staatsstreich die Rede gewesen. Aber das ist nicht unserer. Das Parlament würde mich in der ›Grünen Minna‹ nach Vincennes schicken, wenn der gelingen sollte.«

Die Lampen im Schloß erloschen, Paris schlief.

Hastig und nervös erteilte Louis Napoleon jetzt Morny und den anderen, zu denen auch Persigny gekommen war, seine Instruktionen. Die Pläne wurden bis ins einzelne durchgesprochen. Jeder bekam seine Anweisungen. Um elf Uhr endete die Besprechung. Saint-Arnaud gab Magnan, dem Kommandanten von Paris, letzte Befehle und begab sich dann ins Kriegsministerium, wo Oberst Emile Fleury ihn erwartete. Nun inszenierte Morny sein letztes und raffiniertestes Täuschungsmanöver. Er schlenderte um die nächste Ecke zum Jockeyklub, um dort eine Partie Whist zu spielen. Inzwischen fuhr Maupas mit dem handgeschriebenen Exemplar der Proklamation zur Staatsdruckerei. Im Interesse der Geheimhaltung war der Druck bis auf die letzte Minute aufgeschoben worden. Im Morgengrauen hingen die Plakate, noch feucht von Druckerschwärze, an allen Pariser Hauswänden. Sie besagten, daß Louis Napoleon jetzt die alleinige Regierungsgewalt übernommen habe.

Als der Morgen des ›Deux Décembre‹ heraufzog, hatte Maupas noch eine andere Pflicht zu erfüllen. Er sollte nämlich für die Festnahme all derer sorgen, die gegen den Staatsstreich aktiven Widerstand leisten und ihn eventuell verhindern konnten. Eine ursprünglich ziemlich lange Liste war auf achtundsiebzig Namen von Politikern, unzuverlässigen Militärs, Journalisten, Republikanern und einigen Briten zusammengestrichen worden. Für diesen Einsatz waren achthundert Polizisten in Gruppen zu zehn Mann bereitgestellt worden. Jeder Streifenführer sollte persönlich seine Anweisungen erhalten, so daß keiner die Befehle der anderen kannte. Um drei Uhr morgens begann Maupas seine Befehle auszugeben, was ihn anderthalb Stunden Zeit kostete. Er verlangte ausdrücklich, daß die Polizei rücksichtsvoll sein und Gewaltanwendung möglichst vermeiden solle. Um fünf Uhr marschierten die Polizisten zu ihren über ganz Paris verstreuten Zielen los. Sie hatten ihre Uhren verglichen; mit dem Glockenschlag sechs sollten sie zuschlagen.

Die Gefangennahmen verliefen reibungslos, denn die meisten waren so verschlafen, daß sie kaum Widerstand leisteten. Nur wenige griffen zu ihren Pistolen unter den Kopfkissen. Andere, darunter Thiers, hielten den Polizisten politische Reden; aber fast alle gehorchten ohne Widerspruch und stiegen wie hypnotisiert in ihre Kleider. Um sieben Uhr befanden sich alle hinter Schloß und Riegel.

In der Morgendämmerung marschierten sechs Brigaden schweigend durch Paris und bezogen Stellung. In den Kasernen standen vierzigtausend Mann bereit. Morny betrat das Innenministerium und teilte den dort Anwesenden mit, daß er ihr neuer Chef sei. Das Parlament, der Justizpalast und das Hôtel de Ville wurden besetzt. Und gleichzeitig stürmten in ganz Frankreich Polizei und Militär die öffentlichen Gebäude, die Telegraphenbüros und die Bahnhöfe. Um sieben Uhr meldete Persigny, daß die erste Etappe des Unternehmens ›RUBIKON‹ erfolgreich beendet sei.

Als Louis Napoleon nach dem Frühstück herunterkam, drängten sich in den Vorzimmern des Elysée-Palastes Freunde und Parteigänger. Eigentlich hatte er vorgehabt, sofort um halb zehn durch die Straßen zu reiten; aber der Empfang im Schloß war so enthusiastisch, daß die Kavalkade erst eine Stunde später den Ehrenhof verließ. Der Präsident ritt in Generaluniform an der Spitze. Er ritt seinen prachtvollen englischen Vollbluthengst. Die Leute sagten oft, er habe seine Mätresse und sein Pferd aus London importiert. Rechts hinter ihm ritt König Jérôme, der Bruder des Großen Kaisers. Sein Anblick erinnerte die älteren Leute an die Glanzzeiten Frankreichs. Ihm zur Linken ritt General Saint-Arnaud, dahinter kamen Flahaut, Magnan, Fleury, Ney und ein Gefolge von vierzig höheren Offizieren in goldstrotzenden Uniformen und Helmen mit Federbüschen. Als die Kavalkade auf die Straße einbog, brüllten die Kürassiere »Vive l'Empereur!«. Infanterie flankierte die Straßen bis hin zur Place de la Concorde.

Dort warteten riesige Menschenmengen. Man rief: »Auf! Zu den Tuilerien!« Die Tore des Palastes der französischen Könige standen offen, und Louis Napoleon galoppierte hindurch. König Jérôme jagte hinter ihm her und warnte ihn: »Louis, du hast es zu eilig. Lieber noch nicht ins Schloß.« Der Präsident verstand den Wink, schwenkte mit seiner Kolonne wieder aus den Tuilerien heraus über den Pont Royal, am Palais Bourbon vorbei und kehrte über den Pont de la Concorde in den Elysée-Palast zurück. Es war eine prächtige Parade gewesen.

Während dieser pompösen Demonstration der Macht versammelten sich etwa zweihundert Abgeordnete vor einem Privathaus und marschierten von dort ins Parlament. Sie wurden mit wüstem Gebrüll und üblen Beschimpfungen von den Kolonialtruppen empfangen, die die Kammer besetzt hatten. Als die Tapfersten unter den Abgeordneten sich den Zutritt erzwingen wollten, wurden sie mit Gewehrkolben zurückgetrieben. Nun hielten die Volksvertreter es für klüger, sich ruhig zu verhalten, und zogen sich deshalb in die noch friedliche Bezirksverwaltung des Zehnten Arrondissements zurück. Dort hielten sie zum allerletztenmal eine Sitzung ab. Sie beschlossen, den Präsidenten abzusetzen, alle Macht dem Parlament zu übertragen und alle politischen Gefangenen unverzüglich freizulassen. Ihre Beratungen wurden jedoch durch die Ankunft von Soldaten unterbrochen, die die Volksvertreter am Kragen packten und durch die Straßen in das Militärgefängnis im Fort Valérien schleppten.

Abgesehen von diesen Gewaltszenen verlief der ›Zweite Dezember‹ wie jeder andere Tag. Der Staatsstreich war so schnell vor sich gegangen, daß das Leben in der Großstadt kaum davon berührt wurde. Die Arbeiter strömten in die Fabriken, in den Gerichtssälen liefen die Prozesse, die Banken machten weiter ihre Geschäfte, Läden und Theater waren geöffnet. Es gab nichts Ungewöhnliches, außer daß acht oppositionelle Zeitungen ihr Erscheinen einstellten und ein paar Caféhäuser, in denen Republikaner verkehrten, geschlossen wurden. Aber auf diese drastischen Maßnahmen mußte eine Reaktion folgen. Louis Napoleons politische Gegner gingen in den Untergrund und bereiteten ihre Gegenaktionen vor.

Am 3. Dezember kam es zu einer Reihe von Zwischenfällen. In vielen Straßen wurden Barrikaden errichtet, und die jungen Hitzköpfe versuchten, das Militär zu provozieren. Als die Soldaten vorrückten, um die Hindernisse aus dem Weg zu räumen, wurden sie mit einem Hagel von Pflastersteinen und mit Beschimpfungen empfangen; dann aber zogen sich die Barrikadenkämpfer eilig zurück. Vereinzelt wurde aus den Fenstern geschossen; zwei Männer wurden getötet. Der Anblick der Toten und der Leichenträger, die sie wegschaffen mußten, ließ für die nächsten Tage nichts Gutes erwarten.

Am Morgen des 4. Dezember waren keine Soldaten mehr auf den Straßen zu sehen. Diese überraschende Tatsache ließ die Republikaner glauben, der Staatsstreich sei mißlungen und die Regimenter wären in die Provinz zurückgeschickt worden, um dort eventuelle Aufstände niederzuschlagen. Schnell und ohne Behinderung wurden deshalb weitere Barrikaden errichtet. Die Republika ner versuchten vergeblich, mit dem Ruf »Vive la République!« die Schaulustigen dazu anzufeuern, auf den Barrikaden Stellung zu beziehen. Die Arbeiter im Osten von Paris rührten sich kaum. Aktive Teilnehmer waren ein paar Fanatiker und junge Hitzköpfe; alles in allem vielleicht tausend Personen.

Der Abzug der Truppen hatte aber nichts mit auswärtigen Unruhen zu tun. General Magnan hielt absichtlich seine Soldaten von den Straßen fern, um die Opposition dann auf einen Streich erledigen zu können. Die Truppe ruhte sich den Vormittag über aus, bekam ein gutes Mittagessen mit reichlich Wein und wurde um zwei Uhr mit der Weisung losgeschickt, »der Sache ein Ende zu machen«. Die Soldaten hatten, nach allgemein üblicher Praxis, keine Instruktionen darüber erhalten, daß sie nur auf Befehl eines Offiziers auf Zivilpersonen schießen durften. So kam es zu einem Blutbad, das noch auf viele Jahre hinaus das Ansehen Louis Napoleons beflecken sollte.

In der englischen Presse erschienen viele Artikel mit ausführlichen Schilderungen jenes Donnerstagnachmittags. Da in Paris Ausgangssperre verhängt und es in jedem Fall auf der Straße gefährlich war, mußten sich die Reporter auf ihre persönlichen Beobachtungen beschränken. Der Korrespondent der ›Illustrated London News‹ schrieb:

»Die Boulevards, auf denen sonst ein lebhaftes und geschäftiges Treiben herrscht, die mit ihren eleganten Läden und offenen Straßencafés die Fremden anlocken, wirken unvorstellbar triste und leer, wenn sie von ihren friedlichen Besuchern verlassen sind. Ein solches Bild bot sich denen, die sich am Donnerstagnachmittag dort in die Nähe wagten: alle Geschäfte waren geschlossen; im Innern der Cafés, die kaum vom schwachen Licht einer Straßenlaterne erhellt waren, konnten die wenigen Leute aus dem Quartier, die es gewagt hatten, das Haus zu verlassen, sich kaum gegenseitig erkennen. An jeder Straßenecke und jeder Passage hielten Posten die Menschen zurück, die sich als Zuschauer hinter der Absperrung stauten. Aber während die Boulevards

menschenleer waren, zeigten sich überall, an jedem Fenster und auf jedem Balkon ängstliche Gesichter. Sie beobachteten die wachsende Zahl von Soldaten, die vom Boulevard des Italiens ab, wo ich stand, die Straßen füllten, soweit das Auge reichte. Jedem Betrachter mußte klar sein, daß hier etwas Entscheidendes im Gange war. Der Straßenverkehr, der erst noch teilweise gestattet war, wurde schließlich ganz untersagt. Die halbgeöffneten Türen der Cafés, aus denen unbeschäftigte Kellner und sogar die Köche vorsichtig herauslugten, mußten auf Befehl geschlossen werden. In Unkenntnis der Vorgänge blieben die Bewohner an den Fenstern und auf den Balkons; ihre Neugier überwog die Angst. Das schnelle Vorüberfahren von schwerer Artillerie mit unbekanntem Ziel; unverkennbarer Kanonendonner in der Ferne; die ›croquemorts‹, wie man die Sanitäter nennt, die die Toten und Verwundeten abzutransportieren haben; die Militärärzte in ihren Uniformen, die Ordonnanzen, die dauernd auf und ab galoppieren – diese und noch andere aufregende Ereignisse konnten die Leute nicht dazu bewegen, sich in ihre Häuser zurückzuziehen. Immer noch waren Fenster und Balkons besetzt. Schließlich aber warnte der General, der die Truppe befehligte, mit ein paar Handbewegungen vor der drohenden Gefahr, worauf sich die meisten Gaffer zurückzogen. Nur die vor dem ›Café du Cardinal‹ verstanden die Geste nicht. Erst als zwei kräftige Gewehrsalven über die Boulevards krachten, merkten die Menschen, welcher Gefahr sie ausgesetzt waren, und kletterten durch die Fenster ins Haus.«

Noch näher am Geschehen war der Berichterstatter des ›Morning Chronicle‹. Er schreibt:

»*Um halb drei Uhr morgens wurden die Truppen, die am Boulevard des Italiens, Boulevard Montmartre und Boulevard Bonne-Nouvelle standen, so über die Straßen verteilt, daß sie den Bürgersteig auf beiden Seiten sichern konnten. Hier drängten sich die Neugierigen. Auf den Balkons zu beiden Seiten der Straße standen Hunderte von Frauen und Männern. Weit und breit war keine Barrikade zu sehen. Das war die Situation, als plötzlich auf die Menschen auf dem Bürgersteig und an den Fenstern ein*

Trommelfeuer eröffnet wurde. Zum Glück erfolgte es nicht in Salven, so daß sich noch ziemlich viele retten konnten. Aber dennoch gab es ein schreckliches Blutbad. In ein Haus an der Rue Bergerel wurden nicht weniger als fünfunddreißig Leichen getragen, und wer weiß, wieviel noch anderswohin. Es steht fest, daß sich unter diesen vielen Opfern nicht ein einziger Aufständischer befand.«

Ein Pressezeichner, der neben einer Barrikade stand, sah, wie sechs junge Männer an eine Mauer gestellt, niedergeschossen und dann mit Bajonetten durchbohrt wurden. Er hielt diese grauenvolle Szene in einer dramatischen Skizze fest.

Gegen Abend ließ die Schießerei nach. Auf den menschenleeren Straßen sah man nur Patrouillen, Krankenwagen auf dem Weg zu den Hospitälern und Lastwagen, die Gefangene in Handschellen zu den Bahnhöfen brachten. Die Schätzungen über die Zahl der Opfer gehen weit auseinander; aber alles in allem wurden etwa einhundertfünfzig Menschen getötet und sechs- bis achthundert verwundet. Es ist tragisch, daß so viele harmlose Zuschauer Opfer dieser Ereignisse wurden. Sie waren jedoch gewarnt worden, die Straßen zu räumen und von den Fenstern wegzugehen. Viele mußten für ihre Neugier teuer bezahlen.

Nun war alles vorbei, und Louis Napoleon hatte gesiegt. Am vierten Abend nach dem Staatsstreich gab seine Kusine, die Marquise von Douglas, ihm zu Ehren einen Ball im ›Hôtel Bristol‹. Louis Napoleon gab sich kühl und gelassen. Er plauderte mit vielen Gästen und widmete sich längere Zeit dem neuen britischen Botschafter Lord Cowley, der am selben Tag erst eingetroffen war. Als es Mitternacht schlug, wurde der Wagen des Präsidenten gemeldet, und Lord Douglas führte, in jeder Hand einen Kerzenleuchter haltend, seinen Gast die Treppe hinunter. Zu seinem Erstaunen erblickte er vor der Tür einen simplen Einspänner. Keine Militäreskorte und kein Polizist waren zusehen. Louis Napoleon war jetzt tatsächlich Herr der Lage.

Ein paar Tage darauf bestätigte eine Volksabstimmung mit siebeneinhalb Millionen Stimmen gegen sechshundertfünfzigtausend seine Wiederwahl zum Präsidenten auf zehn Jahre.

Lord Clarendon schrieb an seinen Schwager:

»*Ich habe keine Sympathie für Louis Napoleon, der Hochverrat begangen, seine eigenen Pflichten und die Rechte der anderen mit Füßen getreten hat, und dies mit einer Dreistigkeit, die in der Geschichte beispiellos ist. Aber ich kann Dir nicht ganz zustimmen, wenn Du meinst, er sei eine erbärmliche Kreatur. Der Mann, der den Staatsstreich ersann und alle Vorbereitungen dafür in solcher Heimlichkeit und mit solcher Umsicht traf, der alle seine echten und mutmaßlichen Feinde zur gleichen Zeit überfallen ließ, der den Mut hatte, sich auf der Straße zu zeigen, obwohl er noch gar nicht sicher sein konnte, daß sein Staatsstreich gelungen und vom Volk akzeptiert war, und der während und nach dem Blutbad keinerlei menschliche Regungen zu haben schien, so ein Mann kann kein gewöhnlicher Sterblicher sein...*«

Brautschau

Louis Napoleons Sieg bei den Wahlen von 1850 hatte sein Privatleben verändert. Zunächst hatte man ihm eine Apanage von monatlich einer Million Francs bewilligt, womit er endlich die finanziellen Sorgen loswurde, die ihn sein ganzes Leben hindurch geplagt hatten. Des weiteren sah er sich jetzt vor die Aufgabe gestellt, für das Kaiserreich, das er in nächster Zeit zu errichten beabsichtigte, einen Thronerben zu zeugen.

Elizabeth Howard war inzwischen, wenigstens ihrer Meinung nach, gut versorgt. Neben ihrem Haus in der Rue du Cirque besaß sie noch eine Parterrewohnung in Saint-Cloud. Bei ihr lebten der Sohn, den sie von Major Francis Martin hatte, und die beiden natürlichen Söhne Louis Napoleons mit der ›Belle Sabotière‹. Sie liebte alle drei. Der

Präsident genoß bei ihr die Annehmlichkeiten eines behaglichen Familienlebens.

Aber gewisse Kreise der Öffentlichkeit mußten natürlich an einer solchen Liaison Anstoß nehmen, zumal Elizabeth den Präsidenten gern auf seinen langen Reisen durch Frankreich begleitete. Unglücklicherweise wurden bei einem Besuch in Tours der Präsident und seine Begleitung in dem geräumigen Haus des Generals André untergebracht, der gerade Urlaub in den Pyrenäen machte. Er war ein sehr strenger, puritanischer Protestant. Als er erfuhr, daß sein Bett durch Sünde entweiht worden war, beschwerte er sich bei dem Premierminister Odilon Barrott: »Leben wir wieder in den Zeiten, da die Mätressen der Könige ihre Laster in ganz Frankreich spazierenführen konnten?«

Barrott sorgte dafür, daß dieser Brief im Elysée-Palast gelesen wurde. Louis Napoleon tobte. Er griff zur Feder und schrieb zurück:

»Ich hasse diese asketische Strenge, hinter der sich stets ein kalter, gefühlloser Mensch verbirgt, einer, der gegen sich selbst nachsichtig, aber gegen andere unerbittlich ist. Die wahre Religion ist niemals intolerant. Sie versucht nicht, Stürme im Wasserglas zu erregen, wegen nichts und wieder nichts einen Skandal zu machen und einen simplen Zufall oder ein entschuldbares Versehen zu einem Verbrechen zu stempeln... wenn Herr André wirklich denkt, wie er schreibt, daß sein Haus durch eine unverheiratete Frau beschmutzt sei, so bitte ich, ihm auszurichten: Ich für meinen Teil bedaure aufrichtig, daß eine Person von so großer Frömmigkeit und so edlem Charakter zufällig in ein Haus geraten ist, in dem unter der Maske von Religiosität und übergroßer Tugend ein verlogener christlicher Geist herrscht...«

Der Premierminister fand, es sei für beide Parteien wohl das beste, wenn dieser Brief nicht abgeschickt wurde.

Obwohl Louis Napoleon hinsichtlich der Frauen, mit denen er liiert war, keine Kritik duldete, denn er sah darin eine Kritik seiner selbst, so spielten sie doch bei seinem Bemühen um bonapartistische Ziele und bei seiner Pflege des Napoleon-Kultes nur eine kleine Rolle. Er brauchte intime Beziehungen und weibliche Gesellschaft, aber Zeit und Ort dafür wählte er selbst. Darin glich er den Schauspielerinnen, die herumtändeln, wenn sie ohne Rolle sind, die aber bei Aussicht auf eine Hauptrolle eiskalt aus dem Bett springen. Er ließ sich lieber umwerben, als selbst zu werben. Intime Beziehungen nahm er als Recht für sich in Anspruch, aber nur Frauen niedrigen Standes zogen ihn auf ihr Lager. Es war nur der Körper, nicht die Seele der Frauen, von dem er träumte. Doch wollte er in den Zeiten ›danach‹ immer freundschaftliche Beziehungen pflegen und hatte für die Tiefen weiblichen Schmerzes keinerlei Verständnis. Schon bei Eleanora Gordon hatte er diesen Fehler begangen, jetzt tat er das gleiche mit Elizabeth Howard.

Nie hatte er die Absicht gehabt, Elizabeth zur Kaiserin zu machen, und im Frühjahr 1852 sagte er ihr das auch. Sie glaubte ihm nicht. Erst kurz zuvor hatte sie ihm zweihunderttausend Francs zur Finanzierung seines Staatsstreichs geliehen. Er verdankte ihr, daß er zu dem geworden war, der er war. Doch Louis Napoleon formte sich das Traumbild seiner Kaiserin weiterhin nach seiner eigenen Phantasie. Er mußte jemanden haben, dessen Rang und Titel der Rolle entsprach. Sein erster Gedanke galt Prinzessin Mathilde, der Tochter seines Onkels, König Jérôme. Er versuchte, seine Jugendschwärmerei wieder zu beleben, aber Mathilde winkte ab. Zwar hätte ihre unglückliche Ehe leicht annulliert werden können, doch sie hatte schon einen Geliebten. Überdies schätzte sie ihre Unabhängigkeit und wollte sich aus der Politik heraushalten, um sich ganz ihrer Liebe zu den Künsten widmen zu können. Louis Napoleon nahm es nicht tragisch, er hielt sowieso nichts von Ehen zwischen Vettern und Kusinen. Immerhin versprach er ihr, daß sie bei Tisch zu seiner Rechten sitzen werde, bis es eine Kaiserin geben würde. Zu spät entdeckte Mathilde, wieviel ihr der Platz zu seiner Rechten bedeutete. Es war einer der Gründe, weshalb sie später die Frau haßte, von der sie verdrängt wurde.

Louis Napoleons nächste Kandidatin war eine schwedische Prinzessin, Caroline Wasa. Hier gab es familiäre Beziehungen, denn Caroline war die Enkelin von Stéphanie de Beauharnais, der Großherzogin von Baden. Dies war ein ehrgeiziger Plan, denn diese Heirat hätte Verbindungen zu Rußland, Österreich, Preußen und Schweden geknüpft. Es gelang beinahe. Louis Napoleon sandte einen Boten nach Baden, und Caroline, selbst noch ein Teenager, war mit dem vierundvierzigjährigen Bräutigam einverstanden. »Au revoir à Paris!« sagte sie zu dem Brautwerber beim Abschied. Danach machte ihr der Prinz-Präsident einen Besuch, sie gefiel ihm, und er kehrte mit der Überzeugung nach Paris zurück, daß die Hochzeit bald stattfinden werde. Ein paar Tage darauf kam jedoch von der Großherzogin ein Brief, in dem das Verlöbnis gelöst wurde. Sie stand dabei unter dem Druck von Rußland und Österreich, und Caroline wurde schnell mit einem sächsischen Prinzen verheiratet. Für Louis Napoleon war das ein Schlag ins Gesicht, aber er trug es mit stoischer Gelassenheit. Sein Kommentar lautete: »Wenn die königlichen Familien von Europa mich nicht unter sich aufnehmen, um so besser für mich. Es paßt sicher schlecht zu uns Napoleons, die wir plebejischer Abstammung sind, Verbindungen mit Familien zu suchen, die ihren hohen Rang von Gottes Gnade herleiten.«

Er war ein Mensch, der aus Niederlagen immer eine Lehre zog. Die mißglückten Abenteuer von Straßburg und Boulogne waren die Grundlagen für den triumphalen Staatsstreich gewesen. Wenn er verlor, schlug er nicht die Augen nieder, sondern blickte noch höher hinauf. So richtete er jetzt seine Aufmerksamkeit auf die Frau, die er als den zukünftigen Star Europas und der ganzen Welt ansah, die Königin von England. Er hatte Victoria als jugendliche Königin kennengelernt und nach seiner Flucht aus Ham als Frau und Mutter wiedergesehen. Einmal, bei der Eröffnung einer Badeanstalt in einem Londoner Armenviertel, hatte er neben ihr gestanden. Das war kaum eine romantische Umgebung gewesen; doch er hatte sich immer zu ihr hingezogen gefühlt, so wie sie später zu ihm. Der Prinzgemahl Albert und innenpolitische Verpflichtungen hinderten ihn daran, nach dem breiten Holzbett in Schloß Windsor zu trachten. Aber Victoria hatte eine siebzehnjährige Nichte namens Adelaide, die genau in die Rolle seiner zukünftigen Braut hineinpassen würde. Louis Napoleon meinte jedoch, sich erst bewerben zu können, wenn er Kaiser wäre; denn damit hätte auch er eine Krone zu vererben. Seine Pläne hielt er vorerst geheim und ging inzwischen weiter seinem Vergnügen nach. Der leicht beunruhigten Elizabeth Howard schenkte er gönnerhaft die letzten Strahlen seiner Gunst: Auf einem Ball in Saint-Cloud verschwand er mit ihr um halb elf, »um sich auszuruhen«. Später stieß das Paar wieder zu den Gästen. Die Memoirenschreiber malten die Situation genüßlich aus. Im September begab sich Louis Napoleon auf eine lange Reise durch Südfrankreich, die ihm, als Endziel, durch eine Volksabstimmung den Kaiserthron sichern sollte. In Bourges riefen die Soldaten bereits: »Vive l'Empereur!« Auf dem Weg an der Rhône entlang bis zum Meer wurden die Rufe lauter: Ganz Avignon jubelte auf den Mauern, Arles, Marseille und Montpellier machten den Tanz mit und hißten Fahnen, die nun für die Bonapartisten flatterten. Seine letzte Rede auf dieser Reise hielt er in Bordeaux, wo er offen über seine Ziele sprach.

Am 16. Oktober kam er nach Paris zurück. Eine Gruppe von Generälen und Senatsmitgliedern zu Pferde und ein Trupp Kavallerie kamen ihm entgegen. Aber er ritt allein, weit vor seinem Gefolge durch die von Menschen umsäumten Straßen in die Hauptstadt ein. Er saß phantastisch zu Pferd; seine Miene war gelassen und undurchdringlich. Auch Eugénie de Montijo sah ihn von der Wohnung eines ihrer englischen Anbeter.

Das war der Tag, an dem Eugénie entschied, daß dies der Mann sei, mit dem sie ihr Leben teilen wollte. Sowohl sein Äußeres wie sein Mut gefielen ihr. Wie er im Sattel saß, wäre er ein leichtes Ziel für einen Attentäter gewesen. Aus jedem hochgelegenen Fenster hätte man ihn mit einem Schuß erledigen können. Nach dem Blutbad, das auf den Staatsstreich folgte, gab es nämlich viele, die mit Louis Napoleon abrechnen wollten. Aber er ritt dahin und mißachtete, wie es schien, jede Gefahr. Das war das Märchen, von dem ihr Vater, Don Cipriano, gesprochen hatte, ein Märchen, das wahr geworden war.

Einen Monat später schon waren die Rollen vertauscht. In Fontainebleau fand eine Jagd statt, und Eugénie hatte eine Einladung bekommen. Louis Napoleon bot ihr einen der schönsten Vollblüter seines Stalles an. Sie trug ein enganliegendes, durchgeknöpftes Reitkleid mit einem weiten Rock, der die grauen Reithosen bedeckte. Dazu Lackstiefel mit hohen Absätzen. Ihre langen Zöpfe waren aufgesteckt und unter einem Filzhut verborgen, von dem eine mit einer diamantenen Agraffe befestigte Straußenfeder wippte. Der Griff ihrer Reitgerte war mit Perlen besetzt. Trotz Damensattel ritt sie wie ein schneidiger Kavalier. Reiten war ihre Leidenschaft; da war sie in ihrem Element. Ihre Augen strahlten, und sie lächelte.

Von dem Augenblick an, wo die Kavalkade in den Wald aufbrach, war Eugénie der Star des Tages. Ihre großartige Reitkunst und ihre Kraft erregten Bewunderung. Beim Abschuß des Jagdwildes war sie als erste dabei. Als Louis Napoleon herangaloppierte, machte er ihr ein großes Kompliment. Am Abend sandte er ihr ein Blumengebinde, und am folgenden Tag machte er ihr das Pferd, das sie geritten hatte, zum Geschenk. Er hatte sich verliebt und machte keinen Hehl daraus. Über das Geschenk zerriß man sich die Mäuler. »Dieses Teufelspferd«, sollte Eugénie später sagen.

Die Feierlichkeiten in Fontainebleau dauerten etliche Tage. Eines Nachmittags, als nur die Herren auf Jagd waren, saß Eugénie mit den anderen weiblichen Gästen auf einem Balkon neben der Schloßkapelle. Dort warteten sie auf die Heimkehr der Jäger. Louis Napoleon rief ihnen zu: »Wie komme ich da zu Ihnen hinauf, Mesdames?« Eine der Schönen antwortete: »Wenn ich Ihnen die Hand reiche, können Sie heraufklettern.« Aber Eugénie sagte: »Der einzige Weg, den ich sehe, führt durch die Kapelle.« Ihre Begleiterinnen verstanden den Doppelsinn ihrer Bemerkung, nämlich daß der Weg zu ihrem Schlafzimmer durch die Kirche führen müsse.

Ein anderes Vorkommnis besiegelte Louis Napoleons Entschluß. Es war bei einer Truppenparade. Er ritt allein, wie üblich weit voraus, hinter ihm ein Schwarm von Damen und Herren. Nach seiner Gewohnheit drehte er sich niemals um. Plötzlich begann es in Strömen zu regnen. Als er nach der Parade vom Pferd stieg, sah er, daß nur eine der Damen dem Wolkenbruch getrotzt hatte. Es war Eugénie.

Bei einem Ball in Saint-Cloud zeichnete er sie dadurch aus, daß er nur mit ihr tanzte. Alle stellten sich jetzt die naheliegende Frage, wie lange Eugénie wohl Widerstand leisten würde. Eine hübsche Dame erklärte: »Wenn ich mich geweigert hätte, könnte ich jetzt Kaiserin sein.« Auch der britische Botschafter Lord Cowley war der Ansicht, sie habe ihr Spiel so gut gespielt, daß Louis Napoleon sie nicht anders als durch Heirat gewinnen konnte. Niemand schien zu ahnen, daß Eugénie überhaupt keine Lust hatte, mit irgend jemandem intime Beziehungen zu haben, außer um Kinder zu bekommen.

Louis Napoleon spielte ein gefährliches Spiel, denn er jonglierte gleichzeitig mit den Herzen und dem Schicksal von drei Frauen. Lord Malmesbury bestätigte, daß Elizabeth Howard noch im November Louis Napoleons Mätresse war. In Eugénie war er verliebt. Sie war ein Preis, den er erringen wollte, aber nicht bekam. Im Grunde wollte er aber die Nichte der Queen Victoria zu seiner zukünftigen Kaiserin machen. Dies war, wie gesagt, noch geheim, doch es wurden alle möglichen Schritte unternommen, um das Haus Windsor günstig zu stimmen. Dazu gehörte der raffinierte Einfall, den sehr gewandten deutschen Berater von Albert und Victoria, Baron Stockmar, auszuzeichnen.

Doch zunächst mußte das Ergebnis der Volksabstimmung vom 21. November 1852 abgewartet werden. 7 824 189 Franzosen stimmten dafür, daß der Prinz-Präsident ihr Kaiser werden sollte, und nur 253 145 waren dagegen. Am 2. Dezember, dem Jahrestag von Austerlitz, der Krönung Napoleons I. und vom Staatsstreich des Jahres 1851, wurde Louis Napoleon der Titel eines Kaisers der Franzosen verliehen. Der kaiserliche Adler erschien wieder auf den Fahnen und den Wagentüren. Zum erstenmal seit fünfzig Jahren erklang wieder die Hymne ›Domine salvum fac Imperatorem‹ in der Kirche von Notre-Dame. Zehn Tage darauf fand die Queen auf ihrem Schreibtisch in Osborne ein ihr über den französischen Botschafter und das Foreign Office zugeleitetes Schreiben des Kaisers, in dem er bat, ihre Nichte, Prinzessin Adelaide von Hohenlohe-Langenburg, heiraten zu dürfen. Selten hatte sie einen solchen Schrecken bekommen. Sofort ließ sie Albert zu sich rufen.

Seit dem Staatsstreich von 1851 war zwischen Queen Victoria und ihrem Gatten das wichtigste Gesprächsthema auf dem Gebiet der internationalen Politik die Frage gewesen, welche Ziele Louis Napoleon wohl haben könnte. Während die Königin in Erinnerung an seine Mithilfe zu Zeiten der Chartistenaufstände noch einiges für ihn übrig hatte, sah Albert in ihm den Inbegriff von Sünde und Gefahr. In dieser Meinung bestärkte ihn auch sein Onkel, der König der Belgier.

Für König Leopold, den jetzt sechzigjährigen ausgemergelten Lebemann mit den geschminkten Wangen und nachgezogenen Augenbrauen, handelte es sich um ein Familienproblem. Wenn es darum ging, Throne einzunehmen, so waren die Coburger seit Waterloo führend gewesen. Sie hatten sich in Belgien, in Portugal und in Großbritannien festgesetzt und ihr Auge auch auf andere Fürstenthrone geworfen. Doch nun erhob sich der Adler der Bonapartes aus der Asche und gefährdete ihre Pläne.

Als junger, ehrgeiziger Prinz war Leopold dem Kaiser Napoleon I. lästig gewesen. Man hatte ihm geraten, sich im Hintergrund zu halten. Durch seine guten Beziehungen zu den siegreichen alliierten Staatsoberhäuptern hatte er es erreicht, 1814 nach London zu kommen. Dort hatte er Prinzessin Charlotte den Hof gemacht, der einzigen Tochter des Prinzregenten, späteren König Georg IV., und zwei Jahre darauf hatte er sie geheiratet. Als sie im Kindbett starb, verfügte Leopold über ein Einkommen von fünfzigtausend Pfund im Jahr. Nachdem ihm der griechische Thron entgangen war, nahm er den von Belgien an. Sein nächster Plan war, seinen mittellosen Neffen, den Studenten Prinz Albert, mit Queen Victoria zu verheiraten. Dies gelang ihm zu vollster Zufriedenheit, worauf weitere dreißigtausend Pfund aus englischen Steuergeldern sein privates Einkommen erhöhten.

Albert tat, was König Leopold sagte, und später, um 1850, tat Queen Victoria, was Albert sagte. Die Coburger hatten in Europa das Ruder in der Hand. Und dann kam der Staatsstreich in Frankreich.

Leopold überschüttete seine königlichen Standesgenossen mit Briefen, in denen er vor der Gefahr eines französischen Angriffs warnte. Er fühlte sich, schrieb er, wie ein Mann, der in den Tropen eine Schlange in seinem Bett vorfindet. Er dürfe sich nicht bewegen, um das Tier nicht zu reizen, andererseits könne er nicht bleiben, wo er sei, ohne eventuell gebissen zu werden.

Als Louis Napoleon freundschaftlich die Hand ausstreckte, meinte Leopold, er wolle sich über ihn erheben. Aus diesem Vorurteil heraus entstanden alle Schwierigkeiten.

Die Bonapartes und die Coburger strebten beide an die Macht, aber auf sehr verschiedenen Wegen. Ein Bonaparte ritt, meist allein, die Stufen der Paläste bis zum Hauptelngang hinauf und verlangte Einlaß. Die Coburger hingegen schlüpften durch eine Seitentür und besetzten das wichtigste Schlafzimmer. Während für die Coburger Geld eine unerläßliche Vorbedingung zur Erreichung der Macht bedeutete, war für die Bonapartes die Macht das wichtigste Ziel; die nötigen Gelder beschafften sie sich dann, wenn sie sie brauchten. Die Bonapartes glaubten an Leistung; sie mußten immer etwas unternehmen, die Coburger versuchten, mit dem geringsten Risiko und möglichst ohne Anstrengung zum Ziel zu kommen. Ein weiterer Grund für Leopolds Zorn gegen Louis Napoleon war, daß im Jahre 1852 das Vermögen der Familie seiner Frau in Frankreich konfisziert wurde und seine Kinder somit ihr Erbe verloren.

So kam es, daß auf Betreiben von Leopold und Albert in England die Überzeugung aufkam, ein neuer Napoleon werde das Inselreich überfallen. Aber nichts lag Napoleon ferner. Er liebte und bewunderte das Land, das ihm Schutz gewährt hatte, und er besaß viele Freunde dort. Seine Geliebte war Engländerin, die Herzogin von Hamilton war seine Kusine. Er hatte sich sogar für den Fall, daß der Staatsstreich mißlang, eine Bleibe in London gesichert. Doch Albert und gewisse frankreichfeindliche Politiker in England wollten das einfach nicht wahrhaben. Ihrem Ruf zu den Waffen folgten all die Unentwegten, die sich noch daran erinnerten, wie seinerzeit Napoleon I. mit Invasion gedroht hatte. Der Gedanke an jenen Schrecken war noch nicht verblaßt. In vielen englischen Häusern drohte man ungezogenen Kindern noch immer: »Wenn du nicht artig bist, holt dich der Boney!«

Prinz Alberts Biograph, Sir Theodore Martin, schildert die damalige Stimmung in England so:

»Wer konnte voraussagen, wohin Louis Napoleon seine Streitkräfte führen werde? Die Schweiz war bedroht; Gerüchte gingen um, daß die französische Grenze bis an den Rhein verlegt werden sollte. Belgien verstärkte, nicht ohne begründete Furcht, seine

Verteidigung, andererseits war es unwahrscheinlich, daß überhaupt ein Angriff in irgendeiner Richtung erfolgen würde. Frankreich hätte die vereinten Streitkräfte aller europäischen Großmächte gegen sich gehabt. Aber war es sicher, daß sie auch nur einen Schritt tun würden, um einen Angriff gegen England zu verhindern? Unter diesen Umständen gelangte das Land, wie so oft, zu der Erkenntnis, daß die nationalen Verteidigungskräfte unzureichend waren. Eine überraschende Landung an unseren Küsten hätte jeden Eindringling in den Stand gesetzt, ernsten Schaden anzurichten und schwere Schande über uns zu bringen. Wir waren immer wieder davor gewarnt worden. Aber jetzt mußte mit einer solchen Gefahr gerechnet werden, wenn das Mißtrauen gegen den französischen Regierungschef so berechtigt war, wie man es allgemein dachte und auch aussprach. Es wurde die Verstärkung der Flotte gefordert, weil sie bald von der französischen Flotte überholt werden konnte. Auch unsere innere Verteidigungslinie mußte verstärkt werden. Die spontane Bewegung zur Aufstellung eines Freiwilligenkorps wurde von der Regierung unterstützt. Sie beschloß außerdem, das Sicherheitsbedürfnis dadurch zu befriedigen, daß sie dem Parlament die Wiedererrichtung von Bürgerwehren vorschlug.«

Abgesehen von der Fehleinschätzung von Louis Napoleons Zielen war der wiedererwachte Verteidigungswille in England nur zu begrüßen, denn seit Waterloo war es kaum zu einer Weiterentwicklung bezüglich Bewaffnung und Taktik gekommen. Jetzt wurden dick gewordene junge Leute aus ihren Büros und Klubs gelockt und dazu gebracht, auf den Exerzierplätzen Laufschritt zu üben. Albert ging sogar so weit, eine Nacht in einem Zelt zu verbringen, das einzige, was er je vom harten Soldatenleben mitbekam. Das Jahr ging jedoch ohne Anzeichen einer französischen Aggression vorüber. Als Louis Napoleon Kaiser wurde, war Großbritannien die erste Nation, die seinen neuen Titel anerkannte.

Zu dieser Zeit weilte Queen Victorias Nichte Adelaide gerade bei ihrer Tante in Osborne. Adelaides Mutter war

Feodora, die Tochter der Herzogin von Kent aus ihrer ersten Ehe. Trotz des Altersunterschieds waren die beiden Stiefschwestern Feodora und Victoria Jahre hindurch eng befreundet. Als Feodora 1828 heiratete und nach Deutschland ging, vermißte Victoria sie schmerzlich. Albert mochte Feodora nicht; er empfand ihr gegenüber die gleiche Abneigung wie gegen alle, die mit seiner Frau in ihren Jugendjahren vertraut gewesen waren.

Die beiden stärksten Befürworter der geplanten Ehe zwischen Napoleon und Prinzessin Adelaide waren Morny und Graf Walewski, der französische Botschafter in London, beides illegitime Verwandte des Kaisers. Sie erkannten mit Recht, welches politische Prestige und welche weiteren bedeutenden Vorteile zu gewinnen waren. Der Heiratsantrag brachte Queen Victoria in große Verlegenheit, ja er ärgerte sie. Sie haßte Situationen, in denen ein klares Ja oder Nein von ihr erwartet wurde. In diesem Sinne informierte sie auch ihren Außenminister. Sie sagte ihm ziemlich schroff, es sei einzig und allein eine Angelegenheit, die die Eltern des Mädchens anginge, versäumte allerdings nicht, hinzuzufügen, daß das Alter der Prinzessin und ihre Glaubenszugehörigkeit gegen die Heirat sprächen.

Inzwischen hatte Louis Napoleon einen Unterhändler nach Langenburg geschickt und durch ihn den Vater der Prinzessin um die Hand seiner Tochter bitten lassen. Fürst Hohenlohe erklärte, er könne über seine Tochter nicht ohne deren Einwilligung verfügen; sie sei zur Zeit in England, und er überließe ihr die Entscheidung. Bei einer Zusammenkunft von Queen Victoria und Prinz Albert mit dem Außenminister riet die Queen zur Vorsicht. Sie habe Angst, sagte sie, daß Adelaide von der Aussicht, Kaiserin zu werden, geblendet wäre. Genauso war es auch, als das Mädchen informiert wurde.

Adelaide war mit ihren siebzehn Jahren ein hübsches, fröhliches, wenn auch noch etwas unterentwickeltes Mädchen. Ihre Ärzte waren der Meinung, sie dürfe erst in ein bis zwei Jahren heiraten, ein Argument, das dem Hause

Windsor sehr gelegen kam. Aber die Aussicht, der Langeweile und den ärmlichen Verhältnissen von Langenburg zu entrinnen, faszinierte die Prinzessin. Sie wünschte sehnlichst, Kaiserin zu werden. Das wußte auch ihre Mutter. Doch Victoria, Prinz Albert und König Leopold waren fest entschlossen, die Heirat zu verhindern. Die Queen dachte als Frau an die Gefahren einer sexuellen Tragödie, die einer unschuldigen Siebzehnjährigen in einer Ehe mit einem erfahrenen Mann von vierundvierzig drohten. Die beiden Coburger hatten nicht die Absicht, später eine arme junge Verwandte, von den Tuilerien oder Versailles aus, die Herrscherin spielen zu lassen.

Inzwischen begab sich Walewski nach Langenburg, um mit dem Fürsten Hohenlohe zu sprechen. Er reiste über Paris. Dort erfuhr er zu seinem Entsetzen von Lord Cowley, daß sich Louis Napoleon mit Eugénie de Montijo eingelassen hatte. Als er am nächsten Morgen seinen kaiserlichen Vetter aufsuchte, hörte er: »Mein Lieber, mich hat's erwischt.«

Walewski trug den Plan bezüglich der Heirat mit Adelaide vor: Der Kaiser sah die Vorteile und sagte zu, wegen Eugénie nichts zu unternehmen, bis Prinzessin Adelaide geantwortet habe. Sollte ihre Antwort ›Ja‹ heißen, werde er sie zur Kaiserin machen. Aber sein Herz hatte er bereits anderweitig verloren.

Der Anlaß zu Napoleons plötzlicher Meinungsänderung war ein rauschendes Fest gewesen, daß der Kaiser in Compiègne gegeben hatte. Es begann am 17. Dezember und sollte eigentlich am 21. zu Ende sein, dauerte aber bis zum 28. Dezember an. Vierhundert Personen reisten zu dem im Wald gelegenen Schloß. Einhundert Gäste, darunter Lord Cowley und andere Botschafter, waren geladen. Der kaiserliche Haushalt mit allen Chargen umfaßte ungefähr die gleiche Anzahl; dazu kamen noch zweihundert ausgewählte Diener. Es gab Jagden, Scheibenschießen, Bälle und andere Festivitäten. Dieses Fest war der Auftakt zum Zweiten Kaiserreich.

Unter den illustren Gästen waren viele, die erwarteten und hofften, daß der Pomp und die Zeremonien, die Pracht und die Etikette für die schöne Abenteuerin aus Spanien eine zu harte Prüfung sein und daß sie straucheln werde. Nicht nur in den Damensalons war sie das Hauptgesprächsthema, sondern auch bei den Herren, wenn diese nach den Diners unter sich waren. Wetten wurden abgeschlossen, wann sie sich wohl ergeben werde. Aber sie strauchelte nicht, und von Ergeben war auch nicht die Rede. Im Gegenteil, sie hatte ihre Position noch mehr gefestigt.

In Compiègne war überall noch der Geist der Kaiserin Marie Louise zu spüren. Napoleon I. hatte Compiègne für sie wieder herrichten lassen und dort seine Flitterwochen mit ihr verbracht. Durch den Wald zog sich eine breite Allee, die er ihr zuliebe hatte schlagen lassen. An den Wänden hingen reihenweise Bilder von ihr. Ihr großes Himmelbett stand da und wartete, wartete auf Eugénie, die Gräfin Teba. Dort, in dem Schloß im Wald, verliebte sich Eugénie gleichzeitig in einen Mann, in einen Ort und in einen Lebensstil. Wenn sie über die gepflegten Rasenflächen und unter den Alleebäumen dahingaloppierte, fühlte sie sich dem höchsten Glück näher als je. Ihre Streifzüge durch die engen Gassen, die zur Oise führten, die durchtanzten Nächte, die bezaubernden Theateraufführungen – das alles war dazu angetan, die Träume eines jungen Mädchens, selbst eines so anspruchsvollen wie Eugénie, zu erfüllen.

Louis Napoleon wich nicht von ihrer Seite und ließ sie nicht aus den Augen. Eine seltsame Wandlung war in ihm vorgegangen. Inmitten des lauten und wilden Treibens entfaltete er plötzlich Sinn für kleine, zarte Gesten. Er pflückte eine einzelne Blume für sie, er wanderte mit ihr durch die Gärten, sorgte für ihre Bequemlichkeit und bewies ihr seine Liebe auf die verschiedenste Weise. Fast schien es, als sei die erste Flamme der Begierde, der erste glühende Wunsch, sie zu besitzen, erloschen und habe einem warmen, stetigen Gefühl der Zärtlichkeit Platz gemacht. Es war dies wahrscheinlich das einzige Mal in seinem Leben, daß er einen so unbeschreiblichen Gefühlsaufruhr erlebte.

Trotzdem hatte er die Beziehung zu Elizabeth Howard noch nicht abgebrochen und besuchte sie weiterhin in ihrem stillen Haus in der Rue du Cirque. Sie wußte von der Affäre mit Eugénie und fürchtete das Schlimmste. Aber sie tröstete sich: »Er leidet unter Verdauungsstörungen. Ich weiß, daß er zurückkommt.« Sie wollte ihn nicht gehen lassen, obwohl er ihr die Sachlage offen auseinandergesetzt hatte. An einen Freund in England schrieb sie: »Seine Majestät war gestern abend hier und bot mir eine Abfindung an; jawohl, ich sollte eine eigene Grafenkrone, ein Schloß und dazu noch einen anständigen französischen Ehemann bekommen. Der Hohe Herr verbrachte zwei Stunden damit, mir das klarzumachen... Später schlief er auf dem roten Sofa ein und schnarchte, während ich weinte...«

Das extravagante Fest in Compiègne hatte in Frankreich und über die Grenzen hinaus bis nach Deutschland, Belgien und Holland großes Aufsehen erregt. Die Nation war zwar bereit gewesen, über die Liebschaften eines Präsidenten hinwegzusehen, aber die offen zur Schau getragene Liebe eines Kaisers machte Schlagzeilen und durfte eigentlich nur mit einer Eheschließung enden. So begann eine große Pressefehde, mit Klatsch- und Skandalgeschichten. Louis Napoleon hatte schon früher gewußt, welche Gefahr die zwielichtige Existenz Manuelas bedeuten würde. Fünfundzwanzig Jahre lang war ihr Lebenswandel in Paris Gesprächsstoff gewesen. Jetzt kamen noch weitere Geschichten heraus: wie sie in der Weinhandlung ihres Vaters die Gäste unterhalten hatte; wie sie ihrem Ehemann während seiner Gefangenschaft untreu wurde. Man hörte von dem Skandal, mit dem ihr kurzes Gastspiel als Oberhofmeisterin der Königin Isabella geendet hatte, und sprach davon, daß sie im Ruf stand, die Mätresse des jeweiligen englischen Gesandten in Madrid gewesen zu sein. Vergessen wurde auch nicht, welche Orgien sie in ihrem Landhaus mit jungen Männern zu feiern pflegte. Und natürlich befaßte sich der Klatsch vor allem mit ihren Beziehungen zu Clarendon in Paris und Madrid.

Wie immer bei solchen Gelegenheiten waren die Meinungen sehr geteilt darüber, was für die Zukunft des jungen Kaisers das Beste wäre. Die jüngeren Staatsmänner und Diplomaten befürworteten die Wahl der Prinzessin Adelaide und wurden darin von dem englischen Botschafter Lord Cowley unterstützt. Eine Verbindung zu Deutschland konnte für die Zukunft nur von Vorteil sein. Die Gedankengänge, die dieser Politik zugrunde lagen, sollten später auf tragische Weise klarwerden.

Das einfache Volk in Frankreich war aus einer Reihe recht einleuchtender Gründe für Eugénie: sie war nicht von königlichem Geblüt, sie war eine Kaiserin, wie man sie erträumen konnte, und sie war schon für ihre Wohltätigkeit bekannt.

Die ältere Generation, an ihrer Spitze Exkönig Jérôme, war strikt gegen Eugénie. Sie hätten am liebsten gesehen, wenn der Kaiser ledig geblieben wäre und die Nachfolge dann an Jérômes Sohn, den Prinzen Napoleon, Plon-Plon genannt, gefallen wäre. Prinzessin Mathilde, Jérômes Tochter, warf sich sogar ihrem Vetter zu Füßen und beschwor ihn, die Spanierin fortzuschicken. Es gab aber auch jene, die es ganz gern gesehen hätten, wenn er seine ruhige, familienähnliche Beziehung zu Elizabeth Howard weitergeführt hätte. Diese englischen Fesseln schienen doch unzerreißbar.

Die ständigen Sticheleien und Kränkungen bedeuteten für Eugénie eine immer stärkere Nervenbelastung. Der Kaiser war erbost und drohte, gerichtlich gegen die Urheber und Verbreiter der Skandalgeschichten vorzugehen. Deshalb zogen sich die Schreiberlinge nach Belgien und Deutschland zurück und druckten ihre Schmähschriften dort. Dagegen konnte selbst ein Kaiser nicht viel unternehmen. In dieser spannungsgeladenen Atmosphäre wurde Eugénie immer mehr zur Zielscheibe persönlicher Beleidigungen.

Der erste offizielle Empfang des Zweiten Kaiserreichs fand am Silvesterabend statt. Eugénie und ihre Mutter waren geladen und sollten an der Tafel des Kaisers sitzen. Als die Gäste sich zum Diner begaben, ging Eugénie zufällig vor einer gewissen Madame de Fortoul, die großen Wert auf ihren höheren Rang legte. Mit lauter Stimme informierte sie die Umstehenden, wie erstaunt sie sei, daß eine junge Ausländerin von zweifelhafter Herkunft den Vortritt vor ihr habe. Eugénie trat zurück und sagte: »Passez, Madame!« Aber sie war totenblaß geworden, und ihre Augen funkelten vor Zorn, als sie am Tisch Platz nahm. Der Kaiser wandte sich zu ihr und fragte, was denn los sei. Sie bat ihn, seinen Platz einzunehmen. Später aber fand er doch heraus, was geschehen war.

Am 2. Januar 1853 erhielt der Kaiser einen kurzen, traurigen Brief von ›Ada‹, Prinzessin Adelaide von Hohenlohe. Darin stand, sichtlich war es ihr diktiert worden, sie fühle sich außerstande, die Rolle einer Kaiserin zu übernehmen.

Nachdem die Gefahr nun vorüber war, ließ Queen Victoria in einem Brief an Prinzessin Feodora ihren Gedanken freien Lauf:

»... *Ich habe das Gefühl, Dein liebes Kind ist in jeder Hinsicht vor einer Katastrophe gerettet worden. Du weißt, was für ein Mann er ist, kennst seinen Charakter und seine Moral (dabei besitzt er, glaube ich, durchaus auch gute und wertvolle Eigenschaften). Du kennst sein Alter, weißt, daß seine Gesundheit nicht die beste ist. Selbstverständlich war sein Wunsch, ›Ada‹ zu heiraten, rein politischer Natur, denn er hat sie nie gesehen... Ich frage Dich, kannst Du Dir auch nur einen Augenblick etwas Schrecklicheres vorstellen, als das Schicksal dieses jungen unschuldigen Kindes... als Beute jeder Art von üblen Redensarten, und als Objekt jeden böswilligen Ratgebers, ohne eine einzige Freundin auf der Welt!«*

Nun hatte der Kaiser zwar freie Hand und konnte um Eugénie werben; doch er mußte vorher noch ein paar wichtige Angelegenheiten regeln. Österreich, Preußen und Rußland hatten bisher das Kaiserreich noch nicht anerkannt und waren nicht gesonnen, Napoleon die volle Würde eines Kaisers zuzubilligen. Die Diplomaten waren deshalb in der mißlichen Lage, bei einer nicht mehr existierenden Republik akkreditiert zu sein. Auf Rat von Morny machte der Kaiser einige Zugeständnisse, und am 5. Januar wurde eine entsprechende Übereinkunft erzielt.

Danach folgte das nahezu hoffnungslose Unterfangen, die Minister und andere einflußreiche Persönlichkeiten dazu zu überreden, Eugénie zu akzeptieren. Ein Minister bot seinen Rücktritt an. Napoleon nahm ihn nicht an, sondern forderte den Minister auf, sich die betreffende Dame einmal anzusehen. Der Minister tat es und kam bekehrt zurück. Doch viele waren noch immer strikt gegen die Heirat, darunter Exkönig Jérôme und der Außenminister Drouyn de Lhuys.

Während dieser ganzen Zeit hatte Manuela direkt oder über ihre beste Freundin, die Marquise von Santa Cruz, die Verbindung mit Lord Clarendon aufrechterhalten. Er war ein treuer Verbündeter. Er organisierte sogar ein geheimes Treffen Napoleons mit Eugénie in der Wohnung einer Engländerin auf den Champs-Elysées. Hier konnten sich die beiden ungestört unterhalten und näher kennenlernen, wie es in den Tuilerien bisher niemals möglich gewesen war. Napoleon erklärte ihr ohne Umschweife, welche Schwierigkeiten eine Kaiserin zu bewältigen habe. »Es ist nur fair, wenn ich Ihnen die volle Wahrheit sage. Diese Stellung ist zwar der höchste Rang, aber auch der unsicherste.« Er sprach von möglichen Attentaten, von Krieg, von Unzufriedenheit in der Armee. Aber Eugénie nahm die Herausforderung mit Freuden an. Einzelheiten über diese Unterhaltung sickerten, dank Clarendon, durch und hatten den gewünschten Effekt. Bei wichtigen Persönlichkeiten stieg Napoleons Ansehen um mehrere Grade.

Doch vor allem herrschte jetzt nicht mehr die Meinung vor, daß er nur aus Sinneslust heiraten wolle.

Bei einem Hofball am 12. Januar erschienen Manuela und ihre Tochter Eugénie in Begleitung von Baron James de Rothschild und dessen Sohn, die die Damen zu Plätzen an der Wand geleiteten. Dort verbeugten sich die Herren und zogen sich zurück. Madame Drouyn de Lhuys hatte dort bereits Platz genommen. Sie ging zu Eugénie hinüber und machte sie darauf aufmerksam, daß die Plätze für die Damen der Kabinettsmitglieder reserviert seien. Eugénie stand auf und flüsterte ihrer Mutter etwas zu, worauf auch Manuela sich erhob. Da standen sie nun, sehr verlegen, und alle Augen waren auf sie gerichtet. Der Kaiser eilte herbei und führte sie zu seiner Estrade. Er erkundigte sich, was geschehen sei; sie vertröstete ihn jedoch auf später. Dann aber schilderte sie ihm den Vorfall und erklärte ihm, sie könne diese Kränkungen nicht länger ertragen und werde deshalb am nächsten Morgen nach Italien abreisen. Er beruhigte sie mit der Versicherung, sehr bald werde niemand mehr wagen, sie zu beleidigen.

Drei Tage darauf erschien der Hofminister im Hause der Montijos an der Place Vendôme. Im Namen des Kaisers bat er Manuela in aller Form um die Hand ihrer Tochter. Dem Antrag wurde in gebührender Weise stattgegeben. Kurz danach kam ein zweiter Wagen von den Tuilerien. Diesmal erschien der Kaiser selbst. Ärgerlich und bestürzt erklärte er Manuela, er habe Informationen erhalten, daß Lord Clarendon Eugénies Vater sei. Ob das denn stimme? Es war eine lebenswichtige Frage für ihn, weil Clarendon ein alter Freund von Queen Victoria war und demnächst Außenminister werden sollte. Es muß für den Kaiser einen besonderen Grund gegeben haben, weshalb er gerade diese ihm zugetragene Information so wichtig nahm. Bei dem vielen Klatsch und den zahlreichen Gerüchten, die über Manuela de Montijo im Umlauf waren, hätte er diese Geschichte überall in Paris hören können. Manuela war der Situation gewachsen. »Sire«, sagte sie, »die Daten stimmen nicht überein.« Napoleon genügte das. Die Heiratspläne wurden weiter verfolgt.

Hochzeit

Napoleon haßte familiäre Schwierigkeiten. Solche tauchten nun aber wie schwarze Wolken am Himmel auf; sie drohten die Sonnenstrahlen seiner geplanten Ehe zu verdüstern, die nun nicht länger vor Elizabeth Howard geheimgehalten werden konnte. Deshalb ersann er eine List, um sie wenigstens für die nächste Zeit aus dem Wege zu schaffen.

Elizabeths früherer Liebhaber, der Spieler James Young Fitzroy, hatte die Chance von Napoleons Aufstieg wahrgenommen und ihm sehr diskret gewisse Briefe zum Kauf angeboten, die Napoleons Tätigkeit während seines Aufenthaltes in England betrafen. Der Kaiser schickte nun Elizabeth zusammen mit seinem Sekretär Mocquard, der ein ergebener Freund von ihnen beiden war, nach London, mit der Weisung, die Briefe so billig wie möglich zurückzukaufen.

Am Abend des 20. Januar 1853 wartete Elizabeth im ›Hôtel Frascati‹ in Le Havre auf ein Schiff. Dabei las sie zufällig in der Zeitung ›Le Moniteur‹ von der bevorstehenden Verlobung des Kaisers mit Eugénie. Voller Zorn bestellte sie einen Sonderzug und fuhr nach Paris zurück. Bei der Ankunft in ihrem Haus in der Rue du Cirque mußte sie feststellen, daß ihre Wohnung durchsucht worden war. Alle Schubladen waren durchwühlt, viele Papiere fehlten. Der Polizeipräsident hatte laut Auftrag dafür gesorgt, daß keine belastenden Dokumente zurückblieben.

Es folgten ›schreckliche Auftritte‹, doch Elizabeth mußte einsehen, daß Napoleon sich gebunden hatte und sie nichts mehr dagegen tun konnte. Dieses Kapitel ihres Lebens, das sie mit dem einzigen Mann verbracht hatte, den sie je liebte, war nun endgültig abgeschlossen.

Elizabeth Howard bekam den Titel einer Comtesse de Beauregard, nach dem reizenden Schlößchen gleichen Namens in der Nähe von Versailles, das sie im September 1852 erworben hatte. Der Kaiser zahlte ihr, mit Zinsen, das Geld zurück, das sie ihm geliehen hatte. Im Mai 1854 heiratete sie in London Charles Trelawney, aber die Ehe war nicht glücklich. Sie starb 1865. Ihr Porträt hängt in Compiègne.

Es war nicht verwunderlich, daß man den Kaiser blaß und überanstrengt fand, hatte er doch alle Hände voll zu tun gehabt, einerseits Elizabeth Howard fernzuhalten, andererseits die Angriffe gegen Eugénie abzuwehren. Am 22. Januar trat er vor den Staatsrat, die Abgeordnetenkammer und die Vertreter des Senats und legte in einer langen wohlgesetzten Rede die Gründe für die Wahl seiner künftigen Gemahlin dar:

»Ich habe eine Frau gewählt, die ich liebe und verehre, anstatt eine Verbindung mit einer Unbekannten einzugehen, durch die zwar dynastische Vorteile zu gewinnen, wofür aber auch Opfer zu bringen waren. Ich folge meiner Neigung, ohne irgend jemanden damit kränken zu wollen.«

Er bezeichnete sich selbst als ›Emporkömmling‹, den die königlichen Familien offensichtlich ungern in ihren Reihen aufnehmen mochten. Es sei weit besser, eine Frau zu nehmen, die er liebe, als mit einer unbedeutenden kleinen Prinzessin nach Frankreich zu kommen, von der noch nie jemand etwas gehört habe. Damit hatte Napoleon Erfolg; die Royalisten hörten jedoch nicht gern, daß ihr Souverän sich selbst als ›Parvenü‹ bezeichnete.

Die Ziviltrauung war für den Abend des 29. Januar 1853, einem Samstag, festgesetzt. Die kirchliche Trauung sollte am Tag darauf in Notre-Dame stattfinden. Eugénie und Manuela zogen in den Elysée-Palast, wo sie vor weiteren Kränkungen sicher waren. Doch es wurde eine sehr bewegte Woche. Die Aussteuer mußte beschafft werden. Die

Schneiderinnen machten Überstunden: Madame Vignon lieferte vierunddreißig Kleider und Mademoiselle Palmyre zwanzig. Es wurden für vierzigtausend Francs Alençon-Spitzen verbraucht. Hochzeitsgeschenke mußten besichtigt und entgegengenommen werden. Die Stadt Paris schlug vor, einen Diamantschmuck im Werte von sechshunderttausend Francs zu schenken. Eugénie lehnte ab und bat, das Geld für wohltätige Zwecke zu verwenden. Man beschloß, eine Schule für mittellose Mädchen zu gründen. So stieg über Nacht das Ansehen der Braut. Journalisten mußten zu Interviews empfangen werden; viele Briefe waren zu schreiben. Der folgende ging an Eugénies Schwester Paca, die Herzogin von Alba:

»Am Abend, bevor ich einen der bedeutendsten Throne Europas besteige, kann ich mich eines Gefühls der Angst nicht erwehren... Ich danke Gott, daß er mir einen so edlen und treu ergebenen Mann zur Seite gestellt hat wie den Kaiser...

Ich habe in meinem Leben viel gelitten. Mein Glaube an Glück, der fast ganz zerstört war, ist wieder zurückgekehrt. Ich war es kaum gewöhnt, geliebt zu werden. Mein Leben war öde und leer. Ich lebte allein, und manchmal, wenn ich der Einsamkeit überdrüssig war, suchte ich nach Zuneigung. Aber wenn jemand sich für mich interessierte, war es am Ende doch nur Mitgefühl, und ich blieb wieder allein und müde zurück.

Dieser Mann hat einen unbeugsamen Willen. Er ist stark, aber nicht stur und durchaus zu großen wie kleinen Opfern bereit. Er wäre imstande, mitten in einer Winternacht das warme Zimmer zu verlassen und in Kälte und Nässe nach einer Blume zu suchen, um damit die Laune einer Frau zu erfüllen, die er liebt.«

Aus ganz Frankreich strömte jetzt das Volk nach Paris. Seit den Tagen des Ersten Kaiserreichs hatte es nie wieder ein so glanzvolles Ereignis gegeben. Viele Leute benutzten die neugebauten Eisenbahnen und kamen so zum erstenmal in die Hauptstadt, mehr aus Neugierde denn aus Begeisterung. In England war die Hochzeit das Gespräch des

Tages. Queen Victoria schrieb an die Kronprinzessin von Preußen: »Das Ereignis des Tages ist die Heirat des Kaisers Napoleon... die zukünftige Braut ist schön, klug, sehr kokett, temperamentvoll und wild.« Die kleine, etwas pummelige Queen sah in Eugénie alle die Eigenschaften, die sie im Grunde ihres Herzens sich selbst gewünscht hätte. Sie sorgte dafür, daß sie durch eine weibliche Augenzeugin alles über die Hochzeit erzählt bekam. Sie beauftragte Lady Augusta Bruce, die Hofdame ihrer Mutter, der Herzogin von Kent, ihr genauestens Bericht zu erstatten.

Kurz nach acht Uhr am Abend des 29. Januar geleiteten der Zeremonienmeister und der spanische Botschafter Eugénie und Manuela vom Elysée-Palast in die Tuilerien. Die Braut trug ein Kleid aus Alençon-Spitzen und um die Taille einen mit Diamanten und Saphiren besetzten Gürtel, den Napoleon I. der Kaiserin Marie-Louise zum Geschenk gemacht hatte. Am Busen trug sie einen Jasminstrauß. In drei Gruppen ging man zum ›Salon des Maréchaux‹. Dort nahm Eugénie neben dem Kaiser Platz. Der Staatskanzler stellte die Fragen, die Antworten kamen prompt. Napoleon III. und die Gräfin Teba waren nun Mann und Frau.

Jetzt wurde ihnen das berühmte Gedenkbuch der Familie Bonaparte vorgelegt, in dem Napoleon I. alle Familienereignisse eingetragen hatte, angefangen mit der Adoption des Prinzen Eugène Beauharnais am 2. März 1806 bis zur Geburt seines einzigen legitimen Kindes, des Königs von Rom, am 20. März 1811. Den Gästen fiel auf, wie merkwürdig sich die diversen Familienmitglieder verhielten, die als Zeugen ihre Namen eintragen sollten. Der alte König Jérôme verbeugte sich, als er an dem Kaiser vorbeiging, nahm aber keine Notiz von der Kaiserin. Sein Sohn Plon-Plon verbeugte sich vor keinem von beiden.

›Plon-Plon‹ war der Spitzname des Prinzen Napoleon bei der Armee. Er mochte Eugénie nicht, weil sie in ihrer Mädchenzeit in Madrid seine verliebten Avancen zurückgewiesen hatte und weil sie, falls sie einen Sohn bekäme, ihn als direkten Thronerben verdrängen wurde.

Prinzessin Mathilde, die bei der Zeremonie eine wichtige Rolle spielen sollte, war dazu überredet worden, ihre wahren Gefühle zu verbergen und sich zurückzuhalten. Eine andere Kusine des Kaisers, Herzogin Mary von Hamilton, hatte sich jedoch nicht überreden lassen. Nachdem die Ziviltrauung vorüber war, sollten die Gäste paarweise an den Neuvermählten vorbeidefilieren und sich vor ihnen verneigen. Der österreichische Botschafter sollte mit der Herzogin von Hamilton zusammen gehen. Als er ihr den Arm bot, sagte sie wütend: »Geben Sie acht, was für einen Skandal ich mache, wenn wir zu meinem Vetter kommen!« Entsetzt fragte der Botschafter: »Haben Sie das wirklich vor?« »Aber sicher«, erwiderte sie. »Dann muß ich die Herzogin bitten, allein zu gehen«, versetzte der Botschafter und zog seinen Arm zurück. Daraufhin verlor Mary den Mut und versprach, sich anständig zu benehmen.

Obwohl Eugénie vor dem Gesetz verheiratet war, so war sie es jedoch noch nicht vor Gott. Nach einem Festkonzert kehrte sie mit ihrer Mutter also in den Elysée-Palast zurück. Dort schrieb sie in aller Eile noch an ihre Schwester:

»Die Zeremonie war großartig; aber ich bin beinahe ohnmächtig geworden, bevor wir in den Großen Saal traten, wo wir die Dokumente unterschreiben mußten. Ich kann Dir nicht sagen, was ich in den Dreiviertelstunden durchgemacht habe, als ich auf dem Thron saß und die Menschenmenge mir gegenüber sah. Ich war bleicher als die Jasminblüten, die ich am Herzen trug ... wenn man mich mit ›Majestät‹ anredet, kommt es mir vor, als spielten wir ein Theaterstück ...«

Es gab auch einen lustigen Zwischenfall. Als Eugénies Jungfer Pepa, eine treue, aber ein bißchen derbe Spanierin, die seit ihrer Kindheit bei ihr war, versuchte, sie mit ›Majestät‹ anzureden, mußte sie lachen.

Am Sonntagmorgen, als in ganz Paris die Glocken läuteten, erschien Napoleon bei seiner Braut zum Frühstück, womit er die sonst am Hochzeitstag übliche Sitte durchbrach. Eugénie zog ihr Brautkleid an, damit er es sah, und er probierte ihr eine Krone auf. Um die Mittagsstunde begab sich Eugénie in die Tuilerien. Dort stieg sie mit dem Kaiser in die goldene Kutsche, in der Napoleon I. und Josephine im Jahre 1804 zur Notre-Dame gefahren waren. Das Schauspiel war überwältigend: überall Girlanden, Soldaten in Galauniformen, lange Reihen von Wagen, Kürassiere, gefolgt von Infanterie und Grenadieren, Militärkapellen, Glockengeläut und Kanonendonner. Die dichtgedrängte Menge verhielt sich vorerst ruhig. Vielleicht waren die Schaulustigen begierig, erst einmal einen Blick auf die Braut zu werfen, bevor sie in patriotischen Jubel ausbrachen.

Eugénie war der Mittelpunkt; dies war ihr Tag. Bewundernde Zurufe ertönten aus den Zuschauerreihen, als sie vorbeifuhr. Es war sicher eines der schönsten Bilder des neunzehnten Jahrhunderts. Sogar Eugénies Zahnarzt, Dr. Evans, sonst ein ziemlich nüchterner Mann, war hingerissen, als er die göttlich schöne Braut erblickte, die wie eine gefangene Feenkönigin, mit Orangenblüten im Haar und einem Diadem geschmückt, neben dem Kaiser saß. Die Kathedrale war von unzähligen Handwerkern in Tag- und Nachtarbeit in einen Festsaal verwandelt worden. Von der Decke hingen Bänder in den Regenbogenfarben herab. Die Pfeiler waren rot und blau umhüllt und mit Kronen und den Initialen ›L‹ und ›E‹ geschmückt. Über dem Hochaltar, der in die Mitte der Kirche gerückt worden war, hing an goldenen Schnüren ein Baldachin aus Samt, der mit Hermelin gefüttert war. Fünfzehntausend Kerzen flackerten, und Lüster erhellten die Seitenschiffe. Ein Orchester von fünfhundert Mann ersetzte die Orgel.

Von der Kirche bewegte sich der Festzug in die Tuilerien zurück, vorbei an der jetzt stärker jubelnden Menge. Im Garten des Palastes wartete eine Schar junger Dorfmädchen aus der Umgebung von Paris. In ihrer Aufregung stürmten sie die Hochzeitskutsche, jede versuchte, ihr

Bukett hineinzuwerfen. Napoleon und Eugénie verschwanden unter einem Berg von Blumen; ihre Eskorte mußte sie befreien. Vor weiteren Huldigungen retteten sie sich in den Palast und erschienen nach wenigen Minuten, mit Rosenblättern übersät, auf dem Balkon.

Am nächsten Tag berichtete Lady Augusta Bruce nach Windsor:

»*Das Schönste waren die Dekorationen in der Kirche: Samt und Hermelin, Gold und Silber, Fahnen und Vorhänge in allen Farben harmonisierten wundervoll mit den prächtigen Talaren, den Uniformen der Zivilisten und Militärs, und den wundervollen Toiletten der Damen.*«

Doch das Hauptinteresse dieser Hofdame galt natürlich der kaiserlichen Braut:

»*Es ist wirklich schwierig herauszufinden, wie sie wirklich ist. Ihre Schönheit und ihr gewinnendes Wesen werden ihr, wenigstens eine Zeitlang, eine größere Beliebtheit sichern, als diejenigen von Napoleons Freunden, die die Heirat mißbilligen, es erwarten. Daß er leidenschaftlich in sie verliebt ist, bezweifelt niemand. Bei seinem Auftreten in der ganzen letzten Zeit und besonders gestern machte er einen ungewöhnlich strahlenden und glücklichen Eindruck. Sie hingegen zeigte bei der Ziviltrauung eine auffallende Nervosität und war gestern bleich wie der Tod ... Für unsere Nachbarn, die Franzosen, scheint das Allerwichtigste an der Hochzeit zu sein, wie das Brautkleid aussieht. Es ist für unsereinen unfaßbar, mit welchen Adleraugen und mit welchem Scharfsinn sie jede Kleinigkeit entdecken und kommentieren. Obwohl wir aus der Entfernung kaum Einzelheiten an der Kleidung und der Haltung der Kaiserin entdecken konnten, sahen wir sie doch deutlich genug, um festzustellen, daß man sich keinen schöneren Anblick vorstellen kann.*

Auffallend ist ihr herrlich geschnittenes Gesicht, ihre marmorne Blässe, die edle Haltung ihres Kopfes, ihre bewundernswerte Figur und die Anmut ihrer Bewegungen. Alles zusammen ist wie ein Gedicht! Ich glaube, sie ist auch aus der Nähe ebenso schön, doch aus der Ferne, wie wir sie sahen, war sie mehr als ein schönes Gemälde, einfach himmlisch und ideal.

Auf ihrem klassischen Haupt trug sie ein diamantenbesetztes Diadem, dazu passend Diamanten am Gürtel und am Saum ihres Reifrocks. Ein duftiger Spitzenschleier hüllte sie ein wie ein Nebelhauch. Ew. Königliche Hoheit dürfen mir glauben, daß mich nicht nur der äußere Anblick so hingerissen hat. Ich hatte die ganze Zeit über das Gefühl, daß man das Ereignis als Schauspiel betrachten müsse, was die Kaiserin betrifft, war es auch ein einmaliges Schauspiel. Ich glaube, daß mich patriotische Gefühle zu dieser Begeisterung veranlaßten, daß ich sie dem Blute ihrer schottischen Vorfahren, der Kirkpatricks, zuschreibe!!!«

Die Flitterwochen verbrachte das junge Paar in einer Villa im Park von Saint-Cloud. Nun war es Sitte, daß immer, wenn Napoleon sich in die damals noch ländliche Einsamkeit zurückzog, alle Hofbeamten mit ihm tafelten. Sie hatten nicht die Absicht, auch an diesem besonderen Tag auf ihre Gewohnheit zu verzichten. Nicht nur, daß sie sich mit den Neuvermählten zu Tisch setzten, sie machten auch keine Anstalten, nach der Mahlzeit aufzubrechen, sondern brachten in längeren Ansprachen ihre Glückwünsche vor. Napoleon wurde unruhig, murrte und zeigte deutliche Anzeichen eines nahenden Wutausbruchs. Leise sagte er zu Eugénie, sie solle sehen, wie sie die Leute loswerden könne. Aber da sie erst seit wenigen Stunden Ehefrau und Kaiserin war, wußte sie nicht, wie sie das anstellen sollte. Immer neue Reden wurden gehalten. Der Augenblick rückte näher, wo der Kaiser explodieren würde. Da flüsterte sie ihm zu: »Geh zur Tür, ich komme nach.« Er schob seinen Stuhl zurück und schritt zur Tür. Eugénie folgte ihm. Sie war es, die sich jetzt kurz umdrehte und den Anwesenden mit einem Neigen des Kopfes gute Nacht wünschte. Noch bevor die Schlafräume für die Hochzeitsnacht erreicht waren, hatte sie schon ihre erste Lektion als Ehefrau gelernt.

Ein paar Monate lang waren Napoleon und Eugénie sehr verliebt. Als ein Hofbeamter in den Tuilerien unangemeldet ein Zimmer betrat, sah er zu seiner Überraschung Eugénie auf Napoleons Schoß sitzen. Im Beisein anderer sprachen sie Englisch, wenn sie sich etwas Privates zu sagen hatten, vergaßen dabei aber, daß auch andere diese Sprache verstanden. Jetzt, da Eugénie nicht mehr bei ihrer Mutter war, benahm sie sich wie ein Mädchen, das die Schule schwänzt. Als der Kaiser ihr die Abgeordnetenkammer zeigte, improvisierte sie vor den leeren Bänken eine leidenschaftliche Ansprache. Sie liebte alle Arten von Spielen. Eines ihrer liebsten war ›die Kerzen auslöschen‹. Nach dem Diner mußten Lakaien im Salon Gummibälle auf den Fußboden legen, und die Gäste mußten damit so lange auf die Kerzen zielen, bis jede Flamme ausgelöscht war. Eugénie war darin ganz groß. Dagegen fiel es nach einiger Zeit auf, daß sich Napoleon des öfteren unter Entschuldigungen zurückzog. Dann zog er eine alte Jacke an und stieg in sein Arbeitszimmer hinunter. Der Altersunterschied von achtzehn Jahren machte sich bemerkbar.

In den Wochen nach dem Höhepunkt in Notre-Dame verfiel Manuela in Trübsinn. Es wurde ihr nur zu klar, daß weder ihre Tochter noch deren Mann sie brauchten. Sie war eben nur die Schwiegermutter, nur eine Fremde und in beiden Rollen nur eine ›persona non grata‹. Napoleon mochte sie nicht, hielt sie für eine gefährliche Intrigantin und war entschlossen, sie zu entfernen. Auch sie konnte ihn nicht leiden: Durch ihre große Erfahrung mit Männern war es ihr ein leichtes, seine Schwächen zu durchschauen. Sie nannte ihn ›Monsieur Isidore‹ oder ›Don Luis‹. Eugénie hatte sich alle Mühe gegeben, eine gehorsame Tochter zu sein, aber sie verachtete ihre Mutter dafür, daß sie so auf weltliche Güter versessen war, die Eugénie immer nur als ›leeren Glanz‹ bezeichnete. Sie konnte auch nicht vergessen, daß ihre Schwester Paca von der Mutter immer vorgezogen worden und sie deshalb ständig das Aschenputtel gewesen war.

Eugénie gab ihrer Mutter den wohlgemeinten Rat, nach Spanien zurückzugehen. Der Kaiser hingegen unternahm wirksamere Schritte. Er zahlte ihr eine Abfindung, und um die Form zu wahren, schenkte er ihr ein Haus für gelegentliche Besuche in Paris. Manuela gab nach. Eugénie schrieb an Paca:

»*Trotz unseres gespannten Verhältnisses und der Unvereinbarkeit unserer Charaktere macht es mir Kummer, wenn ich denke, wie einsam und traurig sie sein wird. Unser Haus in Madrid ist voller Erinnerungen an mich. Aus der Ferne gesehen verblassen vielleicht die Fehler und man erinnert sich nur an das Gute.*«

Manuela hatte jedoch auch weiterhin gute Freunde. Als sie Ende März nach Spanien abreiste, begleitete sie der treue Prosper Mérimée bis nach Tours. Und Clarendon blieb in schriftlicher Verbindung mit ihr; er unterzeichnete seine Briefe mit »immer und ewig der Ihre«. Er meinte, es wäre klug von ihr gewesen, nach Madrid zurückzugehen. Damit hatte er recht; denn dort wurde sie als Mutter der französischen Kaiserin und der Herzogin von Alba am Hofe von Königin Isabella hoch in Ehren gehalten.

Eugénie wußte sehr genau, was ihre erste Aufgabe als Kaiserin war: Sie mußte ein Kind bekommen. Das französische Volk erwartete das. Napoleon sehnte sich danach. Es war sein höchster Ehrgeiz, die Thronfolge zu sichern. Daß er neun Monate darauf warten mußte, stellte seine Geduld auf eine harte Probe. Eugénie tat ihre Pflicht und war sehr schnell in anderen Umständen. Doch stellte es sich bald heraus, daß sie konstitutionell schlecht für die Mutterschaft geeignet war. Mitte März war sie gezwungen, sich ins Bett zu legen. Sie war rothaarig und bestätigte die Regel, daß Frauen dieser Haarfarbe manchen Gefahren und Schwierigkeiten bei den Schwangerschaften ausgesetzt sind. Der Kaiser wollte das nicht wahrhaben. Seine früheren Erfahrungen als Vater hatte er während seiner Gefangenschaft in Ham mit seiner bäuerlichen Geliebten gemacht, und etwas Derartiges war damals nie vorgekommen. Er regte sich sehr auf und machte so viel Aufhebens um seine Frau, daß die Staatsgeschäfte dabei zu kurz kamen. Der englische Botschafter beklagte sich, bei einer Besprechung über eine Angelegenheit von internationaler Bedeutung habe ihm der Kaiser kaum zugehört. Ende April stürzte Eugénie, und man überredete sie, ein langes heißes Bad zu nehmen, um die Kreuzschmerzen zu lindern. Dies Verfahren wäre aber gar nicht ratsam während der Schwangerschaft, bemerkte Queen Victoria später zu der Kaiserin. Am 27. April hatte Eugénie eine Fehlgeburt. Sie erkrankte ernstlich und mußte vier Wochen das Bett hüten. An Paca schrieb sie:

»*Wer weiß, welches Schicksal mein Kind später gehabt hätte? Ich hätte für meinen Sohn weit lieber eine weniger glänzende, dafür aber sicherere Krone. Glaube nicht, ich hätte keinen Mut. Du siehst, meine Gedanken sind nicht fröhlich; aber vergiß nicht, daß ich drei Monate gelegen habe und daß mir alle Knochen weh tun. Heute habe ich versucht aufzustehen, aber durch den Blutverlust bin ich noch zu schwach dazu.*«

Man muß es Napoleon zugute halten, daß er vor allem um die Gesundheit seiner Frau besorgt war. Er war erleichtert, als sie sich erholte, und seine Enttäuschung verflog. Zu Lord Cowley sagte er, es sei ein Mißgeschick gewesen, das leicht zu überwinden wäre. Der Botschafter warnte ihn und meinte, es könne auch anders kommen. Diese erste Erfahrung schreckte Eugénie und machte sie mißlaunig. Seit sie als junges Mädchen seinerzeit ihr Herz an den Herzog von Alba verloren hatte, war Liebe für sie etwas sehr Ernstzunehmendes und Idyllisches gewesen. Den Beginn ihrer Ehe hatte sie wie in einem Rausch vor dem Hintergrund des neuen Kaiserreichs, in einem Wirbel von Paraden, Musik, Bällen und Hoffesten erlebt. Durch die Schmerzen und den Kummer über die Fehlgeburt entwickelte sich bei ihr eine gewisse Gefühlskälte. Sie war mehr und mehr überzeugt, daß die geschlechtliche Liebe allein etwas Billiges und Unwürdiges sei. »Männer sind überhaupt nichts wert«, war eine Ansicht, die man später des öfteren von ihr hören konnte.

Napoleon spürte die Veränderung. Seine Gelüste hatte er nicht unter Kontrolle. Er gierte nach immer neuen Gesichtern, neuen Gestalten, neuen Erlebnissen. Zu seiner Kusine Mathilde sagte er: »Ich brauche meine kleinen Vergnügungen; aber zu Eugénie kehre ich immer wieder gern zurück.« Eugénies spanischer Stolz hätte gar nicht zugelassen, nur die zweite Geige zu spielen.

Teil III

Victoria und Albert
1853–1861

Besuch in Windsor

In den achtzehn Monaten seit den dramatischen Tagen des Staatsstreiches hatte es Napoleon weit gebracht. Er beherrschte ganz Frankreich, war Kaiser geworden, hatte eine bildschöne Frau geheiratet und bewiesen, daß er und seine Frau fähig waren, eine Dynastie zu gründen, wenn das auch beim ersten Versuch nicht gelungen war.

Sein nächster Schritt sollte sein, in die Gemeinschaft der regierenden Souveräne Europas aufgenommen zu werden. Obwohl es im Sommer 1853 noch höchst unrealistisch schien, plante Napoleon bereits einen Staatsbesuch bei Queen Victoria. Vielleicht bekäme er den Hosenbandorden verliehen – das würde ihn endlich zum ›gentilhomme‹, zum wahren Edelmann machen. Es käme dann eine Einladung an die Queen und ihren Gemahl nach Paris. Er dachte daran, was seine Mutter ihm immer eingeschärft hatte: Wenn man oft genug von derselben Sache redete, würde sie eines Tages Wirklichkeit.

Auch Eugénie drängte auf die Reise nach Windsor und tat ihrerseits einiges dazu. In der ersten Zeit ihrer Ehe reiste sie ein paarmal inkognito, unter dem Namen Madame de Guzman, nach England. Zur damaligen Zeit war es noch einfach, unerkannt den Kanal zu überqueren, besonders wenn man als vornehme Dame seine Kabine nicht verließ und in der Eisenbahn ein reserviertes Abteil hatte. In den Tuilerien hieß es, Ihre Majestät wolle etwas ausspannen und besuche ihre schottischen Verwandten. Tatsächlich war sie aber auch in Watford, im Hause eines Mannes, der ihren wirklichen Namen kannte, aber Schweigen bewahrte. Dort besuchte sie niemand anderes als Lord Clarendon, den Außenminister und ihren Mentor, dessen prachtvoller Landsitz ›The Grove‹ ganz in der Nähe lag.

Im Herbst 1853 erschienen in den Pariser Zeitungen Meldungen, der Kaiser und die Kaiserin würden demnächst einen Staatsbesuch in England machen. Als dieses Vorhaben in den Grundzügen feststand, sprach der Premierminister Achille Fould den britischen Botschafter Lord Cowley darauf an. Dieser hatte aus London noch nichts von einem solchen Besuch gehört und bat Lord Clarendon um entsprechende Anweisungen. Lord Clarendon schrieb an die Königin, die jedoch die List des Kaisers durchschaute und zurückschrieb:

»Die Königin beeilt sich, Lord Clarendons Brief zu beantworten. Sie wünscht, er möge Lord Cowley dahingehend informieren, daß niemals der leiseste Gedanke bestanden habe, den Kaiser der Franzosen einzuladen. Lord Cowley möge dafür Sorge tragen, daß dies klar zum Ausdruck käme. Es habe niemals eine solche Absicht gegeben, und es werde auch keine geben. Darüber solle kein Zweifel aufkommen. Die Königin ist überzeugt, daß der Kaiser selbst diese Berichte in Umlauf gebracht hat.«

Unverzagt ging Napoleon zu einem neuen Angriff über. Diesmal versuchte er es mit einer Ehestiftung. Er schlug vor, daß sein Vetter Prinz Napoleon, alias Plon-Plon, Prinzessin Mary von Cambridge, die Kusine der Queen, heiraten solle. Victoria hatte sich tatsächlich schon Gedanken gemacht, wie sie die dreiundzwanzigjährige Mary, ein ziemlich mannstolles Mädchen, verheiraten könne.

Prinzessin Christiane von Dänemark sagte einmal, wenn ihre eigene Tochter so kokett wäre, würde sie ihr ein paar hinter die Ohren geben. Doch die Prinzessin, die jetzt schon so üppig entwickelt war, daß sie später nur ›Die fette Mary‹ genannt wurde, hatte ganz bestimmte Vorstellungen über das Aussehen ihres zukünftigen Mannes.

Als man ihr von der Bewerbung des französischen Prinzen berichtete, stampfte sie bei dem bloßen Gedanken daran heftig mit dem Fuß auf. Lord Palmerston konnte das gar nicht begreifen und meinte, der Franzose sei doch besser als irgendein kleiner deutscher Duodezfürst.

Trotz seiner so sorgfältig ausgearbeiteten Pläne war Napoleon noch immer keinen Schritt näher an Windsor herangekommen. Aber dann verschaffte ihm ein Ereignis auf der fernen Krim die Chance, die er notwendig brauchte. Die Russen, die schon seit langem begehrlich nach Konstantinopel blickten, bestanden so energisch darauf, die Christen im Osmanischen Reich zu schützen, daß die Türkei ihnen im Oktober 1853 den Krieg erklärte. Die britische Öffentlichkeit war dafür, daß dem türkischen Verbündeten geholfen werden müsse.

Sofort erbot sich der Kaiser der Franzosen, seine Armee mit der Englands zu verbinden; auch der König von Sardinien schloß sich unter der Bedingung an, daß Großbritannien unverzüglich zum Angriff gegen die Russen überginge. Aber Premierminister Lord Aberdeen zögerte noch, in der Hoffnung, man werde einen Weg finden, Feindseligkeiten zu vermeiden. Der Innenminister Lord Palmerston, der für den Krieg war, nahm einen nichtigen Anlaß zum Vorwand, zurückzutreten. Die Öffentlichkeit reagierte darauf so empört, daß Aberdeen gezwungen war, Palmerston zurückzurufen, um den Sturz der gesamten Regierung zu verhindern. Jetzt mußte ein Sündenbock dafür gefunden werden, daß die Kriegserklärung so lange hinausgezögert worden war: Prinz Albert. Er wurde als russischer Spion bezeichnet; es ging sogar das Gerücht, er solle im Tower gefangengesetzt werden. Der politische Druck war jetzt nicht mehr einzudämmen. Im März waren England und Frankreich Verbündete gegen Rußland.

Die Beziehung zwischen den Tuilerien und Windsor änderte sich schlagartig; allerdings sahen das die Queen, der Prinzgemahl und einige der älteren Militärs nicht gern. In ihren Augen war Frankreich noch immer Englands Erzfeind. Ein englischer General, Lord Raglan, ging sogar so weit, während des ganzen Krimkrieges die Russen als ›die Franzmänner‹ zu bezeichnen. Aber ein Bündnis war ein Bündnis; und irgendwie mußte man guten Willen und eine gewisse Kameradschaftlichkeit zeigen. Also besuchte die Queen am 12. Mai einen Kostümball in der Französischen Botschaft am Albert Gate. Sie bewahrte jedoch ihren britischen Isolationismus und erschien als einziger Gast in einem normalen Abendkleid.

Das Problem, wie mit Napoleon persönlicher Kontakt aufgenommen werden könne, beschäftigte Albert sehr. Was tat man mit einem Mann, der während seiner Gefangenschaft zwei uneheliche Kinder gezeugt und als französischer Staatspräsident in aller Öffentlichkeit mit der Tochter eines englischen Gastwirts gelebt hatte? Außerdem rauchte und spielte er! – Der Prinz kam zu der Überzeugung, daß als erster Vermittler seitens des königlichen Hauses nur ein Familienmitglied in Frage kam, das schon einen schlechten Ruf hatte. Dafür standen zwei geeignete Kandidaten zur Verfügung: einmal der Herzog Georg von Cambridge, ein Vetter der Queen, der mit einer Schauspielerin zusammen lebte und mit ihr drei uneheliche Kinder hatte, und zum anderen Alberts eigener Bruder, Herzog Ernst von Coburg, ein Syphilitiker und einer der größten Halunken Europas. Es bestand also keine Gefahr, daß sie ihrem Ruf noch mehr schaden konnten.

Ernst von Coburg wurde in die Tuilerien eingeladen und fühlte sich dort sehr wohl. Diese Art Leben hätte er gern immer geführt. Der Kaiser sprach reizend von seiner Familie, und Ernst übermittelte seinem Bruder den lebhaften Wunsch der Kaiserin, die königlichen Kinder kennenzulernen. Wie Disraeli wußte auch Napoleon, daß Schmeichelei das Öl war, mit dem man die Tore von Windsor am leichtesten öffnete.

Der Herzog Georg von Cambridge, begleitet von einem starken Militärkommando, unterbrach seine Reise zum Kriegsschauplatz auf der Krim in Paris und verbrachte dort eine gemütliche Woche. Seine Geliebte Louisa, mit der er sich heimlich hatte trauen lassen, sowie einer seiner Söhne und Louisas Schwester Georgina reisten in einem separaten Abteil mit. In Paris wohnte der Herzog bei Lord Cowley in der Britischen Botschaft, die Damen und der Junge im ›Hôtel de Londres‹. Für George war es ein Problem, wie er seine Zeit und seine Aufmerksamkeit zwischen dem

Kaiser, dem Botschafter und Louisa teilen sollte. Dafür waren die Tage einfach nicht lang genug.

Napoleon hatte beschlossen, den Vetter der Königin zu beeindrucken. Neben zahlreichen Truppeninspektionen gab es einen Empfang in den Tuilerien, einen Besuch der Opéra Comique, eine große Parade auf dem Marsfeld, einen Bummel über die neue Rue de Rivoli, einen Nachmittag in Saint-Cloud und dort einen Spaziergang mit Eugénie durch den Park. Am Abend folgte eine Galavorstellung im Theater des Palais Royal. Lord Cowley war etwas befremdet darüber, wie wenig Zeit sein Gast unter seinem Dach verbrachte. An manchen Tagen besuchte der Herzog seine Frau vor dem Frühstück und an andern spätnachts. Da störte dann Georginas Anwesenheit. Man konnte unter diesen Umständen gar nicht »schmusen«, wie Louisa später sagte. Nachdem Ernst und Georg lebend von ihren Begegnungen mit dem ›Beelzebub der Boulevards‹ heimgekehrt waren und sogar günstige Berichte über ihn geliefert hatten, entschloß sich Prinz Albert, selbst mit Napoleon zusammenzutreffen und ihn einer letzten Prüfung zu unterziehen. Die Zusammenkunft sollte in Boulogne stattfinden.

Am Abend des 3. September 1854 verließ die Jacht ›Victoria and Albert‹ die britische Küste; die Queen folgte einige Zeit später in ihrer kleineren Jacht ›Fairy‹. Die königliche Jacht sandte mit blauen Laternen einen Gutenachtkuß zu ihr hinüber. Die ›Fairy‹ antwortete, drehte ab und nahm Kurs auf die Isle of Wight. Albert ging in seine Kabine und fand, »sein Bett mache einen sehr leeren und verlorenen Eindruck«. Am nächsten Morgen gab es an Deck einigen Ärger, denn die begleitenden Kriegsschiffe waren nirgends zu sehen. Also mußte die königliche Jacht ohne Eskorte im Hafen von Boulogne einlaufen. Napoleon III. wartete am Quai: Lord Cowley, der neben ihm stand, berichtete, er habe ihn zum erstenmal nervös gesehen.

Die beiden Männer Albert und Napoleon verstanden sich erstaunlich gut. Es lagen zwar Welten zwischen ihrer

Art zu leben, aber Intelligenz und gesunden Menschenverstand besaßen beide in gleichem Maße. Albert war sehr angetan von Napoleons deutschem Akzent und seinen glücklichen Kindheitserinnerungen an Bayern; jedoch mißbilligte er Napoleons Raucherleidenschaft. Napoleon seinerseits vermied jede kritische Bemerkung und versicherte später, er habe noch nie jemanden mit so weitreichenden und fundierten Kenntnissen getroffen und »noch nie so viel in so kurzer Zeit gelernt«. Für Albert folgten fünf harte Tage und Nächte. Der Kaiser hielt ihn von früh um sechs Uhr bis spät in die Nacht mit Truppeninspektionen und Manövern in Trab. Dazwischen gab es in rauchgeschwängerten Räumen lange Diskussionen über militärische und politische Fragen. Alberts Bett war zu kurz, »die Bettdecke zu schwer, die Federkissen und die Hitze schrecklich«. Am 9. September war er glücklich wieder daheim in Osborne bei seiner Victoria.

Natürlich hatte Napoleon die Frage eines Englandbesuches angeschnitten und eine vorsichtige, immerhin positiv klingende Antwort erhalten. Durch die Berichte ihres Gatten ermutigt, schlug die Queen als Besuchstermin Mitte November vor. Nun änderte der gerissene Franzose seine Taktik. Er antwortete, ein späteres Datum sei ihm lieber. Die Queen ärgerte sich und vermutete eine Falle. Offenbar versuchte er jetzt, die Angelegenheit so zu drehen, als täte er ihr einen Gefallen, wenn er nach England käme. Sie ließ Clarendon wissen: »Die Königin möchte nicht den Anschein erwecken, daß der Besuch dringend erwünscht sei. Wenn er hier empfangen wird, sollte es eine Gunst für ihn sein und nicht eine für uns.«

Napoleons nächster Trumpf war die Ankündigung, er habe die Absicht, auf die Krim zu reisen und dort selbst den Oberbefehl zu übernehmen. Das war ein Schock für ganz Europa. Blankes Entsetzen erfaßte die Queen bei dem Gedanken, daß ein Franzose britische Truppen befehligen könnte. Die französischen Politiker hatten Angst vor dem, was in seiner Abwesenheit in Frankreich geschehen könnte. Die französische Armee beharrte eisern darauf, daß dieser Krieg eine Sache von erfahrenen Soldaten sei und Napoleons kurze militärische Ausbildung in der Schweiz ihn nicht zum Oberbefehlshaber befähige. Für viele war schon der bloße Gedanke unerträglich, daß wieder ein Bonaparte an der Spitze eines Heeres auf Europa losgelassen würde. Clarendon wurde nach Paris geschickt, um den Kaiser zur Vernunft zu bringen. Doch Napoleon wollte nicht auf seinen Traum verzichten. Es gab aber eine Möglichkeit, die drohende Katastrophe abzuwenden: nämlich den Kaiser nach Windsor einzuladen. Danach käme erst ein Gegenbesuch, und dann wäre der Sommer vorbei. Die Königin hoffte, Albert werde es mit seiner Logik und seinen Überredungskünsten schaffen, dem Kaiser sein unüberlegtes Vorhaben auszureden.

Am frühen Morgen des 16. April 1855 stand Prinz Albert in Dover auf dem Landungssteg, um den Kaiser und die Kaiserin zu empfangen. Triumphbogen waren errichtet, rote Teppiche ausgerollt worden. Doch vom Kanal her zog Nebel auf und verhüllte die Pracht. Die Sichtweite verringerte sich auf wenige Meter. Dover wurde zur Geisterstadt. Vier Stunden vergingen; aber außer einem falschen Alarm kam keine Nachricht von der See her. Plötzlich tauchte die Jacht ›Pélican‹ aus den grauen Nebelschwaden auf. Kaiser und Kaiserin standen an der Reling, er in Generalsuniform, sie in einem schottisch karierten Kleid, mit einem karierten Band am Hut, eine echte Kirkpatrick. Sie sah blaß und müde aus. Albert reichte ihr den Arm und führte sie ins ›Lord Warden Hotel‹, wo sie sich ein bißchen erfrischen konnte. Dann bestiegen sie einen Sonderzug. Das zweite Schiff mit dem Gefolge und dem Gepäck war noch nicht eingelaufen; aber in Windsor wartete die Königin, und große Menschenmengen säumten die Londoner Straßen, ein weiterer Aufschub kam nicht in Frage.

Es wurde schon dunkel, als die Kutschen die Auffahrt zum Schloß Windsor hinauffuhren. Die Queen war nervös: »... Ich kann gar nicht beschreiben, wie aufgeregt ich war.« Der Kaiser bekam zwei Begrüßungsküsse von ihr, auf jede Wange einen. »Danach umarmte ich die liebenswerte, anmutige und sichtlich sehr nervöse Kaiserin.« Eugénie weigerte sich zunächst, die große Treppe als erste hinaufzusteigen, aber ließ sich dann doch überreden voranzugehen.

Es war höchste Zeit, sich für das Diner umzukleiden. Jetzt folgte ein Unglück dem andern: Ihr Friseur Felix, ein ebenso teurer wie launenhafter Mensch, war noch nicht da. Er befand sich noch auf dem Bahnhof Charing Cross und drohte sich umzubringen, wenn ihn nicht sofort jemand nach Paddington hinausbrächte. Diese Katastrophe konnte abgewendet werden, doch er kam zu spät nach Windsor.

Jetzt mußte Eugénie auch noch erfahren, daß ihr Reisenecessaire und ihr Schrankkoffer mit den Kleidern fehlten. Eine der Hofdamen borgte ihr ein einfaches Kleid und steckte ihr aus einer Vase ein paar Chrysanthemen ins Haar. Die Königin fand, daß Eugénie reizend aussah.

Drei Nächte blieb man in Windsor, zwei weitere in London. Die wichtigsten Ereignisse waren die übliche Truppenparade, die Verleihung des Hosenbandordens und ein Hofball. Während die Queen mit ihrem Gast tanzte, dachte sie bei sich: »Unvorstellbar, daß der Neffe unseres Erzfeindes Napoleon I. heute in der ›Waterloo Gallery‹ mit einer Enkelin Georgs II. tanzt und ihr bester Verbündeter ist!«

Als dem Kaiser der Hosenbandorden verliehen wurde, bemerkte ein Zuschauer, er habe nie zuvor einen solchen Ausdruck des Triumphes auf dem Gesicht eines Menschen gesehen. Beim Hinausgehen flüsterte der Kaiser der Königin zu: »Endlich bin ich ein Edelmann!«

In London fuhren der Kaiser und die Kaiserin in einer Staatskarosse vom Buckingham-Palast nach Guildhall, um dort mit dem Lord Mayor und den Honoratioren der Stadt zu frühstücken. Sie besuchten die Oper. Bis zu hundert Pfund kostete eine Loge für diese Veranstaltung.

Sie besichtigten den Kristallpalast, der im Jahr zuvor nach Sydenham verlegt worden war.

Der Staatsbesuch war in jeder Hinsicht ein voller Erfolg. Das Publikum freute sich sichtlich, den Verbündeten seine Achtung zeigen zu können. Riesige Menschenmengen jubelten dem Kaiser zu und bewunderten die Kaiserin. Zwischen den beiden Völkern entstand endlich, was schon lange notwendig war, ein Gefühl der Verbundenheit, und das sollte noch viele Jahre anhalten. Am 20. April schrieb Charles Greville:

»*Das prachtvolle Wetter brachte die gesamte Bevölkerung Londons auf die Beine; wie immer genügten wenige Polizisten, um die Ordnung aufrechtzuhalten... Es war ein herrlicher Anblick, als das königliche und das kaiserliche Paar sich gestern abend in die Oper begaben. In den Straßen brannten die Gaslaternen, und die Häuser waren beleuchtet, so daß es taghell war... ich bin froh, daß der Besuch ein so großer Erfolg ist und daß alle Beteiligten rundum zufrieden sind. Gut, daß morgen alles vorbei ist, denn soviel Aufregung und Begeisterung kann nicht lange vorhalten. Das Menschengewühl und die verstopften Straßen werden auch langsam lästig.*«

Für jede der vier Hauptpersonen gehörten diese fünf Tage zu den wichtigsten ihres Lebens. Für Victoria waren sie zweifellos sehr glücklich und fast so schön wie ihre Fahrten nach Schottland. Napoleon war die Schlüsselfigur. Er war bei weitem der Älteste und der Erfahrenste der vier und spielte seine Rolle vollendet. Es gelang ihm sogar, Lord Aberdeen davon zu überzeugen, daß er kein Feind Englands sei. Er zeigte tadellose Umgangsformen, sagte die richtigen Dinge zu den richtigen Leuten und verteilte an die richtigen Leute die richtigen Geschenke. Vor allem brachte er Schwung in das allzu steife englische Hofleben. Galant und sogar ein bißchen verwegen machte er Victoria den Hof. Lord Clarendon notierte, ihr habe das außerordentlich gefallen; »denn noch nie hatte man sie umworben, und sie hatte sich auch noch nie so von gleich zu gleich mit einem Mann von Welt unterhalten. Da seine Art, mit ihr zu flirten, ihrer Eitelkeit schmeichelte, ohne ihre Tugend und ihre Zurückhaltung zu gefährden, genoß sie diese ungewohnte Situation ohne Skrupel und Angst.«

Albert fühlte sich dem Kaiser gegenüber unsicher. Aber bald war er entzückt, mit einem Älteren sprechen zu können, der ihm zuhörte, der logisch mit ihm diskutierte und ihn ernst nahm. Er besaß nur wenige Freunde, die die gleichen Interessen hatten wie er. Napoleon zeigte sich von seiner besten Seite. Über Musik konnte er allerdings nicht reden; aber er spazierte brav durch die Gärten von Windsor, lobte alles, was er sah, und beanstandete nur, daß man Hecken ausrodete, um mehr Boden zu gewinnen. Dadurch würden die Vögel ihren Schutzraum verlieren.

Am meisten schätzte Prinz Albert die Stunden, die er mit Eugénie verbringen durfte. Außer in seine eigene Frau war er noch nie in ein weibliches Wesen so verliebt gewesen. Victoria bemerkte das und war froh darüber. Als sie jung verheiratet war, hatte sie ihn scharf beobachtet, aus Angst, er könnte mit irgendeiner Hofdame anbändeln. Aber als die Jahre vergingen und keine derartigen Verirrungen seinen guten Ruf geschmälert hatten, war sie stutzig geworden. Und jetzt schrieb sie: »Ich bin ganz entzückt, wie gern er sie hat und wie sehr er sie bewundert. Es kommt so selten vor, daß er eine Frau anerkennt.«

Elegant, kultiviert, ein bißchen scheu und anlehnungsbedürftig, wie Eugénie war, erschien sie dem Prinzgemahl wie eine Operndiva. Es war jedoch nicht nötig, Baron Stockmar zu versichern: »Unsere Beziehung bleibt auf einer ehrbaren, moralischen Basis.« Sie hätte es gar nicht anders zugelassen, selbst wenn Albert es gewünscht hätte. Sie weckte den Kavalier in ihm, ein Wesenszug, der sonst selten zur Geltung kam. Bei dem Besuch im Kristallpalast klagte Eugénie über Müdigkeit: Er ließ einen Rollstuhl bringen, und als sie diesen bewunderte, kaufte er ihn sofort. Daß ein Coburger Geld ausgab, kam selten vor. Für

Victoria war der Besuch nicht nur ein glückliches Zwischenspiel. Er war auch ein wichtiger Lebensabschnitt für sie als Herrscherin. Sie machte die Erfahrung, daß persönlicher Kontakt zwischen Staatsoberhäuptern unter Umständen zu ganz anderen Entscheidungen führen kann als die Ratschläge von Familienmitgliedern und Ministern. In ihren Gesprächen mit dem Kaiser wurde ihr klar, daß die Geschichte von seinem angeblichen Plan, Belgien zu überfallen, barer Unsinn war. Wenn sie mit Napoleon allein war, kam es ihr vor, als säße Lord Melbourne wieder bei ihr, mit seiner Klugheit, seinem Humor und seinem reifen Urteil. Im Grunde, aber dessen war sie sich nicht bewußt, genügte ihr Albert allein nicht. Er war jünger, hatte wenig von der Welt gesehen und nie die Gefahren des Lebens kennengelernt. Obwohl er viel arbeitete und ein guter Wissenschaftler war, blieb er doch ein ›fürstlicher Student‹. Er hatte stets Ältere um Rat gebeten und stets Coburg und die deutschen Interessen im Auge.

Victoria hatte eine unkomplizierte, offene Natur. Man sah auf den ersten Blick, was ihr gefiel und was nicht, ob sie glücklich oder traurig war. Sie brauchte jemanden, der ihr überlegen war. Napoleon war es. »Er ist zweifellos ein außergewöhnlicher Mann mit großen Qualitäten«, schrieb sie, »ich möchte fast sagen, er ist ein geheimnisvoller Mensch. Er ist sicher sehr mutig, unbeugsam und zielstrebig, hat viel Selbstvertrauen und gleichzeitig eine bemerkenswerte Selbstdisziplin, ... er ist ruhig, sogar sanft und sehr faszinierend.« Er besaß auch Humor. Als die hohen Herrschaften in die Oper aufbrechen wollten, schüttete er aus Versehen Kaffee über seinen neuen imposanten Zylinder. Er lachte schallend und steckte alle anderen damit an.

Für Eugénie, das jüngste Mitglied des Quartetts, war der Eintritt in die internationale Politik so etwas wie der erste Ball einer Debütantin. Dieses Erlebnis machte sie zur Kaiserin. Sie war hochentzückt, daß man sie in Windsor als Ebenbürtige behandelte; wenn sie es an diesem Hof war, war sie es überall. Sie gewann mehr Vertrauen zu sich selbst und zu ihrem Gatten. Sie legte immer hohe Maßstäbe an, und denen entsprach er. Von ihrer Gastgeberin lernte sie, wie sich eine Königin bewegt und wie man sich hinsetzt, ohne sich zu vergewissern, ob der Stuhl dasteht. Jetzt wurde sie in Europa das Vorbild für die Damenmode: Sie kreierte die Krinoline und den großen, breitrandigen Hut. Victoria notierte sich jedes Kleid, das Eugénie trug. Eines Abends flüsterte sie einer Hofdame zu: »Sieht sie nicht hinreißend aus?« Auch die Kinder der Königin schwärmten für Eugénie.

Als die Gäste abgereist waren, hinterließen sie im Leben der Queen eine Lücke, ein Zeichen dafür, wie glücklich die vergangenen Tage gewesen waren. Sie wollte nicht mehr an die Akten und Depeschen denken, die Kriegslage vergessen und am liebsten noch einmal die Tage durchleben. »Wir haben die ganze Zeit nur miteinander geredet, gar nichts getan«, schrieb sie. Gleich, wie sich die Beziehungen zwischen den beiden Ländern später entwickeln würden, mußten Napoleon und Eugénie jetzt wissen, daß Victoria von England ihnen immer Zuflucht gewähren würde, wenn ihre Welt einmal zusammenbrechen sollte.

Der Besuch des Kaiserpaars in England zeitigte übrigens zwei sehr unterschiedliche Nebenwirkungen. Erstens kam ein Brief des Kaisers, in dem er erklärte, er habe sich anders entschlossen und werde nicht auf die Krim gehen. Als zweites wurde dem Hof vom ›Lord Warden Hotel‹ in Dover eine Rechnung über achthundertsechsundvierzig Pfund präsentiert, für die Unterbringung des Prinzen Albert und seines Gefolges sowie für die Erfrischungen für den Kaiser und die Kaiserin bei ihrer Ankunft in Dover. Albert war davon gar nicht entzückt.

Victorias Gegenbesuch

Am 18. August 1855, einem Samstag, ritt Kaiser Napoleon auf eine Anhöhe im Norden von Boulogne und hielt von dort über den Kanal Ausschau nach den Kreidefelsen von Dover. Diesen Weg war er vor fünfzehn Jahren an einem nebligen Augustmorgen entlangmarschiert, als man vor der Küste von Wimereux kaum die verschwommenen Umrisse der ›Edinburgh Castle‹ erkennen konnte.

Heute war es glühend heiß. Bald konnte der Kaiser durch die flimmernde Hitze die ersten Rauchwölkchen und die Konturen eines näher kommenden Dampfers erkennen. Die neue königliche Jacht ›Victoria and Albert‹ brachte die Queen und ihren Gemahl nach Frankreich. Als sie zwanzig Minuten nach eins einlief, wartete Napoleon am Quai.

Es war ein historischer Augenblick: Seit der Krönung Heinrichs VI. im Jahre 1431 in Notre-Dame zum König von Frankreich war kein englischer König mehr nach Paris gereist.

Der Kaiser und die Kaiserin hatten viel über diesen Gegenbesuch nachgedacht, nachdem sie im April im Bukkingham-Palast von der Queen Abschied genommen hatten. Napoleon wollte das britische Programm übertreffen. Er drängte Baron Haussmann, die Arbeiten zu beschleunigen, durch die Paris eine würdige kaiserliche Hauptstadt werden sollte. Dies geschah so erfolgreich, daß selbst der unübertroffene Organisator und Planer Prinz Albert beeindruckt war. Als er später die Fortschritte begutachtet hatte, schrieb er an König Leopold:

»*Paris ist durch die Verbreiterung der Rue de Rivoli, den Durchbruch des Boulevard de Strasbourg, den Umbau des Louvre und den großen Platz vor dem ›Hôtel de Ville‹ sehr viel schöner geworden. Dazu tragen auch der Abriß der kleinen Häuser rund um Notre-Dame, die prächtigen Napoleon-Kasernen, die Erweiterung des Justizpalastes und die Restaurierung der Sainte Chapelle wesentlich bei. Besonders gelungen sind die Parkanlagen im Bois de Boulogne, der sich jetzt wirklich mit den schönsten englischen Parks messen kann. Wie das alles in so kurzer Zeit geschafft werden konnte, ist mir ein Rätsel.*«

Ein Höhepunkt des Programms sollte ein Besuch der Weltausstellung werden, die in diesem Jahr in Paris stattfand. Sie vereinte auf einem Gelände von vierundzwanzig Hektar zwanzigtausend Aussteller. Napoleon glaubte mit Recht, daß sie jeden Vergleich mit der Großen Internationalen Ausstellung von 1851 im Hyde Park bestehen würde.

Eugénie hatte als Gastgeberin alle Hände voll zu tun. Die Gäste sollten im Schloß von Saint-Cloud wohnen. Für die Inneneinrichtung, das Personal und ihre Livreen mußte gesorgt werden. Einige Räume wurden für die Gäste in Weiß und Gold neu tapeziert, als eine Nachahmung der privaten Suite der Queen im Buckingham-Palast. Die Kaiserin nahm es äußerst genau: So mußten die Beine eines kostbaren Tisches abgesägt werden, damit die nur knapp 1,53 m große Königin bequem daran sitzen konnte.

Eugénie machte sich auch Gedanken darüber, welche Kleider ihre Besucherinnen tragen würden. Sie hatte in England festgestellt, daß Victoria nicht den geringsten Sinn für modische Kleidung hatte, und sie wollte nicht, daß die scharfzüngigen Pariser sich über die englische Königin lustig machen und sie verspotten würden. Nun hatte die Queen einen französischen Coiffeur, und es wurde vereinbart, daß er bei seinem nächsten Besuch in Windsor ein paar der neuesten französischen Modeschöpfungen mitnahm. Als er sie der Queen zeigte, kam Albert dazu. Sein Kommentar war kurz und bündig: »Das wirst du nicht tragen.« Da war auch noch das Problem mit Vicky, der ›Princess Royal‹, die zusammen mit Bertie, dem Prinzen von Wales, ihre Eltern begleiten sollte. Eugénie fand, daß die braven, treudeutschen Kleider, die die Vierzehnjährige in England getragen hatte, für Frankreich nicht in Frage kämen. Aber wie sollte man das der Mutter beibringen, ohne sie zu beleidigen? Eugénie hatte einen guten Einfall. Sie verschaffte sich Vickys Maße, ließ danach in Lebensgröße eine Kleiderpuppe anfertigen und so anziehen, wie ihrer Meinung nach ein junges Mädchen angezogen sein sollte. Die ›Puppe‹ wurde als Andenken an den Besuch in England nach London geschickt. Wahrscheinlich verstand die Königin die Anspielung gar nicht. Aber sie begriff sofort, daß man viel Geld sparen konnte, wenn Vicky diese Kleider anzog. Also zog man sie der Puppe aus und der Princess Royal an.

Auch Victoria war recht aufgeregt. Bisher hatte sie noch wenig Erfahrung mit Staatsbesuchen: einige Tage bei dem alten König Louis Philippe im Château d'Eu, ein Staatsempfang in Köln und Bonn als Gast des Königs von Preußen waren bisher alles.

Sie wußte nicht, wie sie in dem heißen Klima von Paris das anstrengende Programm durchstehen sollte. Sie machte sich Sorgen, ob man ihrem Gatten den Vortritt lassen würde, und sie zerbrach sich den Kopf über ihre Garderobe, wissend, daß Eugénie in Modedingen den besten Geschmack hatte. Das Problem, wie viele ihrer Kinder sie auf die Reise mitnehmen sollte, löste sich von selbst, als die jüngeren plötzlich Scharlach bekamen. So blieben also nur die zwei ältesten, und das schien auch genug. Es hätte vielleicht lächerlich ausgesehen, wenn sie an der Spitze ihrer gesamten Kinderschar anmarschiert wäre!

Da kam im Juni die Nachricht, daß Eugénie schwanger war. Die Ärzte hatten es gerade noch rechtzeitig festgestellt. Hätte sich ihre Diagnose verzögert, hätte die Kaiserin nie wieder Kinder bekommen können. Sie wurde schleunigst nach Eaux-Bonnes in den Pyrenäen gebracht, wo sie sich einer schmerzhaften Behandlung unterziehen mußte. Zwei Fehlgeburten hatte sie bereits hinter sich, und es kam jetzt vor allem auf die folgenden vier Monate an.

Bereits beim Besuch des Kaiserpaares im Frühling hatte Victoria mit Eugénie lange Gespräche über Frauen- und Mutterschaftsprobleme geführt. Über den prompten und befriedigenden Erfolg war sie jetzt so stolz und begeistert, als wäre sie selbst der Vater. Auch Eugénie war sehr dankbar für die Ratschläge und sagte später:

Prinz Louis Napoleon
mit Reitpferd in der Umgebung von Schloß Arenenberg.
Gemälde von Felix Cottrau, 1832.

Louis Napoleon
in der Nacht seines Staatsstreichs am
2. Dezember 1851.

Eugénie, Kaiserin der Franzosen.
Gemälde von Franz Xaver Winterhalter,
um 1855.

»Über alle diese Dinge habe ich mit der Königin gesprochen, und elf Monate danach kam dann der Kaiserliche Kronprinz zur Welt.« Die ältere Frau mit der Erfahrung von acht Geburten gab auch weiterhin gute Ratschläge: keine heißen Bäder, keinen Ärger, keine Aufregungen und vor allem keine Überanstrengungen während des Staatsbesuches. »Bitte, denken Sie an meine Ratschläge«, schrieb die Queen, »und übernehmen Sie sich nicht. Gehen Sie vor allem so oft Sie können in der frischen Luft spazieren, aber ohne sich zu überanstrengen.«

Ein paar Tage vor dem Staatsbesuch kehrte die Kaiserin nach Paris zurück, war jedoch zu schwach, ihren Mann in der Eisenbahn nach Boulogne zu begleiten, um dort die Königin zu empfangen.

Am frühen Nachmittag dieses Augusttages brach im Hafen von Boulogne fast eine Panik aus. Die Ankunft eines Schiffes erregte schon normalerweise die gallischen Gemüter. Einer solchen Ausnahmesituation waren die in offiziellen Dingen wenig erfahrenen Beamten jedoch nicht gewachsen. Die Anwesenheit von vierzigtausend Soldaten erhöhte noch den allgemeinen Wirrwarr. »Das Durcheinander mit dem Gepäck und der Dienerschaft war einfach unbeschreiblich«, berichtete Lady Bruce. Rufe wie ›Idiot‹ und ›Trottel‹ schallten über den Quai und den Bahnsteig, während die Hofdamen bemüht waren, ihre Gepäckstücke im Auge zu behalten.

Der Zug nach Paris fuhr mit Verspätung ab, und die Ankunft in Paris zog sich immer mehr hinaus, da an fast jeder Station, in Abbéville, Amiens, Clermont und wie sie alle heißen, Präfekten mit Ansprachen, Mädchen mit Blumensträußen, Musikkapellen und Schaulustige warteten. In den Zugabteilen herrschte eine Hitze wie im Treibhaus. Für die vielen Begleitpersonen gab es weder etwas zu essen noch Toiletten im Zug. Deshalb stürzten sie an jedem Bahnhof hinaus, und es kam zu immer neuen Verzögerungen. Als der Abend hereinbrach, wurde der Kaiser zunehmend ungeduldig; sechzigtausend Soldaten und eine halbe Million Pariser säumten bereits die Straßen der Hauptstadt. Er hatte geplant, noch bei Tageslicht in Paris anzukommen.

In Pontoise wurde der Zug auf ein Nebengleis geschoben. Das Publikum durfte auf die Bahnsteige, wo Stühle zu einem horrenden Preis vermietet wurden, einem Preis, von dem man angenommen hatte, daß ihn niemand zahlen würde. Doch alle Stühle waren besetzt. Madame Maria Deraismes, die dabei war, berichtete:

»*Die Königin wurde angestarrt wie ein seltenes Tier auf dem Jahrmarkt. Die Zuschauer stammten meist aus der Provinz und sagten laut, was sie dachten. ›Was für ein kleines Frauchen‹, rief die Frau eines Notars ihrem Mann zu, der in einiger Entfernung stand. ›Sie muß eine gute Familienmutter sein‹, rief eine andere Bürgersfrau. Und eine dritte ereiferte sich: ›Sie ist sympathisch, aber schön ist sie bei Gott nicht.‹ Die Fenster des Zuges standen offen, und die arme Queen mußte alles mitanhören, was man über sie sagte. Offenbar hörte es auch der Kaiser; denn er war sichtlich peinlich berührt und versuchte sie abzulenken, indem er heftig auf sie einredete. Ihre Majestät war nicht nur rot, sondern purpurrot von der brütenden Hitze.*«

Es dämmerte bereits, als der Zug in den festlich beleuchteten und geschmückten Gare de Strasbourg einfuhr und die Königin ausstieg, um die Würdenträger und die Familie Bonaparte zu begrüßen. Sie war geschmacklos angezogen, trug einen schlichten Strohhut und hatte einen grellgrünen Sonnenschirm bei sich. Auf ihre riesige Handtasche war ein weißer Pudel gestickt. Sie erzählte voller Stolz, es sei die Handarbeit einer ihrer Töchter. Aber sie war der Mittelpunkt. Das Wetter war herrlich. Fröhliche Menschen standen am Rande des sandbestreuten Weges nach Saint-Cloud und schrien vor Begeisterung. Die Leute sagten, selbst bei der Rückkehr des großen Napoleon nach seinem Sieg bei Austerlitz hätte es keinen so tosenden Beifall gegeben. Beide, der Kaiser und die Queen, empfanden

den Zauber dieses unvergeßlichen Abends. Von da an absolvierten sie Hand in Hand, nie müde werdend und sehr vertraut, das spektakuläre Besuchsprogramm. Prinzessin Lieven faßte ihre Eindrücke in einem Privatbrief so zusammen:

»Der Besuch der Königin war in jeder Hinsicht ein voller Erfolg, bis auf die Verzögerung am ersten Tag. In der übrigen Zeit: Neugier, ein wohlwollendes Publikum, freundliche Aufnahme überall, prächtige Feste, phantastische Toiletten und immer beste Laune. Die Königin war überwältigt, sehr entzückt von ihrem Gastgeber und zeigte offen ihre Freude. Man fand sie liebenswürdig, dabei immer von königlicher Würde, immer ehrlich und charmant. Dies ist die Wahrheit, alle sagen es. Prinz Albert sieht gut aus, ist aber weniger ansprechend als sie. Die Princess Royal ist nicht hübsch, aber gescheit und äußerst sympathisch. Der Prinz von Wales ist ein netter junger Mann, und man sieht ihm an, was einmal aus ihm wird. Der Kaiser wich keinen Augenblick von der Seite der Queen. Er war immer galant, bemüht, sie zu unterhalten und ihr Interesse zu wecken. Er gefiel ihr ausnehmend gut. Mit der Kaiserin, die übrigens bestimmt in anderen Umständen ist, war sie recht vertraut. Bei dem traumhaft schönen Fest in Versailles sah die Kaiserin bildschön aus...«

Eugénie verzichtete auf anstrengende Veranstaltungen und tanzte auf den Hofbällen nicht, obwohl es ihr immer noch gelang, die Schönste zu sein. Wenn sie mit der Queen ausfuhr, wurden Kissen auf den Boden des Wagens gelegt, damit sie sich ausruhen konnte, wenn sie müde war. Die englischen Hofdamen im Gefolge der Queen, die von der Kaiserin in ihrem Schlafzimmer ›empfangen‹ wurden, beschwerten sich, daß das einzige Gesprächsthema die Gefahren einer Schwangerschaft gewesen seien.

Daß das Quartett jetzt auf ein Trio zusammengeschrumpft war, kam Albert hart an. Offensichtlich war jetzt einer zuviel. Er fühlte sich überflüssig, wenn Victoria und Napoleon Besichtigungen unternahmen und vom Frühstück bis Mitternacht miteinander redeten. Folglich machte er sich selbständig, ließ sich die technischen und naturwissenschaftlichen Wunderdinge der Weltausstellung erklären und gab sich in Bildergalerien und Theatern kulturellen Genüssen hin, bei denen sich seine Frau und der Kaiser sicher gelangweilt hätten. Gelegentlich brach aber doch der Ärger durch. Einmal, als Victoria und Napoleon mit ihm verabredet waren und zu spät kamen, war er gereizt. Lucy Cohen meinte dazu: »Seine Rolle als Prinzgemahl ist so schwierig, daß man sich nicht zu wundern braucht, wenn er steif und förmlich, richtig sauertöpfisch wirkt... An seiner Stelle wäre ich lieber Schuhputzer!«

Mit dem Status des Prinzen Albert gab es tatsächlich Komplikationen. Der alte Jérôme, der eine Zeitlang, wenigstens auf dem Papier, den Titel eines Königs von Westfalen besessen hatte, fand, er könne dem Prinzgemahl nicht den Vortritt lassen. Deshalb zog er sich nach Le Havre zurück. Von Neugier getrieben, kam er aber doch für einen Tag nach Paris, um der Queen seine Aufwartung zu machen; dafür verlangte er allerdings vom Kaiser die Reisespesen. Auch mit den Kindern des Exkönigs, Prinzessin Mathilde und Prinz Napoleon, gab es Probleme. Mathilde lebte offen ›in Sünde‹.

Man war gespannt, wie die strenge Victoria sie begrüßen würde. Die Königin trat auf Mathilde zu und küßte sie auf beide Wangen, was viele überraschte. Eine solche Sünderin hätte man in Windsor nicht einmal eines Blickes gewürdigt.

Der einzige dunkle Punkt bei dem neuntägigen Traumbesuch war Prinz Napoleon, ›Plon-Plon‹. Er sah aus wie der Schurke in einem drittklassigen Schmierenstück. Lord Clarendon sprach von ihm nur als dem ›Meuchelmörder‹. In ihrem Tagebuch erwähnte auch die Queen häufig diesen unsympathischen Burschen, »dessen Benehmen im höchsten Grade ordinär und unangenehm ist. Er macht mir Angst und hat einen diabolischen Gesichtsausdruck... Es scheint ihm Spaß zu machen, aller Welt, besonders dem Kaiser, mit satanischem Lächeln bösartige Dinge zu sagen«.

Das größte Wunder dieser Reise war die Energie der Königin. Lord Clarendon bemerkte dazu: »Kein Souverän der Geschichte war je so unermüdlich.«

An einem der heißesten Tage ging sie eine Stunde im Park von Saint-Cloud spazieren, nahm an einer Führung durch die Tuilerien teil, verbrachte dreieinhalb Stunden im Louvre und tanzte dann noch einen ganzen Abend lang auf einem Hofball. Der Marathonlauf durch den Louvre war für ihr Gefolge eine wahre Tortur. Unbarmherzig marschierte sie, mehr oder minder schnell, durch einen Saal nach dem anderen, stellte viele Fragen und dankte für jede Auskunft. Selbst der Kaiser blieb zurück und sah schon recht angeschlagen aus. Ein Mitglied des französischen Hofstaats, ein ziemlich beleibter Herr in einer zu engen Uniform, mußte zuweilen laufen, um mitzukommen. Er flüsterte Clarendon ins Ohr: »Ich gäbe alles, die Venus von Milo eingeschlossen, für ein Glas Limonade!«

Das Tempo setzte auch Lord Clarendon sehr zu. Da er sowohl Hofminister wie Außenminister war, mußte er bei allen offiziellen Anlässen dabeisein, daneben aber auch noch seine Aufgaben im Auswärtigen Amt wahrnehmen. Fünf Stunden waren das Maximum an Schlaf, das ihm blieb. Aber einen Abend hatte er frei und besuchte Manuela de Montijo in ihrem behaglichen Haus auf den Champs-Elysées. Sie empfing ihn freudig. Sie war etwas füllig geworden, aber noch immer so vergnügt wie früher. Sie erinnerte ihn an die Zeiten, als er noch der einfache George Villiers war, und neckte ihn wegen seiner derzeitigen hohen Stellung. Sie erzählte ihm auch, wie der Kaiser sie vor zwei Jahren gefragt hatte, ob er der Vater von Eugénie sei, und wie sie geantwortet habe: »Sire, die Daten stimmen nicht überein.«

Clarendons Frau Kathy war während des Besuchs der Queen nicht in Paris. Es hieß, es wäre vielleicht peinlich für sie geworden, weil ihr Gatte doch Hofminister war und deshalb bei den offiziellen Gelegenheiten nicht an ihrer Seite sein konnte. Vielleicht fürchtete sie auch die Pariser Klatschmäuler. Eugénie fragte Clarendon direkt nach seiner Frau. Als sie hörte, sie käme nicht, war sie ›etwas verstimmt‹!

Das Pariser Zwischenspiel neigte sich seinem Ende zu. Vorbei war das schöne Fest in Versailles mit den Wasserspielen, vorbei das Frühstück im Trianon, die Jagd im Wald von Saint-Germain und der Ball im Hôtel de Ville. Der Höhepunkt war eine Szene im Invalidendom. Mit einer Fackel in der Hand führte der Kaiser die Queen am späten Abend zu der Gruft, wo Napoleons I. Sarkophag stand, mit seinem Hut und seinem Degen darauf. Der Prinz von Wales, im Schottenrock, kniete davor nieder. Alles schwieg. Die flackernden Fackeln, von Veteranen des ersten Kaiserreichs gehalten, warfen seltsame Schatten auf die Gewölbe der Krypta. Dann spielte eine Orgel gedämpft ›God save the Queen!‹. Als sie aus dem Invalidendom traten, tobte ein Gewitter über Paris.

Am 27. August hieß es Abschied nehmen. Victoria gab Eugénie ihre letzten mütterlichen Ratschläge. »Sie ist ein so liebes, gewinnendes und vornehmes Wesen, eine märchenhafte Erscheinung, wie ich noch keiner begegnet bin«, notierte sie abschließend. Vicky, die für die Kaiserin eine backfischhafte Schwärmerei entwickelt hatte, war in Tränen aufgelöst. Bertie, der Prinz von Wales, fragte, ob er nicht noch in Paris bleiben dürfe. Zu Hause würde ihn doch niemand vermissen.

In Boulogne ging Napoleon mit an Bord der königlichen Jacht ›Victoria and Albert‹ und begleitete seine scheidenden Gäste ein kurzes Stück auf See hinaus. Es war schon nach Mitternacht, als er zu dem längsseit wartenden Boot hinabstieg. Die Königin schrieb:

»*Wir folgten ihm bis an die Strickleiter, und hier drückte ich ihm noch einmal die Hand, umarmte ihn und sagte: ›Noch einmal adieu, Sire!‹ Wir schauten über die Reling und sahen zu, wie er in das Boot stieg. Der Kaiser rief: ›Auf Wiedersehen, Madame, auf Wiedersehen!‹, worauf ich antwortete: ›Ich hoffe es.‹ Wir hörten die Ruder klatschen und sahen das Boot im Mondlicht... Dann feuerten wir Raketen ab.«*

Ein Dauerbündnis zwischen Frankreich und Großbritannien schien jetzt gesichert. Allerdings mußte die Queen, als sie sich mit ihrem Gatten zusammen noch einmal an alles erinnerte, feststellen, daß ihre Begeisterung und ihr Optimismus von ihm nicht ganz geteilt wurde.

Zwei Ereignisse überschatteten die neue Freundschaft. Das erste kam am 8. September, als Sebastopol fiel, wodurch der Krimkrieg eigentlich zu Ende war. Die militärischen Lorbeeren hatten die Franzosen errungen. Napoleon, der schlecht bei Kasse war und den es drängte, seinen Erfolg auszunutzen, wünschte, den kriegerischen Zustand so schnell wie möglich zu beenden. Lord Palmerston jedoch wollte damit warten, bis auch die englische Armee einen Sieg davontrug.

Das zweite Ereignis trat am 29. September ein. An diesem Tag hielt in Balmoral Prinz Friedrich Wilhelm, der Neffe des Königs von Preußen, um die Hand der vierzehnjährigen Vicky, der Princess Royal, an. Das war ein Coburger Plan, ausgeheckt vom König der Belgier, Leopold, und Teil seiner Strategie, ein liberales, geeintes, mit Großbritannien verbündetes Deutschland zu schaffen. Was Prinz Albert dazu sagte, war ziemlicher Unsinn: »Die jungen Leute sind heftig verliebt... Ströme von Tränen wurden vergossen... Man kann große Veränderungen in den Gemütern der beiden jungen Leute und der Mutter bemerken!« Das junge Mädchen, das erst ein paar Tage zuvor glühend für die Kaiserin Eugénie geschwärmt hatte, wurde jetzt von ihrem Vater dazu verleitet zu sagen, sie wäre schon immer in ›Fritz‹ verliebt gewesen.

Man versuchte, die Verlobung geheimzuhalten. Aber die Neuigkeit sickerte bald durch. Sie wurde weder in

Frankreich noch in England gut aufgenommen. Die Presse, insbesondere die ›Times‹, machte ihrem Ärger Luft und sagte Eheschwierigkeiten und internationale Verwicklungen voraus. Während der Verlobungszeit besuchte Prinz Friedrich Wilhelm Paris. Nach seiner Abreise schrieb die Kaiserin:

»Der Prinz ist groß und sieht gut aus. Er ist einen Kopf größer als der Kaiser, hager, blond und hat einen strohfarbenen Schnurrbart. Er entfaltet eine ritterliche Höflichkeit, und er hat etwas von einem Hamlet an sich. Diese Deutschen sind eine eindrucksvolle Rasse. Louis nennt sie die Rasse der Zukunft. Bah, soweit sind wir noch nicht!«

Und sie blickte finster in Richtung Rhein.

Die Geburt des Kaiserlichen Kronprinzen

Die Kaiserin war während ihrer ganzen Schwangerschaft hinreichend beschäftigt; denn es folgten weitere Staatsbesuche. König Victor Emmanuel traf aus Sardinien ein. Er war grobschlächtig und ziemlich gewöhnlich. Eugénie war empört, als er sagte, er habe gehört, die Pariser Damen trügen keine Unterhosen. Das wäre doch sehr praktisch, meinte er. Nach Beendigung des Krimkrieges kamen im Februar 1856 in Paris Delegationen vieler Länder zu einer Friedenskonferenz zusammen. Jede Delegation wurde zu einem Diner in die Tuilerien geladen.

Eugénie beklagte sich bei ihrer Schwester, wie anstrengend es sei, in ihrem Zustand ständig repräsentieren zu müssen: »Es ist äußerst lästig, so in der Öffentlichkeit zu leben und nie krank sein zu dürfen, wenn man leider dieselben Leiden hat wie andere Menschen.« Am 9. März zeigte sie sich zum letztenmal in der Öffentlichkeit.

Schon standen Kinderfrauen und Erzieherinnen bereit, ihre Tätigkeit aufzunehmen. Unter ihnen war Miß Shaw, eine stämmige Engländerin. Die Amme war eine muntere Bäuerin aus Burgund, in einem roten Rock und schwarzen Leibchen mit goldenen Spangen. Königin Victoria schickte Lady Ely, die alte Freundin der Kaiserin, mit dem Auftrag zu helfen, vor allem jedoch genau zu berichten. Lord Clarendon, der an den Pariser Friedensverhandlungen teilnahm, hielt sich ständig auf dem laufenden über den Zustand der jungen Frau, der er besonders zugeneigt war. Manuela und der Herzog und die Herzogin von Alba waren schon in ihrem Haus auf den Champs-Elysées. Die Pariser Bevölkerung schenkte eine kunstvoll gearbeitete, aber völlig unpraktische Wiege. Die Babyausstattung wurde öffentlich ausgestellt; sie füllte drei große Räume. Die Leute standen bis weit auf die Straße hinaus an, um sie zu besichtigen. Der Verkehr mußte sogar umgeleitet werden.

Am Freitag, dem 14. März, begannen die Wehen. Napoleon war in heller Aufregung. Er konnte es nicht ertragen, wie seine Frau vor Schmerzen schrie. Sein Onkel hatte sich da entschieden anders verhalten. Als Marie-Louise in der gleichen Verfassung gewesen war, behauptete Napoleon I., die Ärzte seien nervös, und befahl ihnen, die Patientin so zu behandeln, als sei sie eine Wäscherin. Von Napoleon III. jedoch erhielten die Ärzte die Anweisung, »irgendeines der von der modernen Medizin entwickelten, schmerzlindernden oder beruhigenden Mittel anzuwenden, selbst wenn sie damit gegen kirchliche Vorschriften verstießen«.

Der Samstag wurde zum Alptraum. Eugénie mußte von Zeit zu Zeit aus dem Bett genommen und in stehender Haltung gestützt werden. Sie verlangte nach einem weiteren Spezialisten. Dieser erklärte dem Kaiser geradeheraus, jetzt könnten nur noch drastische Methoden helfen. Napoleon müsse zwischen dem Leben seiner Frau und dem des Kindes wählen. Ohne viel zu zögern entschied sich der Kaiser für das Leben der Mutter. Stunde um Stunde wanderte er durch die Vorzimmer, zuweilen preßte er die

Hände an die Stirn, manchmal weinte er hemmungslos. Lange Zeit stand er am Fenster und trommelte mit den Fingern an die Scheiben.

Die Nervenprobe wurde noch größer durch die Anwesenheit von Plon-Plon, der mit anderen Familienmitgliedern hinter der halb geöffneten Tür wartete. Plon-Plon war miserabler Laune. Wenn ein gesunder Knabe zur Welt käme, würde er das Erbrecht auf den Thron verlieren. Sein feindseliger Gesichtsausdruck, verstärkt durch das Monokel, ließ alle erschauern, die hier um ein Leben bangten. Da sich die Geburt so lange hinzog, kamen in England schon Gerüchte auf, daß ein Kind untergeschoben werden solle. Lady Ely, die die ganze Zeit über am Bett der Kaiserin weilte, konnte dies als Lüge entlarven.

Es schlug Mitternacht, der Sonntag brach an. Endlich schien der entscheidende Augenblick gekommen zu sein. Einer alten Tradition und einer erst kürzlich erlassenen Verfügung gemäß betraten nun der Premierminister und der Großsiegelbewahrer zusammen mit Prinz Napoleon, Prinz Charles Bonaparte und Prinz Lucien Murat das Schlafzimmer der Kaiserin. Ihr Eintritt versetzte Eugénie einen Schock, und als Prinz Napoleon sein Monokel festklemmte, wurde der natürliche Verlauf der Entbindung zur großen Qual der armen Frau noch einmal unterbrochen. Mutter und Kind waren jetzt in äußerster Gefahr, und die Geburtshelfer griffen nach ihren Instrumenten. Um Viertel nach drei an diesem Sonntag morgen wurde das ›Kind von Frankreich‹ geboren, ein gesunder, kräftiger Junge. Napoleon konnte keinen klaren Gedanken fassen. Er stand neben dem Bett seiner Frau. Eine Stimme aus den Kissen fragte: »Ist es ein Junge?« »Nein«, antwortete er. »Ist es ein Mädchen?« – »Nein.« Nach einer Pause fragte die Stimme aus den Kissen etwas schärfer: »Ja, was ist es denn nun?« In diesem Augenblick begriff der Kaiser erst, daß seine Qual vorbei war.

Er stürzte aus dem Zimmer und umarmte die ersten fünf Menschen, die ihm begegneten.

Der erste Schatten im Leben des Kaiserlichen Kronprinzen tauchte bereits auf, als die Geburtsurkunde von den Zeugen unterzeichnet werden sollte. Plon-Plon weigerte sich. Prinzessin Mathilde fuhr ihn wütend an, sie hätte jetzt lange genug gewartet, ob er denn dächte, er könne das Baby wieder zurücktun, wenn er nicht unterzeichnete. Also unterschrieb er, aber so widerwillig, daß er einen großen Tintenklecks auf das Papier machte. Wenige Stunden nach seiner Geburt wurde das Baby im Familienkreis getauft. Der Papst war Pate. Es erhielt die Namen Napoleon Eugène Louis Jean Josephe. Der Kaiser und die Kaiserin wurden Paten bei allen Kindern, die an diesem 16. März 1856 ehelich geboren worden waren. Lord Clarendon machte seine Aufwartung, um die Glückwünsche der Queen zu überbringen. Er berichtete nach London: »Der Kaiser ist von seinem Sohn begeistert. Er will dringend den Frieden, gleich, zu welchen Bedingungen.«

Die Kaiserin war nach der schweren Geburt sehr schwach. Erst im Mai konnte sie wieder ohne Hilfe gehen. Die offizielle Taufe wurde deshalb auf den 14. Juni verschoben. Dieser herrliche Sommertag wurde zu einem der glanzvollsten Tage in der Geschichte des Zweiten Kaiserreichs, genau, wie es Napoleon beschlossen hatte. Notre-Dame war unbeschreiblich schön geschmückt, und die Zeremonie verlief sehr eindrucksvoll. Nur der kleine Kronprinz fand das nicht und brüllte die ganze Zeit über. Die Menschen auf den Straßen feierten nicht nur die Geburt des Thronfolgers, sondern auch den kommenden Frieden. Paris war so festlich beleuchtet wie nie zuvor. Die Theater waren geöffnet, der Eintritt frei für jedermann. Auf der Place de la Concorde wurde ein Feuerwerk abgebrannt. Napoleon sagte zu seiner Frau, daß dieser kleine Junge im Volk mehr Wohlwollen geweckt hätte als die Kaiserkrönung.

Doch im Hintergrund zeichnete sich bereits eine Tragödie ab. Das kaiserliche Paar war etwas über drei Jahre verheiratet. Es zeigte sich nun, daß der Gesundheitszustand und die physische Widerstandskraft von beiden Ehepartnern sich in bedenklicher Weise verschlechtert hatten. Eugénie, die noch im Herbst 1852 völlig gesund und vital gewesen war, jedes Pferd gemeistert hatte und bei den Jagden in Compiégne und Fontainebleau immer ganz vorn ritt, war jetzt sehr schwach, kaum imstande, ihr Baby auf dem Arm zu halten. In einem Brief an ihre Schwester Paca verglich sie traurig das Wrack, das sie jetzt war, mit dem Wildfang, der sie als Backfisch gewesen war. Die Ärzte erklärten ihr, bei einer weiteren Schwangerschaft würde sie ihr Leben riskieren.

Im Mai wurde sie von dem britischen Arzt Dr. William Fergusson untersucht. Dr. Conneau, der Leibarzt des Kaisers, hatte den Professor für Chirurgie am King's College aus London herbeigerufen. Dr. Fergusson berichtete der Queen, daß der Gesundheitszustand der Kaiserin im allgemeinen nicht schlecht sei, sie werde sich aber nur sehr langsam erholen und immer zu Depressionen neigen. Das hieß, daß es für Eugénie keine intimen Beziehungen mit ihrem Mann mehr geben durfte.

Dr. Fergusson untersuchte auch den Kaiser. Unter den Leiden, die er bei ihm entdeckte, waren »Neuralgie, Ischias, Dyspepsie, Erschöpfung, Reizbarkeit, Schlaflosigkeit, Gicht in den Fingern, Appetitlosigkeit und Nachlassen der Potenz«. Die Tatsache, daß er eine Frühgeburt war, sein schlechter Gesundheitszustand während der Kindheit und die Jahre hinter den feuchten Festungsmauern von Ham hatten ihren Tribut gefordert. Er war achtundvierzig Jahre alt. Wäre er ein Mann mit normaler Gesundheit und normalem Beruf gewesen, so wäre ein solcher Kräfteverfall frühestens vier oder fünf Jahre später eingetreten. Gewiß hatten Überarbeitung und Aufregung dazu beigetragen, doch der Hauptgrund war wohl sein ausschweifendes Leben.

Napoleon I. hatte das gleiche Problem gehabt. Frank Richardson M. D. vertritt in seinem Buch ›Napoleon, der bisexuelle Kaiser‹ die Ansicht, daß »Napoleons I. Liebesaffären von seiner Seite aus nicht sehr leidenschaftlich und für seine Geliebten unbefriedigend waren, da er nicht die körperlichen Voraussetzungen besaß, der große Liebhaber zu sein, der er gern sein wollte. Ihm fehlte nicht nur die Fähigkeit zur echten körperlichen Befriedigung, sondern vor allem das Gefühl der Zuneigung«.

Auch seinem Neffen, Napoleon III., mangelte es an Zuneigung. Dies wurde oft bemerkt. Er konnte sich an eine Frau gewöhnen, sich in ihrer Gesellschaft wohl fühlen, wie es zum Beispiel bei der ›Belle Sabotière‹ und bei Elizabeth Howard der Fall gewesen war. Eine Trennung ging ihm jedoch nie sehr nahe, denn auf seiner Seite war es nie echte Liebe. Mit Eugénie war es etwas anderes. Sie hatte ihm Widerstand geleistet. Er hatte den dringenden Wunsch gehabt, den leeren Thron der Kaiserin zu besetzen, und sie war die entzückendste Frau, der er je begegnet war. Aber er hätte auch Adelaide geheiratet, wenn sie ›ja‹ gesagt hätte. Eugénie hielt er nur sechs Monate lang die Treue. Aber alle anderen Frauen, die es bis zum Jahre 1856 in seinem Leben gab, spielten keine Rolle. Es waren nur flüchtige Episoden.

All dies war für Eugénie fremd und verwirrend. Wie es oft bei den Töchtern sehr lebenserfahrener Mütter vorkommt, hatte sie immer eine Scheu vor körperlicher Berührung gehabt. Liebe bedeutete für sie Romantik, Schönheit, Bewunderung, Glauben an ein Märchen. Selbst bei körperlichem Glück sollten die intimen Dinge hinter einem rosaroten Schleier vor sich gehen. Aber nun wurden ihr diese Freuden geraubt, bevor sie sie richtig kennengelernt hatte, und sie war überzeugt, daß Männer »absolut nichts wert« seien, wie sie sich ausdrückte.

Die Folge war eine Fülle sonderbarer Reaktionen. Sie konnte zum Beispiel zweideutige Bemerkungen machen und gewagte, jedoch nie unanständige Geschichten erzählen, worüber ihr Mann sehr schockiert war. Sie war versessen auf ›schöne Männer‹. Einen entdeckte sie bei einer Spazierfahrt im Park. Am nächsten Tag wurde er kaiserlicher

Reitknecht. Ein anderes Mal versuchte sie, einen sehr großen Wachtposten zu verwirren. Doch trotz ihrer Anmut und ihrer Neckerei konnte sie ihn nicht dazu bringen, sich von der Stelle zu bewegen oder auch nur die Augen zu verdrehen. Darüber geriet sie so in Zorn, daß sie ihm eine Ohrfeige versetzte. Am nächsten Tag machte sie ihm ein größeres Geldgeschenk als Entschädigung. Er schickte es zurück mit der Bemerkung, der Backenstreich sei eine Ehre für ihn gewesen.

Es gab noch andere Anzeichen dafür, daß ihr seelisches Gleichgewicht gestört war. Dazu gehörte, daß sie jungen Mädchen Kußhände zuwarf. Sobald sie aber bei anderen leidenschaftliche Erregungen verspürte, erstarrte sie. Ein junger Mann des Hofstaats verliebte sich blindlings in die Kaiserin. Als er während seines Dienstes dicht neben ihr stand, flüsterte er ihr einmal zu: »Ich liebe Sie.« Eugénie erzählte es dem Kaiser, und der arme Jüngling verschwand über Nacht.

Zwar befolgte Napoleon unter Eugénies Anleitung zunächst das Rehabilitationsprogramm, das Dr. Fergusson für ihn aufgestellt hatte. Aber es dauerte nicht lange, dann wurden die Ratschläge des schottischen Arztes in den Wind geschlagen. Schuld daran war die Ankunft des schönsten Mädchens von Europa in Paris. Es war eine Spionin. In ihrer Tasche hatte sie die Anweisung von Cavour, dem Premierminister von Piemont, den Kaiser, koste es was es wolle, zu verführen – alles im Interesse eines französisch-italienischen Bündnisses und der Einigung Italiens.

Virginie Oldoini wurde am 22. März 1837 in Florenz geboren. Ihr Vater war der Marchese Filippo Oldoini, der eine Zeitlang Erzieher des Prinzen Louis Napoleon gewesen war. Cavour war ihr Vetter. Sie war ein frühreifes Kind und mit zwölf Jahren voll entwickelt. Im Jahre 1855 heiratete sie den Conte Francesco di Castiglione, einen gutaussehenden jungen Mann aus der Umgebung des Königs Victor Emmanuel. Er war ein gutmütiger, vorbildlicher Ehemann, der nichts sah und nichts hörte. Auf alle Fälle hielten ihn seine Pflichten meistens in Piemont und Sardinien zurück.

Virginie Castiglione hatte ein Code-Buch bekommen, um verschlüsselte Nachrichten nach Hause schicken zu können. Ihre Mission wurde durch ein Schreiben Cavours an seinen Außenminister in Turin offiziell bestätigt: »Die schöne Gräfin ist Angehörige der piemontesischen Diplomatie. Ich habe ihr nahegelegt, den Kaiser zu erobern und, wenn nötig, zu verführen.« Seine persönlichen Instruktionen lauteten: »Habe Erfolg, Kusine, ganz gleich, wie, aber habe Erfolg!« Als ein Teil ihrer ›Schulung‹ verbrachte Virginie die letzte Nacht vor ihrer Abreise nach Frankreich mit König Victor Emmanuel. Sie bestand die Prüfung. In ihren alten Tagen sagte später Lady Holland, die einst eine vollendete Gastgeberin gewesen war, wenn sie auf ihre vierzigjährige gesellschaftliche Erfahrung in den höchsten Kreisen zurückblicke, sei die einzige, wirklich schöne Frau, an die sie sich erinnern könne, ›La belle Castiglione‹ gewesen. Sie habe »eine makellose Figur und klassische Gesichtszüge« gehabt. Leider fehlten ihr zwei Eigenschaften zur Vollkommenheit: Verstand und Herz. Sie war ehrgeizig, stolz, gerissen, mitleidlos und käuflich. Einer der Preise, den sie für ihren Einsatz verlangte, war ein höherer Posten für ihren Bruder an der Botschaft in Petersburg. Als sie entdeckte, daß ihre Lebenshaltungskosten in Paris den Betrag, den Cavour ihr zukommen ließ, weit überstiegen, nahm sie für eine Liebesnacht von einem englischen Lord ein Angebot in beträchtlicher Höhe, angeblich 20 000 Pfund, an. Drei Tage lang erschien sie danach nicht in der Öffentlichkeit. Als man das Paar das nächste Mal zusammen sah, begegneten sich die beiden mit gegenseitigem Respekt und saßen weit voneinander entfernt.

Virginie brachte neues Leben in das Pariser Gesellschaftsleben, in dem Langeweile und Müdigkeit vorherrschten und wo sich im Grunde alles um dieselben unerlaubten Liebesbeziehungen drehte. Sie war eine starke und herausfordernde Persönlichkeit. In angeblich klassischem Kostüm erschien sie auf einem Ball nackt bis zur Taille, wobei ihr Busen nur zum Teil von langen Ohrgehängen bedeckt war. Die Kaiserin schickte sie heim. Sie schmollte, kam aber dann unerschrocken in einem Kleid wieder, das seitlich in voller Länge aufgeschlitzt war. Wenn sie tanzte, sah man ihre langen Beine und die wohlgeformten Kurven ihres Körpers. Bei einem Empfang erschien sie einmal in einem Kleid mit Herzköniginnen darauf. Diesmal bemerkte die Kaiserin bissig, daß eines der Herzen ›bestimmt zu tief‹ säße. Virginie war nicht zu bremsen. Bei Hofbällen pflegte sie gelangweilt und stumm dazusitzen, bis der Kaiser eintraf. Dann war sie wie elektrisiert, ihre Augen glänzten, und sie lachte perlend. Wenn sie auf den Kaiser zuging, stiegen die Herren und selbst die Damen auf Stühle, um das Schauspiel gut sehen zu können.

Der arme Napoleon hatte keine Chance, ihr zu entgehen. Bald wurde ›La belle Castiglione‹ ›en princesse‹ behandelt. Sie verbrachte die Wochenenden in der Villa im Park von Saint-Cloud und ging in Compiègne abends auf den dunklen Parkwegen spazieren.

Im Januar 1857 meldete die Britische Botschaft nach London, daß der Kaiser die Contessa di Castiglione Nacht für Nacht besuche. Aber im April wurde seine Glut durch eine kalte Dusche abgekühlt. Als er in den frühen Morgenstunden ihr Haus in der Avenue Montaigne verließ, wurde er von drei Männern überfallen. Nur die Schnelligkeit und der Mut seines Kutschers retteten ihm das Leben. Die Polizei ermittelte, daß es sich um italienische Aufrührer handelte, was darauf hindeutete, daß Virginie Castiglione in die Sache verwickelt war. Sie erhielt die knappe Mitteilung, daß ihre Anwesenheit in Paris nicht länger erwünscht sei.

Aber lange blieb Napoleon des Nachts nicht allein. Die nächste Auserwählte kam aus dem Familienkreis: Marianne, die Frau des Grafen Alexander Walewski, des Sohnes von Napoleon I. mit Marie Walewska. Marianne Ricci war seine zweite Frau und kam, wie Virginie Castiglione, aus Florenz. Sie war gebildet, politisch interessiert, gut erzogen und kultiviert. Bismarck bezeugte, er habe in Frankreich nur zwei amüsante Frauen getroffen, die Gräfin Walewska und die Kaiserin. Als Walewski von seinem Botschafterposten in London zurücktrat und mit seiner Frau zur Abschiedsaudienz in Windsor erschien, schrieb Königin Victoria in ihr Tagebuch: »Sie ist eine so charmante Person. Es wird ein sehr großer Verlust sein.« Als Geliebte des Kaisers benahm sich die Gräfin äußerst taktvoll. Lord Clarendon schrieb: »Jemand, der nicht Bescheid weiß, würde nicht glauben, daß der Kaiser und Madame W. ein Verhältnis haben. Alle Formen werden strengstens gewahrt.«

Eugénie schien den neuen Seitensprung ihres Gemahls nicht übelzunehmen. Vielleicht empfand sie sogar eine gewisse Erleichterung; denn sie hatte Virginie Castiglione gehaßt, die unverschämt und unnötig verletzend gewesen war und sich skandalös benommen hatte. Es war ihr klar, daß Napoleon ›amusements‹ brauchte, die sie ihm nicht bieten konnte. Jetzt war er wenigstens in festen Händen. »Mit Ausnahme von Madame Walewska«, schrieb Lord Malmesbury, »sind die Damen in der Umgebung der Kaiserin recht unfein.« Leider gingen die politischen Ansichten der beiden Frauen weit auseinander, wie zum Beispiel in der italienischen und der spanischen Frage. Es bestand der Verdacht, daß Mariannes Liaison mit dem Kaiser zum Teil den Zweck hatte, ihrem Gatten die Stellung zu erhalten, da Graf Walewski nicht die Qualitäten für das Amt des Außenministers besaß. Doch Eugénie sah darüber hinweg. Als der Klatsch überhand nahm, bat Marianne die Kaiserin, sie nicht mehr in die Tuilerien einzuladen, bis die Gemüter sich beruhigt hätten. Doch Eugénie drückte sie an sich und behandelte sie von da an doppelt herzlich. Es war eine merkwürdige Beziehung.

Etwa um diese Zeit begann Queen Victoria, sich über den Kaiser zu ärgern, obwohl sie von der Affäre mit

Marianne Walewska noch gar nichts wußte. Napoleon schien prorussisch zu werden, und außerdem mischte er sich in die Balkanpolitik ein. Was das Schlimmste war, er baute eine moderne Flotte auf. Der Briefwechsel zwischen Windsor und den Tuilerien wurde zwar weitergeführt, aber jetzt adressierte die Queen ihre Briefe an die Kaiserin. Ihre nützlichen Ratschläge während der Schwangerschaft und bis zu der Geburt des Kronprinzen verbanden die beiden noch immer. Zudem war Eugénie inzwischen politisch gereift. Längst war das Bild der schüchternen Braut vergessen, die nur über Kleider reden konnte.

Victoria fand, daß Eugénie recht gesunde Ansichten hatte, vernünftigere eigentlich als ihr Mann. Aber die Königin trug den veränderten politischen Umständen zu wenig Rechnung. Als Napoleon sie zum erstenmal besuchte, war er zwar Kaiser, aber doch nur ein Emporkömmling. Er wurde natürlich gebührend geehrt und war durch die Einladung nach Windsor sehr beeindruckt. Inzwischen war er der mächtigste Herrscher Europas geworden.

In ihren Briefen an Eugénie äußerte Victoria die Befürchtung, daß die Beziehungen zwischen Frankreich und Großbritannien sich verschlechtert hätten. Als der Kaiser davon hörte, beschloß er, etwas zu unternehmen. Er lud sich deshalb selbst nach Osborne ein. »Er wolle«, sagte er, »durch persönlichen Gedankenaustausch mit der Queen, mit seiner Königlichen Hoheit dem Prinzen Albert und mit der Regierung Ihrer Majestät den Meinungsverschiedenheiten und Mißverständnissen vorbeugen, die sonst, ohne solche Aussprachen, entstehen können.«

Am Morgen des 6. August 1857 ging das kaiserliche Paar in Osborne von Bord der ›Reine Hortense‹, die in dem privaten Hafen der Queen Anker geworfen hatte. In ihrer Begleitung befanden sich Botschafter Persigny, Außenminister Walewski und dessen Frau Marianne. Die Königin wußte immer noch nichts von den Beziehungen zwischen dem Kaiser und Marianne Walewska. Später ärgerte sie sich, daß sie eine ›Mätresse‹ empfangen hatte, und noch mehr darüber, daß der Kaiser, dessen Hände sie gedrückt hatte, eine Exbotschafterin zur Geliebten genommen hatte.

Es war ein friedliches Zusammentreffen. Es spielte sich meist in und um Osborne House ab. Der Kaiser war entspannt und gelöst und trug niemals Uniform. Am Ende der vier Tage meinte er, wenn er noch länger auf der Isle of Wight bliebe, würde er vergessen, daß es so etwas wie Frankreich überhaupt gäbe. Er und seine Berater führten lange Gespräche mit Prinz Albert und den Lords Palmerston und Clarendon. In seinem Abschlußbericht schrieb der britische Außenminister: »Eine schwarze Wolke verdunkelte das Bündnis, als der Kaiser herkam; aber bei seiner Abreise herrschte eitel Sonnenschein.« Doch Clarendon wußte, daß Prinz Albert, trotz der Freundlichkeit, die er an den Tag legte, dem Kaiser zutiefst mißtraute. Es war ein Vorurteil, gegen das Clarendon immer anzukämpfen hatte.

Der Kaiserin gegenüber war der Prinzgemahl so galant wie nie zuvor und wie später niemals wieder. Die Königin war des Lobes voll über sie und unterhielt sich sehr vertraulich mit ihr. Die königlichen Kinder waren wie immer begeistert von Eugénie. Die Gastgeber gingen sogar soweit, dem Kaiser zu sagen, er wäre gut beraten, wenn er die politischen Ideen der Kaiserin ernster nehmen würde. Der Außenminister, der frühere enge Freund ihrer Mutter, hörte das mit tiefer Befriedigung.

Die ›Reine Hortense‹ segelte ab, Hände winkten, Schals flatterten, letzte Abschiedsgrüße wurden ausgetauscht, und die Musikkapelle spielte sinnigerweise die Lieblingsmelodie des Zweiten Kaiserreichs ›Partant pour la Syrie‹, die von Königin Hortense selbst komponiert worden war. Napoleons Dankesbrief war eine Meisterleistung:

»*Madame und liebe Schwester,*
wir verließen Osborne so gerührt über den freundlichen Empfang

durch Ew. Majestät und Prinz Albert und sind so voller Bewunderung für das glückliche Zusammenleben der Königlichen Familie, daß es mir schwerfällt, die passenden Worte zu finden, um unsere ganze Ergebenheit für Ew. Majestät zum Ausdruck zu bringen.

Es ist ein schönes Gefühl für uns zu wissen, daß außerhalb der politischen Interessen Ew. Majestät und die Familie Ew. Majestät eine gewisse Zuneigung zu uns haben ... Ich glaube, man wird ein besserer Mensch, wenn man ein paar Tage in der Gesellschaft Ew. Majestät verbracht hat. Ebenso ist es, wenn man das weitreichende Wissen und das sichere Urteil des Prinzen schätzengelernt hat. Man verläßt ihn mit klareren Gedanken und mehr gewillt, alles so gut wie möglich zu machen.

Adieu, Madame. Gebe der Himmel, daß nicht wieder zwei Jahre vergehen mögen, bevor wir die Freude haben, mit Ihnen zusammenzutreffen. Denn die Hoffnung, Sie wiederzusehen, ist das einzige, was uns über diesen schmerzlichen Abschied hinwegtröstet.«

Doch die glücklichen Erinnerungen wurden bald überschattet.

Am 14. Januar 1858 um halb acht Uhr abends fuhren der Kaiser und die Kaiserin zu einer Galavorstellung in die Oper. Nach einem Akt aus ›Wilhelm Tell‹ sollte das Ballettstück ›Gustave III. und Maria Stuarda‹ mit Ristori folgen. Eugénie war ganz in Weiß. Mit ihnen im Wagen saß der Adjutant General Rouget. Eine Eskorte der Wachkompanie folgte.

Das Opernhaus befand sich damals noch in der Rue Lepelletier. Mit dem Bau der heutigen Oper wurde erst im Jahre 1861 begonnen. In der Nähe der Oper gab es einen engen Durchgang, bekannt als der ›passage noir‹, der zum Boulevard des Italiens führte. Hier lauerte im Dunkeln der italienische Verschwörer Felice Orsini mit drei Komplizen auf den Kaiser.

Als der kaiserliche Wagen vor den Stufen des Opernhauses die Fahrt verlangsamte, erschütterte eine Explosion die

Straße. Eine zweite folgte unmittelbar danach, und dann eine dritte. Die Gaslaternen am Theater gingen aus. Das Vordach über dem Eingang krachte herunter. Glassplitter von zerbrochenen Fensterscheiben prasselten wie Hagelkörner herab. Pferde gingen durch oder schrien im Todeskampf.

In der völligen Dunkelheit tappten und rannten Hunderte von Menschen umher, einige schrien auf, stürzten nieder und blieben liegen. Hundertsechsundfünfzig Personen wurden insgesamt bei diesem Anschlag verletzt, zwölf davon starben.

Aus dem Theater wurden Laternen gebracht. Eugénie öffnete den Wagenschlag und sah sich einem der Attentäter gegenüber. Polizisten stürzten hinzu. Ihr Kleid war blutbefleckt; das Blut stammte aus einer Wunde am Hals des Generals Rouget. Wie durch ein Wunder waren weder Eugénie noch der Kaiser ernsthaft verletzt. Sie hatte nur einen Schnitt nahe am Auge durch einen Glassplitter. Der Kaiser hatte eine Schramme auf der Nase, und in seinem Zylinder war ein Loch.

Der Theaterdirektor stürzte zum Wagen und bot der Kaiserin seinen Arm. »Nein«, sagte sie, »ich will allein aussteigen. Wir werden den Attentätern zeigen, daß wir mehr Courage haben als sie.« Napoleon wollte bleiben und mit den Verletzten sprechen. »Mach keine Dummheiten«, zischte sie, »Schluß mit dem ganzen Theater!« Sie war völlig gelassen, während er aus der Fassung gebracht war. Sie führte ihn ins Theater bis an die kaiserliche Loge. Dort verneigten sie sich an der Brüstung, das Publikum raste vor Begeisterung. Der Vorhang hob sich, und die Vorstellung begann.

Man entdeckte, daß die Attentäter aus England gekommen waren und die Bomben aus Birmingham stammten. Die französische Armee schrie nach Rache, sie kochte vor patriotischem Zorn.

In London rief Botschafter Persigny Lord Malmesbury zu: »Das bedeutet Krieg!«

Die Schlacht von Magenta

Der Bombenanschlag erschütterte ganz Europa, unter anderem auch die guten englisch-französischen Beziehungen. Die Drohungen und die Hetzreden der französischen Militärs erregten den Zorn der britischen Öffentlichkeit und führten zum Sturz der Regierung. Die Lords Palmerston und Clarendon machten den konservativen Lords Derby und Malmesbury Platz. Aber sowohl die Queen wie ihre Minister wünschten das Bündnis mit Frankreich aufrechtzuerhalten. Ein hilfreicher Schritt in dieser Richtung war die Ablösung des hitzigen Persigny als französischer Botschafter in London durch General Pélissier, einen Helden des Krimkrieges. Napoleon hatte ihn zum Herzog von Malakoff ernannt. Er war beleibt und herzlich, bei Hofe sehr gern gesehen und ein besonderer Liebling der Königskinder wie auch der Kinder in den Londoner Straßen. Die politische Erregung ebbte ab. Napoleon lud die Queen und Prinz Albert zu einem Treffen Anfang August in Cherbourg ein.

Sie kamen in einer völlig anderen Stimmung als bei ihrem Staatsbesuch im Jahre 1855. Die Gedanken der Königin und des Prinzgemahls waren jetzt ganz und gar nach Deutschland gerichtet. Im Januar hatte ihre älteste Tochter Prinzessin Victoria den Prinzen Friedrich Wilhelm von Preußen geheiratet und war bereits in anderen Umständen. Deutschland stand als nächstes Reiseziel auf ihrem Besuchsprogramm; Berlin war ihr neues Mekka geworden. Albert gab nun seiner Tochter und dem preußischen Thronfolger weise Ratschläge und schien nicht zu merken, daß seine Coburger Ansichten dort unerwünscht waren. Dies wurde jedoch der armen Princess Royal in Berlin klargemacht. Sie wurde dadurch so nervös, daß es sie beinahe das Leben und das Leben ihres Kindes gekostet hätte.

Die starke französische Flotte und die neuen Festungen in Cherbourg beunruhigten Prinz Albert. Er bedachte allerdings nicht, daß Napoleon ihn wohl kaum aufgefordert hätte, seine neuen Kriegsschiffe und die Befestigungsanlagen zu besichtigen, wenn er die Absicht gehegt hätte, sie gegen Großbritannien einzusetzen.

Der britische Besuch entwickelte sich diesmal zu einer regelrechten Flottenparade. Die ›Victoria and Albert‹ wurde von der französischen Flotte eskortiert, wobei die Kanonen der Kriegsschiffe und die der Festung um die Wette böllerten.

Der Besuch fing schlecht an: die Queen weigerte sich, die Gräfin Walewska mit einem Kuß zu begrüßen, denn sie wußte jetzt über deren Verhältnis mit dem Kaiser Bescheid. Infolgedessen beschlossen die Walewskis, dem offiziellen Diner an Bord des Flaggschiffes ›Bretagne‹ fernzubleiben. Dieser Vorfall mag zu Napoleons schlechter Laune beigetragen haben. Sarkastisch fragte er seine Gäste, ob sie eigentlich immer noch an eine französische Invasion glaubten. Er beklagte sich über die gegen ihn gerichtete Kampagne in der britischen Presse. Die Queen fand die Kaiserin ebenso aufgeschlossen und freundlich wie früher; aber mit dem Kaiser kam sie nicht mehr zurecht. Sie beschrieb ihn als »ziemlich zugeknöpft und schweigsam«. Prinz Albert sann vor allem über die Flottenparade nach; sie hätte ihn sehr erbost, erklärte er. Höflich, aber ohne besondere Anteilnahme verabschiedete Napoleon seine Gäste. Er verfolgte seine Aufrüstungspläne weiter. Sie galten allerdings nicht einem Krieg, der britische Interessen berührte.

Seit seiner Kindheit hatte er zwei Wunschträume: ein Zweites Kaiserreich zu gründen und Italien zu befreien. Nahezu dreißig Jahre waren vergangen, seit er auf der Seite der italienischen Rebellen gekämpft hatte, seinen Bruder sterben sah und, als Lakai seiner Mutter, der Königin Hortense, getarnt den Österreichern entkommen war. Was ihn jetzt dazu veranlaßte, einen Krieg anzufangen, war merkwürdigerweise der Bombenanschlag und der letzte Wunsch des Attentäters Orsini vor der Hinrichtung,

Napoleon möge Italien befreien. Er glaubte zudem, er müsse einen spektakulären Sieg erringen und neue Gebiete erobern, wenn sein Kaiserreich Bestand haben sollte.

Und er mußte handeln, bevor er zu alt wurde oder bevor ein weiterer verärgerter Italiener ihm nach dem Leben trachtete. Zwei solchen Anschlägen war er entronnen; das nächste Mal konnten die Attentäter jedoch mehr Glück haben.

Doch ein Feldzug mußte vorbereitet sein. Dabei ergaben sich viele Probleme. Zwar war die Armee bereit, zu marschieren und zu kämpfen, doch die Masse des französischen Volkes war entschieden gegen einen Krieg. Die Börsenspekulanten waren mit ihren Bauprogrammen beschäftigt und fürchteten um den Wert ihrer Eisenbahnaktien. Deshalb betrachteten sie jedes Projekt in dieser Richtung mit Entsetzen. Was jedoch auch eine große Rolle spielte, war Eugénies Haltung: sie würde keine Aggression dulden, die den Papst verärgern oder seine Position schwächen könnte.

Italien war ein aus acht verschiedenen Staaten zusammengesetzes Puzzlespiel. Im Süden bildeten Neapel und Sizilien das ›Königreich Beider Sizilien‹. Nördlich davon lag der Kirchenstaat, über den der Papst herrschte. Dann kamen das Großherzogtum Toscana, Lucca, Parma und Modena. Sardinien und Piemont standen unter der Herrschaft des Königs Victor Emmanuel. Die Lombardei und Venetien schließlich waren Teile des österreichischen Kaiserreiches. Gegen Österreich richtete Napoleon nun seine Drohungen. Jetzt war er wieder bei seiner Lieblingsbeschäftigung, der Strategie: Genau wie früher vor Straßburg und Boulogne, vor seiner Flucht aus Ham und vor dem Staatsstreich wurde alles genau geplant und vorbereitet. Und wie immer machte er es sehr geschickt. Heimlich traf er sich mit Cavour in Plombières in den Vogesen. Sie hatten ihre Unterredung schon beendet, bevor man in Europa etwas von ihrem Treffen ahnte. Napoleon erklärte sich bereit, eine Armee nach Piemont zu schicken und die

Österreicher anzugreifen, unter der Bedingung, daß ihm Savoyen und Nizza abgetreten würden. Eine weitere Bedingung war: Sein Vetter Plon-Plon sollte Prinzessin Clothilde, die Tochter des Königs Victor Emmanuel, heiraten dürfen. Dieser Plon-Plon, ein Lebemann, war inzwischen sechsunddreißig Jahre alt, Clothilde hingegen war knapp sechzehn, häßlich, sommersprossig und sehr fromm. Aber diese Gegensätze taten nichts zur Sache. Wichtig war, daß die Familie Bonaparte mit einem alten königlichen Haus liiert wurde. Plon-Plon begrüßte die Idee und heiratete im Jahr darauf.

Napoleon verstärkte seine Streitkräfte und hielt kriegerische Reden, um die gallischen Gemüter zu erhitzen. Er wies darauf hin, wie tyrannisch sich die Österreicher in Italien benähmen: Er sprach von Pflicht und vom großen Abenteuer. Er warb für sein militärisches Unternehmen, als handle es sich um eine Art Gesellschaftsreise nach Italien. Den österreichischen Botschafter behandelte er sehr unhöflich und wünschte sehnsüchtig, daß ihm Kaiser Franz Joseph einen Anlaß zum Angriff geben möge. Den gab ihm Franz Joseph dann auch, stur und schlecht beraten, wie er war. Im April 1859 richtete Österreich ein Ultimatum an Piemont, es solle innerhalb von drei Tagen seine Streitkräfte entwaffnen, andernfalls würden österreichische Truppen einmarschieren. Diese Drohung entflammte die Gemüter der Franzosen. Am 29. April wurde der Krieg erklärt.

Am 10. Mai brach der Kaiser an die Front auf, um den Oberbefehl zu übernehmen. Nach einer Messe in den Tuilerien fuhr er durch eine erregte Menschenmenge davon. Chauvinistische Stimmung kam auf wie beim Aufbruch zu einem Kreuzzug: es regnete Rosenkränze, Veteranen warfen ihm ihre Medaillen zu. Die Kaiserin war zur Regentin ernannt worden. Sie saß neben ihm im Wagen und begleitete ihn bis nach Montereau.

Am 4. Juni beobachtete Napoleon, hoch zu Roß, von einer Brücke bei Magenta aus, wie seine vierundfünfzigtausend Mann die zahlenmäßig überlegenen Österreicher angriffen. Sie mußten ohne Verbündete kämpfen, denn die piemontesischen Truppen, die ihre Unterstützung zugesagt hatten, waren noch nicht dazugestoßen. Dies war für Napoleon die Stunde der Bewährung. Würde er das Vorbild des Großen Kaisers erreichen, dessen Geist mit ihm im Sattel saß? Er mußte zusehen, wie seine Leibgarde zusammengeschlagen wurde. Sein Gesicht blieb ausdruckslos. Er rauchte eine Zigarette nach der anderen, warf sie halbgeraucht weg und zündete sich eine neue an. Es ging hart auf hart. Eine Zeitlang schien der Sieg der Österreicher gewiß. Als Stabsoffiziere den Kaiser nach weiteren Befehlen fragten und um Verstärkung baten, fuhr Napoleon sie an: »Halten Sie durch!« Es gab keine Verstärkung. Am Abend wurde Magenta eingenommen. Da erst sank der Kaiser erschöpft auf einen Stuhl, völlig mitgenommen von dem Gemetzel, das er hatte mitansehen müssen. Er saß noch immer so da, als König Victor Emmanuel eintraf und sich wortreich dafür entschuldigte, daß er die Schlacht versäumt hatte. Napoleon antwortete schroff. In Paris verkündeten Schüsse aus den Kanonen vor dem Invalidendom den Sieg, Musikkapellen zogen durch die festlich beleuchteten Straßen, und die Kaiserin fuhr zum ›Te Deum‹ in die Kirche von Notre-Dame. Nun übernahm Kaiser Franz Joseph das Kommando über seine Truppen. Bei Solferino stand er Napoleon mit dem französischen Heer sowie König Victor Emmanuel mit den Piemontesen und den Sardiniern gegenüber. Es war selten vorgekommen, daß drei Herrscher sich auf dem gleichen Schlachtfeld befanden; es geschah auch nie wieder. Napoleon erhielt einen Brief von Eugénie, in dem sie ihm schrieb, daß die Preußen am Rhein mobilmachten, um den Österreichern zu Hilfe zu kommen. Sie drängte deshalb, Frieden zu schließen oder Truppen nach Frankreich zurückzuschicken. Diese Nachricht hatte belebende Wirkung auf ihn. Er entwickelte Kraft und Vitalität wie nie zuvor.

Am 24. Juni rückten bei Tagesanbruch die hundertfünfzigtausend Mann aus Frankreich, Sardinien und Piemont in einer fündundzwanzig Meilen breiten Front vom Gardasee bis Castel Goffredo vor. Um sieben Uhr stieg Napoleon auf den hohen Kirchturm von Castiglione und befahl den Vormarsch auf Solferino, das auf einem Hügel lag. Die französische Leibgarde stürmte das Dorf und nahm es unter schweren Verlusten ein. Es herrschte drückende Hitze. Am Nachmittag unternahmen die Österreicher einen Gegenangriff, doch die Franzosen hielten stand. Um vier Uhr entlud sich ein heftiges Gewitter über dem Schlachtfeld. Im Schutz der Wolkenbrüche und der schlechten Sicht machten sich die Österreicher auf und davon.

Erschöpft und erschüttert ritt Napoleon in sein Hauptquartier zurück, vorbei an den unzähligen Gefallenen, das Jammern der Verwundeten im Ohr. Er telegraphierte an Eugénie: »Große Schlacht, großer Sieg.« Danach saß er unbeweglich, wie in Trance, ohne die Gespräche der Offiziere um ihn wahrzunehmen. Endlich erhob er sich und entließ sie mit den Worten: »Meine Herren, der Tag ist vorbei.«

Am nächsten Morgen ging er noch einmal über das Schlachtfeld, ein einsamer Mann. Auch sein Lieblingspferd Philippe war tot. Die Österreicher hatten zweiundzwanzigtausend Mann verloren, die Alliierten siebzehntausend. Der dürftige Hilfsdienst für die Verwundeten schaffte es nicht, überall rechtzeitig Hilfe zu bringen. Viele Verletzte lagen drei Tage an der Stelle, wo sie verwundet worden waren. Lombardische Bauern raubten ihnen Stiefel und andere Habseligkeiten. Napoleon sah die eiternden Wunden und zuckte jedesmal zusammen, wenn er das Stöhnen und die Schreie nach Wasser hörte. Er hatte genug vom Krieg gesehen, er wandte sich ab.

Hier zeigte sich der große Unterschied zwischen ihm und Napoleon Bonaparte. Den ersten Kaiser hatte es wenig gerührt, wenn er seinem Größenwahn Millionen von Menschen opferte. Es schien sogar, als wachse sein Machtgefühl, wenn er die Leichen der Soldaten betrachtete, die auf seinen Befehl hin gefallen waren. Nach Eylau hatte er mit dem Fuß die Gefallenen umgedreht: »Kleine Fische!« hatte er ausgerufen, »alles kleine Fische! Eine einzige Pariser Nacht macht die Verluste bald wieder wett.« Napoleon III. war ein humaner Mensch. Er war mehr Staatsmann und Stratege als Soldat. An diesem Tag von Solferino erkannte er, daß die modernen Waffen den Krieg in einen Massenmord verwandelt, ihm den früheren Reiz von Ruhm und Abenteuer genommen hatten. Die Österreicher hatten sich hinter ihre Befestigungen zurückgezogen, und Napoleon war entschlossen, das Gemetzel nicht mehr zu wiederholen.

Es gab noch einen anderen Beobachter auf dem Schlachtfeld, der sehr erschüttert war und dessen Gedanken in ähnliche Richtung gingen wie die des siegreichen Kaisers. Es war ein junger Schweizer Krankenträger namens Henri Dunant. Er beschrieb später seine Erlebnisse bei dem blutigen Ende der Schlacht von Solferino in der Broschüre ›Un souvenir de Solferino‹, die ganz Europa aufrüttelte. Dunant sagte darin, er bete, daß er noch erleben könnte, »wie sich die militärischen Führer der verschiedenen Nationen auf ein heiliges internationales Prinzip einigten«. Diese Konvention würde, wenn sie einmal unterschrieben und ratifiziert wäre, dazu dienen, in den verschiedenen europäischen Ländern Hilfsvereine für die Verwundeten ins Leben zu rufen. Sein Appell fand bald ein großes Echo. Mit Unterstützung des Kaisers Napoleon III. wurde 1864 in Genf ein internationaler Kongreß abgehalten. Das Ergebnis war die Genfer Konvention. Es wurde beschlossen, daß Verwundete generell geschont werden sollten und daß das Symbol für die Hilfe eine weiße Fahne mit einem roten Kreuz sein sollte. So entstand das Rote Kreuz.

Die Kaiser von Frankreich und Österreich trafen sich am 11. Juli in Villafranca und schlossen Frieden. Nach dem Friedensvertrag wurde die Lombardei mit Piemont vereinigt, Venetien blieb unter österreichischer Herrschaft. Napoleon hatte sich ursprünglich gerühmt, er werde Italien von den Alpen bis zur Adria ›befreien‹. Cavour, den man nicht konsultiert hatte, tobte vor Wut, beschimpfte König Victor Emmanuel und legte sein Amt nieder, allerdings nur vorübergehend.

Napoleon hatte sich als militärischer Oberbefehlshaber bewährt. Doch die drohende Haltung Preußens im Norden und die erschreckenden Verluste seiner eigenen Streitkräfte zwangen ihn zu einem Kompromiß. Er machte einen kurzen Angelausflug an den Gardasee, um sich zu erholen, und kehrte dann nach Paris zurück. Er war zwar nur neun Wochen weggewesen, doch die Belastung und die Anstrengung hatten seine Gesundheit untergraben. Er brauchte Ruhe und fand sie bei Weib und Kind in Saint-Cloud.

Am 14. August waren die Soldaten auf dem Marsch in die Heimat. Paris erwartete sie. Der Einmarsch bot ein Schauspiel, das keiner, der dabei war, je vergessen konnte. Fünfunddreißig Jahre später schrieb Dr. Evans:

»Ich erinnere mich an den 14. August 1859, als wäre es gestern gewesen ... die vielen Fahnen in der Rue de la Paix ... die Triumphbogen ... die geschmückten Säulen, überragt von riesigen Siegesgöttinnen mit goldenen Lorbeerkränzen in den ausgestreckten Händen ... die prächtigen Draperien, die an den Häuserfronten an der Place Vendôme ausgespannt waren ... die großen Tribünen rechts und links mit steil ansteigenden Sitzreihen, auf denen sich Tausende von Menschen drängten, und schließlich die Galerie über dem Eingang des ›Palais de Justice‹, wo unter einem prächtigen Baldachin aus rotem Samt, der mit goldenen Bienen bestickt war und goldene Fransen hatte, die Kaiserin saß ...«

»Ein prächtiges Schauspiel«, kommentierte Disraeli, »es hat nur hunderttausend Menschenleben und fünfzig Millionen Francs gekostet!« Der Kaiser ritt an der Spitze des

Zuges. Er ritt, wie immer, allein voraus, mit starrem Gesicht und in vollendeter Haltung. Die Gefahr, der er sich damit aussetzte, fürchtete er nicht. Was er fürchtete, waren solch teuflische Erfindungen wie Bomben, die Tod, Qual und Schrecken über Unschuldige brachten.

Auf der Place Vendôme ritt er bis zur Säule, die zum Gedenken an den Großen Kaiser errichtet worden war. Er saß regungslos auf seinem Pferd, als die Regimenter vorbeizogen und die Menge laut ihre Namen rief. Neben den gesunden Soldaten schienen auch die Verwundeten und die Toten mitzumarschieren. Krüppel wurden in Krankenwagen gefahren. Die Lücken in den Reihen zeigten, wie viele Kameraden auf den Schlachtfeldern von Magenta und Solferino geblieben waren.

Als eine große Kavallerieeinheit von der Rue de la Paix auf den Place Vendôme geritten kam, spielte Napoleon seinen höchsten Trumpf aus. Ein Stallmeister, mit dem dreijährigen Kronprinzen auf dem Arm, trat heran und setzte den Jungen vor den Vater auf den Sattel. Der Kleine trug die blau-rote Uniform der Gardegrenadiere. Es war sein erstes öffentliches Auftreten. Es schien, als wollten die Hochrufe kein Ende nehmen.

Die kaiserliche Familie brach danach zu einem Ferienurlaub nach Biarritz auf.

Nun war die Zeit gekommen, Bilanz zu ziehen. Auf die Habenseite konnte er buchen, daß er sich als Feldherr bewährt und daß seine Frau für ihre Rolle als Regentin höchstes Lob geerntet hatte. Frankreich hatte echten Grund zum Feiern gehabt. Provinzen waren erobert worden, obwohl Italien noch immer um seine Einheit kämpfte. In wenigen Monaten würden Savoyen und Nizza dem Kaiserreich einverleibt werden. Auf der Sollseite gab es eine lange Verlustliste und ein großes Loch in den Staatsfinanzen. Die Beziehungen zu den Nachbarstaaten hatten sich verschlechtert. Italien, das sich von dem Feldzug günstigere Ergebnisse erhofft hatte, dankte nicht für das Geleistete und hatte bereits vergessen, daß die französischen

Truppen den Hauptanteil an den Kämpfen getragen hatten. Österreich war gedemütigt worden. In Preußen regierte nun Prinz Wilhelm anstelle seines kranken Bruders Friedrich Wilhelm IV. Er redete nicht viel, aber durch seine Mobilmachung hatte er seine Absichten deutlich bekundet.

In Großbritannien waren die Sympathien für Napoleon geschwunden. Mißtrauen gegenüber seinen Zukunftsplänen schürte im ganzen Land Kriegsstimmung. Im Mai 1859 wurde auf königlichen Befehl ein Freiwilligen-Korps aufgestellt und von Queen Victoria mit ihrem ganzen hannoveranischen Eifer gefördert.

Vergessen waren die friedlichen Sommertage, die Victoria in Saint-Cloud verbracht hatte. Im Mai 1860 schrieb sie an König Leopold: »Frankreich muß einfach jeden Flecken des Erdballs in Unruhe versetzen, muß versuchen, Unheil zu stiften und alle Welt zu belästigen. Das muß natürlich eines Tages zu einem gemeinsamen Kreuzzug gegen den größten Störenfried dieser Welt führen.«

Eugénie auf Reisen

Anfang August 1860 konnte man die Kaiserin abends im Bois de Boulogne spazierenfahren sehen; neben ihr im Wagen, halb liegend und von Kissen gestützt, eine blasse, todgeweihte Schönheit. Es war ihre Schwester Paca, die Herzogin von Alba. Sie hatte Brustkrebs gehabt, und jetzt zehrte ein seltenes Rückenmarkleiden an ihren Lebenskräften. Ihre Mutter Manuela betreute sie und ihre drei Kinder in dem kleinen Palais auf den Champs-Elysées, das die Kaiserin für sie hatte bauen lassen.

Beruhigt darüber, daß sie Paca in guten Händen wußte, verließ Eugénie am 23. August mit dem Kaiser Saint-Cloud zu einer ihrer längsten und aufregendsten Reisen, einer Reise, die wie ein Triumphzug begann und für sie tieftraurig enden sollte. Ihre erste Station war Savoyen, wo die Bevölkerung ihrer Freude über die Vereinigung mit Frankreich begeistert Luft machte.

Über Dijon und Lyon waren sie in das Land der schneebedeckten Berge, der tosenden Bäche, der Kuhglocken und der engen Dorfstraßen gereist. Eugénie schrieb an Paca: »Unmöglich, die Begeisterung zu beschreiben, sie grenzt fast an Wahnsinn.« In Annecy erlebte die Kaiserin den Höhepunkt der Reise, ein Erlebnis, das sie noch viele Jahre später als eines der vier glücklichsten ihres Lebens bezeichnete.

Eine der landschaftlich schönsten Juwelen Frankreichs, der kleine See bei Annecy, war an diesem herrlichen Sommerabend glatt und still. An seiner Wasseroberfläche spiegelten sich die Sterne, die Feuer, die auf den Bergen loderten, die vielen tausend Fackeln der Zuschauer, die dichtgedrängt am Ufer standen, und die Leuchtraketen, die als Willkommensgrüße abgefeuert wurden. Der Kaiser und die Kaiserin fuhren in einer großen, purpurn drapierten venezianischen Gondel auf den See hinaus. Zwanzig Mann führten die Ruder. Das Kaiserpaar saß erhöht auf einer Estrade. Um die Gondel herum wimmelte es von kleinen, mit bunten Lampions geschmückten Booten. Die Musik der Dorfkapellen klang über das Wasser und hallte als Echo von den Bergen zurück.

Eugénie trug ein tief dekolletiertes Kleid. Auf ihrer vollendet schönen Büste funkelte ein Diamantkollier. Auf dem Kopf trug sie ein Diadem, und um die Schultern hatte sie einen scharlachroten Burnus mit goldenen Fransen geworfen. Berauscht von dem Schauspiel und den Klängen um sie herum erhob sie sich von dem Thronsessel. Von Ufer zu Ufer ertönte der Ruf: »Vive l'Impératrice!« Mit einem kleinen Lächeln blickte Napoleon zu ihr auf und sagte: »Du siehst aus wie die Frau eines Dogen!« Als die Menschenmenge ihnen so begeistert zujubelte, empfanden beide wieder ihre Zusammengehörigkeit.

Als Eugénie Paca diese Szene beschrieb, fügte sie noch hinzu: »Um ein Haar hätte ich meinen Ring in den See geworfen, wie der Doge, als er die Vermählung Venedigs mit der Adria feierte.«

Das Kaiserpaar setzte seine Reise über Avignon und Arles bis an die Mittelmeerküste fort: überall Jubel und Begeisterung. In Marseille bestiegen sie die kaiserliche Jacht und segelten nach Korsika. Es war für sie beide das erste Mal, daß sie die alte Heimat der Bonapartes besuchten; es war wie eine Pilgerfahrt. In Ajaccio besichtigten sie das Haus an der Place Letitia, das voller Erinnerungen an die ›Madame Mère‹, die Mutter Napoleons I., steckte, und legten Blumen auf ihr Grab.

Napoleon hatte noch einen anderen Grund, warum er gerade jetzt nicht in Paris sein wollte. Er wünschte, schwer erreichbar zu sein, wenn es in Italien Krisen geben sollte. Im Mai hatte Garibaldi mit seinen ›Tausend Mann‹ Sizilien erobert und war dort Diktator geworden. Weil er freie Hand haben wollte, weigerte er sich, den Anschluß Siziliens an Victor Emmanuels Königreich Piemont anzuerkennen.

Dem König und Cavour kam es jedoch darauf an, daß Garibaldis militärisches Abenteuer der Einigung Italiens und nicht dem persönlichen Ehrgeiz dienen sollte. Vor allem durfte kein Angriff auf den Kirchenstaat erfolgen, um die Großmächte nicht zu dessen Verteidigung aufzurufen. Am 8. August überquerte Garibaldi mit zwanzigtausend Mann die Straße von Messina und zog gegen Neapel. Franz II., König ›Beider Sizilien‹, floh; Victor Emmanuel und Cavour beschlossen, Umbrien und die Marken zu besetzen und den Rothemden den Weg nach Rom zu versperren. Napoleon wurde um Rat gefragt. Er warnte, er werde eingreifen, wenn der Kirchenstaat militärisch angegriffen werde. Dann setzte er seine Reise fort und ließ seinen Außenminister Thouvenel über weitere Schritte im unklaren.

Trotzdem nahm Victor Emmanuel gewisse feindliche Aktionen des Papstes zum Vorwand, seine Truppen aufmarschieren zu lassen. Die päpstlichen Soldaten unter dem Kommando des französischen Generals Lamoriciére wurden bei Castelfidardo in die Flucht geschlagen. So kam es, daß Victor Emmanuel und Garibaldi zusammentrafen und gemeinsam in Neapel einzogen. Damit waren die ersten Schritte zur Einigung Italiens getan.

Die Niederlage von Castelfidardo und Napoleons mangelnde Tatkraft bedrückten die Kaiserin Eugénie, die eine ergebene Tochter der Kirche war.

Eugénie war begeistert von Algerien, und die Algerier beteten sie an; sie erschien ihnen wie eine strahlende Göttin. Viele Häuptlinge kamen, um ihr zu huldigen, und Reiterscharen galoppierten an ihr vorbei. General Fleury, der zum kaiserlichen Gefolge gehörte, schrieb: »Sie war eine Frau, und diese Huldigungen gefielen ihr deshalb besonders, weil sie so ungekünstelt und überraschend waren.« Und doch war die Kaiserin traurig; sie hatte keine Nachricht von ihrer schwerkranken Schwester. Erst als sie am 21. September in Frankreich von Bord gingen, sagte ihr Napoleon die Wahrheit. Paca war tot. Sie war fünf Tage zuvor gestorben, während Eugénie auf einem Ball tanzte. Die Beerdigung war bereits vorüber.

Mit der Geheimhaltung von Pacas Tod beging Napoleon einen der größten Fehler seines Lebens, denn als er die Nachricht überbrachte, stieg Haß in ihr auf. Weil diese Reise ein Triumphzug für ihn sein sollte, hatte er ihr die Möglichkeit geraubt, am Sterbebett ihrer inniggeliebten Schwester zu sein, ihr das letzte Lebewohl zu sagen und für ihr Seelenheil zu beten. Der Zorn, der sich seit der Niederlage der päpstlichen Soldaten bei ihr aufgestaut hatte, entlud sich jetzt. Sie überhäufte ihren Mann mit bitteren Anklagen wegen seiner Treulosigkeit und seiner Grausamkeit. Früher hatte sie sein undurchschaubares Wesen gefürchtet. Das war nun vorbei. Sie wußte, daß er nichts mehr verabscheute als häusliche Szenen. Deshalb schrie sie und machte ihm heftige Vorwürfe.

Als sie in Saint-Cloud ankamen, war der Sarg mit Pacas Leiche bereits von der Madeleine in die Kirche von Rueil in der Nähe von Malmaison überführt worden und stand jetzt zwischen den Grabmälern von Kaiserin Joséphine und Königin Hortense. Jeden Tag betete Eugénie davor. Als die Verstorbene nach Madrid überführt werden sollte, schrieb Eugénie: »Als ich sah, wie man meine tote Schwester wegtrug, war mir, als risse man mir die Seele aus dem Leib.«

Sie sah ein, daß sie sich eine Zeitlang von ihrem Mann trennen, neue Gegenden sehen und versuchen mußte, sich von den düsteren Todesgedanken zu befreien. Sie bereitete heimlich ihre Reise vor. Sie wollte inkognito nach England und Schottland fahren und mit Lord Clarendon sprechen, der für sie immer ein Quell der Kraft und Weisheit war. Auch ihre Freundin, die Herzogin von Hamilton, frühere Prinzessin Mary von Baden und Kusine ihres Mannes, wollte sie besuchen. Vielleicht würde sie auch einen Höflichkeitsbesuch bei Queen Victoria machen. Doch der Hauptgrund ihrer Reise nach England waren ihre Befürchtungen, das Rückenleiden zu haben, an dem ihre Schwester Paca gestorben war. Sie hatte vor, den berühmten Gynäkologen Dr. James Simpson in Edinburgh aufzusuchen.

Sie erzählte dem Kaiser nichts von ihren Plänen, teilte ihm lediglich mit, daß sie verreise. Sie nahm zwei Hofdamen und zwei Herren als Begleitung mit und reiste unter dem Namen einer Gräfin de Pierrefonds. Am 14. November brachte der Kaiser sie zum Gare du Nord. Sie war sich nicht bewußt, welches Aufsehen ihre Reise verursachte. In den ersten Jahren ihrer Ehe hatte niemand von solchen Ausflügen Notiz genommen. Aber damals war Napoleon nur dem Titel nach Kaiser gewesen. Jetzt war er der mächtigste und der meistbeobachtete Mann in Europa. Früher konnte sie sich unerkannt in England bewegen. Nach den wechselseitigen Staatsbesuchen in London und Paris war sie in ganz Großbritannien bekannt.

Französische diplomatische Kanäle verbreiteten die Meldung, die Kaiserin sei durch den Tod ihrer Schwester sehr mitgenommen und die Ärzte hätten ihr eine Luftveränderung verordnet, deshalb reise sie in strengstem Inkognito nach Schottland. Bald nach Eugénies Abreise erhielt Napoleon ein Telegramm der Herzogin von Hamilton mit einer Einladung für sie. Er antwortete: »Die Kaiserin ist ernstlich erkrankt, vor allem psychisch. Sie ist nach Schottland gereist; ich weiß nicht, ob sie nach Hamilton kommen kann.« Wirklich eine sonderbare Antwort! Alles war sehr mysteriös, und an den europäischen Höfen liefen die wildesten Gerüchte um. Es hieß, der Kaiser und die Kaiserin wollten sich trennen, sie wäre aufgebracht über eine neue Frau in seinem Leben, sie litte an einer unheilbaren Krankheit. Der alte König Leopold der Belgier steckte seine lange Nase in die Geschichte hinein und hatte seine eigene Theorie: »Es scheint mit ihrem Herrn und Gebieter eine Meinungsverschiedenheit wegen der Sache mit dem Papst gegeben zu haben.« Prinz Albert teilte seinem preußischen Schwiegersohn mit: »Die Kaiserin der Franzosen ist wie eine Bombe in unser Land geplatzt. Der geheime Anlaß für ihre Reise ist uns unbekannt. Ich will Euch nicht mit bloßen Vermutungen langweilen, tausend Gerüchte sind im Umlauf.«

Die Kaiserin und ihr Gefolge kamen am späten Abend an der London Bridge an und nahmen einen Wagen, um ein Hotel zu suchen. Sie wußten nicht, daß der neue Lord Mayor in der Guildhall einen großen Empfang gab und daß London infolgedessen überfüllt war. Vier Hotels wiesen sie ab. Erst das fünfte konnte sie aufnehmen. Als Napoleon erfuhr, daß seine Frau spät in der Nacht auf der Suche nach einem Bett in einer Droschke in London herumgefahren war, lachte er schallend. Jetzt begann ein neues Spiel: Wer findet die Kaiserin? Reporter belagerten ihr Hotel. Doch sie wurden nur von den Damen der Begleitung empfangen, die ihnen mitteilten, die Kaiserin habe das Hotel verlassen, um ›Einkäufe zu machen‹. Das stimmte, sie war zu Fuß weggegangen, um den berühmten Juwelier William Hanson zu besuchen. Sie schickte der Queen eine kurze Nachricht, sie hoffe, sie bei ihrer Rückkehr aus Nordengland aufsuchen zu dürfen. Daß sie Lord Clarendon traf, war klar. Er war der einzige, der das Dunkel um ihre Reise erhellen und das ›Eugénische Gemüt‹, wie er es nannte, enträtseln konnte.

Die kaiserliche Reisegesellschaft fuhr über York nach Edinburgh, kam dort am 17. November an und stieg im Douglas-Hotel ab. Die Schotten machten den Unsinn mit dem Inkognito nicht mit, und die Stadtväter beehrten Eugénie mit einer Begrüßungsansprache. Die Zeitung ›The Scotsman‹ wies darauf hin, daß »seit der Zeit, als Maria Stuart, die glücklose schottische Königin, vor dreihundert Jahren in Leith landete, keine Königin von Frankreich mehr die schottische Hauptstadt besucht« habe. Eugénie suchte Dr. Simpson auf. Er versicherte ihr, sie sei völlig gesund. Die Kaiserin machte Ausflüge in der Gegend und erreichte schließlich am 23. November das Birnam-Hotel in Dunkeld.

Inzwischen bemühte sich die Queen, der Besucherin auf der Spur zu bleiben. Am 21. schrieb sie an ihre älteste Tochter nach Deutschland: »Die arme Kaiserin Eugénie soll sehr krank und in einem morbiden Gemütszustand sein. Sie hält sich in Edinburgh auf, und niemand kennt ihr nächstes Reiseziel!« Doch ihre wachsame Spionin Lady Augusta Bruce fand die Spur:

»Stellen Sie sich die Freude des Herzogs von Atholl vor, als er sie um drei Uhr nachmittags auf der Fahrt von Dunkeld nach Blair traf und zu ihr in den Wagen stieg. Ankunft in der Dunkelheit. Er führte sie in das Zimmer des Hausmädchens, das einzige, in dem es warm war. Das Haus ganz ausgeräumt, nur schwaches Kerzenlicht. Tee und Koteletts, und um elf Uhr abends zum Dinner wieder im Hotel. Am nächsten Tag führte er sie zu der berühmten alten Kirche, und später besuchten sie Lady James Murray. Die Herzogin, ihre Hofdame, bedauerte, daß er sie nicht durch das Fenster hereingebracht hätte; dann wäre Lady James vor Schreck vielleicht zur Tür hinausgesprungen.«

Eugénie war ganz dem Zauber Schottlands verfallen. Sie reiste weiter durch das Land bis nach Glasgow. Inzwischen galt sie als Star. Als sie auf dem Wege zu den Hamiltons in Motherwell ankam, erwartete sie eine große Menschenmenge am Bahnhof; auf dem Weg zum Schloß Hamilton und im Park standen die Leute dicht gedrängt. Alle schienen gekommen zu sein, nicht um wie sonst einen großen Umzug oder eine Parade anzuschauen – sondern einfach, um eine vornehme Dame in tiefer Trauer zu bewundern, die einen so dichten Schleier trug, daß man ihre Züge nicht erkennen konnte.

Auf ihrem Weg nach Süden wurde sie in Manchester offiziell begrüßt; in Leamington wurde sie von der Menschenmenge beinahe erdrückt. Dann verschwand sie von neuem für eine Weile. Erst am 2. Dezember tauchte sie wieder im ›Claridge-Hotel‹ in London auf.

Zwei Tage darauf brachte sie ein Sonderzug zum Lunch nach Windsor. Die Queen schrieb nach Deutschland:

»*Was für ein Unterschied zu 1855! Ein feuchter, dunkler Tag, keinerlei offizielle Begrüßung; nur Papa ging zum Bahnhof und brachte sie hierher. Wir standen alle zu ihrem Empfang an der Tür. Sie war in tiefer Trauer, reizend und charmant, aber sehr traurig. Sie weinte, als sie von ihren zerrütteten Nerven sprach. (Sie konnte weder schlafen noch essen, bevor sie herkam.) Den Kaiser erwähnte sie nur einmal, nur um seine Komplimente zu überbringen. Über Politik sprach sie überhaupt nicht.*«

Der Kaiserin hatte der Besuch in Windsor nicht gefallen. Es wäre ganz steif und förmlich zugegangen, vertraute sie Lord Clarendon an. Seine Ansicht war: »Ich bin sicher, die Queen wollte höflich sein; aber sie hat keinen Sinn für Spritztouren, für Fahrten in Mietdroschken und dergleichen Abenteuer. Das findet sie unpassend, und es erregt vor allem den Zorn des Prinzgemahls.« Doch die Queen mußte es erfahren haben; denn als sie und Prinz Albert ein paar Tage später zu einer Tierschau in London waren, sprachen sie im Claridge-Hotel vor, um die Kaiserin zu besuchen. Dieses Treffen war recht erfolgreich, obwohl es in Alberts Augen ein ziemlicher Blödsinn war. Eugénie, die ihren Schleier abgelegt hatte, war in guter Stimmung und plauderte mit Victoria munter über Läden, über Madame Tussauds Wachsfigurenkabinett und das Britische Museum. Den Prinzgemahl sah Eugénie hier zum letztenmal. Gegen Ende des folgenden Jahres starb er.

Am Abend des 12. Dezember verließ sie abends mit der Bahn London. Der Kaiser kam ihr am folgenden Tag bis Amiens entgegen. Sie hatte ihn gestraft, und er war zerknirscht. Die eheliche Gemeinschaft wurde, wenn auch in kühler Form, wieder aufgenommen. Aber mit einem Unterschied: Von nun an war Eugénie der Herr im Hause.

Teil IV

Dem Abgrund entgegen
1861 – 1870

Bismarck

Der Tod des Prinzen Albert am 14. September 1861 sollte den Lauf der Dinge für Napoleon und Eugénie entscheidend beeinflussen. Es schien, als hätte sich in jener tragischen Nacht in Windsor der Wind gedreht. Der Wandel kam nicht, weil der Coburger Fürst in Europa besondere Macht besessen hätte, sondern weil Königin Victoria sofort nach seinem Tod erklärte: »... seine Wünsche, seine Pläne, seine Ansichten werden von nun an Gesetz für mich sein.« Zu ›seinen Ansichten‹ gehörte auch die folgende: daß sein Sohn und Erbe ein durchtriebener, erzfauler Bursche und eine Gefahr für die Damenwelt wäre und daß der Kaiser der Franzosen ein Verschwörer, ein Verschwender, ein Schürzenjäger und ›die Lüge in Person‹ sei. Seine letzte Schimpfkanonade gegen Napoleon hatte Albert noch am 22. November abgefeuert. An diesem Tage teilte die Queen ihrer ältesten Tochter mit: »Papa hatte eine ganz schlechte Meinung von ihm und hat sie auch nie geändert.« Und um Harold Kurtz zu zitieren: »Prinz Albert ... hatte tatsächlich seine Auffassung, daß Preußen gut und Napoleon böse sei, zum politischen Dogma erhoben. Noch viele Jahre nach seinem Tod betrachtete es die schmerzerfüllte Witwe als ihre Aufgabe, ihm in dieser wie in jeder anderen Hinsicht in unwandelbarem Gehorsam zu folgen.«

Zu den geistigen Hinterlassenschaften, die Victoria von ihrem Gatten erbte, war die Vorliebe für alles Deutsche, Alberts Liebe und Treue zu seinem Vaterland war immer unverkennbar. Er sagte offen: »Ich werde nie aufhören, ein echter Deutscher zu sein«, was Lord Clarendon zu der Bemerkung veranlaßte, daß er unter solchen Umständen kaum behaupten könne, er berate die Queen im britischen Interesse. Anfang 1862 schrieb Victoria nach Berlin, ihre Seele sehne sich nach allem, was deutsch sei. Ein anderes Vermächtnis war Alberts Animosität gegen die katholische Kirche: »Der liebe Papa hatte einen solchen Horror vor der

Priesterherrschaft.« Auch Victoria machte sich lustig über das »Niederknien, das Pfenniggraffen und die Beichte«. Da Eugénie zur gleichen Zeit ihrem Gatten drohte, ihn zu verlassen und bei Papst Pius IX. zu leben, wenn er etwas gegen den Kirchenstaat unternähme, war es klar, daß sich zwischen der Königin von England und der Kaiserin der Franzosen ein Abgrund auftat. Doch war es der Beileidsbrief der Kaiserin, der die Queen am tiefsten berührte, Eugénie trauerte immer noch um ihre Schwester und konnte deshalb Victorias Schmerz besser nachempfinden als viele andere.

Von solchen Vorurteilen und wie von Stimmen aus einer anderen Welt geleitet, verfiel die Queen in düstere Schwermut und zog sich völlig zurück. Bald hörte sie nur noch auf eine einzige, allerdings irdische Stimme, die eines einfachen schottischen ›Ghillie‹, der sie Tag und Nacht von allem und allen abschirmte. Sein Name war John Brown. Inzwischen wuchs in England die Furcht vor einer Invasion. Man munkelte, es würden massenweise Schiffe mit flachen Kielen an der französischen Küste zusammengezogen. Das sei natürlich ein Gerücht, das von Windsor ausginge, sagte Richard Cobden. Victoria lebte völlig abgeschieden, war unerreichbar und wie Albert haßerfüllt gegen Frankreich. Dagegen konnte Napoleon nichts tun. Die ›Entente cordiale‹ von 1855 war seinerzeit nur durch seine Ausstrahlung zustande gekommen. Damals und noch einmal 1857 hatte er bewiesen, wie gut er Victoria zu behandeln wußte. Er sollte sie erst als kranker, gebrochener Mann wiedersehen, als Verbannter, der in ihrem Land Zuflucht suchen mußte. Innerhalb kurzer Zeit waren die ehemals guten Beziehungen zwischen Frankreich und Großbritannien völlig auseinandergebrochen. Die Ansichten des Prinzgemahls von der Bedrohung durch Frankreich waren negativer als die seiner zwei Berater, König Leopold und Baron Stockmar, der Grauen Eminenz der Coburger. Alberts Vorurteil war auch für die beiden Lords Cowley und Clarendon ein ständiges Problem gewesen.

Lag die Erklärung dafür vielleicht in einem Wort, das weniger zur offiziellen Geschichtsschreibung gehört, dem Wort Eifersucht?

Physisch war Albert ein Schwächling, psychisch Egozentriker von scharfem Verstand. Was er niemals dulden konnte und wollte, war, daß ein anderer größere Macht über seine Frau besäße als er selbst. Er unterstützte jene, mit denen sie schlecht stand, wie zum Beispiel ihre eigene Mutter, die Herzogin von Kent. Aber er vertrieb oder ruinierte jeden, dem sie vertraute. Zu diesen Unglücklichen zählten Lord Melbourne, ihre alte Erzieherin Baronesse Lehzen und ihre Halbschwester Prinzessin Feodora.

Napoleon hatte seinerzeit bewiesen, daß er Victoria den Hof machen konnte. Victoria hatte ebenso deutlich gezeigt, wie ihr das gefiel. Albert hatte versucht, dem entgegenzuwirken, indem er, das einzige Mal in seinem Leben, für eine andere Frau, die bildschöne Kaiserin, Zuneigung bekundete. Wenn er gehofft hatte, dies werde Victoria eifersüchtig machen, so sah er sich getäuscht. Im Gegenteil, sie begrüßte diese Neigung und hoffte nur, daß etwas von dem Verführungsgeist eines Don Juan den Weg in ihr Schlafzimmer finden würde. Bei dem Gegenbesuch in Paris war Eugénie dann in anderen Umständen, und das Spiel konnte nicht fortgesetzt werden. Daher Alberts Ärger in Paris, als Napoleon und Victoria allein unterwegs waren und ihn bei einer Verabredung warten ließen. In Osborne stellte der Kaiser nochmals seinen Charme unter Beweis. Doch als seine Liaison mit Madame Walewska bekannt wurde, war das Spiel aus. Albert konnte keinem verzeihen, der ihn geärgert hatte. Nach seinem Tod übernahm die Witwe diese Haßgefühle. In den langen, dunklen Wintertagen ohne Albert verriet die Queen ihren französischen Freund. »Albert über alles.« Wie ist es möglich, daß die Eifersucht eines einzelnen genauso schwer wiegt wie Geldhunger, Machtstreben und Eroberungsgelüste, die Kräfte nämlich, die sonst die Welt bewegen und verändern? Der endgültige Bruch mit Windsor kam für Napoleon zu sehr ungelegener Zeit. Er hätte jetzt mehr denn je die Freundschaft und die Unterstützung der britischen Königin gebraucht. Für sein Kaiserreich war sozusagen Halbzeit gepfiffen worden. Er ruhte sich eine Weile aus und hoffte auf eine weniger anstrengende zweite Halbzeit. Er hatte angegriffen, tapfer gekämpft, Blut gesehen und Beifall gehört. Er wurde älter und wünschte sich etwas mehr Muße. Er wollte sich dann zum Beispiel auf die Lebensgeschichte von Julius Cäsar konzentrieren, an der er schrieb. Er hätte auch gern in den Gärten von Malmaison gearbeitet, Blumenbeete angelegt und Sträucher gepflanzt. Er war milder geworden. »Ich bin ein Sozialist«, sagte er. »Der einzige Bonapartist ist Persigny, und der ist verrückt.« Die Zeit der Abenteuer war vorbei; mit dem fröhlichen Persigny, der in Straßburg und Boulogne sein Kamerad gewesen war, hatte er jeden Kontakt verloren.

Er lockerte den Griff, mit dem er seit 1851 die Regierungsgeschäfte fest in der Hand gehalten hatte. Während die Kaiserin auf ihrer geheimnisvollen Schottlandreise war, hatte er sein berühmtes Dekret vom 23. November erlassen und damit den ersten Schritt zu einer liberaleren Regierungsform getan. Das Dekret gab der Legislative das Recht, über Thronreden zu diskutieren und Vorschläge zur Verbesserung von Gesetzen zu machen. Das Zugeständnis war klein, doch für die damalige Zeit radikal.

Je mehr die Kräfte des Kaisers nachließen, um so größer wurde die Energie der Kaiserin. So wollte er es auch haben – als ob er damit seine Fehler und seine vielen Eskapaden wiedergutmachen könnte. Sie hatte während ihrer Regentschaft gezeigt, wie tüchtig und diszipliniert sie sein konnte. Von nun an nahm sie an den Sitzungen teil und führte den Vorsitz, wenn ihr Mann krank oder anderweitig verpflichtet war. Nicht allen Ministern gefiel das. Manche fürchteten ihren Einfluß. Persigny war ihr erklärter Feind. Prinz Napoleon verabscheute sie, Morny mißtraute ihr. Doch sie behauptete sich und setzte mehr und mehr ihren Willen und ihre Entschlüsse durch.

Man sprach über ihr labiles Wesen, kritisierte ihr unablässiges Eintreten für den Papst. Anzeichen für eine Labilität hatte es nach der Geburt des Kronprinzen schon einmal gegeben. Damals war Eugénie unter den Einfluß von Daniel Dunglas Home, einem jungen schottischen Medium, geraten.

Sie beschrieb damals ihrer Schwester eine ›seance‹, die am Todestag ihres Vaters Don Cipriano gehalten worden war:

»Als wir um den Tisch herum saßen, drückte eine Hand unaufhörlich die meine oder zog mich am Kleid, damit ich meine Hand hinreichte. Überrascht von soviel Beharrlichkeit sagte ich: ›So liebst du mich?‹ Die Antwort war ein sehr deutlicher Händedruck. ›Habe ich dich gekannt?‹ – ›Ja.‹ – ›Sage mir deinen irdischen Namen!‹ Buchstabe für Buchstabe kam die Antwort: ›Heute ist mein Todestag.‹ Die Anwesenden fragten mich, wer es wäre, und ich antwortete: ›Mein Vater.‹ Dann drückte die Hand die meine mit großer Zärtlichkeit und erlaubte mir, die seine zu drücken. Darauf wurden mit einem Finger drei Kreuzzeichen auf meine Hand gemacht, und die Erscheinung verschwand.«

Walewski, der damalige Außenminister, hielt Home für einen Betrüger und hatte den Verdacht, er sei ein italienischer Spion. Napoleon war fasziniert und wollte der Sache auf den Grund gehen. Eines Abends forderte er Home auf, den Kaiser Napoleon I. und König Louis Philippe zu beschwören. Das Medium ersuchte die Anwesenden, sich um einen Tisch zu stellen. Nach kurzer Zeit erhielt der Kaiser einen kräftigen Tritt auf seine Kehrseite. Er erfuhr nie, ob er von dem Großen Kaiser oder von dem Bürgerkönig getreten worden war. Kurz danach beging Home den Fehler, vorauszusagen, daß der Kronprinz niemals regieren werde. Er wurde daraufhin aus Frankreich ausgewiesen.

Eugénie hatte die Erfahrungen mit dem Hellseher zu einer Zeit gemacht, als sie sich langsam von der Geburt erholte, die sie fast das Leben gekostet hätte, und sich der harten Wahrheit gegenübersah, daß sie ihren ehelichen Pflichten nicht mehr nachkommen konnte. Inzwischen hatte sie sich damit abgefunden. Die Seitensprünge ihres Mannes machten ihr zwar noch immer Kummer, aber sie schmerzten nicht mehr so wie früher. Ihre größte Sorge galt nun seiner Gesundheit. Und deshalb hatte sie sich das Ziel gesetzt, in die Rolle einer aktiven Kaiserin hineinzuwachsen.

Napoleon litt an einer Nierenkrankheit, die zur Bildung eines Blasensteins führte. Dies wurde erst drei Jahre später richtig erkannt. Die Krankheit veränderte sein Wesen. Er konnte stundenlang schweigend und in Gedanken versunken dasitzen. Er verlor jeden Kontakt mit der Außenwelt. Oft hatte er Schmerzen, wollte es aber nicht zugeben. Er war ein unangenehmer Patient. Er ließ sich erst behandeln, wenn es zu spät war, verlangte aber dann sofortige Besserung. Seine Ärzte verpflichtete er zum Schweigen. Deshalb erfuhr Eugénie nicht, was ihm fehlte, hätte ihm im Anfangsstadium der Krankheit auch kaum helfen können. In medizinischen Fragen war sie unerfahren und überzeugt, daß die Kraft des Geistes die Schwäche des Fleisches überwinden müsse. Im Frühsommer 1862 erschien eine weitere dunkle Wolke am Horizont. Fürst Otto von Bismarck wurde zum preußischen Botschafter in Paris ernannt. Er kam ohne seine Frau. Seine erste Handlung war, den Koch der Botschaft hinauszuwerfen, weil dieser Rechnungen gefälscht hatte. Bismarck nahm darum seine Mahlzeiten im Restaurant ein. Er nahm eine Einladung des Kaisers, zu ihm und seiner Frau nach Biarritz zu kommen, an, reiste quer durch Frankreich und legte sich an der Atlantikküste in die Sonne.

Bismarck war schon zur Friedenskonferenz im Jahre 1856 und ein Jahr danach privat in Frankreich gewesen. Er war ein bulliger Mann mit buschigen Brauen, vorgewölbten Augen und einem Schnurrbart, dessen Spitzen wie Hörner nach unten gebogen waren, das Gegenteil also zu den meisten Männern am Hofe des Zweiten Kaiserreichs.

In seiner Jugend hieß er wegen seiner wilden Eskapaden der ›Verrückte Bismarck‹. Er war ein Damenfreund. Als er einmal in seiner weißen Kürassieruniform in den Tuilerien Walzer tanzte, ließ er ein weibliches Herz dort besonders hoch schlagen. Eugénie fand das sehr spaßig. Sie verabredete mit Mérimée, einen Gipsabdruck von Bismarcks Kopf anfertigen zu lassen. Diesen legte sie der betreffenden Dame auf das Kopfkissen. Die Gestalt eines schlafenden Mannes täuschte man mit einem Kissen vor. Eugénie tat ein übriges und band dem Kopf ein Tuch um, damit es wie eine Nachtmütze aussah. Sie und der Kaiser versteckten sich im Vorraum, während sich die übrigen, die in das Geheimnis eingeweiht waren, auf ihre Zimmer zurückzogen. Als die Dame in ihr Zimmer trat und im Kerzenlicht Bismarck in ihrem Bett liegen sah, rannte sie schreiend auf den Korridor zurück, wo ihr Eugénies Gelächter entgegenschlug. Inzwischen war aber auch ein Bediensteter, der in dem Zimmer etwas zu tun hatte, auf den falschen Bismarck hereingefallen. Er zog sich unter vielen Entschuldigungen zurück und verbreitete unten im Dienertrakt die Nachricht, daß der preußische Staatsmann im Bett einer Dame liege.

Bismarck brauchte lange, um Napoleon richtig einzuschätzen, einen Mann, der älter und weit erfahrener war als er selbst, und der im Pokerspiel der Politik jede Karte kannte. Später gestand Bismarck, er habe Napoleons Intellekt überschätzt und sein Gemüt unterschätzt. Für empfindsame Gemüter hatte der Preuße wenig Interesse. Eugénie imponierte ihm von Anfang an. Seine Hochachtung für sie überdauerte alles Unglück und alle Widrigkeiten, die ihr die späteren Jahre brachten. Es sei nicht allein ihre Schönheit, die ihn beeindrucke, sagte er, es sei noch etwas anderes. Dieses ›andere‹ war Energie. – Zwei starke Persönlichkeiten zogen sich an. Zu Jules Favre sagte er, niemals in seinem Leben habe ihn weiblicher Liebreiz so verwirrt wie damals im Vestibül des Palasts von Compiègne, als er Zeuge war, wie die Kaiserin König Wilhelm von Preußen empfing. Er hatte Angst, ihrem Zauber zu verfallen. Ihr Charme, meinte er, hätte ihn dann veranlaßt, mehr als sonst auf der Hut zu sein. Er war besonders gefährdet, da seine eigene Frau ziemlich häßlich war. Queen Victoria beschrieb die Fürstin Bismarck als »eine recht männliche und nicht sehr sympathische Dame«. Sie hatte erschreckend große Füße, die größten, sagte man, die je den Boden westlich des Rheins betreten hätten.

Eugénie erkannte sehr früh, daß Bismarck gefährlich war. Schon 1859 sagte sie: »Wenn er bellt, wird er sicher auch beißen.« Und doch mochte sie ihn, schätzte ihn sogar sehr und klagte ihn nie für ihr tragisches Schicksal an.

Im Sommer 1862 wollte Bismarck nur drei Tage in Biarritz bleiben. Es wurden drei Wochen. Er studierte keine Akten, vergaß die Politik. Er war, zum letztenmal, Mensch. Schwerlich hätte man hier den ›Eisernen Kanzler‹ in ihm erkannt. »Ich blieb über eine halbe Stunde im Wasser und habe daher das Gefühl, daß mir nur die Flügel fehlen, um zu fliegen. Nach dem Essen ritten wir spazieren, im Mondschein bei Ebbe am Strand entlang.« Später äußerte er, er habe in Frankreich zwei amüsante Frauen getroffen, aber keinen einzigen amüsanten Mann. Die erste war die Kaiserin Eugénie und die zweite die Fürstin Orlow, die Frau eines russischen Diplomaten. Über sie, die er in Biarritz kennengelernt hatte, schrieb Bismarck an seine Frau: »Unsichtbar für alle Menschen, durch zwei Felsen mit blühendem Heidekraut, sehe ich das Meer, grün und weiß in Schaum und Sonne; neben mir die reizendste aller Frauen ... lustig, klug und liebenswürdig, hübsch und jung.« Die Fürstin Orlow spielte Beethoven und Chopin für ihn, wenn er am offenen Fenster saß und auf die mondbeschienene See hinausblickte. Es war seine letzte Liebesromanze.

Der Strand von Biarritz bot in diesem Sommer viel Abwechslung. Eines der täglichen Vergnügen der französischen Badegäste war, Madame Rimsky-Korsakoff zu beobachten. Sie war nicht hübsch, hatte aber eine hinreißende Figur, und sie wußte es. Sie trug ein Badekleid aus leichtem Stoff, so geschnitten, daß es ihre Formen betonte. Trat sie aus ihrer Kabine heraus, so ging es wie ein Lauffeuer den ganzen Strand entlang. Wenn sie aus dem Wasser kam, durch hundert Feldstecher beäugt, sah sie aus, als käme sie gerade aus dem Badezimmer. Die Kaiserin machte dem ein Ende.

Im September wurde Bismarck nach Berlin zurückberufen. König Wilhelm war über die Frage von Heeresreformen mit seinem Parlament in einen heftigen Konflikt geraten. Da er an das Gottesgnadentum glaubte, erwog er, zugunsten seines Sohnes Friedrich Wilhelm abzudanken. Der Kriegsminister von Roon überredete ihn, den Kampf weiterzuführen und Bismarck zum Ministerpräsidenten zu ernennen. So begann die Ära von ›Blut und Eisen‹.

Im Jahre 1860 war Napoleons Liaison mit Madame Walewska zu Ende. Von nun an verließ er sich auf seinen ›Vergnügungsminister‹ M. Bacciochi, der ihm jede gewünschte weibliche Unterhaltung beschaffte. Es waren aber nur kleine Episoden. Zweimal fand man den Kaiser nach solchen Liebesabenteuern ohnmächtig auf dem Boden liegend vor. Im Jahre 1863 schien es, als sei er wieder bei Kräften, und gerade zu jener Zeit lief ihm ein besonders reizvolles Frauenzimmer über den Weg. Vielleicht war sie ihm aber auch zugespielt worden, und ihre Auftraggeber saßen in Preußen. Der Kaiser machte eines Nachmittags eine Spazierfahrt durch den Bois de Boulogne. Ein Gewitter brach los. Er sah eine junge Frau, die sich vor dem Gewitter unter einen Baum geflüchtet hatte. Er hielt den Wagen an und warf ihr eine Decke zu. Am nächsten Tag kam sie mit der Decke in die Tuilerien und bestand darauf, ihren Wohltäter zu sehen. Er empfing sie. Sie siegte.

Ihr Name war Justine Marie Lebœuf, doch sie hatte den attraktiveren Namen Marguerite Bellanger angenommen. Sie war fünfundzwanzig Jahre alt. Sie war in einem Hotel in Boulogne Zimmermädchen, brannte dann mit einem

Handlungsreisenden nach Paris durch. Nachdem er sie verlassen hatte, ging sie zum Zirkus, ritt auf ungesattelten Pferden und arbeitete als akrobatische Tänzerin. Auf dem Bauch liegend, konnte sie mit einem Satz auf die Füße springen. Man erzählte später, sie liefe auf den Händen in das Zimmer des Kaisers. Sie war groß, ziemlich dick, besonders um Hüften und Schenkel. Sie durfte bald kleinere Rollen auf der Bühne spielen, doch verließ sie sich für ihren Lebensunterhalt vor allem auf die Offiziere der ›Ecole Militaire‹. Sie nannten sie ›Margot la Rigoleuse‹, die muntere Margot. Die Verheißungen, die in ihrem offenen Blick und ihrem sinnlichen Mund lagen, waren unmißverständlich. Sie war eine übersteigerte Ausgabe der ›Belle Sabotière‹. Mit ihr schloß sich der Kreis für Napoleon. Er war Marguerite hörig geworden. Er installierte sie in einer Wohnung in Fontainebleau, schenkte ihr erstklassige Reitpferde und kaufte ihr ein Haus in Passy. Er überhäufte sie mit Geschenken. »Cäsar hat seine Cleopatra gefunden«, war Prosper Mérimées Kommentar dazu.

Die Affäre mit Marguerite war in dreierlei Hinsicht verhängnisvoll. Erstens minderte sie weltweit das Prestige des Zweiten Kaiserreichs, zweitens untergrub sie Napoleons Gesundheit vollends und versetzte Eugénie in begreiflichen Zorn. Das Verhältnis der beiden verschlechterte sich dermaßen, daß Gerüchte von einer Trennung aufkamen. Am Hof hörten viele, wie sie sich stritten. Den Walewskis vertraute Eugénie an: »Ihr müßt nicht glauben, daß ich nicht immer über die Untreue dieses Mannes Bescheid gewußt hätte. Ich habe alles versucht, habe sogar versucht, ihn eifersüchtig zu machen. Das war vergebens. Aber jetzt, wo er sich mit diesem liederlichen Frauenzimmer eingelassen hat, ertrage ich das nicht mehr länger.« Die traurige Wahrheit war, daß Eugénie ihm nie Grund zur Eifersucht hatte geben können. Es fehlte ihr nicht an Bewunderern, sie hatte eine ganze Schar von Anbetern, darunter auch den preußischen Gesandten, Graf von der Goltz. Sie wußte, daß sie von diesen allen geliebt wurde, und erwiderte diese Gefühle mit schwesterlicher Zuneigung, genoß ihr Vertrauen und kümmerte sich um sie, wenn sie krank waren. Diese ›Freunde‹ erregten nicht des Kaisers Eifersucht. Doch hätte sich seine Frau so verhalten, wie seine Mätressen sich ihm gegenüber benahmen, wäre er aufgebraust. Das kam für Eugénie weder physisch noch moralisch in Frage. Der Fall Eugénie hat viel Ähnlichkeit mit dem der Alexandra von Dänemark, der Gemahlin des Prinzen von Wales. Wie Eugénie ihren Goltz, so hatte Alexandra ihren Oliver Montagu. Beide Frauen mußten lernen, die unverschämten Blicke der Geliebten ihrer Männer zu ertragen. Die Parallele geht noch weiter. Alix und Eugénie hatten vieles gemeinsam: Sinn für schöne Kleider, Liebe zu Pferden, tiefen Glauben, Sorge um Kranke und Bedürftige, auch ihr Mißtrauen gegen Deutschland. Zwei schöne Frauen, die ihren Stolz aufgeben und den Liebesabenteuern ihrer Männer Platz machen mußten.

Die Spannung zerrte an Eugénies Nerven. Sie verlor den Appetit und konnte nicht mehr schlafen. Sie hustete viel. Als sie im Sommer 1864 erfuhr, daß Napoleon Marguerite in seine efeuumrankte Villa in Vichy mitnahm, beschloß sie, dem Rat ihres Arztes zu folgen und zur Kur in ein deutsches Bad zu fahren. Sie reiste nach Bad Schwalbach; und zwar inkognito als Comtesse de Pierrefonds und nur von wenigen Damen und Herren begleitet. Schon nach wenigen Tagen erholte sie sich.

Es machte Spaß, mit ihr zu reisen. Sie interessierte sich für alles, was sie sah. Sie lachte wieder, zum Beispiel über den Versuch der deutschen Köche, ein Brathähnchen zuzubereiten, das dann aber scheußlich schmeckte und abserviert werden mußte. Sie lachte über das Glück, das eine ihrer Damen im Spielsaal des Wiesbadener Kurhauses hatte, als sie einen Louisdor setzte und sechsunddreißig ausbezahlt bekam. Sie freute sich über die Schwalbacher Quelle, von der es hieß, sie verleihe die Gabe der ewigen Jugend, und sie amüsierte sich über den nächtlichen Schrecken durch einen gefährlichen Einbrecher, der sich hinterher als einer der Herren ihres Gefolges entpuppte. Er hatte im Schlaf geschrien.

Eugénie hatte sich schon darauf gefreut, ihre Kur in Ruhe genießen zu können. Aber daraus wurde nichts. Eines Morgens in aller Frühe erschien König Wilhelm von Preußen mit einem riesigen Strauß roter Rosen. Er blieb den ganzen Tag über. Er war sechsundsechzig, ein großer Damenfreund und schon in Compiègne ihr Gast gewesen. Doch sein Besuch war nicht rein gesellschaftlicher Natur. Nach dem preußischen Angriff auf die Herzogtümer Schleswig und Holstein an der dänischen Grenze wünschte er, die Franzosen in guter Stimmung zu halten. Der nächste, der Eugénie besuchte, war Zar Alexander II. von Rußland, der sich in Darmstadt aufhielt. Der Großherzog von Baden mit seinen Beziehungen zur Familie Bonaparte bestand darauf, daß sie sein Gast sein sollte. Wann immer sie irgendwohin fuhr, war der Zug geschmückt, Musikkapellen spielten, und die Menschen liefen zusammen. Das hob ihr Selbstgefühl, und als sie im Oktober nach Paris zurückkehrte, fühlte sie sich viel kräftiger und entschlossener als zuvor.

In Paris aber gab Marguerite den Ton an. Es war kein Zufall, daß Eugénie jedesmal bei ihrer nachmittäglichen Ausfahrt von dem auffälligen Wagen der Mätresse überholt wurde. Es war reiner Hohn und offene Herausforderung. Die künstlichen Margeriten an ihrem Hut ließen im übrigen keinen Zweifel an der Identität der Dame.

Die Herausforderung wurde bald darauf angenommen. Als Napoleon in Marguerites Haus in Passy einen Kreislaufkollaps erlitt, war sich Eugénie darüber klar, daß Frankreich seinen Kaiser verlieren würde, wenn sie jetzt nicht eingriff. Sie mußte der Frau selbst gegenübertreten. Sie besprach ihren Plan mit Lord Cowley, der Lord Clarendon darüber informierte. Der Botschafter hielt das für äußerst unüberlegt und schrieb die Idee dem »spanischen Temperament und der spanischen Eifersucht« zu. Aber Eugénie ließ sich nicht abschrecken. Sie gewann die Unterstützung von M. Mocquard, dem Bruder des kaiserlichen Sekretärs, der sich seinerzeit um Elizabeth Howard gekümmert hatte. In einer Mietdroschke fuhr sie mit ihm zusammen nach Passy, in die Rue des Vignes 27. Schon beim Betreten des Hauses ließ Eugénie eine Flut von Anklagen los. Marguerite, die es von der Bühne her gewohnt war, hitzige Angriffe zu parieren, zahlte mit gleicher Münze heim. »Er kommt zu mir, weil Sie ihn langweilen und ärgern«, sagte sie.

Der Krach wurde immer lauter; schließlich hielt es Monsieur Mocquard nicht mehr aus. Er zog sich zurück, schloß die Tür und blieb in einiger Entfernung stehen. Plötzlich herrschte Stille. Er wartete eine Weile, dann schlich er sich voll düsterer Ahnungen den Gang entlang. Vorsichtig öffnete er die Tür einen Spalt. Er hörte Gelächter. Als er in das Zimmer hineinspähte, saßen die Kaiserin und Marguerite Bellanger nebeneinander auf dem Sofa und schwatzten zusammen wie zwei alte Freundinnen.

Die Kaiserin erhob sich, umarmte Marguerite und verabschiedete sich. Der völlig überraschte M. Mocquard trottete hinter ihr her.

Damit endeten die Liebesaffären Napoleons III. Es wurde später noch von anderen kleinen Abenteuern geredet, aber sie hatten keine Bedeutung mehr. Eugénie wußte jetzt, wie sie damit fertig werden konnte. Und Marguerite wurde gut versorgt. Sie besaß ein Schloß in Villeneuve-sous-Dammartin und Grundbesitz in Paris und in der Touraine. Später heiratete sie einen Preußen namens Kulbach.

Ein anderer Preuße zog jetzt Napoleons und Eugénies Aufmerksamkeit auf sich.

Bismarck war fest entschlossen, Preußen groß zu machen. Er wünschte ein geeintes Deutschland; aber nicht den geeinten, liberalen Staat, von dem Prinz Albert geträumt hatte, einen Staat mit Kultur und Industrie, mit Handelsmessen und Konzerten, mit Musikkapellen, die sonntagnachmittags in den Parks spielten. Was Bismarck vorschwebte, war eine deutsche Nation unter preußischer

Hegemonie, eine Nation, die zuerst Europa und dann die Welt beherrschen sollte.

Nachdem Bismarck zwei Jahre im Amt war, wünschte er einen Krieg, keine große Sache, nur ein etwas ausgedehntes Truppenmanöver, bei dem er seine Soldaten Blut und Sieg schmecken lassen und neue Waffen ausprobieren konnte; bei dem er vor allem Erfahrungen mit dem neuen und lebenswichtigen Element der modernen Kriegsführung, der Eisenbahn, sammeln wollte. Er beschloß, die Herzogtümer Schleswig und Holstein, Pufferstaaten zwischen Deutschland und Dänemark, zu annektieren. Als Zukunftsvision sah er schon den Nordostsee-Kanal und die großen Kriegsschiffe, die durch ihn von der Nordsee in die Ostsee fahren konnten. Er sicherte sich die Hilfe Österreichs, erklärte Dänemark den Krieg und errang einen leichten Sieg.

Bismarck war verändert; das fiel vor allem den ausländischen Diplomaten auf. Die sympathischen Eigenschaften von früher waren verschwunden. Er trug ein gespreiztes Wesen zur Schau und brüllte. Er verlor jeden Respekt vor anderen Staatsmännern. Er wußte die Macht hinter sich und vertraute seiner eigenen Schläue. Die Schwäche und der schlechte Gesundheitszustand anderer mußten ausgenutzt werden, Lügen waren Beweis für staatsmännisches Können, und Siege wurden über alles andere gestellt.

Zu dieser Zeit hätte Napoleon Preußen entgegentreten können, auch Eugénie wäre damit einverstanden gewesen. Doch Napoleon war krank, und seine Truppen waren überall verstreut, in Rom, in Algerien und in Mexiko. Nicht durch Krieg, sondern durch staatsmännische Klugheit versuchte er, seine Stellung als Schlüsselfigur in Europa zu halten. Deshalb bemühte er sich zunächst, einen Keil zwischen Preußen und Österreich zu treiben. Dies gelang ihm auch bis zu einem gewissen Grade. Das einzige, was er jedoch wirklich erreichte, war, daß der Tag der endgültigen Abrechnung hinausgeschoben wurde. Angesichts der Gefahr, die sich um ihn zusammenzog, wäre es ratsam für ihn gewesen, sich an Großbritannien zu wenden. Aber Queen Victoria saß noch im Dämmerlicht und hörte auf Alberts Stimme aus dem Grabe. Es waren immer die gleichen Töne: alles, was Preußen tat, war richtig. Wenn die Queen und ihre Minister damals mit dem Kaiser gesprochen hätten, wäre das Deutsche Reich vielleicht nie geschaffen worden. Dreißig Jahre später unterhielt sich Lord Rendel mit Gladstone über dieses Thema und berichtet:

»Mr. G. erzählte mir als eine nicht genügend bekanntgewordene Tatsache..., daß Napoleon III. 1864 eine Gelegenheit versäumt habe, die wahrscheinlich den Lauf der späteren Geschichte verändert hätte. Ohne Zustimmung seines Kabinetts, ohne es überhaupt zu konsultieren, gab Lord Palmerston gegen Ende der Sitzungsperiode eine Erklärung ab, in der es hieß, daß Dänemark nicht allein stünde, wenn es in der Affäre Augustenburg festbleiben und das preußische Ultimatum ablehnen würde. Natürlich deutete Dänemark diese Erklärung als ein britisches Hilfeversprechen und war äußerst erbittert, als es sich dann als haltlos erwies. Im entscheidenden Moment wurde klar, daß England allein nicht wagen konnte, Dänemark gegen Preußen, Österreich und den Norddeutschen Bund zu beschützen. Also mußte Palmerston gestürzt und Dänemark im Stich gelassen werden.

Inzwischen hatte aber die britische Regierung Frankreich vorgeschlagen, Dänemark mit allen Kräften zu Wasser und zu Lande zu unterstützen. Napoleon war so unklug, den Vorschlag mit der Begründung abzulehnen, daß Frankreichs Interessen in der Sache wesentlich geringer seien als die Englands; es solle sich allein um seine Angelegenheiten kümmern. Dänemark wurde an die Wand gedrückt, und die ersten aggressiven Schritte Preußens in Richtung auf ein Deutsches Reich und auf die Abwehr französischer Vormachtsansprüche waren getan. Und das zu einem Zeitpunkt, wo es für Napoleon noch ein leichtes gewesen wäre, Bismarcks Pläne im Keime zu ersticken.«

Im Herbst 1865 tauchte Bismarck noch einmal bei Napoleon in Biarritz auf. Doch für ihn gab es jetzt keine Mußestunden am Meeresstrand fern der Politik mehr. Er wanderte neben seinem Gastgeber am Strand entlang und redete unaufhörlich. Immer wieder sprach er über seinen Traum von Europa und welchen Nutzen sie beide davon haben könnten. »Ist er verrückt?« fragte der Kaiser Mérimée. »Fortwährend will er mir etwas schenken, das ihm gar nicht gehört.« Der Preuße war nicht verrückt, er wollte sich nur vergewissern, daß der Kaiser ihm bei seinem nächsten militärischen Abenteuer nicht in die Quere kommen würde.

Der ›Siebenwöchige Krieg‹ begann im Juni 1866. Preußen, mit Italien verbündet, griff Österreich an, das von den süddeutschen Staaten unterstützt wurde. Frankreich war antipreußisch gesinnt und blieb neutral. In letzter Minute traf Napoleon ein Geheimabkommen mit Österreich, das ihm Venedig abtreten sollte. Er betonte aber dabei, daß er freie Hand behalten wolle. In Wirklichkeit war er gar nicht in der Lage, Krieg zu führen. Queen Victoria war jetzt, wo Preußen bedroht war, aufgewacht und bot ihre Vermittlung an. Aber sie erhielt eine Abfuhr von Bismarck, der ihr vorwarf, sie mische sich aus »selbstsüchtigen familiären Gründen« ein. Der Vorwurf war berechtigt; einer ihrer Schwiegersöhne, Kronprinz Friedrich Wilhelm, befehligte die Preußen, ein zweiter, Prinz Ludwig von Hessen, der Mann ihrer Tochter Alice, stand auf der Gegenseite. Ein Vetter Queen Victorias war König von Hannover, und ihr Schwager, Herzog Ernst von Coburg, unterstützte die Österreicher.

Am 16. Juni schrieb Marie von Battenberg, eine Kusine des Prinzen Ludwig von Hessen, die spätere Fürstin von Erbach-Schönberg, in ihr Tagebuch: »Ein trauriger Tag, voller Ängste! Es wurde gemeldet, daß die Preußen Hannover, Sachsen, Kurhessen, Nassau und Oberhessen besetzt hätten.« Auf diese völlig unerwartete Weise kam der Zusammenschluß von Norddeutschland zustande. Am 3. Juli wurde der Name Königgrätz mit Blut in das Buch der Geschichte geschrieben. Acht Stunden lang kämpften die beiden Hauptarmeen, jede nahezu eine Viertelmillion Mann stark, um die Vorherrschaft in Deutschland.

Als im Dorf Sadowa der Abend hereinbrach, hatten die Österreicher fünfundvierzigtausend Mann verloren, die Preußen weniger als zehntausend. Das Zündnadelgewehr, ein Hinterlader, den der Waffenschmied Johann von Dreyse erfunden hatte, gab den Ausschlag für diesen Sieg. Das Gemetzel war fürchterlich gewesen.

In Sadowa wurden aber nicht nur die Österreicher besiegt. Auch die Franzosen waren geschlagen; denn Napoleon hatte seine Machtstellung in Europa verloren. Sein Vermittlungsangebot wurde vom Tisch gewischt. Selbst König Victor Emmanuel nahm keine Notiz mehr von ihm. Napoleon war sich darüber im klaren, daß er sich auf keine Kraftprobe mit Bismarck einlassen konnte, da seine Truppen weit auseinandergezogen waren und das französische Volk keinen Krieg wünschte. Hätte er aber sofort ein Truppenkontingent an die kaum bewachten Rheinufer geschickt, hätten sich mit Sicherheit die süddeutschen Staaten ihm angeschlossen, und die preußischen Streitkräfte wären zum Rückzug nach Berlin gezwungen worden. Das hatte er nicht erkannt, und gerade diese Gefahr fürchtete man in Bismarcks Hauptquartier. Eugénie sah die Lage klarer. Sie befürchtete, die preußische Dampfwalze werde Frankreich überrollen und damit das Kaiserreich und die Zukunftsaussichten ihres Sohnes zerstören, wenn man sie jetzt nicht zum Stehen brächte. Der Kriegsminister sagte in einer Sitzung des Kronrats in Saint-Cloud am 5. Juli, daß sofort achtzigtausend Mann am Rhein zusammengezogen werden könnten und weitere zweihundertfünfzigtausend innerhalb von zwanzig Tagen. Eugénie setzte sich beredt für einen sofortigen Angriff ein.

Vielleicht gab Napoleon unter ihrem Einfluß seine Einwilligung zur Mobilmachung. In der folgenden Nacht überlegte er es sich anders, und der Befehl zur Mobilmachung wurde zurückgezogen. Einer österreichischen Delegation gegenüber erklärte er wiederholt: »Ich bin für einen Krieg nicht gerüstet.« Eugénie schrieb an Fürst Metternich, den österreichischen Botschafter in Frankreich: »Mein Wort hat kein Gewicht mehr. Ich stehe mit meiner Meinung fast allein. Die gegenwärtige Gefahr wird übertrieben und die größere von morgen dahinter versteckt ... wenn Sie sie doch verprügeln könnten!«

Tatsache war, daß Napoleon mit seiner geschwächten Gesundheit den Schock von Königgrätz nicht überwinden konnte. Er hatte mit einem längeren Krieg gerechnet, einem Krieg, der die beiden gleich starken Gegner schwächen würde und er am Ende der Mächtige war, mit dem man rechnen mußte. Das Zündnadelgewehr hatte diesen Traum zerstört.

Eugénie fiel auf, wie unentschlossen und erschöpft er war, daß er wenig aß und kaum schlief. Gegen Ende des Monats war er ernstlich erkrankt. Eugénie erwog, die Regentschaft zu übernehmen, und sagte zu dem österreichischen Botschafter: »Wir steuern auf unsern Untergang zu. Das beste wäre, der Kaiser würde sich zurückziehen, wenigstens eine Zeitlang.«

Sie hatte jetzt die Macht in der Hand. Wo immer sie erschien, um Krankenhäuser zu besuchen und an örtlichen Festlichkeiten teilzunehmen, wurde sie mit begeisterten Rufen empfangen. Sie brachte ihren Gatten nach Vichy, in seine Villa. Er war ans Bett gefesselt und schien mit dem Leben abgeschlossen zu haben. Im September konnte er jedoch zu seiner Frau und seinem Sohn nach Biarritz reisen. Dort besserte sich sein Gesundheitszustand überraschend schnell. Die Spiele mit seinem Jungen und seinem Hund am Strand waren für ihn die beste Medizin.

Im gleichen Herbst informierte Bismarck in London Disraeli ganz nebenbei, er wäre in Frankreich einmarschiert, hätte er gewußt, daß Napoleon nur hundertvierzigtausend Mann zur Verfügung hatte.

Der Kronprinz

In den Jahren um 1860 machten zwei Menschen der Kaiserin besondere Freude. Der eine war ihr Sohn, der Kronprinz, dessen Gesellschaft in Biarritz so belebend auf den Kaiser gewirkt hatte. Der andere war Fürst Richard Metternich.

Richard Metternich war der Sohn des großen österreichischen Kanzlers. Er war dreißig Jahre alt, als er 1859, im Todesjahr seines Vaters, den Posten des österreichischen Botschafters in Paris übernahm. Er war groß und breitschultrig, sah gut aus mit seinem langen blonden Backenbart und kleidete sich immer elegant. Zu den Frauen war er galant, Männern gegenüber eher zurückhaltend. Er war ein begabter Musiker und kannte alle Walzer von Strauß und Lanner. Die Abende in den Tuilerien waren oft langweilig; aber nicht, wenn Metternich sich im Apollo-Saal an den Flügel setzte. Er konnte auch herrlich Scharaden organisieren. Wenn der Hof in Compiègne war und es regnete, pflegte er zu sagen: »Was tun wir? Scharaden veranstalten.«

Richard war ein verwöhnter, etwas indolenter Mensch; das Format seines Vaters besaß er nicht. Es wurden ihm auch nicht die gleichen Chancen geboten wie seinem Vater. Die Rolle eines Botschafters hatte sich in kurzer Zeit verändert. Fünfundzwanzig Jahre zuvor war ein diplomatischer Vertreter von seiner Hauptstadt abgeschnitten: Die Verbindungen waren so langsam, daß er in eigener Verantwortung Entscheidungen treffen mußte. 1860 tickerten schon die Telegraphen, und schnelle Züge rasten durch die Nacht. Doch Richard hatte eine glänzende Stellung durch seine Beziehung zur Kaiserin.

Da Eugénies Sympathien auf der Seite der Österreicher lagen, fand sie in dem österreichischen Botschafter, der ein vollendeter Kavalier war, ein sehr nützliches Sicherheitsventil. In den spannungsreichen sechziger Jahren lief sie oft zu ihm, mehr um sich über ihre eigenen hochfliegenden Pläne auszusprechen, als um Rat zu suchen. Der Briefwechsel mit ihm und ihre freimütigen Gespräche »bilden eine der eigenartigsten und faszinierendsten Kapitel in der Geschichte der europäischen Diplomatie«. Napoleon hatte nichts dagegen. Er war froh, daß sich die geistigen Spannungen seiner Frau anderswo entluden. Durch diese Liaison erhielt er Informationen, die er sonst nicht erfahren hätte. Obwohl Eugénie den jungen Metternich oft rücksichtslos ausnutzte, ihn zum Beispiel in früher Morgenstunde aus dem Bett jagte, damit er in einer Sache etwas unternehme, die ihr Kopfzerbrechen machte, waren sie doch sehr gute Freunde.

Richards Frau Pauline war acht Jahre jünger als er; sie war eigentlich seine Nichte, aber diese verwandtschaftliche Beziehung störte ihr Familienleben nicht. Die Meinungen über sie waren geteilt. Manche mochten sie, andere hingegen gar nicht. Aber alle gaben zu, daß sie dynamisch war, ›une grande dame‹, und in Kleiderfragen einen außergewöhnlich guten Geschmack hatte. Im Scherz nannte man sie ›Notre Dame de Vienne‹, oder ›La Reine Peste‹. Jemand, der sie gut kannte, beschrieb sie folgendermaßen:

»Sie war sehr häßlich, hatte gelbliche Haut, hervortretende Augen, dicke Lippen (sie nannte sich selbst den ›Modeaffen‹, der Name paßte zu ihr und blieb ihr auch). Sie sah ein bißchen aus wie eine weiße ›Topsy‹, aber sie war gescheit und so dreist wie der Teufel. Sie hatte wie die Kaiserin ein seltenes Geschick, sich apart zu kleiden. Darin war sie nahezu genial und konnte die ausgefallensten Kleider tragen. Sie ließ einmal die bekannte Pariser Variété-Sängerin Theresa zu sich kommen, um von ihr nicht nur Text und Melodie, sondern auch die Gesten zu lernen, mit denen Theresa ihre Lieder wie ›La femme à barbe‹ vortrug. Sie war schließlich besser als Theresa selbst. Sie machte wirklich die verrücktesten Dinge. Die meisten Frauen hätten sich damit hoffnungslos bloßgestellt. Doch Pauline Metternich mit ihrer gelblichen Haut und den Basedowaugen blieb bei allem und immer die ›grande dame‹.«

Paulines Vater war Graf Moritz Sandor, ein berühmter ungarischer Reiter, der so oft auf den Kopf gefallen war, daß er in höherem Alter geisteskrank wurde. Ihre Mutter war die Schwester ihres späteren Gatten. Pauline war von unerschöpflicher Tatkraft. Sie konnte nicht ertragen, müßig zu bleiben und sich zu langweilen. Deshalb war sie in Krisenzeiten eine weit bessere Botschaftergattin als in den Zeiten, wo es friedlich zuging und alle internationalen Spannungen sich gelegt hatten. Das Leben in den Tuilerien war monoton. Eine Hofdame beschrieb es so: »Wir ziehen uns an, wir schwatzen miteinander, und dann ziehen wir uns wieder aus.« Eugénies Damen waren nicht sehr unterhaltsam. Sie brauchten jemanden, der die Gesellschaft anregte und die Initiative ergriff. Pauline Metternich war dafür genau die Richtige.

Eines Abends verkleideten sich Eugénie und Pauline als Männer und fuhren auf dem Deck eines Pferdeomnibusses durch Paris. Pauline entwarf für Eugénie einen Anzug, zu dem sie ein Trikot tragen mußte. Das entdeckte Napoleon allerdings noch rechtzeitig. Pauline und der englische Modeschöpfer Worth konnten Eugénie dazu überreden, auf die Krinoline zu verzichten. Als Pauline gefragt wurde, wie sie es wagen könne, die Kaiserin in solch familiärem Ton anzusprechen, gab sie zur Antwort, Eugénie sei ja keine richtige Kaiserin wie Elisabeth in Wien. Wenn Eugénies kleiner Sohn, der Kronprinz, frech und ungezogen war, ohrfeigte ihn Pauline. Das wurde für ihn ein Trauma, das er nie vergessen konnte. An einem der langweiligen Abende in den Tuilerien ließ sie eine Schüssel mit Mehl bringen. Sie legte einen ihrer Ringe darauf. Die Anwesenden sollten versuchen, den Ring mit den Lippen aufzunehmen, ohne Mehl auf die Nasenspitze zu bekommen.

Pauline trank Alkohol und rauchte Zigarren. Sie zeigte ihre Beine und machte unverschämte Bemerkungen.

Bei einem Diplomatenempfang sagte sie laut zu einer Freundin, der sie auf der Treppe begegnete: »Gehen Sie nicht hinein, dort stinkt es nach Exzellenzen.« Als alte Frau sah sie zu, wie Foxtrott getanzt wurde, und meinte: »In meiner Jugend haben wir so etwas im Bett gemacht.« Pauline war die einzige Frau am kaiserlichen Hof, die es mit Eugénie beim Sport aufnehmen konnte. In Biarritz waren lange Ritte und ausgedehnte Spaziergänge an der Tagesordnung. Eugénie schwamm bei jedem Wetter. Weder ihre Gäste noch ihr Gefolge konnten mithalten. Also beschloß sie, mit ihnen in ihrer kleinen Jacht, der ›Seemöwe‹, eine Fahrt zu unternehmen. Pauline fragte sie, ob das für die Herrschaften nicht vielleicht noch anstrengender werden würde. Eugénie konnte sich jedoch nicht vorstellen, daß jemandem auf See übel werden könnte. Man stieg fröhlich und im besten Sonntagsstaat an Bord. Ein Sturm kam auf, und bald war Eugénie die einzige, die noch stand. Ungerührt reichte sie für die Seekranken Eimer herum. Erst nach zwei Uhr morgens konnte die ›Seemöwe‹ in Biarritz vor Anker gehen. Erst da bekam es Eugénie mit der Angst zu tun. Denn da stand Napoleon und hielt ihr eine gewaltige Strafpredigt, während bleiche, traurige Gestalten sich ans Ufer schleppten.

Der junge Kronprinz, Eugénies Sohn, war ein reizender Junge. Er hatte sowohl von seinem Vater wie von seiner Mutter die besten Eigenschaften geerbt. Als einziges Kind war er natürlich verzogen.

Er hatte tiefblaue Augen und hellbraunes Haar und hieß allgemein ›Loulou‹, wenigstens nannte ihn sein Vater so, während Eugénie den formelleren Titel ›Kronprinz‹ benutzte. Napoleon war daran gewöhnt, Buben um sich zu haben; seine zwei Söhne von der ›Belle Sabotière‹ und Elizabeth Howards Sohn aus ihrer Verbindung mit Major Martin. Da er in der Ehe keine Liebe mehr fand, sehnte er sich nach der Liebe von Loulou. Eugénie dagegen hatte mit Kindern überhaupt keine Erfahrung. Wenn sie an ihre eigene Kindheit zurückdachte, konnte sie sich nur an die harten Zeiten bei Don Cipriano erinnern. Auf ungesattelten spanischen Pferden mußte sie hinter ihm über Land reiten. Sie sah den Lebensweg des Knaben deutlicher voraus als ihr Mann und hielt deshalb eine gewisse Strenge für nötig. Im übrigen quälte sie der Gedanke, daß seit Ludwig XIV. kein direkter Thronerbe mehr den Thron von Frankreich bestiegen hatte.

Als Loulou das Alter erreicht hatte, wo er schon mehr aus sich herausgehen und einigermaßen reagieren sollte, fiel sein ständig gelangweilter Blick und der lethargische Ausdruck in seinen Augen auf.

Ein Arzt meinte, das Kind langweile sich zu Tode, seine Tage seien so eingeteilt, daß es weder Licht noch Schatten gäbe, kein Vergnügen und keine Schwierigkeiten. Wollte er etwas trinken, wurde es gebracht. Mußte er auf den Topf, wurde ihm sofort einer hingestellt. Jede Minute seines kleinen Lebens war geregelt, Kinderspiele gab es nicht. Eugénie bemühte sich nach Kräften, das zu ändern. Als er zwei Jahre alt war, mußte er lernen, allein aufzustehen, wenn er hinfiel. Wenn er seinen Ball verlor, mußte er ihn selbst suchen. Es gab französische Mütter, die das unmenschlich fanden.

Miß Shaw, die große, immer lächelnde, von Queen Victoria empfohlene oberste Kinderfrau, war der ruhende Pol in seinem Leben. Sie sprach eine komische Mischung aus Französisch und Englisch und wehrte wütend alle Versuche von einheimischen Hilfskräften ab, von aristokratischen Erzieherinnen, Kindermädchen und Lehrern, wenn diese ihr nur ein Jota ihrer Allgewalt rauben wollten. Sie schlief in einem Alkoven im Zimmer des Prinzen. Was die Ärzte an Medizinen und Diät verschrieben, ließ sie außer acht. Wenn ihr Schützling blaß aussah, fütterte sie ihn mit gebratenem Speck.

Seine ersten Reitstunden bekam Loulou im Alter von sechs Monaten; er wurde auf einem Sattel festgebunden. Sein Pferd, ein Shetland-Pony, das ihm Queen Victoria geschenkt hatte, hieß Balmoral. Später ritt er ein größeres, lebhafteres Tier mit Namen Bouton d'Or. Bei einem Ausritt in Saint-Cloud traf Eugénie ihren inzwischen vierjährigen Sohn, der, begleitet von Miß Shaw und anderen, auf

Oben:
Begegnung Bismarcks mit Napoleon III. nach der Schlacht von Sedan. Holzstich nach einem Gemälde von Anton von Werner.

Unten:
Gefangennahme Napoleons III. durch König Wilhelm im Schloß Bellevue bei Sedan am 2. September 1870.

Napoleon III.
im kaiserlichen Ornat.

Die Kaiserin Eugénie.
Gemälde von Franz Xaver Winterhalter.

4. September 1870:
Gambetta proklamiert die Republik.

Bouton saß und geführt wurde. Der Anblick von soviel Verweichlichung empörte sie. Sie zog dem Pony mit der Reitgerte eins über, worauf Bouton losgaloppierte; die Reitknechte liefen hinterher. »Oh, Majestät«, sagte Miß Shaw sehr energisch, »das hätten Sie nicht tun sollen. Sie haben doch nur den einen, das wissen Sie doch!«

Loulou liebte Hunde. Er besaß einen großen eigenwilligen Hund namens Nero. Wenn der Junge abends zu seinen Eltern herunterkam, setzte er sich mit seinen Büchern auf ein Sofa. Der Hund hatte sich angewöhnt, neben ihn auf das Sofa zu springen und dort zu schlafen. Eines Abends war Napoleon schneller als Nero und setzte sich neben seinen Sohn, um ihm in einem Buch etwas zu erklären. Nero sprang von rückwärts über die Sofalehne und zwängte sich zwischen die beiden. Dann schob und drückte er so lange, bis der Abstand zwischen Vater und Sohn groß genug war. Als der Kaiser beinahe vom Sofa rutschte, rollte sich der Hund zusammen und schlief ein. Ein Besucher aus England beobachtete diese Niederlage des Kaisers mit Staunen.

Sobald der Prinz sprechen konnte, wurde ihm eingedrillt, daß ein Napoleon niemals Angst habe, daß Tapferkeit das Höchste sei. Als ein Arzt eine kleinere Operation bei ihm vorzunehmen hatte und Loulou zuckte, fragte er ihn: »Hat es weh getan?« – »Nein«, war die Antwort, »aber Sie haben mich erschreckt.« Erst die Bekanntschaft mit dem Meer brachte sein Heldentum ins Wanken. Als er noch ziemlich klein war, wurde er, nach den rauhen Sitten der damaligen Zeit, in Biarritz kopfüber in die Wellen geworfen. Das Donnern der Wellen beim Wiederauftauchen war schrecklich. Erst nach einem wilden Lauf zum Land konnte man ihn einfangen. Als er wieder zur Ruhe gekommen war, fragte ihn seine Mutter, warum er denn vor dem sommerlichen Meer Angst hätte, wo ihm doch Kanonendonner nichts ausmache. Mit klappernden Zähnen überlegte Loulou eine Weile und verkündete dann: »Den Soldaten kann ich Befehle geben, aber dem Meer nicht.« Er hat später nie wieder Angst gezeigt. Von Kindheit an war die Armee ein und alles für den Prinzen. Schon als Baby winkte er nicht aus dem Kinderwagen, sondern grüßte die Leute militärisch. Im Jahre 1860 wurde er unter die Soldatenkinder der Garde-Grenadiere eingereiht. Im gleichen Jahr hielt er bei einem Regimentsessen einen Trinkspruch; auf Bouton d'Or folgte er seinem Vater bei Truppenparaden. Dann begann der Drill; er lernte den Paradeschritt, Bajonettübungen und Fechten. Auf seine Uniform war er ungeheuer stolz und trug sie, so oft er durfte. Er hatte den Rang eines Unteroffiziers, und die Rangabzeichen trug er auf seinem Waffenrock. Man fand bald heraus, daß es die härteste Strafe für ihn war, wenn man ihm diese Rangabzeichen wegnahm. Waren seine Epauletten nicht fest angenäht, weinte er, aber nur dann. Als er einmal zu seiner Mutter frech gewesen war und daraufhin degradiert wurde, erfuhr sogar die Presse davon. Sehr geknickt schlich der kleine Prinz Napoleon im Rang eines Gemeinen durch den Bois de Boulogne.

Seine Tragik war die Einsamkeit, das Los eines Einzelkindes. Seine Eltern versuchten alles, um dem abzuhelfen. Kleine Kameraden wurden ins Schloß geholt, um an seinen Unterrichtsstunden teilzunehmen und mit ihm zu spielen. Das waren vor allem Louis Conneau, der Sohn des Arztes, und die Söhne der Generäle Fleury und Espinasse. Abends gingen sie jedoch nach Hause und ließen den Prinzen einsam zurück. Zwar vermieden Napoleon und Eugénie den Fehler, den Albert und Victoria gemacht hatten, die ihre Kinder nie mit anderen zusammenkommen ließen. Aber es gab schließlich nicht weniger als neun Insassen der Kinderzimmer und Schulräume im Buckingham-Palast, und es war immer jemand zu finden, dem man etwas anvertrauen oder mit dem man heimlich flüstern konnte. Loulou hatte nur Miß Shaw. Wer heute Compiègne besucht, dem wird ein zierlicher Tisch gezeigt, auf dem mit einem Taschenmesser der Namenszug des Prinzen eingeritzt ist. An einem Regentag, als er niemanden zum Spielen hatte, vertrieb er sich wohl die Zeit damit.

Um ihm die langen Abende zu verkürzen, erlaubten ihm seine Eltern, länger aufzubleiben, als es eigentlich ratsam war. Er mischte sich unter die Gäste in den Tuilerien, unterbrach deren Gespräche oder ritt, die Umwelt vergessend, auf einem Schemel und spielte den Großen Napoleon, sein Idol. Sein Vater, der mit zunehmendem Alter seine Ruhe haben wollte, duldete dies ohne Ermahnungen. »Es ist unmöglich, den Jungen ordentlich zu erziehen«, beklagte sich seine Mutter. Sie tat, was sie konnte. Einmal brachte ein Besucher Loulou eine große Schachtel Konfekt mit. Seine Mutter sagte ihm, er solle sie herumreichen, bevor er sich selbst etwas nähme. Doch er konnte der Versuchung nicht widerstehen und steckte sich ein Stück Konfekt in den Mund, bevor er die Runde zur Hälfte gemacht hatte. Sie packte ihn am Kragen und zog ihm die Schokolade wieder aus dem Mund.

Für Loulou wäre es das beste gewesen, wenn er wie sein Vater in eine Schule gegangen wäre. Aber bei ihm war es schwierig, da er als Thronerbe des Kaiserreichs eine Sonderstellung hatte. In Frankreich wuchs die republikanische Strömung, und er hätte womöglich unangenehme Dinge erleben müssen. Überdies hatte er in den meisten Fächern nicht den erforderlichen Wissensstand, nur im Zeichnen und Modellieren war er vorzüglich. Ein Napoleon mußte aber in allem der Beste sein. Man hatte auch Bedenken wegen seiner Gesundheit. Er war schmächtig und oft krank, genau wie sein Vater es gewesen war. Mit neun Jahren bekam er die Masern. Während der Rekonvaleszenz erkältete er sich und brach zusammen. Erst nach einigen Monaten hatte er sich wieder ganz erholt.

Im folgenden Jahr stürzte er von einem Trapez ab, als er Eugénie seine Turnkünste vorführen wollte, und verletzte sich an der Hüfte. Da sich ein Abszeß entwickelte, mußte er operiert werden. Seine Sorge war, daß er eine Narbe auf dem Rücken haben würde und man annehmen könnte, er sei im Kampf geflohen und von hinten verwundet worden. Über die Krankheit des Prinzen liefen in Frankreich zahlreiche Gerüchte um. Sie wurden besonders eifrig von all denen aufgegriffen, die das Kaiserreich durch eine Republik abgelöst sehen wollten. Ihm wurde jede Krankheit angehängt, die je in einem regierenden Haus aufgetreten war, von der Skrofulose bis zur Hämophilie. Es hieß, er sei degeneriert und würde niemals regieren können. Glücklicherweise konnte dieses bösartige Gerede von dem Jungen ferngehalten werden. Aber einen Schatten gab es doch in seinem jungen Leben: Prinz Napoleon, der unsympathische Plon-Plon, der den Schock, von der Thronfolge verdrängt worden zu sein, noch immer nicht verwunden hatte. Er war kaum dazu zu bringen, an der Taufe teilzunehmen. Als er sich herbeiließ, das Baby auf den Schoß zu nehmen, merkte er, wie ihn die Kaiserin und Miß Shaw ängstlich beobachteten. »Denken Sie vielleicht, ich vergifte ihn mit Arsen?« fragte er. Vom Prinzen sprach er nur als »das arme, kleine Würmchen«, und wenn der Kleine krank wurde, sagte er hämisch: »Na, was habe ich euch gesagt?«

Loulou erhielt die Anweisung, zu seinem Vetter sehr höflich zu sein. Als sie sich einmal auf dem Weg zum Speisesaal in den Tuilerien trafen, trat Loulou an der ersten Tür zurück, um dem älteren Prinzen den Vortritt zu lassen. Plon-Plon herrschte ihn an: »Passez!« Bei der nächsten Tür wollte der Kronprinz erneut seinen Vetter vorlassen, hörte aber nur ein barsches »Passez donc!«. Als er es beim Eintritt in den Salon zum drittenmal versuchte, erhielt er einen so kräftigen Stoß, daß er auf dem blanken Parkett ausrutschte. Die zum Diner versammelten Gäste erstarrten. Loulou kam wieder auf die Beine, lief zu seinem Vater und hielt seine Hand fest.

Der Kronprinz war ständig mit seinen Eltern zusammen und kannte daher ihre Schwächen und ihre Stärken. Sein Vater war mehr wie ein liebevoller, älterer Bruder. Gemeinsam heckten sie Pläne aus, um die Erzieher zu überlisten, damit der Prinz mal eine Stunde schwänzen konnte. Loulou merkte aber auch bald, daß die oft sehr strengen Worte seiner Mutter nicht böse gemeint waren. Ihre Besorgnis, wenn er krank war, zeigte, mit welch tiefer Liebe sie an ihm hing. Wenn sie am Abend gesellschaftliche Verpflichtungen hatte, kam sie immer noch in sein Schulzimmer, um nach ihm zu sehen. Sie war eine zauberhafte Erscheinung, ihr Schmuck funkelte im Licht, ihr weiter Rock raschelte, und ihr Parfüm wehte ihm entgegen. »Gute Nacht, Louis, mein Liebling«, sagte sie dann und gab ihm einen Kuß, »steh nicht auf.« Seit er lange Hosen trug, nannte sie ihn nicht mehr Loulou, sondern nur noch Louis.

Eines Tages zeigte er, daß er ihr gewachsen war. Sie war sprachlos. Es machte Loulou Spaß, den Argusaugen von Miß Shaw und seinen Privatlehrern zu entfliehen und mit den Kindern der Soldaten zu spielen, die in den Tuilerien und in Saint-Cloud Wache hielten. Von ihnen schnappte er Ausdrücke auf, die in den Gängen des Schlosses selten zu hören waren. Als Eugénie hörte, wie er ein beim Militär übliches Schimpfwort benutzte, tadelte sie ihn: Er gab zur Antwort: »Mama, du sprichst sehr gut Französisch, aber du bist eine Ausländerin und kennst eben die Feinheiten unserer Sprache nicht.«

Den tollsten Streich leistete er sich beim Besuch des Erzherzogs Maximilian von Österreich und seiner Frau Charlotte im März 1864. Es war ein wichtiges Ereignis. Die Zukunft Mexikos hing davon ab. Das Kaiserpaar und eine große Zahl Minister und andere Honoratioren erwarteten die Ankunft der hohen Gäste in den Tuilerien.

Loulou besaß einen Esel, einen besonderen Freund und steten Begleiter seiner Ponys. Da er nicht zu dem offiziellen Empfangskomitee zugelassen war, wartete er auf seinem Esel hinter einer Ecke im Schloßhof. Die Wagen fuhren vor, die Gäste stiegen aus. Als sie auf das Portal und die ihnen entgegenkommenden Gastgeber zugingen, ritt Loulou auf seinem Esel an ihnen vorbei und die Stufen hinauf.

Miß Shaw, die bei der Empfangszeremonie zusehen durfte, stieß einen Schrei aus. Prosper Mérimée und der Kaiser stürzten los und versuchten, den Jungen zurückzuhalten. Der Esel nahm die Attacke übel und beschleunigte sein Tempo. Die beiden Männer stießen zusammen und fielen hin. Der Esel, mit einem triumphierenden Loulou auf dem Rücken, trabte bis zum oberen Ende der Freitreppe. Dort bog er in einen Gang ein und verschwand. Laut lachend lief der Erzherzog hinterher. Alle Anwesenden sprachen durcheinander und gestikulierten. Die Kaiserin tröstete die verzweifelte Miß Shaw. Napoleon und Mérimée rappelten sich wieder auf und klopften ihre Hosen ab. Da erschien oben an der Treppe der Esel, Loulou führte ihn, und der Erzherzog saß darauf. Fröhlich grinsend stieg Maximilian ab, und der offizielle Empfang wurde nachgeholt. Währenddessen zog Loulou ein paar Spaghetti aus der Tasche und fütterte seinen Esel damit.

»Hoffentlich hast du uns noch ein paar Spaghetti zum Déjeuner übriggelassen«, sagte der Kaiser zu seinem Sohn.

Charlotte von Österreich

Ein junges Ehepaar, an dem Napoleon und Eugénie in den sechziger Jahren besonderes Interesse nahmen, waren Erzherzog Maximilian und Erzherzog Charlotte von Österreich, die später Kaiser und Kaiserin von Mexiko wurden.

Ihr tragisches Schicksal sollte auch für Napoleon und Eugénie ein politisches Desaster werden. Maximilian war der jüngere Bruder Kaiser Franz Josephs von Österreich. Es wurde behauptet, er sei ein Sohn von Napoleon II., dem früh verstorbenen König von Rom. Er hatte tatsächlich manche Ähnlichkeit mit dem Sohn von Napoleon I. Queen Victoria, die schnell Schwächen bei einem Mann entdeckte, konstatierte in seiner Mund- und Kinnpartie einen Mangel an Entschlossenheit.

1857 hatte Maximilian Prinzessin Charlotte von Belgien geheiratet, eine Tochter König Leopolds, des Onkels der Queen, eines Coburgers. Ihre Mutter, Königin Louise, war eine Tochter des schlauen Louis Philippe, des Bürgerkönigs. Diese Mischung brachte eine geistreiche und ehrgeizige junge Dame mit ausgeprägtem Geschäftssinn hervor.

Im Jahre 1859 traten im Exil lebende Mexikaner an Maximilian heran und schlugen ihm vor, für den Kaiserthron ihres Vaterlandes zu kandidieren. Mexiko brauchte dringend eine feste Hand. Ende 1861 schickten England, Frankreich und Spanien eine gemeinsame Expedition dorthin, um Streitigkeiten zu regeln, die von der Regierung zurückgehaltenen Zinszahlungen für Schuldverschreibungen sicherzustellen und für bessere Behandlung ihrer Landsleute zu sorgen.

Im Frühjahr 1862 hatten England und Spanien die geforderten Garantien erhalten, und ihre Truppen segelten wieder heim.

Nur die Franzosen, die übermäßige Entschädigungen gefordert hatten, blieben noch in Mexiko. Es war klar, daß Napoleon noch andere Pläne hatte. Obwohl er in erster Linie an Geld und Rohstoffen interessiert war, träumte er wieder von einem idealen Nationalstaat, während Eugénie die romantische Idee hatte, in der wilden westlichen Welt ein katholisches Reich aufzubauen und damit die Anerkennung des Papstes zu bekommen. So begann das Fiasko. Tausende von Meilen entfernt sollte auf unsicherem Boden mit einem zerrissenen Volk, dessen Probleme nicht verstanden wurden, ein Kaiserreich gegründet werden. Nach einer Niederlage bei Puebla, die in Frankreich böses Blut machte, schickte Napoleon ein Expeditionskorps von dreißigtausend Mann nach Mexiko, und das zu einer Zeit, als Bismarck in Berlin bereits mit dem Säbel rasselte.

Im Oktober 1863 bot man Maximilian den Thron von Mexiko an. Weil er dafür aber auf seine Thronansprüche in Österreich verzichten mußte, zögerte er noch mit der Annahme. Doch seine ehrgeizige Frau dachte an die ruhmreiche Vergangenheit des Hauses Habsburg und traf Vorkehrungen, durch die ihre Zukunft gesichert sein sollte. Bald nach dem Besuch in den Tuilerien im März 1864 fiel die Entscheidung, und im Juni zog das neue Kaiserpaar in Mexico-City ein.

Napoleon und auch Charlotte hatten die Führungsqualitäten Maximilians überschätzt. Er war durchdrungen von dem Gedanken, ein Habsburger zu sein, und legte vor allem Wert auf strenge, höfische Etikette. Er war extravagant. Seine modernen Ideen waren unerwünscht. Mangelndes Urteilsvermögen und Unschlüssigkeit beeinträchtigten seinen Regierungsstil von Anfang an. Damit brachte er die Konservativen, die Liberalen und sogar die Kleriker gegen sich auf. Mit Hilfe der französischen Truppen brachte er Mexiko unter Kontrolle, hing aber völlig von Napoleon ab. Mit seinen militärischen Befehlshabern lag er in Fehde. Im Dezember 1865 forderten die Vereinigten Staaten nach Beendigung ihres Bürgerkriegs den Rückzug der französischen Truppen aus Mexiko. Der schwer bedrängte Napoleon hatte keine andere Wahl. Er mußte nachgeben. Mit einem neuen Feldzug wollten die mexikanischen Republikaner die Macht zurückerobern. Maximilian schickte seine Frau nach Europa, um Napoleon und den Papst um Hilfe zu bitten.

Am 8. August 1866, ein Datum, das Eugénie nie vergessen sollte, erhielt sie ein Telegramm mit der Meldung, Charlotte sei in Saint-Nazaire gelandet. Am Tag zuvor war Napoleon aus Vichy zurückgekommen. Er war durch die Schlacht bei Sadowa noch so krank, so niedergeschlagen und durcheinander, daß sie ihm Bettruhe verordnet hatte.

Bismarck drohte mit Invasion, von ihrem Gatten konnte sie kaum Unterstützung erwarten, und der Gedanke, der erbosten und verzweifelten Kaiserin von Mexiko allein gegenübertreten zu müssen, flößte ihr Angst ein.

Charlotte stieg im Pariser ›Grand Hôtel‹ ab. Dort suchte Eugénie sie am Nachmittag des 10. August auf, aber die Frau, die sie jetzt antraf, war sehr verschieden von der, die vor zwei Jahren ihr Gast gewesen war. Die Kaiserin gab sich Mühe, leichte Konversation zu machen. Doch Charlotte war damit nicht einverstanden. Sie war in Schwarz gekleidet, sehr bleich, und sie verlangte, unverzüglich den Kaiser zu sprechen. Eugénie erklärte ihr, daß er sich nicht wohl fühle. Doch Charlotte dachte nicht daran, sich die Audienz verweigern zu lassen, wegen der sie so weit gereist war. Wenn man sie nicht vorlasse, erklärte sie, »werde ich in sein Zimmer einbrechen«. Am folgenden Tag fuhr sie kurz entschlossen nach Saint-Cloud.

Wieder versuchte Eugénie, die Wogen zu glätten. Sie richtete es so ein, daß der Kronprinz, mit der Kette des mexikanischen Adlerordens um den Hals, Charlotte beim Verlassen ihrer Kutsche empfing. Damit sollte ihr das nette Abenteuer mit dem Esel wieder in Erinnerung gerufen werden. Der Kronprinz führte sie zum Kaiser hinauf. Aber jetzt war sie nicht mehr zu halten. Zwei Stunden lang überschüttete sie ihn mit Anklagen, Beschwörungen und flehentlichen Bitten. Sie vergoß Tränen des Zorns und brach schließlich in Verwünschungen aus. Einen seiner Briefe hielt sie Napoleon unter die Nase, worin er geschrieben hatte: »Sie können bei der Erfüllung Ihrer Aufgabe ... immer meiner Hilfe sicher sein.« Der Kaiser blickte hilfesuchend zu seiner Frau. Tränen rannen über sein Gesicht. Alles, was er sagen konnte, war, daß Frankreich keinen einzigen Soldaten und keinen Sou mehr habe.

In Charlottes Begleitung befanden sich zwei mexikanische Hofdamen. Sie waren »sehr häßlich, schwarzhaarig, klein und plump«. Eine der beiden verlangte, man solle der Kaiserin ein Glas Sorbet bringen, weil sie gewohnt sei, um diese Zeit etwas zu trinken. Das Getränk wurde gebracht. Doch Charlotte betrachtete es überrascht und mißtrauisch und konnte nur mit Mühe dazu überredet werden, es zu trinken. Sie hatte Angst, vergiftet zu werden.

Bei der anschließenden Unterredung mit Finanzminister Fould und Kriegsminister Randon hielt Charlotte ihre Vorwürfe nicht zurück. »Wessen Taschen füllen sich denn mit Gold zum Schaden Mexikos?« fragte sie schrill. Dann behauptete sie, Maximilian hätte durch eine Verschwörung in Paris gestürzt werden sollen. Das war zuviel für Fould. Auch er verlor die Nerven. Als die Kaiserin von Mexiko und der französische Finanzminister sich anschrien, sorgte Eugénie für Ablenkung; sie brach in Tränen aus und tat, als fiele sie in Ohnmacht. Napoleon sah jetzt ein, daß er, krank oder nicht, die Angelegenheit regeln müsse. Am 13. August suchte er Charlotte im ›Grand Hôtel‹ auf. Er riet ihr, sich keinen Illusionen hinzugeben. Sie fuhr ihn an: »Eure Majestät ist direkt in diese Sache verwickelt und sollten sich auch keine Illusionen machen.« Er küßte ihre Hand, verneigte sich zum Abschied und sagte ihr, ein kaiserlicher Sonderzug stünde bereit, um sie auf ihrer Reise nach Italien bis an die französische Grenze zu bringen. Charlotte schrieb noch am gleichen Tag an ihren Mann:

»Du mußt nicht glauben, daß ich bei diesen Leuten gebettelt habe. Ich habe in sie hineingedonnert und ihnen die Masken abgeworfen. Ihnen war gewiß noch nie in ihrem Leben so etwas Unangenehmes geschehen.«

Nach einem Aufenthalt in Miramar bei Triest, dem Schloß ihres Mannes, reiste Charlotte Ende September nach Rom weiter. Am Morgen des 27. September hatte sie eine Audienz beim Papst. Als sie erfuhr, daß er nichts für sie tun könne und Maximilians liberale Ansichten mißbillige, verlor sie die Fassung. Die Angst, vergiftet zu werden, wurde zur fixen Idee. Sie aß nichts mehr und trank nur noch Wasser aus öffentlichen Brunnen, das sie mit der hohlen Hand schöpfte. Am folgenden Tag ging sie erneut in den Vatikan, ihr Blick war wild und ihre Kleidung in Unordnung. Sie erzwang sich Zutritt zu den Gemächern des Papstes. Ihre herzzerreißenden Schreie erschütterten alle, die sie aufhalten wollten. Vergeblich bemühte sich

Papst Pius, sie zu beruhigen. Sie schrie, man wolle sie vergiften, und er sollte ihr Gefolge festnehmen lassen. Sie weigerte sich, den Vatikan zu verlassen, so daß schließlich für sie ein Bett in der Bibliothek aufgeschlagen wurde. Aber essen wollte sie noch immer nichts.

Die Oberin des Klosters St. Vincent versuchte sie abzulenken und überredete sie, das Waisenhaus zu besuchen. Charlotte sah dort das leise kochende Essen auf dem Herd, griff halb wahnsinnig vor Hunger in den Topf und holte sich ein Stück Fleisch heraus. Dabei erlitt sie ernsthafte Verbrennungen und verlor die Besinnung. Man ergriff die Gelegenheit, sie in ihr Hotel zurückzubringen. Unterwegs kam sie wieder zu sich und wurde, schreiend und wild um sich schlagend, in ihr Zimmer getragen. Man brachte sie nach Miramar zurück.

Am 16. Oktober schrieb Queen Victoria an ihre Tochter nach Berlin: »...was mag wohl der Anlaß zu alldem gewesen sein? Es heißt, sie habe Angst, vergiftet zu werden, sie sei unangemeldet beim Papst eingedrungen und hätte beim Essen ihr Brot in seinen Suppenteller getunkt. Dann hätte sie darauf bestanden, im Vatikan zu übernachten. In Miramar soll sie wie wild im Garten herumgerannt sein, und aus einer Irrenanstalt hätten Wärter herbeigeholt werden müssen...«

Was war wirklich? Charlotte war erst sechsundzwanzig: Es scheint sonderbar, daß eine Frau in diesem Alter, die für ihren klaren Kopf bekannt war, derart zusammenbrechen konnte. Sie war kaum zwei Jahre in Mexiko gewesen, wo man ihr nur ablehnend gegenüberstand. Gewiß, ihre ehrgeizigen Pläne waren durchkreuzt worden. Aber sie war doch noch jung, und wenn sie für die Sicherheit ihres Mannes fürchtete, so lag es immerhin in seiner Macht, jederzeit zurückzutreten, wozu man ihn auch von allen Seiten drängte. Wegen ihrer Zukunft brauchten sie sich beide, er als Bruder des Kaisers von Österreich und sie als Tochter und Erbin des Königs von Belgien, wohl kaum Sorgen zu machen.

Es ist möglich, ja sogar wahrscheinlich, daß Charlotte mit Recht fürchtete, vergiftet zu werden. Vielleicht wurden wirklich kleine Mengen des in Amerika vorkommenden Giftkrauts ›loco weed‹, das eine Störung im Nervensystem hervorruft, unter ihre Getränke gemischt. Ihr ganzes Verhalten deutete darauf hin.

Charlotte verfiel in einen Dämmerzustand, der sechzig Jahre anhalten sollte, bis sie im Jahre 1927 in ihrem Schloß Bouchout, nahe Brüssel, verstarb. Ihren Mann hat sie nie wiedergesehen.

Die Pariser Weltausstellung

In der Zeit vom beginnenden Verfall bis zum tatsächlichen Sturz des Kaiserreiches gelang es Napoleon III., seine Leistungen und seine Kämpfe vor der Geschichte und vor seinen Zeitgenossen zu rechtfertigen. Dies geschah mit der Pariser Weltausstellung von 1867. Sie war phantastisch. Sie bewies Frankreichs Vormachtstellung in Kunst und Wissenschaften, in Industrie und Handel, Waffen und Medizin. Ihr strahlender Glanz fiel noch einmal auf die kleine, immer blasser werdende Gestalt von Napoleon III.

Zweiundfünfzigtausend Aussteller waren gekommen. Die Besucher konnten die eigenartigsten Dinge bestaunen, wie zum Beispiel einen siamesischen Elefanten, Krupps Große Kanone, einen Güterwagen »zum Transport überlanger Frachtstücke auf Eisenbahnstrecken mit scharfen Kurven«, einen neuartigen Kehlkopfspiegel sowie eine Maschine, die man mit Kaninchenfellen fütterte und die dann fertige Filzhüte ausspuckte. Es gab indische und japanische Modeschauen. Die Leute standen Schlange, um die beruhigende Wirkung eines patentierten Schaukelstuhls aus den Vereinigten Staaten auszuprobieren. Chinesische, spanische und schwedische Restaurants boten Spezialitäten an. Zu Tausenden kamen Touristen aus Amerika, die Kanalschiffe zwischen Dover und Calais waren immer besetzt. Für viele Besucher war es das erste Mal, daß sie die breiten, von Baron Haussmann geschaffenen Boulevards betreten und bewundern konnten. Er war auch der eigentliche Initiator der Weltausstellung, deren Eröffnung sein größter Triumph wurde.

An nicht weniger als achtzig regierende Fürsten und andere hohe und höchste Regenten waren Einladungen gegangen. Nur Königin Victoria und der Papst hatten abgelehnt. Napoleon begrüßte alle seine Gäste am Bahnhof. Den ganzen Sommer über kamen wichtige Besucher nach Paris. Prosper Mérimée schrieb: »In dieser Jahreszeit sprießen die Fürsten und Erzherzöge ganz üppig.« Die Menschen liefen zusammen, um Zar Alexander von Rußland, den türkischen Sultan, den Khediven von Ägypten und den Bruder des Mikado von Japan zu sehen. Könige und Königinnen waren schon etwas Alltägliches, Großherzöge gab es wie Sand am Meer.

Queen Victoria war von dem Erfolg der Pariser Ausstellung nicht begeistert. Sie mußte an Alberts Große Ausstellung von 1851 denken und wollte nicht, daß man Vergleiche zog. Es kam noch hinzu, daß einige der Potentaten von weit hergereist waren und die Gelegenheit benutzen wollten, auch die Königin von England zu besuchen. Solche Überfälle waren ihr ein Greuel, deshalb erklärte sie, sie fühle sich nicht wohl. Als ihren Vertreter schickte sie den Prinzen von Wales zur Weltausstellung.

Sie war jetzt achtundvierzig Jahre alt und rundlich geworden. Ihr Teint war vernachlässigt, sie hielt den Kopf gesenkt, und auf ihrem Gesicht lag ständig ein Ausdruck von Trübsal. In ihren Kleidern aus dicken, dunklen Wollstoffen und mit der Witwenhaube sah sie wirklich nicht mehr wie die personifizierte Britannia aus. Aber sie wahrte noch die Etikette. Daher konnte sie die Einladung des französischen Kaiserpaars nicht ignorieren und lud sie ihrerseits nach Osborne ein. Napoleon lehnte wegen seiner Verpflichtungen ab. Doch Eugénie machte mit der ›Reine Hortense‹ einen zweitägigen Ausflug über den Kanal.

Sieben Jahre waren vergangen, seitdem sich die beiden Frauen zum letztenmal gesehen hatten. 1860 war Eugénie vom Kummer über den Tod ihrer Schwester und die Untreue ihres Mannes bewegt. Jetzt war Victoria die Trauernde. Es gab viele Gesprächsthemen, die unbedingt vermieden werden mußten oder nur vorsichtig gestreift werden durften: Mexiko, der Papst, die Ziele Preußens und das Verhalten Napoleons.

Der Besuch fing schlecht an. Als die Königin und ihre Familie zum Empfang der Kaiserin am Haupteingang bereitstanden, stieg Eugénie vor einem Seitentor aus und erschien auf einmal im Rücken ihrer Gastgeber. »Du kannst dir unser aller Entsetzen vorstellen«, kommentierte die Queen. Das war sicher nicht die richtige Art, die Frau eines Herrschers zu empfangen. Die Höhepunkte im Programm, das die Queen für den folgenden Tag vorbereitet hatte, waren ein morgendlicher Besuch in der Saint Mildred's Church und eine Nachmittagsfahrt zum Swiss Cottage und nach Newport. Für Eugénie war der einzige Lichtblick ein Dudelsackpfeifer, der mittags und beim Abendessen um die Tafel herummarschierte. Nachdem der Gast am anderen Morgen abgereist war, schrieb Victoria in ihr Tagebuch: »Ich war sehr erleichtert, als der Besuch vorbei war.«

Eugénie kehrte zu den strahlenden Lichtern von Paris zurück, die die Straßen bis in den frühen Morgen erhellten. Überall gab es Tanz, Liebe, Gelächter und dicke Zigarren. Baron Haussmann lud achttausend Gäste zu einem Ball in das Hôtel de Ville ein, der dreißigtausend Pfund kostete. Die Kaiserin gab einen Hofball in Versailles. Die Metternichs ließen ihren Garten überdachen und luden die vornehme Gesellschaft ein. In dieser Nacht wurde zum erstenmal in Paris der Walzer von der ›Schönen blauen Donau‹ gespielt. Strauß selbst dirigierte ihn. Auf einmal war die Tanzfläche leer, denn alle waren so hingerissen, daß sie nur noch die Musik genießen wollten. In den Theatern wurde fast nur noch Offenbach gespielt. Die Schauspielerinnen Theresa und Hortense Schneider waren die Lieblinge von ganz Paris. Der Khedive von Ägypten verliebte sich unsterblich in Hortense.

Aber dieses Paris, wo es von gekrönten Häuptern nur so wimmelte und wo Störenfriede in der Menge leicht untertauchen konnten, war gefährlich. Die von vielen gefürchtete Katastrophe trat dann auch am 6. Juni ein.

Es war der Tag der großen Parade in Longchamps, wo dreißigtausend ausgesuchte Soldaten vor dem russischen Zaren und dem König von Preußen vorbeimarschieren sollten.

»Es war das letzte glanzvolle Schauspiel des Kaiserreichs; die Helme funkelten und die aufgepflanzten Bajonette blitzten in der Sonne. Die Infanteristen und die grünen ›Chasseurs‹ zogen vorbei, dann folgten die Tambourmajore und die kleinen Marketenderinnen in ihren bunten Röcken. Als die Zuaven vorbeikamen, sah man nur Rot und Blau; dann trabte die Kavallerie heran – die Gardes du Corps in Grün und Gold, die leichte Kavallerie mit ihren Tschapkas und den flatternden Fähnchen an den Lanzen, schließlich die hohen Helme der schweren Kavallerie...«

Auf dem Rückweg von der Parade fuhr Napoleon mit dem Zaren zusammen in einem Wagen. Eugénie folgte mit König Wilhelm in einem zweiten. Ein Exilpole drängte sich durch die Menge und schoß auf den Zaren. Der Anführer der Eskorte sah, wie der Mann zielte, und warf sich nach vorn. Die Kugel traf sein Pferd tödlich. Napoleon stieg aus und versicherte seiner Umgebung, daß niemand verletzt sei. Dann wandte er sich zum Zaren um, umarmte ihn und sagte: »Jetzt haben wir beide zusammen im Feuer gestanden.«

An diesem Abend stand Eugénie bei einem Hofball bleich wie der Tod neben Zar Alexander. Es hieß, es sei ihrem Geschick zu verdanken gewesen, daß die Russen nicht sofort abgereist seien. Sie ließ den hohen Gast nicht mehr allein und saß auch im Wagen immer neben ihm. Zar

Alexander war in diesem Sommer nicht nur politisch der wichtigste Gast in Paris, er brachte auch beachtlichen finanziellen Gewinn. Er gab auf der Weltausstellung nicht weniger als drei Millionen Francs aus. Auch am Höhepunkt der Ausstellung, der Preisverteilung im ›Palais de l'Industrie‹ an den Champs-Elysées am 1. Juli, ereignete sich etwas Dramatisches. Am frühen Morgen wurden Napoleon und Eugénie durch einen Boten des Außenministers geweckt. Eine verschlüsselte Nachricht war eingetroffen, wonach Kaiser Maximilian von Mexiko in Queretaro von der mexikanischen republikanischen Armee hingerichtet worden sei.

Eine rasche Entscheidung mußte getroffen werden. Sollte man die Preisverteilung absagen? Napoleon entschloß sich, ein Risiko einzugehen. Die Nachricht konnte ja auch falsch sein. Er befahl, mit der Veranstaltung zu beginnen. Eugénie stand früh auf und ging, ganz in Schwarz, in die Kirche Saint-Roch, um zu beten.

Ein langer Festzug verließ die Tuilerien. Kaiser und Kaiserin fuhren in der rotglänzenden Kutsche, in der sie schon an ihrem Hochzeitstag gesessen hatten. Im ›Palais de l'Industrie‹ warteten zwanzigtausend Menschen. Als das Kaiserpaar mit seinem Gefolge eintraf und unter dem Thronhimmel Platz nahm, intonierte ein zwölfhundert Mann starkes Orchester eine Hymne von Rossini. Noch bevor das Musikstück zu Ende war, trat ein Hofbeamter zur Tribüne und händigte dem Kaiser ein Schriftstück aus. Mit der gewohnten undurchdringlichen Miene schrieb Napoleon ein paar Zeilen darauf und gab es zurück. Der Beamte ging damit zum österreichischen Botschafter hinüber, worauf Fürst und Fürstin Metternich sich zurückzogen. Es hatte sich bestätigt, daß Kaiser Maximilian erschossen worden war. Die belgischen Zeitungen hatten sogar schon darüber berichtet.

Die Sonne brannte auf das Dach des ›Palais de l'Industrie‹. Die Hitze war fast unerträglich. Die vielen Spiegel, die goldstrotzenden Uniformen und die funkelnden Juwelen blendeten die Augen. Die Preisträger betraten nacheinander die Estrade, um ihre Orden entgegenzunehmen. Insgesamt wurden neunhundert Medaillen verteilt. Für Eugénie war das Ganze eine solche Tortur, daß sie bei der Rückkehr in die Tuilerien ohnmächtig wurde.

Das Ausstellungsfieber hielt an. Musikkapellen spielten und Feuerwerk wurde abgebrannt. Die Tragödie im fernen Mexiko kümmerte die Menschen wenig. Prominente zu entdecken wurde ein Gesellschaftsspiel. Der Meistgesuchte war Bismarck. Offiziell gehörte er zusammen mit General von Moltke zum Gefolge des Königs von Preußen, inoffiziell jedoch wollten die beiden Militärs bei dieser Gelegenheit auch die Stärke der französischen Armee, die französischen Befestigungen und die französischen Waffen kennenlernen. Für sie war die Musik der Weltausstellung die Ouvertüre zum nächsten Krieg.

Es ist schwer zu verstehen, warum in Paris ein solcher Wirbel um Bismarck gemacht wurde. Seit Sadowa war er eine Bedrohung für die Sicherheit Frankreichs, und er galt als Unmensch. Gewiß war es eine schöne Erinnerung an die Weltausstellung, wenn man die Riesengestalt des Junkers in der weißen Uniform der Gardekürassiere, mit dem langen klirrenden Säbel an der Seite und dem Adler mit den gespreizten Flügeln auf dem Helm gesehen hatte. Doch das war nicht alles. Wenn er durch die Straßen fuhr, schrien die Menschen »Vive Bismarck!«. Als man ihn darauf aufmerksam machte, sagte er: »Nein, nein, sie haben nur gerufen ›V'là Bismarck‹. Ich habe es deutlich gehört. Aber ich war doch geschmeichelt...« Manche dachten wohl, er werde mehr Sympathie für Frankreich aufbringen, wenn man nett zu ihm war. Er zeigte sich auch von seiner freundlichsten Seite. Er schlenderte über die Boulevards und setzte sich in Straßencafés, um etwas zu trinken. Er besuchte die richtigen Leute und ging oft in die Variétés, bewunderte die Schauspielerin Hortense und lachte schallend über Offenbachs Witze. Die Schneider und Textilfabrikanten stellten sich schnell auf Bismarck ein. Sie kreierten die Farbe ›Bismarck-Braun‹, die auch dann noch in Mode war, als die Preußen wieder nach Berlin zurückgekehrt waren. Dann war es einfaches Havannabraun, schlicht ›Bismarck‹ genannt. Dann wurde es dunkler und hieß ›Bismarck krank‹, darauf kamen wieder hellere Töne, ›Bismarck zufrieden‹ und ›Bismarck wütend‹ genannt. Der Höhepunkt war dann ›Bismarck eisig‹ und ›Bismarck funkelnd‹. Bismarck bestimmte die Mode. Es gab Bismarckseiden, Bismarckstiefel, Bismarckhandschuhe, Bismarcksonnenschirme und Bismarckmützen. Diese Kappen waren aus Bismarckstroh und mit Bismarckspitze verziert. Der Gipfel dieses modischen Unfugs war erreicht, als sich die Damen für ihre ›Chignons‹ die Haare in dem Bismarckton färben ließen, der gerade modern war.

Als der Besucherstrom der gekrönten Häupter im August abflaute, unternahmen Napoleon und Eugénie eine Reise zu Kaiser Franz Joseph und Kaiserin Elisabeth von Österreich. Wegen des Todes seines Bruders Maximilian hatte Franz Joseph seinen Besuch der Weltausstellung abgesagt. Napoleon hätte es gern gesehen, wenn Franz Joseph sie besucht hätte. Seit dem Friedensschluß von Villafranca, nach den Schlachten bei Magenta und Solferino, hatten sich die beiden Kaiser nicht wiedergetroffen. Es gab vieles zu besprechen, das sehr taktvoll behandelt werden mußte. Nicht zuletzt die Tatsache, daß die französischen Hilfstruppen für Maximilian so plötzlich aus Mexiko abgezogen worden waren. Doch die Zukunft barg eine gemeinsame Gefahr, die wichtiger war als alle politischen Spannungen und Tragödien der Vergangenheit. Diese Gefahr ging von Preußen aus.

Die Pariser Gesellschaft interessierte sich bei diesem Besuch in Österreich hauptsächlich dafür, wie die Kaiserin wohl mit Kaiserin Eugénie auskommen werde. Man nahm an, daß es zwischen der ›echten‹ Herrscherin, einer Tochter des königlichen Hauses der bayrischen Wittelsbacher, die keinen Wert auf ihre hohe Stellung legte, und dem ›Emporkömmling‹ Eugénie zu Meinungsverschiedenheiten kommen werde. Eugénie fürchtete diese Begegnung. Zu Metternich sagte sie: »Es wird schmerzlich für mich sein, einem Bruder und einer Mutter gegenüberzutreten, zu deren Kummer ich beigetragen habe, weil ich auf dem mexikanischen Abenteuer bestand. Hätte ich den Kaiser, die Kaiserin und Erzherzogin Sophie, die Mutter von Maximilian, schon vorher gekannt, wäre ich ihnen schon längst um den Hals gefallen, um ihnen meine Gefühle zu zeigen, an denen sie ja nicht zweifeln können. Aber da ich sie nicht kenne, fürchte ich, ich könnte zu kalt oder zu pathetisch wirken.«

Der kaiserliche Hofzug fuhr durch Bayern und erreichte Salzburg am Nachmittag des 18. September 1867. Wegen der Hoftrauer für Maximilian gab es keine großen Empfänge, doch auf den Berggipfeln ringsum loderten Feuer. Napoleon zeigte sich von seiner taktvollsten Seite. Bald herrschte zwischen ihm und seinem Gastgeber das beste Einvernehmen. Die Frauen verstanden sich noch besser; das war eine ganz unerwartete Wendung, zumal Elisabeth nur mit großen Mühen überredet werden konnte zu erscheinen. Doch die beiden Damen hatten vieles gemeinsam. Beide liebten Pferde. Elisabeths exzentrischer Vater hatte sie schon als ganz kleines Mädchen auf große Ausritte mitgenommen, wobei sie Bauern in ihren Katen besucht hatten. Ähnlich hatte Don Cipriano seine Töchter mit wilden Ritten auf dem Lande abgehärtet. Eine weitere Gemeinsamkeit ergab sich daraus, daß beide mit ihren Ehemännern Probleme hatten. Als die Kaiserinnen nebeneinander standen, boten sie ein so schönes Bild, daß es manchem noch lange in Erinnerung blieb.

Am 23. September endete das Treffen. Kaiser Franz Joseph versprach, die Weltausstellung noch vor ihrer Schließung zu besuchen. Er kam auch rechtzeitig nach Paris; doch Elisabeth ließ sich entschuldigen, weil sie in anderen Umständen war.

Aus ihrer selbstgewählten Weltabgeschiedenheit auf Schloß Balmoral verfolgte Queen Victoria die Reisen,

Besuche und Empfänge des französischen Kaiserpaares mit Interesse und vielleicht auch mit einer Spur von Neid. Sie hatte die beiden auf der Bühne Europas gesellschaftsfähig gemacht, dennoch war sie die einzige von allen regierenden Fürsten, die bei der Weltausstellung nicht gefeiert worden war. Selbst der unbedeutende König von Spanien hatte eine bessere Presse gehabt als ihr eigener Stellvertreter, der Prinz von Wales.

Die Queen hatte Probleme. Sechs Jahre waren seit Alberts Tod vergangen. Der größte, qualvollste Schmerz hatte nachgelassen, doch sie scheute sich immer noch, in der Öffentlichkeit ohne ihn aufzutreten. In ihrer Einsamkeit hatte die Queen die Macht der ›Einmaligkeit‹ ihrer Person entdeckt, wie Sir Henry Ponsonby, ihr Privatsekretär, es nannte, das heißt, daß ihre Gegenwart alle übrigen Menschen ausschloß. Die Kunst, anderen immer um eine Nasenlänge voraus zu sein, beherrschte sie schon lange. Diese beiden Eigenschaften trieben sie dazu, dem Kontinent, und insbesondere Frankreich, zu imponieren. Sie beschloß deshalb, in der demokratischen Schweiz Ferien zu machen. Sie sandte einen Hofbeamten nach Luzern, der die Gegend erkunden und für geeignete Unterkunft sorgen sollte. Dann ließ sie ihren Reisemarschall kommen und befahl ihm, die Transportmöglichkeiten zu eruieren. Er setzte sich mit Paris in Verbindung, worauf man der Queen den kaiserlichen Hofzug zur Verfügung stellte.

Im August 1868 reiste die Königin von England, begleitet von einer starken Marineeskorte, in der königlichen Jacht nach Cherbourg. Ihr Gefolge bestand aus über hundert Personen: Hofdamen, Hofbeamten, Ärzten, Erzieherinnen, Zofen. Außerdem nahm sie ihre Pferde und ihren Wagen, ihre Hunde, ihren Lehnstuhl und natürlich auch ihr eigenes Bett mit. In Cherbourg wurde eine fliegende Brücke errichtet, damit sie von der Jacht direkt in den Zug steigen konnte.

Der Hofzug bestand aus nicht weniger als zehn Wagen und Gepäckwaggons. Ihre Majestät bezog den luxuriösen

Salon und den ebenso eleganten Schlafwagen, den nur Napoleon und Eugénie zuvor benutzt hatten. Die Fahrt nach Paris dauerte die ganze Nacht, da die Queen verlangt hatte, der Zug dürfe nicht schneller als fünfundzwanzig Meilen pro Stunde fahren.

Der britische Botschafter empfing die Queen am Gare de l'Ouest und geleitete sie zur Botschaft. Am Nachmittag machte ihr die Kaiserin einen Höflichkeitsbesuch. Noch am gleichen Abend fuhr der Hofzug weiter in die Schweiz.

Bei ihrer Rückreise war Königin Victoria zweifellos recht unhöflich. Obwohl der Kaiser und die Kaiserin sich in der Nähe von Paris aufhielten, erwiderte Victoria nicht den Höflichkeitsbesuch von Eugénie. Sie fuhr statt dessen nach Saint-Cloud hinaus und ging dort in dem Park und den Gärten spazieren, ohne das Schloß zu betreten. Disraeli meinte darüber zu Lord Cairns:

»... In Paris hat ein irischer Geheimbündler namens O'Brien mit seinem Spazierstock vor Prinzessin Louise herumgefuchtelt und ›Nieder mit den Engländern!‹ geschrien. Ich fürchte, unter uns gesagt, die größere Beleidigung war, daß unsere liebe Hohe Frau nicht den Besuch der Kaiserin erwidert hat. Das ist sehr bedauerlich, denn man hat sogar einen Boulevard nach ihr benannt, und sie hat sich ihn angesehen ... Zuerst war die Kaiserin geneigt, die Sache zu übergehen. Doch die Minister und der gesamte Hof redeten ihr so lange ein, daß sie brüskiert worden sei, bis sie es schließlich selbst glaubte. Der französische Botschafter war über diese Angelegenheit sehr erbost.«

Auch die französische Presse war empört über die britische Königin und ihren Hochmut. Sie reiste im Hofzug des Kaisers und auf seine Kosten durch Frankreich und war nicht einmal dazu bereit, den Besuch der Kaiserin zu erwidern, weil es ihr angeblich zu heiß war. Eine sonderbare Art, sich dafür zu bedanken, daß man einen Boulevard nach ihr benannt hatte. Es war verständlich, daß die Journalisten sich nun über den strammen Schotten, den ständigen Begleiter der Queen, in ihren Artikeln ausließen. Für Napoleon und Eugénie war es traurig, sogar gefährlich, daß die Beziehungen zwischen Frankreich und England sich gerade jetzt so verschlechterten.

Die Eröffnung des Suez-Kanals

Gegen Ende des Jahres 1868 verschlechterte sich die Lage für Napoleon. Sein Gesundheitszustand spielte zweifellos eine entscheidende Rolle bei dem Verfall seines Kaiserreichs. Er hatte starke Schmerzanfälle, die teils vom Rheumatismus, teils von seinem Blasenstein herrührten. Bevor er in der Öffentlichkeit erschien, soll er seinen Arm an eine brennende Kerze gehalten haben, um sich durch einen zweiten, andersartigen Schmerz Erleichterung zu verschaffen. Das Fieber hatte an seinen Kräften gezehrt, er hatte stark abgenommen. Zuweilen verließ er ohne Vorankündigung eine wichtige Besprechung und ging zu Bett. Es hieß, er nähme Opium in größeren Mengen und verfiele zuweilen in eine Art Agonie. Es gelang ihm aber, den Ernst seines Zustandes vor seiner Frau zu verbergen. Die Ärzte waren zum Schweigen verpflichtet; es nützte nichts, daß die Kaiserin ihnen heftig zusetzte. Ein Spezialist riet zu einer sofortigen Operation, doch Napoleon schob sie hinaus, bis es zu spät war. Erst nach seinem Tode erfuhr Eugénie die Wahrheit über seine Krankheit.

Durch die Angriffe der Oppositionspresse gegen Napoleon wurde die Tragödie noch bitterer. Jedes Gerücht über seine Krankheit wurde groß und breit veröffentlicht. Die Brutalität von Zeitungen wie ›Rappel‹, ›Réveil‹ und ›La Lanterne‹ war unglaublich. Ärzte wurden aufgefordert, die Leser genauestens darüber zu informieren, auf welche Weise Napoleon sterben würde. Henry Rochefort, der Herausgeber der ›Lanterne‹, rühmte sich noch nach Jahren, daß er »den Kaiser, den armen Mann, wie ein Handtuch ausgewrungen« hätte.

Je mehr ›Freiheit‹ Napoleon gewährte – die Pressefreiheit und Diskussionsfreiheit –, desto schlimmer wurde die Lage. Ein harter Winter trieb den Brotpreis in die Höhe, und es herrschte überall große Arbeitslosigkeit. Häufig wurde gestreikt. Die Gedanken von Karl Marx fesselten die Arbeiter. Wieder konnte man die Verse der verbotenen ›Marseillaise‹ auf den Straßen hören. Am Totensonntag im November gedachte man derer, die während des Staatsstreichs ihr Leben lassen mußten.

Schon bei den Nachwahlen wurden die Kandidaten der Monarchisten geschlagen. Die Opposition wurde stärker. Bei den allgemeinen Wahlen im Mai 1869 war ein deutlicher Trend zu den Republikanern festzustellen. Das Stimmenverhältnis war nur noch vier zu drei für die Regierung; in Paris stimmte sogar nur noch jeder vierte für das bestehende Regime. In allen großen Städten fanden Massenversammlungen mit dem Ruf nach Revolution statt. Den wohlhabenden Bürgern war das Geld wichtiger als das Vaterland, und die Korruption nahm überhand. Napoleon versuchte, eine Verstärkung der Truppen durchzusetzen, doch seine Bemühungen scheiterten. Im Gegenteil, es wurden sogar Abstriche an den Ausgaben für die nationale Verteidigung gefordert. So trieb Frankreich auf einen Krieg zu, ohne ausreichend darauf vorbereitet zu sein.

Als die Gefahr eines Krieges mit Preußen größer wurde, gab es auf der internationalen Bühne nur zwei Menschen, die Bismarck Sorge machten. Der eine war Lord Clarendon, der zur Freude von Napoleon und Eugénie im Dezember 1868 als britischer Außenminister in Gladstones erstes Kabinett zurückgekehrt war. Er war neunundsechzig Jahre alt und nicht sehr gesund. Er behauptete, man hätte ihn »mit Händen und Füßen um sich schlagend« nach Whitehall geschleppt. In Wirklichkeit war er recht zufrieden, daß er wieder in seinen alten Räumen sitzen konnte. Trotz seines Alters war er für diese Aufgabe der beste Mann und der einzige, den Bismarck fürchtete. Es war nur die Frage, ob ihm noch genügend Lebensjahre und ausreichende Kräfte verblieben, um ein Blutbad in Europa zu verhindern.

Die zweite Person, durch die Bismarck seine Pläne gefährdet sah, war Kaiserin Eugénie. In Frankreich sank jedoch ihre Popularität. Man wußte, daß sie eine Gegnerin einiger Reformen war; man machte sie auch für das Fiasko in Mexiko verantwortlich. Außerdem war sie wegen ihrer offenen Unterstützung Österreichs verdächtig. Man warf ihr Leichtsinn und Extravaganz vor, und manchen mißfielen ihre Sympathien für den Papst. Im Jahre 1869 beschwor Persigny, der letzte Überlebende von Louis Napoleons alten Verbündeten, von seinem Ruhesitz aus den Kaiser, Eugénie nicht länger an den Sitzungen des Kronrats teilnehmen zu lassen. Zufällig entdeckte die Kaiserin diesen Brief, war tief gekränkt und erklärte sich freiwillig bereit, auf die Teilnahme an den Sitzungen zu verzichten. Es war jetzt für sie an der Zeit, sich für eine Weile im Hintergrund zu halten.

Da bot sich ihr im Sommer 1869 eine außerordentliche Chance, sich allem zu entziehen. Der Khedive von Ägypten lud sie ein, den Suez-Kanal zu eröffnen.

Napoleon und Eugénie waren beide begeisterte Anhänger des Kanal-Projektes gewesen. Napoleons Interesse gründete sich auf ein Gutachten, das sein Onkel 1768 über die Möglichkeiten und Vorteile einer Durchstechung des Isthmus von Suez angefordert hatte. Als Gefangener in Ham hatte Napoleon III. später davon geträumt, den Pazifischen und den Atlantischen Ozean miteinander zu verbinden, und in einem Artikel einen Kanal in Nicaragua vorgeschlagen. Eugénies Interesse war persönlicher Art. Sie war eine Kusine des Mannes, der hinter dem jetzt verwirklichten Projekt stand, von Ferdinand de Lesseps. 1854 hatte Lesseps in Kairo eine Konzession für den Bau eines Kanals von Port Said nach Suez erworben. Im Jahr darauf reiste er nach London und warb um finanzielle Unterstützung. Er bekam Schwierigkeiten mit Lord Palmerston. Der alte Premierminister opponierte heftig gegen einen solchen Plan. Er war der Meinung, der neue Wasserweg werde die britischen Verbindungen nach Indien bedrohen, Ägypten den Angriffen einer stärkeren Macht schutzlos preisgeben und verstoße gegen die Naturgesetze. Es sei eines der vielen Schwindelunternehmen, die von Zeit zu Zeit leichtgläubigen Finanzleuten aufgedrängt würden. Lesseps sah sich anderweitig nach Hilfe um. Durch Napoleons Vermittlung wurde die Unterstützung der Türkei, die damals die Oberherrschaft über Ägypten besaß, gewonnen und mit französischem und ägyptischem Kapital die ›Compagnie Universelle du Canal Maritime de Suez‹ gegründet. Großbritannien, Amerika und Rußland hielten sich abseits.

1859 wurde bei Port Said der erste Spatenstich getan. Doch bald häuften sich die Schwierigkeiten. Die Türkei fand, Ägypten strebe zu sehr nach Unabhängigkeit, und legte dem Projekt viele Hindernisse in den Weg. In England herrschte Empörung über die unmenschlichen Bedingungen, unter denen die Arbeiter in der brütenden Hitze zu arbeiten hatten. Doch mit Hilfe Napoleons, der die Einführung moderner Maschinen durchgesetzt hatte, gelangte Lesseps ans Ziel. Gegen Ende des Sommers 1869 wurde sein Traum Wirklichkeit, die Wasser zweier Ozeane vereinigten sich.

Napoleon, der selbst zu krank war, um die weite Reise zu unternehmen, beschloß, daß Eugénie ihre Sternstunde haben sollte. Dagegen protestierte jedoch die republikanische Presse. Es wurde behauptet, für Eugénies Reise würde eine Million Francs zum Fenster hinausgeworfen. Außerdem werde es in den islamischen Ländern, wo die Frauen noch im Harem lebten, einen sehr schlechten politischen Eindruck machen, wenn bei einer solchen Zeremonie eine Frau die Hauptrolle spiele. Selbst Mérimée war dagegen, daß Eugénie gerade jetzt Frankreich verließ. Aber sie hatte sich die Sache in den Kopf gesetzt.

Eugénie und die Damen und Herrn, die sie begleiten sollten, besuchten eine Reihe von Vorträgen über Ägypten und seine Kunstdenkmäler. Der Couturier Worth erhielt einen seiner größten Aufträge: je sechzig Kleider für die Kaiserin und ihre Hofdamen. Er schickte seinen eigenen Packer in die Tuilerien, damit die kostbaren Sachen kunstgerecht in die schweren Reisekoffer gelegt wurden. Um jede Kritik zu vermeiden, bezahlte Napoleon die Rechnungen aus eigener Tasche. Am Abend des 30. September verabschiedete sich Eugénie in Saint-Cloud von ihrem Mann und ihrem Sohn und bestieg den kaiserlichen Salonwagen. Zu ihrer Gesellschaft nahm sie noch ihre beiden Nichten, die Töchter ihrer Schwester Paca, mit.

Die Reise verlief wie in einem Film. Auf dem Schlachtfeld von Magenta betete Eugénie im Mondschein für die Seelen der gefallenen französischen und österreichischen Soldaten. In Venedig tauchten bunte Laternen die Wasser des Canale Grande in einen Schimmer von Rot, Türkis und Gold. Aus den Gondeln, die die Kaiserin auf ihrer Fahrt begleiteten, sang man Serenaden für sie. In der Markus-Kirche hörte sie die Messe, und von König Victor Emmanuel wurde sie empfangen. Dann bestieg sie die kaiserliche Jacht ›Aigle‹ und segelte, von der Bora getrieben, die Adria hinunter. In Athen wurde ihr zu Ehren ein Feiertag angesetzt. König Georg, der Bruder der Prinzessin von Wales, führte sie zu den Kunstdenkmälern des alten Griechenland. Mit einer Eskorte von französischen Kriegsschiffen ging es weiter nach Konstantinopel. Der türkische Sultan Abdul Aziz war etwas verärgert über die hochgesteckten Pläne des Khediven zur Eröffnung des Suez-Kanals und über die vielen Einladungen, die der Ägypter an ausländische Herrscherhäuser verschickt hatte. Er gedachte deshalb, den Khediven noch zu übertrumpfen. Er ordnete an, daß die Straßen von Konstantinopel gesäubert und gepflastert werden sollten. Er ließ den Beylerbey-Palast für die Kaiserin renovieren. Für ihre Reisen zu Land ließ er eine Staatssänfte bauen, und für die Fahrten zu Wasser einen Kaik mit vierzig Rudern. Dieses Schiff hatte eine Laufplanke aus reinem Silber; ein Baldachin aus rotem Samt überdachte den erhöhten Sitz für die Kaiserin. Da die Türken an solche Empfänge nicht gewöhnt waren, kam es zu mehreren Zwischenfällen.

Als die ›Aigle‹ sich dem Bosporus näherte, wurden aus dreißig Küstengeschützen Salutschüsse abgefeuert. Leider hatte man den Kanonieren nicht gesagt, daß blind geschossen werden sollte, und so regnete es Kanonenkugeln rings um die kaiserliche Jacht. Der Sultan fuhr in seinem Kaik den Gästen entgegen; auf der Fahrt zum Landungssteg in Beylerbey saß er neben der Kaiserin. Dies war von seiten des ›Herrschers aller Gläubigen‹ ein unerhörtes Kompliment. Er ging noch weiter bei seinen Bemühungen, Ost und West zu verschmelzen: er versuchte, Eugénie die Hand zu küssen. Aber sie wehrte diese Ehre ab, einmal aus Achtung vor den mohammedanischen Sitten, zum anderen aber auch angesichts seines wilden Blicks.

Am Abend fand im Palast des Sultans ein Diner von achtzehn Gängen statt. Mit ihrer diamantenbesetzten Tiara, in einem weißen Kleid und mit Tüll verschleiert, an den Armen und um den Hals mit funkelnden Juwelen geschmückt, ließ sich Eugénie durch Scharen von festlich beleuchteten Booten in ihren schneeweißen Palast zurückrudern. Es war wieder ein ›unvergeßliches‹ Erlebnis für sie.

Die orientalischen Sitten waren für Eugénie etwas ganz Neues. Sie mußte sich ihnen anpassen und sich geziemend zurückhalten. Sie erhielt den Besuch der Sultana Valide, die von zwölf jungen Haremsdamen begleitet war. Während Eugénie mühsam Konversation mit der Sultanin trieb, tollten die Haremsdamen, ausgelassen und begeistert über die ungewohnte Freiheit, laut jubelnd im Palast umher, bestaunten die kostbaren Teppiche, die ganze Wände bedeckten, und die verborgenen Leuchten. Sie entdeckten die französischen Zofen der Kaiserin, hinter denen sich Eugénies schwarzer Diener Moussa versteckt hatte. Er wußte, daß man hart bestraft wurde, wenn man Haremsdamen ansah, und glaubte schon, sein letztes

Stündlein sei gekommen. »Ich nichts sehen«, rief er ununterbrochen, »ich Augen zugemacht.«

Der Sultanin war nach diesem Besuch der Okzident sichtlich etwas unheimlich geworden. Am folgenden Tag erwiderte die Kaiserin den Besuch. Als ihr der Sohn der Sultanin den Garten zeigte, vergaß sie für einen Augenblick, daß sie nicht in Saint-Cloud war, und nahm den Arm des Jungen.

Die Sultanin versetzte ihr einen heftigen Schlag in die Magengegend. Im Gefolge der Kaiserin waren einige, die viel Freizeit hatten. Einer davon war ihr Zahnarzt Dr. Evans, ein wichtiger Reisebegleiter, dessen Dienste jedoch nur selten in Anspruch genommen wurden. Er beschloß deshalb, eine Angeltour zu unternehmen. Er mietete sich ein kleines Boot und ruderte auf das Goldene Horn hinaus. Er kannte aber weder die Vorschriften auf Wasserstraßen noch die lokalen Bräuche. Um dieselbe Zeit machte der Sultan mit der Kaiserin eine Besichtigungsfahrt in seinem Kaik. Während Evans, in der Sonne sitzend, vor sich hin döste, schoß der Kaik direkt auf ihn zu. Nun galt die Regel auf dem Wasser, daß der Sultan niemandem auswich. Wer eine solche Begegnung riskierte, wurde einfach überfahren, ohne daß jemand Notiz von ihm nahm. Die Kaiserin sah das kleine Boot, und als sie näher kamen, erkannte sie Dr. Evans. Als sie merkte, daß sie geraden Kurs auf das Boot nahmen und eine Kollision unvermeidlich schien, konnte sie nicht an sich halten. Sie ergriff den Sultan am Arm und bat ihn, das Unglück zu verhindern. Er gab einen knappen Befehl, der Kaik fuhr haarscharf an dem kleinen Boot vorbei, und Dr. Evans schreckte hoch. Er sah, wie die Kaiserin ihm Zeichen machte, begriff, was passiert war und daß sie ihm das Leben gerettet hatte. Ein Jahr später sollte er Gelegenheit haben, diese Schuld zu begleichen.

Bei der Abreise überreichte der Sultan seinem Gast einen türkischen Teppich. In der Mitte war das Porträt ihres Mannes eingeknüpft, wobei man für Haupthaar und Bart echtes Menschenhaar verwendet hatte. Das Bild war ziemlich furchteinflößend; eine Hofdame zuckte vor Entsetzen zusammen, als sie es sah. Eugénie beobachtete das und wünschte, den schlechten Eindruck zu verwischen. Sie lobte überschwenglich, wie gut der Kaiser getroffen sei, schwärmte von der feinen Wirkarbeit und ergoß sich in endlosen Dankesworten. Sie hatte die Türken für sich gewonnen und konnte nun, als sie weiter durch das Mittelmeer reiste, sicher sein, daß ihr Besuch ein voller Erfolg gewesen war.

Die nächste Station war Kairo. Sie bewohnte dort einen Palast, den der Khedive eigens für sie hatte erbauen lassen. Nachdem die Vielzahl der Empfänge vorbei war, machte sie inkognito als Gräfin de Pierrefonds eine Fahrt auf dem Nil. Es war immer ihr Traum gewesen, mit einer Nilbarke nach Luxor und Theben, nach Edfu und Assuan zu segeln. Außerdem war sie ziemlich überanstrengt und brauchte Entspannung. Sie wurde ausfällig gegen ihre Umgebung und machte scharfe Bemerkungen, die sie gar nicht so meinte. Sie hielt strenge Disziplin beim Essen, damit sich die Damen nicht die Mägen verdarben. Es gab keine Eisgetränke, dafür viel Bananen. Sie selbst aß jedoch ohne unangenehme Folgen alles, was ihr schmeckte.

Nach einigen Tagen zeigte sich die beruhigende Wirkung der gemächlichen Flußfahrt. Eugénie wurde wieder so heiter und unternehmungslustig wie vor ihrer Heirat. Sie machte mit ihren Nichten im Mondlicht Ausflüge zu den Ruinen. Sie entdeckte alles, was abseits der üblichen Touristenwege lag. Bei den Pyramiden erwartete sie ein schöner weißer Esel. Sie setzte ihn in Trab, so wie sie es in Spanien gelernt hatte, und galoppierte davon. Die anderen Esel galoppierten hinterher, und die Archäologen, die zur Begleitung der Kaiserin abgeordnet waren, fielen in den Sand. An Napoleon schrieb sie:

»*Ich schreibe dies auf dem Weg nach Assuan. Zu sagen, es sei hier kühl, wäre übertrieben. Aber die Hitze ist einigermaßen erträglich ... Fern von Menschen und Dingen atmet man eine Ruhe, die für Leib und Seele wohltuend ist. Mit einiger Anstrengung versuche ich mir vorzustellen, daß es Dir gutgeht, weil ich von zu Hause gar nichts höre. Amüsiere Dich! Ich glaube, Ablenkungen braucht man, denn man muß seine moralische Konstitution ebenso wiederaufbauen wie seinen geschwächten Körper ... Inzwischen genieße ich meine Reise, die Sonnenuntergänge, die wilde und doch gezähmte Natur jenseits der Ufer. Dahinter liegt die Wüste mit ihren Sandhügeln. Das Ganze ist von einer brennenden Sonne überflutet ...«*

»Amüsiere Dich.« Das war genau das, was der Kaiser tat. Wie so oft, wenn Eugénie verreist und er mit seinem Sohn in Saint-Cloud allein war, besserte sich seine Gesundheit. Er hatte mehr Arbeitseifer und hielt wieder Ausschau nach den Damen. Königin Sophie von Holland sagte einmal: »Wenn Eugénie um ihn ist, ist sie wie eine summende Biene, die ihn unaufhörlich stört.« Jetzt gab der Kaiser kleine Bälle für die vielen amerikanischen Mädchen, die nach Paris strömten, um sich weiterzubilden. Er flirtete mit der Gräfin Louise de Mercy-Argenteau, einer schönen, nicht sehr tugendhaften Dame der Gesellschaft, die eine scharfe Zunge hatte. Eugénie konnte diese Frau nicht leiden.

Am 16. November legte die ›Aigle‹ in Port Said an, und die Einweihungsfeierlichkeiten begannen. Die Anhänger Allahs und die Schäfchen des Papstes feierten geräuschvoll, aber friedlich miteinander. Eugénie trug ein mattgraues, spitzenbesetztes Kleid, einen schwarzen Hut und ein Samtband um den Hals. Sie ging am Arm des Kaisers Franz Joseph von Österreich. Während der nun folgenden märchenhaften Tage wich er kaum von ihrer Seite, was sie besonders freute. Vielleicht hätte ihr die Rolle der Kaiserin von Österreich besser gelegen. Die Fahrt in Richtung Süden begann. Die ›Aigle‹ fuhr voran, mit der Kaiserin und Lesseps auf der Kommandobrücke. In ihrer Kiellinie folgten in langer Reihe siebenundsechzig Schiffe verschiedenster Nationalität. Am Abend erreichten sie Ismailia. Der 18. November war der Tag der feierlichen Eröffnung des Kanals. Der Prunk, den der Khedive zur Schau stellte, war unbeschreiblich: »Arabische Reiter galoppierten, Burnusse flatterten, Karabiner knallten, Speere wirbelten, Derwische heulten, Fakire sangen, die kostbaren Behänge der Reitkamele funkelten.« Noch nach 40 Jahren erinnerte sich die Kaiserin an dieses überwältigende Erlebnis:

»*Die feierliche Eröffnung des Kanals sollte um acht Uhr morgens auf dem Nil hinter Ismailia stattfinden. Es war ein echt ägyptischer Himmel, mit zauberhafter Beleuchtung und traumhaftem Glanz. Ich wurde an der Zufahrt zum Timsa-See von fünfzig Schiffen, die über die Toppen geflaggt hatten, erwartet. Meine Jacht, die ›Aigle‹, setzte sich an die Spitze der Flotte, dicht gefolgt von den Jachten des Khediven, des Kaisers Franz Joseph, des Kronprinzen von Preußen und des Prinzen Heinrich der Niederlande. Das Schauspiel war von so überwältigender Pracht und verkündete so herrlich die Größe Frankreichs, daß mich ein wildes Triumphgefühl ergriff.*«

Zwei Tage später war sie in Suez. Der Khedive begrüßte sie, als sie an der Reling lehnte und über das ruhige Rote Meer zu den hohen Bergen hinüberschaute. Allein für diesen Anblick habe sich die Fahrt gelohnt, sagte sie zu ihm. Sie hätte zu gern gesehen, was hinter den Bergen lag. Sie hatte vorgehabt, nach Indien weiterzureisen. Doch das war Lord Clarendon zu Ohren gekommen, und er hatte es schleunigst abgebogen. Also mußte sie in einen trüben Pariser Dezember heimkehren. In England, das bei den Feierlichkeiten nur durch einen untergeordneten Herrn aus dem Außenministerium vertreten war, herrschte eine Mischung aus Neugier und Mißbilligung. Einige Zeitungen machten sich über die ganze Geschichte lustig und sprachen von der schönen Dame, die bei der Zeremonie als ›Larmperartreece Eujaynee‹ die Hauptrolle gespielt hätte. ›Punch‹ veröffentlichte ein sowohl satirisches wie prophetisches Gedicht. Es gipfelte darin, daß jetzt zwar Meere verbunden, aber dafür Nationen getrennt seien.

Als Eugénie in Saint-Cloud ankam, mußte sie erfahren, daß Napoleon mit Emile Ollivier Verhandlungen geführt hatte. Der republikanische Staatsmann leitete sehr überlegen die parlamentarische Opposition. Ollivier hatte mit Persigny darauf gedrängt, daß die Kaiserin nicht mehr an den Sitzungen des Staatsrats teilnehmen solle. Jetzt hatte er eingewilligt, Premierminister zu werden.

Ollivier bildete eine Regierung, und am 2. Januar 1870 begann das kurze Kapitel des liberalen Kaiserreichs. Nach außen hin schien es, als habe der Kaiser seine Rolle als absoluter Monarch ausgespielt und wäre auf die Stellung eines konstitutionellen Herrschers zurückgedrängt. In Wirklichkeit hatte er noch immer die Zügel in der Hand. Als der britische Botschafter Lord Lyons die Ernennung Olliviers kritisierte, erwiderte Napoleon: »Er hat zwei hervorragende Eigenschaften, über die ich seine Mängel vergesse. Er glaubt an mich und ist ein beredter Verfechter meiner Ideen, besonders wenn ich ihm einreden kann, es seien seine eigenen.«

Die Sozialreformen, die Olliviers Minister einführten, brachten manche Erleichterungen. Die Notverordnungen zur Aufrechterhaltung der öffentlichen Sicherheit wurden aufgehoben, die kommunalen Verwaltungen reorganisiert und die Erziehungsbeihilfen erhöht. In der Außenpolitik war die Wahrung des Friedens das wichtigste. Abenteuer wie in Mexiko und Italien durfte es keinesfalls mehr geben. Internationale Zwischenfälle sollten umgehend durch vernünftige Verhandlungen beigelegt werden. Dies war im Augenblick die richtige Politik. Die revolutionäre Stimmung, die 1860 noch vorherrschte, war verflogen.

Aber Ollivier gelang es nicht, daß Parlament dazu zu zwingen, Frankreichs Militärmacht zu verstärken. Im Gegenteil, bei einer namentlichen Abstimmung setzte sich die Forderung durch, die Rüstungsausgaben um zwanzig Prozent zu senken. Während man sich in England vorstellte, Frankreich könne sechshunderttausend Mann auf die Beine stellen, waren es in Wirklichkeit nur halb so viele.

Im Mai gab es bei einer Volksabstimmung 7 257 379 ›Ja‹-Stimmen für Napoleons Herrschaft und 1 530 000 ›Nein‹. Der Kammerpräsident überbrachte dem Kaiser das Abstimmungsergebnis im Staatssaal des Louvre. Dabei verkündete er: »Frankreich sagt ›Ja‹ zu Ihnen, Sire. Das Land ist auf Ihrer Seite. Es will, daß Sie vertrauensvoll auf dem Pfad des Fortschritts weitergehen...« Als Napoleon das Zahlenverhältnis der Abstimmung analysierte, fand er heraus, daß in der Armee fünfzigtausend Mann gegen ihn gestimmt hatten – die Rekruten.

Frühling in Paris. Kavallerie trabt über das ›Champs de Mars‹. Die Sonne spiegelt sich in den Brustpanzern der Kürassiere. Hell leuchtet das Scharlachrot der Kaiserlichen Garde, das Grün der Husaren, das Himmelblau des Garde-Regiments. In den Tuilerien wird ein glanzvoller Hofball gegeben. Scharen von Touristen beleben die Champs-Elysées. Dies alles sieht nach einem Leben in Frieden, Reformen und Wohlstand aus. Doch der Schein trügt.

Jenseits des Rheins rauchte Bismarck seine Meerschaumpfeife und wartete. Jede Phase des Einmarsches war ein dutzendmal geübt worden. »Bei ihm war die Bühne aufgebaut, der Schnürboden bereit, die Kulissen fertig zum Aufstellen, die Bühnenarbeiter an ihren Plätzen. Nur die Glocke für den Beginn der Vorstellung war noch nicht ertönt. Noch beobachtete er Napoleon und Clarendon.«

Lord Clarendon starb am 27. Juni in den Sielen. Eugénie weinte, Bismarck lächelte. Der britische Außenminister hatte in Paris und Berlin hervorragende Arbeit geleistet, um den Frieden zu erhalten. Seine Handicaps waren seine schlechte Gesundheit und die Tatsache, daß er ein zu anständiger Mensch war, um Bismarcks Ränke und Skrupellosigkeit zu durchschauen. Seinem Nachfolger Lord Granville teilte der Unterstaatssekretär bei der Amtsübernahme mit, in der Außenpolitik sei alles ruhig und es gäbe keinerlei wichtige akute Probleme.

Am 30. Juni erklärte Emile Ollivier: »Noch nie ist der Frieden in Europa so gesichert gewesen.« Um diese Ruhe auch seinerseits zu unterstreichen, gestattete Bismarck seinen Generälen, in Urlaub zu fahren. Am 3. Juli wurde der Kaiser ärztlich untersucht, und man sagte ihm, er dürfe auf keinen Fall reiten. Er dachte an Rücktritt. Wenn sein Sohn 1874 mündig würde, wollte er abdanken. Später würde er dann jeden Sommer in Biarritz und jeden Winter in Pau verbringen.

Das war der rechte Augenblick für Bismarck. Als Vorwand diente ihm die Kandidatur des deutschen Fürsten Leopold von Hohenzollern für den spanischen Thron, gegen die Frankreich Einwände erhoben hatte. Zu Bismarcks Bestürzung zog der Fürst seine Kandidatur zurück. Nun verlangte Frankreich unsinnigerweise Garantien von Preußen dafür, daß der Name des Hohenzollern keine Rolle mehr spielen solle. Bismarck verfaßte und veröffentlichte eine Antwortdepesche des Königs von Preußen in einer Form, die Frankreich als Beleidigung ansehen mußte. Später gab Bismarck ganz offen zu, »er habe dem gallischen Stier das rote Tuch hingehalten«.

Der ›Gallische Stier‹ reagierte damit, daß die Menschen sich auf den Boulevards drängten, die ›Marseillaise‹ sangen und »Auf nach Berlin!« brüllten. Politiker hielten flammende Ansprachen. Das französische Volk war zum Krieg entschlossen, und nichts konnte es mehr zurückhalten. Eugénie dachte ebenso, sagte aber zu Pauline Metternich: »Gott gebe, daß es nicht zum Krieg kommt. Doch um den Preis der Ehre den Frieden zu erhalten, wäre ein ebensolches Unglück.«

Angesichts dessen, was später kam, könnte man Eugénie vorwerfen, sie habe die Krankheit ihres Mannes nicht ernst genug genommen. Germain Sée, der große Chirurg, hatte ihr gesagt, es sei unverantwortlich, einen Menschen in seinem Zustand an die Spitze einer Armee zu stellen. Sie gab zur Antwort: »Der Wein ist gezapft, er muß getrunken werden.« Sie schien außerstande zu begreifen, daß sie, eine gesunde Frau von vierundvierzig, mit einem verbrauchten Mann verheiratet war.

Andererseits kann man sie nicht dafür tadeln, daß sie nicht wußte, wie schlecht Frankreich für einen Krieg gerüstet war. Man hatte ihr versichert: »Die Armee ist in jeder Hinsicht auf das Beste versorgt. Ein ganzes Jahr lang braucht nicht ein einziger Gamaschenknopf angeschafft zu werden. Die Armee ist mehr als bereit.«

Vor allem kannte Eugénie ihren Bismarck. Sie wußte, er werde kommen, wenn nicht in diesem Jahr, dann im nächsten oder übernächsten. Tragisch war für sie allerdings, daß sie Lord Clarendon nicht mehr als Mentor zur Verfügung hatte.

Am 19. Juli 1870 zog Kaiser Napoleon widerstrebend in den Krieg.

Krieg

In den frühen Morgenstunden des 28. Juli 1870 wurde der kaiserliche Hofzug über ein Nebengleis in den kleinen Bahnhof vor den Toren von Saint-Cloud geschoben. Es war ein malerisches, strohgedecktes Gebäude, hieß ›der Bahnhof des Kaisers‹ und war über eine Abzweigung der Bahnlinie Sèvres-Montretout zu erreichen. Es war beschlossen worden, daß Napoleon wegen seiner angegriffenen Gesundheit und um etwaige Tumulte in Paris zu vermeiden auf diesem bequemeren Wege an die Front abreisen sollte. Während das Gepäck eingeladen wurde, herrschte zwischen dem Schloß und dem Bahnhof ein reges Treiben. Journalisten und Pressezeichner versammelten sich auf dem Bahnsteig. Dr. Baron Corvisart erschien mit einem Kasten voller chirurgischer Instrumente.

Viele Mitglieder der Kaiserfamilie, sein Hofminister und seine Freunde waren ins Schloß gekommen, um von ihm Abschied zu nehmen und ihm Glück zu wünschen. Mit Prinzessin Mathilde gab es eine rührende Abschiedsszene. Als sie hörte, er werde den Oberbefehl über die Armee übernehmen, rief sie aus: »Aber du bist gar nicht in der Verfassung dazu. Du kannst auf kein Pferd steigen, nicht einmal die Stöße eines Wagens aushalten. Was willst du denn auf dem Schlachtfeld machen?« Worauf er mit einer fatalistischen Geste die Arme hob und erwiderte: »Nicht wahr, ich bin nicht mehr so stattlich und schneidig wie früher?« Mathilde, seine gute Freundin aus der Straßburger Zeit, stand ihm wieder sehr nahe. Sie hatte ihm Gesellschaft geleistet, während seine Frau in Suez war. Sie versuchte jetzt beim Abschied ihre Gefühle zu unterdrücken. Ein paar Wochen später verriet sie ihre wahre Meinung über Eugénie: »Sie und nur sie allein ist schuld an Frankreichs Unglück. Diese Frau hat den besten und großzügigsten Mann, den es gibt, zugrunde gerichtet...«

Um halb zehn Uhr fuhr eine Wagenkolonne vor dem Schloß vor. Eugénie, die jetzt Regentin war, kutschierte den Kaiser in ihrer Pony-Chaise durch den Park. In der schmucklosen Alltagsuniform eines Generals saß er, vornübergebeugt und schweigend, neben ihr. Hinter ihnen fuhr der Kronprinz mit Prinzessin Clothilde und seinem Erzieher. Der vierzehnjährige Prinz war sehr aufgeregt bei dem Gedanken, daß er seinen Vater ins Feld begleiten durfte. Er trug die Uniform eines Gardeleutnants. Am Vortag hatte man ihm die Haare geschnitten und ihn fotografiert. Auf dem Bahnsteig ging er säbelrasselnd auf und ab und redete mit jedem.

Das Zeichen zum Einsteigen ertönte. »Das ist ja, wie wenn ein Regiment abrückt«, sagte der Kaiser. Eugénie küßte ihn, und er setzte sich in den Zug. Sie umarmte ihren Sohn, machte ihm ein Kreuzzeichen auf die Stirn, wie sie es immer tat, wenn sie sich trennten, und sagte: »Tu deine Pflicht, Louis.« Er sprang hinter seinem Vater in den Wagen. Vom Fenster aus entdeckte Napoleon einen Kammerherrn, den er übersehen hatte. »Ach, Dumanoir«, rief er, »Ihnen habe ich nicht Lebewohl gesagt.« Für viele der Anwesenden waren dies die letzten Worte, die sie von ihrem Kaiser hörten.

Die Lokomotive zischte, und der Dampf stieg in den wolkenverhangenen Himmel. Als die Wagen aus dem Park fuhren, sah man noch das Taschentuch des Kronprinzen aus einem Fenster flattern. Eugénie wandte sich um und ging sehr aufrecht zu ihrer Kutsche zurück. Erst als sie davonfuhr, weinte sie. An Manuela schrieb sie dann:

»*Du hast Glück, daß Du nur Töchter hast. Manchmal komme ich mir vor wie ein Raubtier, das sein Junges weit fort in die Wüste schleppen und jeden in Stücke reißen möchte, der ihm etwas antun will. Dann wieder denke ich nach und sage mir, ich würde ihn doch lieber tot als ehrlos sehen ... und ich gebe ihn in Gottes Hand ...*«

Der Kaiser traf um sechs Uhr abends in Metz ein. Als ein Mann, der bei Magenta und Solferino so erfolgreich seine Truppen befehligt hatte, merkte er sehr rasch, daß die Mobilmachung ein Fiasko war. Die Stabsoffiziere waren verwirrt, nicht im Bilde und konnten auf wesentliche Fragen keine Antworten geben. Auf Napoleons Schreibtisch lagen Dutzende unbeantworteter Telegramme.

Die Wahrheit kam bald ans Licht. Ein Drittel der regulären Truppen war auf Urlaub, als der Krieg erklärt wurde, und viele Pferde waren leihweise der Landwirtschaft überlassen worden. In ganz Frankreich drängten sich die Reservisten in den Eisenbahnzügen und suchten ihre Standorte, die inzwischen ohne Ankündigung verlegt waren. Die neu aufgestellten Mobilgarden waren unlustig, unausgebildet und glaubten, ihre Aufgabe beschränkte sich darauf, die öffentlichen Gebäude in den Städten zu bewachen. Es gab Soldaten ohne Uniformen, Pferde ohne Geschirr, Gewehre ohne Munition, Regimenter ohne Zelte, Feldküchen ohne Kessel und ohne Lebensmittel. Es gab Stöße von Landkarten von Deutschland, aber keine einzige von Frankreich.

Napoleon hatte erwartet, am Rhein ein französisches Heer von etwa dreihundertfünfundachtzigtausend Mann vorzufinden. Er mußte feststellen, daß es aber nur etwa zweihundertzwanzigtausend Mann waren. Er sandte folgende Botschaft an Eugénie: »Nichts ist bereit. Wir haben nicht genug Soldaten. Ich halte uns jetzt schon für verloren.« Als Eugénie diese Worte las, zitterten ihr die Knie.

Der Kaiser war sich darüber im klaren, daß er unbedingt eine Siegesnachricht nach Paris senden mußte. Dies war nicht nur für die Stimmung in der Heimat wichtig, er brauchte auch einen Erfolg, um Österreich und Italien auf die Seite Frankreichs zu bringen. Aber die Hoffnung auf einen Sieg war gering. Er griff deshalb am 2. August Saarbrücken an, das als Eisenbahnknotenpunkt in gewisser Hinsicht als wichtiges militärisches Objekt galt. In der Stadt lag eine Garnison mit einem preußischen Infanterieregiment und drei Schwadronen Kavallerie. Die angreifenden französischen Streitkräfte waren über sechzigtausend Mann stark. Die Preußen verteidigten sich tapfer und entschlossen und zogen sich dann in guter Marschordnung zurück. Die Franzosen marschierten in Saarbrücken ein und dann wieder ab. Das blieb ihr einziger Einfall in Feindesland. Das ganze Unternehmen hatte nur zwei Stunden gedauert.

Der Kaiser und hinter ihm der Kronprinz ritten mit den Truppen. Der Junge tat, was jeder Vierzehnjährige unter so aufregenden Umständen getan hätte, er hob einen Blindgänger auf und behielt ihn als Andenken. Für diese ganz natürliche Geste wurde er später erbarmungslos verspottet. Als der Kaiser nach Metz zurückkehrte, mußte man ihm vom Pferd helfen; er vertraute General Lebrun an, daß er wahnsinnige Schmerzen habe. Aber jetzt hatte er wenigstens die Siegesnachricht, die er so dringend brauchte. Am 4. August erschien sie, zur Freude der Pariser, im ›Journal Officiel‹. Sie lautete:

»Heute, am 2. August um elf Uhr vormittags, hatten die französischen Truppen ein heftiges Gefecht mit den Preußen. Unsere Armee ging zur Offensive über, überschritt die Grenze und fiel in

preußisches Gebiet ein. Trotz der Stärke der feindlichen Stellung ... konnte unsere Artillerie bald den Feind aus der Stadt vertreiben. Der Angriffsgeist unserer Soldaten war großartig...«

Am gleichen Abend des 4. August, als Paris diesen Sieg feierte, schrieb Kronprinz Friedrich Wilhelm von Preußen, der Schwiegersohn von Queen Victoria, der das Dritte Armeekorps im Süden der preußischen Front befehligte, in sein Tagebuch: »Ein Sieg über die Franzosen unter meinen Augen! Gott sei gelobt, daß gleich unsere erste Begegnung mit dem Feinde ein Erfolg für uns war...«

Das war die Schlacht bei Weißenburg. Dann marschierte Kronprinz Friedrich Wilhelm durch die französischen Kornfelder. Die Dörfer waren verlassen; auch die Alten, die Kranken und die Kinder waren geflohen, weil Gerüchte besagten, die deutschen Soldaten seien Menschenfresser. Am 6. August begann sein Tagebuch: »Ich habe heute Mac-Mahon bei Wörth gänzlich geschlagen. Seine Truppen befinden sich in äußerst ungeordnetem Rückzug...«
Das war die Schlacht bei Wörth. Von Norden kam die Nachricht einer Niederlage der Franzosen bei Spichern, in der Nähe von Saarbrücken. Damit war alles vorbei. In diesen ersten Gefechten hatten die Franzosen wild und tapfer gekämpft und den Preußen schwere Verluste beigebracht. Aber die vorderste Frontlinie war sehr schwach, und es kam kein Nachschub aus der Etappe. Die geschlagenen Truppen warfen ihre Gewehre und ihre militärischen Abzeichen weg oder zogen toten Zivilisten die Kleider aus und versteckten sich bei den Bauern.

Der preußische Kronprinz, der ein hervorragender Heerführer war, dem aber die Schrecken des Krieges sehr nahegingen, war erschüttert, als er über das Schlachtfeld ritt. Er tat, was er konnte, um den Verwundeten zu helfen. Traurig wandte er sich ab, als er die Leiche von General Douai, dem französischen Divisionskommandeur, entdeckte, neben der sein Hündchen kauerte. Er verhörte Gefangene, die General Mac-Mahon ›ein Schwein‹ nannten und den Kaiser als ›altes Weib‹ bezeichneten. Er ritt durch ein verlassenes Feldlager. »In den Zelten der Offiziere entdeckte man eine Menge feiner Toilettengegenstände, Süßigkeiten aller Art, Theaterstücke, auch Damengarderobeartikel«, notierte der preußische Kronprinz und berichtete weiter: »General Ducrot«, der der Gefangenschaft bei Wörth nur mit knapper Not entronnen sei, »habe in seinem Gepäck die Anzüge zweier Damen gehabt.« Hierfür hatten die Deutschen keinen Sinn.

Als am 6. August in Wörth das Blut floß, gab die Kaiserin in Saint-Cloud ein Frühstück für ihre Minister. Während der Mahlzeit fing sie an zu weinen, was bei ihr etwas ganz Ungewöhnliches war. Später erklärte sie, sie habe die schreckliche Vorahnung eines nahenden Unglücks gehabt. Kurz vor Mitternacht, als sie sich zum Schlafengehen auskleidete, brachte ihr der diensttuende Kammerherr ein Telegramm mit der Nachricht von der Niederlage der französischen Streitkräfte. Die Botschaft endete mit dem Befehl: »Paris muß unverzüglich in Verteidigungszustand versetzt werden!«

Die Kaiserin berief die Minister zu einer Sitzung zwei Stunden später in die Tuilerien. Zugleich schrieb sie ein Billett an den österreichischen Botschafter, er solle sie so schnell wie möglich in Saint-Cloud abholen. Sie kleidete sich ganz in Schwarz, ging hinunter und saß wartend am Fenster. Sobald sie den Wagen des Fürsten Metternich anrollen hörte, lief sie hinaus und sprang neben ihn auf den Sitz. Bei hellem Mondlicht rollten sie durch die menschenleeren Straßen. Kurz nach ein Uhr erreichten sie die Tuilerien. Halbangezogene Diener rannten mit Kerzen umher. Die Möbel in den Salons sahen mit ihren weißen Schonbezügen gespenstisch aus.

Seit dieser Nacht schien Eugénie von einer seltsamen Kraft getrieben. Obwohl sie wenig aß, nur Unmengen schwarzen Kaffees trank und nachts Schlafmittel nahm, war ihre Energie grenzenlos. Ihr Mut setzte ihre Umgebung in Erstaunen; ihre Temperamentsausbrüche waren gefürchtet. Am 9. August entließ sie die Regierung Ollivier und berief General Palikao, einen zuverlässigen Mann und ausgezeichneten Offizier, an die Spitze einer Regierung der Nationalen Verteidigung. Die Ehre und die Zukunft Frankreichs bedeuteten ihr alles. Der Gedanke an den Tod, selbst den ihres Mannes und den ihres Sohnes, kam erst in zweiter Linie.

Von der Front kam der Vorschlag, das Truppenkommando einem Berufssoldaten zu übergeben. Eugénie war damit einverstanden. Zögernd übernahm Marschall Bazaine den Oberbefehl. Daß er den Sündenbock spielen sollte, merkte er nicht. Napoleon war den überforderten Generälen jetzt nur noch im Weg. Die Kolonne seiner Gepäckwagen verstopfte die Straßen, und sein Gefolge von livrierten Dienern erregte den Zorn der müden und mutlos gewordenen Soldaten. Napoleon wußte das, er wußte auch, wie krank er war, und bat deshalb telegraphisch um die Erlaubnis, nach Paris zurückzukehren. Das kam für Eugénie überhaupt nicht in Frage. Daß ein Bonaparte den Rückzug antrat, war für sie undenkbar. Was würden die Pariser sagen und tun, wenn ein kränkelnder Kaiser ohne Glorienschein nach Hause humpelte? Napoleon beschloß, in Châlons zu Mac-Mahon zu stoßen und ihn dabei zu unterstützen, die dortigen Truppen neu zu formieren.

Im Morgengrauen des 15. August wurde der kaiserliche Kronprinz in Lingueville durch Kanonendonner geweckt. Sein Vater kam ins Zimmer gestürzt und rief: »Mach schnell, Louis, die Preußen sind da!« Der Junge sah aus dem Fenster. Draußen im Garten frühstückten ein paar Offiziere an einem Tisch. Eine Granate explodierte mitten unter ihnen. Sie fielen zerfetzt ins Gras. Kaiser und Kronprinz bestiegen ihre Pferde und ritten nach Gravelotte. Die Wege waren mit Flüchtlingen und Wagen verstopft. Nach neunstündigem Ritt fanden sie in Verdun einen Stationsvorsteher, der eine Rangierlok und einen Dritter-Klasse-Wagen herbeischaffte. Damit konnten sie nach Châlons weiterfahren.

In Châlons, dem Schauplatz so mancher glanzvoller Truppenparaden in der Kaiserzeit, herrschte Chaos. Auf dem Bahnhof wimmelte es von Soldaten, die auf dem Rückzug waren. Sie schliefen, soffen, fluchten oder amüsierten sich mit Weibern. Die Räume, die für den Kaiser vorbereitet waren, hatte man geplündert, seine Hemden waren meistbietend versteigert worden. Die Offiziere hatten jede Kontrolle über die Truppen verloren. Am 17. August wurde ein Kriegsrat abgehalten. Anwesend waren der Kaiser, Marschall Mac-Mahon, Prinz Napoleon, General Trochu und andere hohe Offiziere. Es wurde beschlossen, daß der Kaiser nach Paris zurückkehren und wieder die Regentschaft übernehmen sollte. General Trochu wurde zum Kommandanten von Paris ernannt und bekam den Oberbefehl über alle dort befindlichen Truppenteile. Mac-Mahons Armee sollte so schnell wie möglich reorganisiert werden, dann in Richtung Paris marschieren und sich dort gefechtsbereit halten.

General Trochu reiste sofort ab, um seine Aufgabe zu übernehmen. Doch als die in Châlons gefaßten Beschlüsse Paris erreichten, wurden sie kurzerhand aufgehoben. Die Kaiserin und ihre Minister bestanden darauf, daß Mac-Mahons Armee vorrücken und Bazaine zu Hilfe kommen müsse. Die Pariser würden einen Rückzug nicht zulassen, hieß es. Diese Nachricht war der Grund für Napoleons Entschluß abzudanken. Die Zivilisten hatten die Militärs überfahren. Napoleon hatte nicht mehr die Kraft, Widerstand zu leisten. Er zog mit Mac-Mahons Armee nach Reims und dann weiter nach Sedan. Seine Troßkolonne wurde dabei zur Zielscheibe von Spott und Hohn. Er spürte, daß sie einem Abgrund entgegenzogen. Er hatte recht, denn Mac-Mahon tappte genau in die Falle, die Moltke ihm gestellt hatte.

Napoleon machte sich immer mehr Sorge um die Sicherheit seines Sohnes. Er entschied, daß der Junge stets dicht an der belgischen Grenze bleiben müsse, so daß er im Notfall schnell hinüberwechseln könne. Vater und Sohn nahmen in Tourteron, zwischen Reims und Sedan, voneinander Abschied. Napoleon glaubte, es wäre ihr letztes Lebewohl. Er unterstellte den Kronprinzen der Obhut von drei Adjutanten, Hauptmann Duperré, Hauptmann Lamey und Graf Clary. Sie bekamen eine berittene Eskorte, Eugénie wurde von dieser Maßnahme nicht unterrichtet, sie erfuhr jedoch bald davon.

Nun begann für den vierzehnjährigen Kronprinzen, der schon vier Kriegswochen durchgestanden hatte, noch eine harte, gefährliche und sehr traurige Zeit. Die Adjutanten waren um ihre Aufgabe nicht zu beneiden. Sie mußten ständig nach neuen, sicheren Plätzen suchen, wo sie unterschlüpfen konnten. Sie erhielten fortwährend Anweisungen vom Kaiser.

Dann mischte sich auch die Kaiserin ein, und ihre Anordnungen standen oft in direktem Widerspruch zu denen des Kaisers. Mézières war der erste Halt. Hier erreichte sie der Befehl, weiter nach Sedan zu reiten. Es regnete in Strömen. Der Prinz bekam eine fiebrige Erkältung. Duperré ahnte die Gefahr in Sedan, deshalb zogen sie sich wieder nach Mézières zurück. Dabei mußten sie sich durch Scharen von flüchtenden und verwundeten Soldaten hindurchschlängeln.

In dieser Nacht wurde der völlig übermüdete Kronprinz mit dem Ruf aus dem Schlaf gerissen, es ginge weiter, die Preußen kämen. Diesmal weigerte er sich stur; man bekam ihn erst aus dem Bett, als man ihm vorhielt, es sei seine Pflicht dem Vater gegenüber. Es folgte eine siebenstündige Eisenbahnfahrt nach Avesnes. Dort hörte man in der Ferne den Kanonendonner von Sedan; doch vom Kaiser kam keine weitere Nachricht. Die erschöpften und überreizten Adjutanten meinten, es sei zwecklos, noch länger im Kampfgebiet zu bleiben, und wollten sich bis Amiens zurückziehen.

Sie wandten sich an die Kaiserin. Diese telegraphierte zurück: »Ich mißbillige dieses Herumwandern von einer Stadt zur anderen. Bleiben Sie, wo Sie sind ... Es gibt für

Sie eine größere Sorge als die Sicherheit: die Ehre. Vergessen Sie niemals: Ich könnte um meinen Sohn weinen, wenn er tot oder verwundet wäre, doch wenn er geflüchtet wäre, würde ich Ihnen das niemals verzeihen.« Die Nachricht von der Niederlage von Mac-Mahons Armee traf ein. Die Adjutanten fuhren mit Prinz Louis nach Maubeuge, nahe der belgischen Grenze. Endlich kam eine Botschaft vom Kaiser: »Bringen Sie den Prinzen über die Grenze nach Belgien!«

Das Zweite Kaiserreich war zu Ende. Auf den Straßen rotteten sich die Massen der Aufständischen zusammen. Der Kronprinz durfte nicht erkannt werden. Er bekam den Kittel eines Bauernburschen an und wurde so über die Grenze geschmuggelt. Dann bestieg er den Zug nach Ostende und fuhr nach England hinüber.

Es war Mitternacht, als Napoleon am 30. August mit dem Zug Sedan erreichte. Er schleppte sich mühsam in sein Quartier, während in den dunklen Wäldern ringsum die Preußen bereits in einer Zangenbewegung die Stadt einschlossen. Napoleon und Mac-Mahon hatten beide die Gefahr erkannt und nach Paris um die Erlaubnis zum Rückzug nach Mézières telegraphiert. Die Antwort war kalt und schroff: »Wenn Sie Bazaine im Stich lassen, gibt es in Paris Revolution!«

Am nächsten Morgen kamen drei Armeekorps Mac-Mahons nach einem strapaziösen Nachtmarsch und in wildem Durcheinander in Sedan an. Das Vierte Armeekorps, das die Nachhut bildete, folgte im Laufe des Nachmittags. Es gab immer noch einen schmalen Fluchtweg zwischen der belgischen Grenze und der Maas; doch die Soldaten waren todmüde, außerdem wußte niemand genau, wo der Feind stand. Man schlug dem Kaiser vor, die Chance zur Flucht wahrzunehmen. Er weigerte sich, aus Furcht, die Truppe zu demoralisieren. Er richtete seine letzte Botschaft an die französische Armee: »Soldaten! Erweist Euch Eures früheren Ruhmes würdig! Gott läßt Frankreich nicht im Stich, wenn jeder von uns seine Pflicht tut!«

Im Morgengrauen des 1. September gingen die Bayern im Schutz dichten Nebels zum Angriff über. Kurz nach sieben wurde Mac-Mahon schwer verwundet und übergab das Kommando an General Drouot. Da erschien unerwartet im Hauptquartier der ›Eisenfresser‹ General Wimpffen. Er war aus Paris geschickt worden, um Mut und Entschlossenheit in der Armee neu zu entfachen. Er hatte die notwendigen Vollmachten bei sich, um Mac-Mahon abzulösen, falls diesem etwas zustoßen sollte. Wimpffen war ein Kämpfer und sehr von sich eingenommen. Er stieß alle Befehle um, statt zum Rückzug wurde jetzt zum Angriff geblasen.

Napoleon, ärgerlich, weil man ihn nicht gefragt hatte, erhob Einspruch. Man antwortete ihm: »Ew. Majestät können ganz beruhigt sein. In zwei Stunden habe ich Ihre Gegner in die Maas getrieben.«

Fünf Stunden lang ritt Napoleon unter seinen Soldaten umher; manchmal stieg er ab, um beim Abfeuern einer Kanone zu helfen. Zuweilen riskierte er sein Leben, wenn er auf einer Anhöhe entlang ritt. Vier Offiziere, die morgens noch bei ihm waren, fielen. Von Stunde zu Stunde verengte sich der Kessel. Schließlich kehrte Napoleon in die Stadt zurück, um sich mit dem verwundeten Mac-Mahon zu beraten. Als er vom Pferd stieg, litt er offensichtlich unter furchtbaren Schmerzen. Er ging ein paar Schritte, taumelte und hielt sich an einem Baum fest. In sein Quartier mußte er fast getragen werden.

Später beschrieb er seiner Frau, wie es in Sedan ausgesehen hatte:

»Ich habe noch nie eine so furchtbare Katastrophe erlebt... Nach stundenlangen Gefechten liefen unsere Soldaten in wilder Flucht davon und versuchten, wieder nach Sedan zurückzukommen. Die Tore waren aber geschlossen. Sie kletterten darüber. In der Stadt wimmelte es von Menschen und Fuhrwerken aller Art; über aller Köpfe prasselten die Granaten herab... Dächer wurden abgerissen, und Häuser gerieten in Brand.«

Drei Korpskommandanten suchten den Kaiser auf und erklärten, die Lage sei hoffnungslos, der Kampf müsse aufgegeben werden. Um zwei Uhr kam General Lebrun mit einer weißen Fahne ins Hauptquartier; die Fahne wurde zerrissen. Wimpffen bat den Kaiser, mit ihm zusammen einen Ausbruchsversuch zu machen. Napoleon überhörte dieses Ansinnen. Der Ausbruch fand ohne ihn statt. Es war eine wilde Attacke, die erbarmungslos zurückgeschlagen wurde.

Um drei Uhr sagte der Kaiser zu Lebrun: »Ich habe schon vor mehr als einer Stunde befohlen, die weiße Fahne zu hissen.« Lebrun suchte Wimpffen auf, der ihn anschrie: »Keine Kapitulation! Runter mit dem Fetzen. Wir kämpfen weiter!« Nun nahm Napoleon die Sache selbst in die Hand, traf seine letzte Entscheidung und befahl, die weiße Fahne aufzuziehen. Wimpffen trat von seinem Kommando zurück. Der Kaiser ließ ihn kommen und wurde Zeuge einer heftigen Auseinandersetzung zwischen seinen Generälen. Endlich konnte Wimpffen überzeugt werden, daß es seine Pflicht sei, die Bedingungen für die Kapitulation auszuhandeln.

Mit einer Parlamentärsflagge ritten zwei deutsche Stabsoffiziere bis vor die Tore von Sedan. Zu ihrer Überraschung wurden sie zum Kaiser geführt, der deutsche Generalstab hatte nicht gewußt, daß der Kaiser in der Stadt war. Napoleon sagte ihnen, daß General Wimpffen mit ihnen über die Bedingungen des Waffenstillstandes verhandeln werde. Er selbst wolle in Kürze an König Wilhelm von Preußen schreiben. Die Stabsoffiziere kehrten im Galopp in ihr Hauptquartier zurück und riefen schon von weitem: »Der Kaiser ist da!«

Um Viertel vor sieben ritt General Graf Reille über den Stoppelacker zu der Stelle, wo der König von Preußen in einem Kreis bewaffneter Offiziere stand, neben ihm sein Sohn, Kronprinz Friedrich Wilhelm, der sein Heer von Wörth herangeführt hatte. Langsam stieg Reille vom Pferd. Es herrschte eisiges Schweigen. Die kalten Blicke der Offiziere irritierten den Franzosen. Er war verlegen und tat so, als müsse er erst etwas an seiner Uniform in Ordnung bringen. Dann nahm er sein rotes Képi ab, ging zum König und überreichte das Schreiben.

Außer dem Rascheln beim Aufreißen des Umschlags war kein Laut zu hören. Alle Augen starrten noch immer auf den barhäuptigen, unglücklichen Reille. Der preußische Kronprinz machte eine nette Geste. Reille war ihm zugeteilt gewesen, als er mit der Kronprinzessin 1867 die Weltausstellung besuchte. Dabei hatten sie sich angefreundet. Jetzt ging Friedrich Wilhelm auf ihn zu, begrüßte ihn, bedauerte ihn wegen seiner unangenehmen Aufgabe und erkundigte sich nach seiner Frau und seinen Kindern. Napoleons Brief lautete:

»Mein lieber Bruder, da ich nicht inmitten meiner Soldaten sterben durfte, bleibt mir nichts anderes übrig, als meinen Degen in die Hände Ew. Majestät zu legen. Ich bin Ew. Majestät treuer Bruder
Napoleon. Sedan, 1. Sept. 1870.«

Der König antwortete in dem gleichen brüderlichen Ton und schlug vor, General Wimpffen solle geschickt werden, um die Übergabebedingungen zu verhandeln.

Gegen Mitternacht traf Wimpffen mit Bismarck und Moltke in Donchéry zusammen, einer kleinen Stadt westlich von Sedan. Die Preußen verlangten bedingungslose Kapitulation. Die Franzosen wollten dem nicht zustimmen. Das einzige Zugeständnis, das Wimpffen erreichte, war eine Verlängerung des Waffenstillstands von vier Uhr morgens auf neun Uhr. Sie trennten sich wortlos. Nach seiner Rückkehr erstattete Wimpffen dem Kaiser Bericht.

Kurz vor sechs Uhr morgens verließ Napoleon, von fünf Adjutanten begleitet, Sedan in einem offenen Wagen. Er verabschiedete sich von niemandem, weil er dachte, er käme wieder. Am Stadttor riefen die wachhabenden Zuaven: »Vive l'Empereur!« Das war das letzte Mal, daß er in Frankreich so gegrüßt wurde. Er trug die schlichte Interimsuniform eines Generals und rauchte eine Zigarette. Der Wagen hielt eine Meile vor Donchéry in dem Weiler Frenois. Reille ritt voraus, um Bismarck von der Ankunft des Kaisers zu informieren. Bismarck kam sofort aus seinem Haus, in schlichter Uniform, mit ungeputzten Stiefeln. Er warf sich auf seinen großen Braunen und folgte Reille nach Frenois. So trafen sich die beiden wieder, der ›aufsteigende Stern‹ Deutschlands und die ›untergehende Sonne‹ Frankreichs ... an einem frühen Morgen, in einem einsamen Dorf nahe der Grenze. Und sie erinnerten sich dabei an die Militärparade von Longchamps und die Hofbälle in den Tuilerien.

Bismarck stieg ab und ließ sein Pferd laufen. Er trat an den Wagen heran. Da er Uniform trug, wollte er gerade salutieren, als er sah, daß der Kaiser das Képi zog. Er tat das gleiche.

Napoleon schlug vor, in einem nahe gelegenen Bauernhaus zu verhandeln. Er wollte damit vermeiden, weiterfahren zu müssen. Die Hütte gehörte einem Weber namens Fournaise. Um in das Hinterzimmer im oberen Stock zu kommen, mußten sie durch das Schlafzimmer von Madame Fournaise, die gerade aufgestanden war. In dem Zimmer standen nur zwei harte Stühle und ein Tisch. Die beiden Staatsmänner sprachen eine Viertelstunde miteinander, dann stürmte Bismarck die Treppe hinunter, ohne Madame Fournaise zu beachten, die gelauscht hatte, schwang sich aufs Pferd und ritt nach Donchéry.

Madame Fournaise betrat das Zimmer und fragte den Kaiser, ob sie etwas für ihn tun könne. Ohne den Kopf zu heben, den er zwischen die Hände gestützt hatte, bat er sie, die Fensterläden zu schließen. Fast eine Stunde lang saß er so da. Dann ging er in den Garten. Dort wanderte er, die weißbehandschuhten Hände auf dem Rücken, zwischen den Kartoffelbeeten hin und her und rauchte eine Zigarette nach der anderen. Sein merkwürdiger Gang fiel

Madame Fournaise auf. »Er hinkte leicht und watschelte dabei halb seitwärts, mit vorgereckter linker Schulter«, erzählte sie später.

Bismarck kam zurück; er hatte gefrühstückt und seine Galauniform angezogen. Die Hütte wollte er nicht wieder betreten, sie war ihm zu schmutzig. Deshalb wurden zwei Stühle vor die Haustür gestellt. Der Preuße sprach am meisten und stellte eine Unmenge Fragen. Nach einer halben Stunde ritt er wieder fort. Um Viertel nach neun marschierte ein Trupp schneidiger preußischer Kürassiere auf und umstellte das Haus. Der diensthabende Offizier ließ zwei Mann absitzen, hinter dem Stuhl des Kaisers Aufstellung nehmen und den Säbel präsentieren. Überrascht drehte sich Napoleon um und zeigte damit zum erstenmal eine Reaktion. Die Kürassiere standen unbeweglich wie Bildsäulen.

Eine halbe Stunde später erschienen Moltke und Bismarck und gaben das Signal zum Aufbruch. Napoleon rief Madame Fournaise zu sich, gab ihr vier Zwanzigfrancsstücke und sagte: »Sie haben mir wahrscheinlich die letzte Gastfreundschaft gewährt, die ich in Frankreich bekommen habe.« Im Schrittempo fuhr der Wagen davon; die Kürassiere begleiteten ihn als Ehrenwache. Sie kamen zum Schloß Bellevue, einem unter Bäumen versteckten Landsitz im Norden von Frenois. Man führte ihn in den Salon und überließ ihn dort sich selbst. Die preußischen Generäle hatten beschlossen, er dürfe nicht mit König Wilhelm zusammentreffen, bevor der Waffenstillstandsvertrag unterzeichnet wäre.

In der Zwischenzeit hatte Wimpffen schon seit dem Morgengrauen mit seinen rangältesten Offizieren beratschlagt. Außer ihm waren alle dafür, die Kapitulationsbedingungen anzunehmen. Stunde um Stunde zauderte der Starrkopf. Um zehn schickte Moltke eine Botschaft; er habe lange genug gewartet und werde jetzt das Feuer eröffnen. Widerstrebend folgte Wimpffen dem Offizier, der das Ultimatum ins Schloß Bellevue gebracht hatte. Dort, im Speisesaal, wurde kurz nach elf Uhr der Waffenstillstand unterzeichnet. Bismarck zollte dem französischen Oberbefehlshaber ein hohes Lob und nannte ihn »einen tapferen Offizier«. Wimpffen wurde dann zu Napoleon in den Salon geführt. Er berichtete später: »Mit Tränen in den Augen kam der Kaiser auf mich zu, drückte mir die Hand und umarmte mich. Als meine traurige und schmerzliche Pflicht erfüllt war, ritt ich nach Sedan zurück, zu Tode betrübt.«

König Wilhelm und der preußische Kronprinz hatten von einem Hügel oberhalb von Donchéry die Ereignisse verfolgt und ritten nun zum Schloß Bellevue hinunter. Als sie in den Park gelangten, war der Kronprinz starr vor Staunen. In sein Tagebuch notierte er: »Sämtliche kaiserlichen Fourgons und Wagen waren reisefertig aufgefahren; die französische Dienerschaft erschien in den bekannten reichen Livreen, und selbst die Postillione waren wie bei festlichen Ausfahrten kostümiert und gepudert.«

Sein Gefolge war am 31. August in Sedan eingezogen und hatte in den Gärten hinter dem Hauptquartier des Kaisers sein Lager aufgeschlagen. Bei diesem Gefolge befanden sich Leute, die seit zwanzig Jahren in Napoleons Diensten standen und die auch mit ihm in Magenta und Solferino gewesen waren. Im Park hatten sie, während die Schlacht tobte, in aller Gemütsruhe Ausrüstung und Uniformen gesäubert und blankgeputzt und die Pferde gestriegelt. Als bekannt wurde, daß der Waffenstillstand unterzeichnet war, hatten sie Sedan verlassen und sich nicht um die Flüche und Schimpfworte gekümmert, die man ihnen nachrief. Jetzt stand die ganze Kolonne in Marschordnung auf der Straße von Bellevue, die hochbeladenen Gepäckwagen, die Gespanne der schweren Zugpferde, die Kutschen mit Kutschern und Vorreitern in goldbetreßten, scharlachroten Uniformen.

Als ob er der Gastgeber und nicht der Gefangene wäre, schritt der Kaiser die Stufen herab, um König Wilhelm zu begrüßen. Der preußische König war sehr freundlich. Als

Napoleon sagte, sein Wunsch sei es nicht gewesen, Krieg zu führen, antwortete der König, das wisse er, es sei die Schuld von Napoleons Ratgebern gewesen. Der Kaiser erbat und erhielt die Erlaubnis, ein chiffriertes Telegramm an Eugénie zu schicken. Den Nachmittag verbrachte Napoleon mit seinem Gefolge und dankte allen. Abends schrieb er an Eugénie:

»*Ich hätte lieber den Tod erlitten als eine so unheilvolle Kapitulation zu erleben. Trotzdem war es unter den gegebenen Umständen die einzige Möglichkeit, das Leben von achtzigtausend Menschen zu retten... Ich war eben mit dem König zusammen. Als er mit mir sprach, hatte er aus lauter Mitgefühl Tränen in den Augen. Er hat mir eines seiner Schlösser in der Nähe von Kassel zur Verfügung gestellt. Aber es ist doch gleich, wohin ich gehe!... Ich bin verzweifelt. Adieu. Ich küsse Dich zärtlich.*«

Bevor er zu Bett ging, suchte er sich im Bücherschrank etwas zum Lesen. Er wählte ›The Last of the Barons‹, einen Roman von einem seiner alten Freunde, Lord Bulwer Lytton.

Am anderen Morgen begleitete ihn eine Ehrengarde an die belgische Grenze. In Belgien blieb er zwei Nächte. Zwei Sonderzüge mußten für den Kaiser und sein Gefolge, insgesamt mehr als hundert Personen, bereitgestellt werden. Im Bahnhof von Verviers kaufte sich Napoleon eine Zeitung. Der Zeitungsjunge rief pausenlos: »Ende des Kaiserreichs! Die Kaiserin geflohen!« Am Abend des 5. September erreichten sie Wilhelmshöhe, drei Meilen nördlich von Kassel. In diesem Schloß hatte Napoleons Onkel Jérôme residiert, als er König von Westfalen war.

Als Napoleon den Korridor entlangging, an dem viele Gemälde hingen, blieb er plötzlich stehen und machte seinem Adjutanten ein Zeichen, ihn allein zu lassen. Er hob den Kopf. Aus einem Rahmen lächelte ihm das liebe Gesicht seiner Mutter Hortense zu.

Teil V

Flucht
1870

Das Ende des Zweiten Kaiserreichs

In den letzten turbulenten und traurigen Tagen im Paris des Zweiten Kaiserreichs kam es zu einem heftigen Zusammenstoß zwischen Kaiserin Eugénie und General Trochu.

Der General war ein Mann, der klare Verhältnisse liebte. Er kam nach der Konferenz in Châlons in dem festen Glauben nach Paris zurück, daß er Stadtkommandant sein und den Oberbefehl über alle dort stationierten Truppen haben sollte. Ferner nahm er an, der Kaiser werde wieder die Zügel der Regierung in die Hand nehmen und Mac-Mahon sich nach Paris absetzen, um seine Armee neu aufzustellen. Statt dessen mußte er erleben, daß man sich über die Beschlüsse der Konferenz vom 19. August hinwegsetzte und daß die Kaiserin ihn zwar als Kommandanten anerkannte, aber nicht die Absicht hatte, die Regierungsgewalt ihrem Gatten zu überlassen. Überdies war Mac-Mahon angewiesen worden, den in Metz belagerten Bazaine zu entsetzen. Das alles mißfiel Trochu natürlich außerordentlich.

Eugénie hatte den berechtigten Verdacht, daß in Châlons die Stimme ihres alten Feindes Prinz Napoleon, des verschlagenen Plon-Plon, den Ausschlag gegeben hatte. Er sah mit Widerwillen, daß sie die Macht in der Hand behalten wollte. Als er hörte, daß sie die Befehle rückgängig gemacht hatte, wurde er fuchsteufelswild und verkündete, die Kaiserin wolle ihren Mann aus dem Wege schaffen, ganz gleich, ob er dabei umkäme oder nicht. Wütend reiste er nach Italien und machte dort einen von vornherein zum Scheitern verurteilten Versuch, seinen Schwiegervater König Victor Emmanuel um Hilfe zu bitten.

Die Kaiserin fand Trochu unsympathisch, und er wurde nervös, wenn sie in der Nähe war. Er hatte einen großen, kahlen Schädel, dünne Lippen, und er schielte. Schielende Menschen konnte Eugénie nicht leiden. Sie glaubte, sie brächten ihr Unglück. Trochu galt als fähiger, im allgemeinen gut informierter Offizier, war aber auch als Nörgler bekannt.

Wenn er einen Posten angeboten bekam, lehnte er ihn zunächst einmal ab, vertrug aber nicht, daß ihn ein anderer bekommen sollte, und bemühte sich hinterher doch darum. Er gehörte zu der Gattung von unbequemen Menschen, die immer alles besser machen wollen, was besonders mißlich ist, wenn sie Regierungsbeamte sind. »Ich muß Sie da korrigieren«, war seine ständige Redensart. Aber er hatte republikanische Neigungen und zahlreiche Anhänger in Paris. Seine Ernennung brachte etwas Ruhe in die aufgewühlte Atmosphäre, und Eugénie konnte ungehindert ihren Aufgaben nachgehen.

Diese Tätigkeit füllte fast ihren ganzen Tag aus: Sie hatte in den Tuilerien zwei Krankenstationen eingerichtet und besuchte regelmäßig die Verwundeten. »Wenn sie mich als Kaiserin nicht haben wollen, behalten sie mich vielleicht als Krankenschwester«, sagte sie. Sie war auch die treibende Kraft bei den Vorbereitungen zur Verteidigung von Paris. Die Regentin war es, die die Minister auf die Idee brachte, die Befestigungen von Paris mit Schiffskanonen zu bestücken, die Schleusen zu zerstören, Brücken zu sprengen und Tunnel zu blockieren. Sie sorgte auch dafür, daß die Kronjuwelen und die Schätze der Museen an einen sicheren Ort gebracht wurden. Ihren eigenen Schmuck übergab sie Pauline Metternich zur Verwahrung. Die dringende Bitte ihrer Mutter, nach Madrid zu kommen, lehnte sie strikt ab. Sie war sehr mutig. »Sie ist hart wie Stein«, sagte einer ihrer Hofleute. Trotzdem sah man ihr die vielen Aufregungen an. In der Nacht, als Napoleon sich durch den Schlamm nach Sedan hineinschleppte, träumte sie, sie sei geisteskrank, und die Kriegsberichte seien nur ihrem kranken Hirn entsprungen. Als sie aufwachte und merkte, daß sie ganz normal war, brach sie in Tränen aus.

Obwohl bereits am Abend des 2. September in Paris Gerüchte umliefen, daß in Sedan die Kapitulation unterzeichnet sei, brachte Innenminister Chevreau erst am folgenden Tag um vier Uhr nachmittags das Telegramm in die Tuilerien, das Napoleon von Schloß Bellevue aus hatte absenden dürfen. Viele Jahre später erinnerte sich die Kaiserin noch daran, mit welchen Gefühlen sie diesen verhängnisvollen 3. September erlebt hatte:

»Seit drei oder vier Tagen hatte ich weder Depeschen noch Briefe vom Kaiser erhalten. Dieses lange, unerklärliche Schweigen versetzte mich in furchtbare Angst. Ich konnte weder essen noch schlafen. Ich weinte und schluchzte in einem fort... Ich glaube, mich zu erinnern, daß General Palikao mir am Abend zuvor gesagt hatte: ›Unsere Verbindung mit Sedan ist abgerissen. Ich fürchte, die Armee ist eingeschlossen.‹ Dazu kam noch, daß ich gehört hatte, mein Sohn hätte überstürzt aus Mézières abreisen müssen. Ich schloß daraus, daß der Feind dicht vor Mézières stand... Das war alles, was ich bis zum späten Nachmittag des 3. September in Erfahrung gebracht hatte, als mir Chevreau folgendes Telegramm des Kaisers brachte: ›Die Armee ist gefangen. Ich habe meinen Degen übergeben müssen. Ich bin eben mit König Wilhelm zusammengetroffen und reise jetzt nach Wilhelmshöhe ab.‹

Ich rief meine Sekretäre Conti und Filon zu mir; es war ein Schrei um Hilfe. Ich zeigte ihnen die Depesche. Und dann brach alles aus mir heraus, was mir das Herz schwermachte...«

Bei diesem Ausbruch stand sie oben an der engen Wendeltreppe, die von ihrem Appartement zu den Räumen des Kaisers hinunterführte. Die beiden ruhigen und ihr treu ergebenen Männer erkannten das ihnen so vertraute schöne Gesicht nicht mehr. Ihre Wangen zuckten nervös, Schweiß perlte auf ihrer Stirn, und in ihren Augen funkelte ein wilder Zorn. Sie schrie die beiden einzigen, völlig verstörten Zuhörer an, gestikulierte und überhäufte sie mit Fragen und Anklagen:

»Haben Sie gehört, daß der Kaiser sich ergeben soll? Das ist ein Gerücht! Ein Napoleon ergibt sich doch nicht! Er ist tot! Hören Sie? Ich sage Ihnen, er ist tot. Man versucht, es mir zu verheimlichen...« Jetzt schlug die Stimme in Stöhnen um. »Warum ist er nicht gefallen? Warum liegt er nicht an den Mauern von Sedan begraben? Konnte er nicht begreifen, daß er seine Ehre verlor? Was für einen Namen hinterläßt er jetzt seinem Sohn!«

Wochenlang hatten sich in ihr Gefühle aufgestaut, hatte sie ihre Ängste verdrängt und anderen Kraft gegeben, hatte sich mit Kaffee und Schlafmitteln aufrecht gehalten. Bei diesem Zusammenbruch brachen nicht nur die Qualen der letzten Zeit hervor, sondern auch alle Enttäuschungen, Kränkungen und Schmerzen, die sie hatte erdulden müssen, seitdem Napoleon knapp sechs Monate nach ihrer Hochzeit das Ehegemach um einer anderen Frau willen verließ.

In ihren Schmähungen war keine Spur von Mitgefühl für den kleinen, jetzt schon weißhaarigen Mann, der gegen besseres Wissen in den Krieg getrieben worden war, der einen Monat lang den Feldzug mitgemacht hatte und dabei oft zu schwach war, sich auf den Beinen zu halten. Mit seinem Blasenstein hatte er auf dem Schlachtfeld von Sedan fast fünf Stunden im Sattel gesessen und dabei erleben müssen, wie seine Adjutanten neben ihm zusammengeschossen wurden. Jeden Morgen und jeden Abend hatte er eine Tortur aushalten müssen, wenn der Arzt ihn untersuchte.

Sie sah nur, daß die Legende von den unbesiegbaren Bonapartes, an die sie seit Don CipEigenrianos Erzählungen so felsenfest geglaubt hatte, vorbei war, daß der rätselvolle Mann zu Pferde, in den sie sich einst verliebt hatte, nicht das Format besaß, das sie von ihm erwartete und daß ihr Sohn nicht Kaiser Napoleon IV. werden sollte.

Ihr Zorn verrauchte ebenso schnell, wie er gekommen war. Kraftlos sank sie in die Knie und weinte hemmungslos. Conti und Filon eilten, um sie zu stützen. Eugénie fiel in Ohnmacht.

Als sie sich wieder erholt hatte, tat sie, als hätte dieser Ausbruch nie stattgefunden, als sei er aus ihrem Gedächtnis gelöscht. So war es wohl auch. Sie berief sofort den Ministerrat und ließ Trochu zu sich rufen. Der General antwortete, er sei gerade von einer Besichtigung der Befestigungsanlagen zurückgekommen, wäre müde und habe noch nichts gegessen. »Ich auch nicht«, war ihre scharfe Entgegnung. Sie wußte jetzt, daß sie sich auf den Stadtkommandanten von Paris nicht mehr verlassen konnte. Bis in die frühen Morgenstunden arbeitete sie, öffnete Depeschen, empfing Besucher, verbrannte geheime Papiere. Am Abend hatte im Parlament eine Sitzung stattgefunden, doch niemand nahm sich die Mühe, ihr mitzuteilen, was dort vorgegangen war. Ein paar Stunden schlief sie einen unruhigen Schlaf.

Die Kaiserin war um sechs Uhr schon wieder auf. In Schwesterntracht besuchte sie das Lazarett, das im Schloß untergebracht war. Danach hörte sie in ihrer Privatkapelle die Messe und sprach mit ihrem Beichtvater. Um halb acht trat der Ministerrat zusammen. General Trochu erschien spät. Er begrüßte die Kaiserin mit den pathetischen Worten: »Madame, die Stunde der großen Gefahren ist da! Wir werden unsere Pflicht tun.« Sie sprach allein mit ihm. Als sie zu den anderen zurückkam und erwartungsvoll begrüßt wurde, sagte sie gar nichts und zuckte nur verzweifelt mit den Schultern.

Um halb zwölf wurde ein Gabelfrühstück serviert, an dem achtundzwanzig Gäste teilnahmen. Die Etikette wurde strikt eingehalten, allerdings fiel auf, daß einige Diener Revolver unter ihren Jacken trugen. Durch ein offenes Fenster drangen Rufe wie: »Es lebe die Republik! Absetzen! Nieder mit der Spanierin!« Ein Lakai schloß das Fenster. Im Laufe der Nacht hatten die Anführer der Republikaner ihre Anhänger in den Vororten aufgerufen, sich vor dem Palais Bourbon zu versammeln, sobald das Parlament zusammentrat. Aus der ganzen Umgebung kamen gruppenweise die Störenfriede und mischten sich unter die Sonntagsspaziergänger, die den Sonnenschein genießen, aber auch von den aufregenden Ereignissen nichts versäumen wollten, die es sicher im Laufe des Tages noch geben würde.

Die Gesetzgebende Versammlung tagte um ein Uhr. Man war sich einig, daß die Kaiserin-Regentin alle Gewalt dem Parlament übergeben müsse. Eine Abordnung eilte in die Tuilerien, um sie um ihre Zustimmung zu ersuchen. Sie empfing die Deputation im Blauen Salon. Sie begriff sofort, daß man ihre Abdankung verlangte. Das aber wollte sie nicht. Mit beredten Worten versuchte sie, ihre Stellung zu retten:

»Was ich durchgemacht habe, meine Herren«, sagte sie, »war so qualvoll, so schrecklich, daß mir in diesem Augenblick, das können Sie mir glauben, der Gedanke, dem Kaiser oder meinem Sohn die Krone zu erhalten, sehr wenig bedeutet. Meine einzige Sorge und mein einziges Streben ist, die Pflichten, die man mir übertragen hat, getreulich zu erfüllen.«

Erst als man ihr sagte, ihr Rücktritt würde Frankreich vor einer Revolution bewahren, gab sie nach, unter der Voraussetzung, daß die Mehrheit der Minister es wünschte. Doch sie hatte zu lange geredet. Bis die Abordnung in das Palais Bourbon zurückkam, war die Kammer bereits besetzt. Zwei Jugendliche stritten sich um den Präsidentensessel, und ein dritter läutete mit der Glocke des Präsidenten. Dutzende von Möchtegern-Politikern hielten Reden, denen niemand zuhörte. Frauen sammelten Trophäen; Rufe wie »Spuckt auf Bonaparte und seine Frau!« wurden laut. Die Lage war chaotisch, aber nicht unbedingt gefährlich. So endete das Zweite Kaiserreich, und Jules Favre führte die Republikaner in das Hôtel de Ville. Das sei, sagte er, der richtige Ort, um eine Republik auszurufen. Eine Regierung der Nationalen Verteidigung wurde gebildet, Trochu wurde Premierminister. Jetzt ertönten andere Rufe aus der Menge. Zehntausende schrien: »Auf, zu den Tuilerien! Zu den Tuilerien!« Die vergoldeten Adler auf den Gartentoren wurden heruntergerissen und die kaiserliche Fahne zum letztenmal von ihrem hohen Mast geholt. Die Tore wurden eingedrückt, und Menschenmassen strömten in den Park. Es war eine sonderbare Mischung: Revolutionäre, Fabrikarbeiter, Nationalgardisten, Familien auf ihrem Sonntagnachmittagsbummel und Touristen. Lord Ronald Gower war dabei und schrieb:

»*Mit der Menge zusammen kam ich in die Gärten und durch den Haupteingang ins Schloß. Die Menschen sangen die ›Marseillaise‹, als sie in die Wohnräume ihrer früheren Herrscher eindrangen. Hätte man die Kaiserin dort gefunden, wäre ihr Leben keinen Pfifferling mehr wert gewesen. Diese Menschen benahmen sich wie Kinder, denen man erlaubt, alles kaputtzuschlagen. Diese Revolution war in der Tat das, was jemand eine ›mit Rosenwasser parfümierte Revolution‹ genannt hat. Hätte aber ein Hindernis die Menge aufgehalten, wäre die gutmütige Stimmung von einem Augenblick zum anderen umgeschlagen... und die schrecklichen Massaker vom September 1793 hätten sich wahrscheinlich wiederholt...*«

Die Zäune um die Gärten brachen nieder, und die Rosenbeete wurden zertrampelt. »Nieder mit der Kaiserin! Auf die Guillotine!« wurde nun geschrien.

Drei Minister begaben sich eiligst zur Kaiserin und teilten ihr mit, daß das Palais Bourbon besetzt sei. Sie beschworen sie zu fliehen. Auch Prinzessin Clothilde, Pietri, der Polizeipräfekt, Fürst Richard Metternich und Cavaliere Nigra, der österreichische und der italienische Botschafter, kamen und rieten zur Flucht. Eugénie ging zum Fenster und sah die wilden Szenen draußen im Park. Sie fragte General Mellinet, den Kommandanten der Wachkompanie, ob er glaube, daß die Tuilerien ohne Blutvergießen verteidigt werden könnten. »Madame, ich fürchte, nein«, antwortete er. Noch immer zögerte sie. »Ich habe keine Angst vor dem Sterben«, sagte sie; aber sie fürchtete etwas anderes, daß die ›tricoteuses‹, die aufgehetzten Mannweiber, ihr vielleicht die Röcke hochheben und sie ordinär verspotten könnten.

Eine Frage von Pietri gab den Ausschlag. »Ist es der Wunsch Ew. Majestät, daß Ihr Gefolge hingeschlachtet wird?« Sie wartete ein paar Sekunden und antwortete: »Gut, dann gehe ich. Ich habe meine Pflicht getan.« Sie reichte den Ministern die Hand zum Kuß. Ihre Hofdamen scharten sich um sie, um ihr Lebewohl zu sagen. »Gehen Sie! Gehen Sie schnell!« ermahnten sie Eugénie. An der Tür des Salons drehte sie sich um und verneigte sich in ihrer unnachahmlichen Art wie am Schluß eines großen Staatsaktes. Sie begab sich in ihre Privatgemächer. Nur Metternich, Nigra und Madame Lebreton, ihre Vorleserin, folgten ihr.

Fürst Metternich übernahm die Führung. Nun waren sie nicht länger Botschafter und Kaiserin, sondern Richard und Eugénie. Sie waren schon seit langem befreundet und mochten sich recht gern. Er sagte ihr, sie solle sich sofort umziehen; Mme. Lebreton holte ihr einen langen Regenmantel, eine Strohkappe und einen dichten Schleier. Während sie sich verkleidete, kamen Admiral de la Gravière, der in ihren persönlichen Diensten stand, M. Conti und Louis Conneau, der Sohn des Arztes und Freund des Kronprinzen, um zu helfen. Eugénie blickte sich im Zimmer um. »Ist dies das letzte Mal?« fragte sie. Dann ging sie hinaus und über die Haupttreppe hinunter zu dem Tor, vor dem immer ein Wagen bereitstand. Metternich schaute aus dem Fenster, sah die kaiserlichen Insignien am Wagenschlag und den livrierten Kutscher. Er rief Eugénie sofort zurück. Das sei zu gefährlich, man würde sie entdekken, sie müsse seinen Wagen nehmen. Er beauftragte Louis Conneau, ihn zu holen. Louis kam bald zurück und berichtete, die Menge stürme bereits den Schloßhof, es gäbe keine Möglichkeit mehr, hinauszukommen. Admiral de la Gravière eilte die Treppe hinunter und versuchte, die Eindringlinge aufzuhalten. Inzwischen führte Conti die anderen zu dem einzigen Fluchtweg, der noch offen war, einer Tür zum Louvre. Sie liefen hinter ihm her, die langen Gänge hinunter, durch den Staatssaal, hin zu der rettenden Tür. Sie war verschlossen. Der Mob war nun schon in den Tuilerien; von Sekunde zu Sekunde schwoll der Lärm an. Metternich hämmerte gegen die Tür und rief laut. Niemand kam. Endlich hörte man das Geräusch schneller Schritte, und hinter ihnen erschien Charles Thélin, der Leibdiener von Louis Napoleon, der mit ihm in Straßburg und Boulogne gewesen war und der auch die Flucht aus Ham organisiert hatte. Für seine Verdienste war er zum Kämmerer des Kaisers ernannt worden. Thélin war schon auf der Suche nach der Kaiserin gewesen, um ihr zu helfen, und hatte sie jetzt gerade noch rechtzeitig gefunden. Mit einem Universalschlüssel öffnete er die Tür.

Der Louvre war wie ausgestorben. Sie eilten durch die Große Galerie und den Apollo-Pavillon. Die Kaiserin blieb stehen und sagte, die Gruppe sei zu groß und werde auffallen. Sie wolle mit den beiden Botschaftern und ihrer Hofdame allein weitergehen. Sie sagte Conti, Thélin und Conneau Lebewohl und ermahnte letzteren noch dringend, seine Uniform abzulegen, bevor er sich auf die Straße wage. Jetzt stand sie nur noch unter dem Schutz der Botschafter jener beiden Länder, die Frankreich nicht zur Hilfe gekommen waren, obwohl sie es gekonnt hätten. Die vier gingen über die breiten Treppen des Museums in die Ägyptische Abteilung hinunter und zu einer Seitentür, die auf den Platz vor der Kirche Saint Germain l'Auxerrois führte. Als sie die Tür erreicht hatten, kam laut lärmend eine Bande, die sich den Weg in das Gebäude erzwungen hatte, den Gang herunter. Die vier versteckten sich in einem Vestibül. »Haben Sie Angst?« fragte Nigra flüsternd Eugénie. »Sie halten mich ja am Arm«, antwortete sie, »zittert er?« Das Gebrüll verlor sich. »Wir müssen noch etwas warten«, meinte Nigra. »Nein«, antwortete die Kaiserin, »man muß Mut haben.« Sie öffnete die Tür und ging auf den Platz hinaus.

Die Revolution war so plötzlich ausgebrochen, daß Paris noch vollständig ruhig war, außer an den Stellen, wo sich Demonstranten zusammengerottet hatten und laut schreiend vorwärtsdrängten. Schon in geringer Entfernung von diesen Unruheherden waren die Straßen menschenleer, wie an jedem Sonntag. Auf der anderen Seite des Platzes war ein Droschkenstand. Richard Metternich rannte hinüber und kam mit einer geschlossenen Kutsche wieder. Als die Kaiserin und Mme. Lebreton einstiegen, rief ein Junge auf der Straße: »Die Kaiserin!« Nigra stürzte sich auf ihn, gab ihm ein paar Ohrfeigen und sagte, er solle keinen Unsinn reden. Metternich schlug die Wagentür zu, nannte dem Kutscher eine Adresse, und die Droschke fuhr ab. Keiner der beiden Diplomaten kam noch dazu, der Kaiserin adieu zu sagen.

Die Droschke brachte sie zum Boulevard Haussmann an die Wohnung von Monsieur Besson, einem Staatsrat und zuverlässigen Freund der Kaiserin. Sie läuteten, aber niemand öffnete. Erschöpft setzten sie sich auf die Treppe und hofften, daß bald jemand käme. Nach einer Viertelstunde sagte Eugénie: »Ich halte das nicht länger aus.« Sie ging mit ihrer Hofdame die Straße hinunter. Kein Mensch war zu sehen. Schließlich kam eine offene Droschke vorbei, die sie anhielten. Sie verschleierten ihre Gesichter so gut es ging und ließen sich in die Avenue de Wagram, in das Haus des Marquis de Piennes bringen, eines Kammerherrn, der seit der Abreise des Kaisers für Eugénie eine große Stütze gewesen war. Eugénie hatte kein Geld bei sich, ihre Begleiterin besaß auch nur drei Francs. Damit bezahlten sie den Kutscher und wagten nicht, mit ihm über das zu hohe Trinkgeld zu streiten. Nun besaßen sie keinen Sou mehr. Das Unglück wollte es, daß auch der Marquis nicht da war. So mußten sie zu Fuß weitergehen.

Madame Lebreton schlug vor, in der Amerikanischen Botschaft Schutz zu suchen. Aber Eugénie hielt es für klüger, ihren amerikanischen Zahnarzt Dr. Evans um Hilfe zu bitten, den sie seit Jahren kannte und dem sie im letzten Herbst in Konstantinopel das Leben gerettet hatte. Sie machten sich auf den Weg zu seinem Haus an der Ecke der Avenue Malakoff. Um nicht erkannt zu werden, schauten sie manchmal in Schaufenster oder versteckten sich in Seitenstraßen. Sie kamen in die elegante Avenue de l'Impératrice, die ihr zu Ehren so benannt worden war, aber bald umgetauft werden würde. Zu ihrer großen Erleichterung wurde am Haus des Zahnarztes auf ihr Läuten bald geöffnet. Ein Diener sagte, Dr. Evans sei ausgegangen, werde aber bald zurückerwartet. Sie möchten doch in der Bibliothek warten. Inzwischen war es fünf Uhr nachmittags geworden. ›Le beau Evans‹, unter diesem Namen kannte man den Arzt in Paris, hatte den Tag mit Dr. Edward A. Crane, einem amerikanischen Freund, verbracht, der ein Lazarett für die aus Sedan zu erwartenden Verwundeten einrichtete. Die beiden Herren kamen um sechs Uhr nach Hause. Der Diener meldete, daß zwei Damen in der Bibliothek warteten: »Die eine ist dicht verschleiert, aber ich glaube, es ist die Kaiserin.«

Evans öffnete die Tür zur Bibliothek. Da stand Eugénie, hochaufgerichtet, die Hände auf eine Stuhllehne gestützt, wie um sich festzuhalten. Sie trug ein schwarzes Wollkleid mit weißem Leinenkragen und weißen Manschetten. »Monsieur Evans«, sagte sie, »ich habe außer Ihnen keinen Freund mehr. Ich komme als Flüchtling und bitte um Ihre Hilfe.«

Evans war sprachlos. Erst nach einer Weile konnte er murmeln, er stünde Ihrer Majestät ganz zu Diensten. Mit einem Seufzer der Erleichterung sank sie in einen tiefen Sessel. Durch ein Fenster fiel der Schein der Abendsonne auf ihr schönes Gesicht, das von Erschöpfung, Sorge und Aufregung gezeichnet war. Evans konnte sehen, was sie durchgemacht hatte. Er sagte, sie müsse sich erst einmal ausruhen und etwas essen, und fragte, ob sie irgendwelche Pläne für die Zukunft habe. Sie wolle nach England gehen, antwortete sie. Evans zog sich zurück, um in Ruhe zu überlegen, was zu tun wäre.

Sein erster Gedanke war, daß ihre Anwesenheit geheimbleiben mußte. Crane und der Diener wußten Bescheid, aber sonst durfte es niemand erfahren. Er sprach mit den

Eugénie mit Sohn Louis Napoleon,
genannt Lulu, um 1860.

Napoleon III.
in seinem englischen Exil.

Eugénie als Witwe, um 1875,
zwei Jahre nach Napoleons Tod.

Eugénie und Napoleon III.
Foto aus dem Jahre 1861.

beiden darüber, denn es tauchte schon die erste Schwierigkeit auf: Er hatte für diesen Abend zwanzig Gäste zum Souper geladen, vor allem Mitglieder des amerikanischen Hilfskomitees, dessen Präsident er war. In einer halben Stunde sollten die Gäste kommen. Für eine Absage war es zu spät. Da seine Frau in Deauville in der Normandie Ferien machte, fehlte auch die Dame des Hauses. Deshalb erhielt Crane die Aufgabe, die Gäste zu empfangen und ihnen zu sagen, daß ihr Gastgeber zu einem dringenden Fall gerufen worden sei. Der Diener mußte in der Bibliothek Feuer machen, da Evans bemerkt hatte, wie die Kaiserin vor Kälte zitterte. Er mußte auch ein Tablett mit Essen hinauftragen und das so arrangieren, daß weder der Küchenchef noch die Bediensteten etwas merkten. Die beiden Mitwisser entledigten sich ihrer Aufgaben wie besprochen, während Evans allein in seinem Arbeitszimmer saß und einen Plan ausbrütete. Bevor er zu seinen Gästen hinunterging, warf er einen Blick in die Bibliothek. Nachdem sich Eugénie aufgewärmt und etwas gegessen hatte, war sie wie ausgewechselt. Sie lächelte und plauderte, während Mme. Lebreton immer noch weinerlich und kummervoll dasaß. Evans schien es, als habe die Kaiserin den Ernst ihrer Lage noch nicht ganz begriffen.

Den beiden Ärzten kam es vor, als wollten die Gäste überhaupt nicht mehr gehen. Es war halb zehn, als das Speisezimmer endlich leer war und die Dienerschaft ins Bett geschickt werden konnte. Jetzt erst konnten ernsthafte Pläne besprochen werden. Die Kaiserin schlug vor, man solle sie nach Poissy fahren, sie wolle dort den Nachtzug nehmen, der vom Gare Saint-Lazare nach Le Havre fuhr. Poissy war etwa fünfzehn Meilen entfernt. Der Zug hielt dort um halb zwei Uhr nachts. Von Le Havre würde sie mit einem Dampfer nach England fahren. Evans verwarf jedoch diesen Plan, weil die Züge bestimmt durchsucht und die Häfen überwacht würden.

Eugénie zog ein Päckchen mit Pässen aus ihrer Manteltasche. Die einzige Vorsichtsmaßnahme, die ihr Stab für einen Notfall wie diesen getroffen hatte, war, ihr Pässe für die Einreise in verschiedene Länder zu besorgen: Großbritannien, Belgien, Österreich und Italien. Trotz der überstürzten Flucht aus den Tuilerien hatten Conti und Metternich diese Papiere nicht vergessen.

Evans blätterte die Ausweise durch. Einige trugen die Unterschrift des Fürsten Metternich. Doch der, den er herausnahm, war der Paß für England, von Lord Lyons, dem britischen Botschafter, unterzeichnet. Dieser Paß gestattete einem britischen Arzt Dr. C., eine Patientin Mrs. B. zu begleiten und völlig ungehindert einzureisen. Das war genau das, was Evans brauchte. Nun wurde ein genauer Plan ausgearbeitet. Sie würden alle vier nach Deauville fahren und dort vorübergehend in dem Hotel Unterschlupf suchen, wo Mrs. Evans wohnte. Man würde dann eine Jacht oder ein anderes Boot mieten, um nach England zu fahren. Evans bestellte für fünf Uhr früh seinen braunen Landauer. Dann ließen die beiden Ärzte den Diener als Bewacher zurück und gingen noch einmal fort. Crane, um zu sehen, was in der Gegend um das Hôtel de Ville und die Tuilerien los war, und Evans, um herauszufinden, wie an der Porte Maillot kontrolliert wurde, dem Tor, durch das sie in den Morgenstunden fahren wollten. Sie waren vor ein Uhr zurück. Crane berichtete, es täte sich nicht viel; aber er habe gehört, es sei eine neue Regierung gebildet worden. Evans hatte im Schutze der Dunkelheit die Porte Maillot beobachtet. Es schien, als könnten die Wagen ziemlich ungehindert passieren.

Keiner von ihnen fand Schlaf. Die Ärzte lösten den Diener ab. Sie warteten fast darauf, daß energisch geläutet würde. Denn sobald die Suche nach der Kaiserin aufgenommen würde, wären die Wohnungen all jener verdächtig, die für sie gearbeitet hatten.

Die beiden Herren brüteten über Landkarten, maßen Entfernungen und schätzten, wieviel Zeit sie wohl brauchen würden. An alles dachten sie, nur nicht daran, daß die Damen für eine Reise nicht einmal das Allernotwendigste besaßen, kein Taschentuch, keine Seife, keine Zahnbürste und kein Handtuch.

Ohne ihr gewohntes Schlafmittel lag Eugénie wach in dem tiefen Armsessel, beobachtete, wie der Schein des Kaminfeuers an der Decke tanzte, und durchlebte noch einmal die Todesängste und Gefahren der letzten Tage. Sie lag da und wartete auf das Rollen der Räder des Landauers, der sie um fünf Uhr am anderen Morgen in die Wirklichkeit zurückrufen würde.

Flucht aus Paris

Der Morgen graute, als sie das Haus des Arztes in der Avenue Malakoff verließen. Célestin, der zuverlässige Kutscher, saß auf dem Bock. Als sie die Avenue de la Grande Armée erreichten, ging die Sonne auf. Gähnende Ladenbesitzer zogen ihre Jalousien hoch, Straßenfeger machten sich an die Arbeit, Milchwagen drehten ihre Runden, und Gemüsewagen fuhren zu den Märkten der Innenstadt.

Crane spielte die Rolle des ›Dr. C.‹. Die Kaiserin war seine Patientin, die ein ›ernstes Nervenleiden‹ hatte. Mme. Lebreton spielte die Krankenschwester und Evans den Bruder der Patientin. Um die Kranke vor neugierigen Blicken zu schützen, hielt Evans eine aufgeschlagene Zeitung hoch. An der Porte Maillot lehnte er sich aus dem Wagenfenster. Als der Wachhabende erfuhr, Evans sei Amerikaner, ließ er ihn mit einem brummigen »Allez« passieren. Mit Seufzern der Erleichterung lehnten sich die Reisenden in den Wagen zurück.

Die neue Regierung war offensichtlich so sehr mit sich selbst beschäftigt, daß sie nicht daran dachte, die Kaiserin zu verfolgen.

Weiter ging es, die breite Avenue hinunter, über die Napoleon I. an der Spitze seiner siegreichen Truppen einst eingezogen und Napoleon III. mit Queen Victoria in der Staatskarosse gefahren war. Vorbei an dem Denkmal des

›Petit Caporal‹ in Courbevoie, durch das Dorf Rueil, mit einem Blick auf die Kirche, in der Kaiserin Joséphine und Königin Hortense begraben waren. Vorbei am Park von Malmaison, dem Wohnsitz von Joséphine, den Napoleon III. zurückgekauft und restauriert hatte. Rechts die Seine, zur Linken die Hügel. Dann kamen sie nach Saint-Germain-en-Laye, wo sie noch einmal mit einer Kontrolle rechnen mußten, diesmal vom Zoll. Evans befürchtete, seine Abreise könnte bemerkt worden sein und man habe die Wachen von Saint-Germain telegraphisch informiert. Doch sie hatten Glück. Der Zöllner konnte sich offenbar nicht vorstellen, daß ein eleganter Landauer mit Amerikanern zum Transport von Wein oder Käse benutzt wurde. Er winkte Célestin weiterzufahren.

Durch schattige Wälder ging es nach Poissy, über die Seine und durch das malerische alte Städtchen Meulan. Sie fuhren eine Zeitlang neben der Eisenbahnlinie. Hätten sie es gewagt, mit dem Zug zu reisen, wären sie viel schneller an die Kanalküste gekommen. Sie waren in vier Stunden über vierzig Kilometer gefahren, eine gute Leistung der Pferde, die jetzt aber eine Ruhepause benötigten und getränkt werden mußten. Evans befahl Célestin, am nächsten Gasthaus an der Straße zu halten.

Als der Landauer vor einem kleinen Café hielt, kam wie eine Rakete eine große schwarze Katze durch das Fenster geflogen, ein Besen folgte. Ein paar Sekunden lang schwebten Katze und Besen in der Luft. Die Katze landete auf dem Boden und verschwand ins schützende Gebüsch. Dann erschien Madame und fluchte ihr nach. Diese lustige Szene löste endlich die Spannung bei den Reisenden. Die Herren schüttelten sich vor Lachen, auch die Kaiserin lachte laut, und sogar Mme. Lebreton, die das ganze Abenteuer furchtbar schwernahm, rang sich ein schwaches Lächeln ab.

Madame war eine rundliche Frau mit rotem Gesicht und freundlichem Wesen. Sie tischte für Evans und Crane einen riesigen Laib Brot, Käse, Wurst und einen Landwein auf. Die Herren machten sich heißhungrig über das Frühstück her, während es die Damen für klüger hielten, im Wagen zu bleiben. Madame war sehr redselig. Evans hatte das dunkle Gefühl, sie hätte die Kaiserin erkannt. Aber es fiel kein Wort darüber, und sie machten sich mit den ausgeruhten Pferden wieder auf den Weg. Evans nahm Brot und Wurst in Papier gewickelt mit. Eugénie lieh sich sein Taschenmesser und begann mit dem Picknick. Mme. Lebreton war von den jüngsten Ereignissen so sehr mitgenommen, daß sie nichts essen konnte.

Um elf Uhr waren sie in Limay, einem Vorort von Mantes-la-Jolie, und machten im Schatten der Bäume halt. Die Pferde hatten nahezu sechzig Kilometer geschafft und konnten nicht mehr. Evans ließ Crane zum Schutz der Damen zurück und ging über die Brücke nach Mantes hinein. Er kaufte eine Zeitung und erkundigte sich, wo er einen Wagen finden könnte. Am Droschkenstand mietete er für dreißig Francs einen Landauer, der sie nach Pacy-sur-Eure bringen sollte. Evans wollte eigentlich bis Evreux durchfahren, doch der Wagenbesitzer meinte, das sei für seine Pferde zu weit. Evans hatte wieder das Märchen von der nervenkranken Patientin erzählt. Die beiden Wagen wurden nun so dicht nebeneinandergefahren, daß die Damen ungesehen vom einen in den andern umsteigen konnten.

Während sie am Fluß entlang und langsam bergauf fuhren, erzählte Evans der Kaiserin, was inzwischen in Paris passiert war. Als sie hörte, daß Trochu Chef der neuen Regierung sei, wollte sie das zunächst nicht glauben, bis sie es selbst in der Zeitung las. »Verräter!« fauchte sie, weil sie daran denken mußte, mit welchen Worten er sie noch am Vortage seiner Loyalität versichert hatte. Dieser Verrat traf sie hart. Hinzu kam noch der Gedanke, daß ja der hinterlistige Plon-Plon den Vorschlag gemacht hatte, Trochu als Gouverneur nach Paris zu schicken.

Um zwei Uhr hatten sie die vierundzwanzig Kilometer bis Pacy geschafft. Der Kutscher setzte sie im Hof des einzigen Hauses ab, in dem sie vielleicht einen Mietwagen bekommen konnten. Dann fuhr er wieder zurück. Die vier Reisenden fühlten sich sehr verloren. Zum Glück waren sie inzwischen weit genug von Paris entfernt, in einer Gegend, wo das Gesicht der Kaiserin nicht so sehr bekannt war.

Eine ältere Frau erschien und betrachtete, die Hände in die Hüften gestützt, die Fremden mißtrauisch. Ja, sie könnte einen Wagen herbeischaffen, sagte sie, wenn ein angemessener Preis bezahlt würde. Aber sie hätte nur ein Pferd. Nach einigem Drängen gab sie zu, daß es noch ein zweites gäbe, aber das sei bei der Feldarbeit, wäre viel kleiner als ihr eigenes, und die beiden wären noch nie zusammen angeschirrt gewesen. Ein Junge wurde fortgeschickt, um es zu holen. Die Damen wurden ins Haus geführt. Der Raum war schmutzig und voller Fliegen. Der Junge brachte das Pferd vom Feld; es war eine graue Stute und zwei Hände breit kleiner als der große Braune, der wartend im Hof stand. Der Bauer und der Junge zogen aus einem Schuppen ein sonderbares Vehikel heraus. Es sah aus, als sei es seit der Erfindung der Eisenbahn nicht mehr benutzt worden. Dr. Evans beschreibt es in seinen Erinnerungen:

»*Es war ein vierrädriger, viersitziger, geschlossener Zweispänner, mit sehr breiten Glasfenstern an den Seiten und vorn. Der Lederbezug war verschlissen und platzte überall auf; die blaue Innenbespannung war ausgeblichen, zerrissen und schmutzig. Der Wagen war grün angestrichen, hatte gelbe Räder und war ziemlich niedrig. Die Räder waren klapprig und sahen nicht aus, als würden sie lange halten. Es war sicher das, was man früher eine ›Kalesche‹ nannte, war aber viel gebraucht, kaputtgefahren, repariert, zusammengenagelt oder zusammengebunden und neu angemalt worden. Eine elegante Kutsche konnte man das wirklich nicht mehr nennen.*«

Die kleine graue Stute und der Braune wurden mit Seilen und Stricken eingespannt. Dann fuhr man los, Evans beim Kutscher auf dem Bock, weil im Wagen für ihn kein Platz mehr war. Das Rütteln und Quietschen des Wagens machte jede Unterhaltung nahezu unmöglich. Wenn es bergauf ging, stiegen die beiden Herren aus, um es den Pferden leichter zu machen. Diese lange, schnurgerade Straße nach Westen sollte den vier erschöpften Reisenden für immer in Erinnerung bleiben. In Cambolle, hinter Evreux und hundert Kilometer von Paris entfernt, hielt der Kutscher an einem Gasthof, um die Pferde zu tränken. Evans und Crane gingen hinein und wollten auch etwas trinken. Da hörten sie plötzlich die ›Marseillaise‹ und Rufe »Vive la République!«. Sie eilten zum Wagen zurück. Die Kaiserin war totenblaß, und Mme. Lebreton zitterte vor Angst. Mehrere Wagen mit ›Gardes mobiles‹ fuhren vorbei. Sie kamen von einer Truppenparade in Evreux und waren ziemlich betrunken. Höflich zogen sie ihre Mützen und grüßten die Kaiserin mit »Vive la République!«.

Im Dämmerlicht ging es weiter, bis sie das Dorf La Commanderie erreichten. Dort verkündete der Kutscher, seine Pferde könnten nicht mehr weiter, was man ihnen auch ansah. Er lenkte den Wagen in den Hof der ehemaligen Post. Dort wohne ein alter Bauer, sagte er, der viele gute Pferde besäße. Der Bauer erschien und sagte, Pferde hätte er, aber keinen Wagen. Es war ein Glück für die Kaiserin, daß sie einen vermögenden Zahnarzt hatte. Er schlug nämlich dem Mann aus Pacy vor, die ›Kalesche‹ zu mieten, wobei er eine so hohe Summe bot, daß sein Angebot sofort angenommen wurde. Der Bauer brachte zwei Pferde, schirrte sie an, und schon konnte die Fahrt fortgesetzt werden. Die frischen, guten Pferde liefen jedoch sehr viel rascher als ihre Vorgänger. Das war nun wieder für den Wagen zuviel. Mit einem großen Knacks brach die Deichsel, und die Pferde blieben mit einem Ruck stehen; die Zugriemen baumelten lose herab. Nun hatte auch der Bauer genug; er weigerte sich weiterzufahren. Evans und Crane untersuchten den Schaden und stellten fest, daß die Deichsel mit einem Stück Seil repariert werden konnte. Sie suchten im Wagen und fanden schließlich in einer Kiste unter dem Kutschbock ein altes Halfter. Damit banden sie Ortscheit und Deichsel notdürftig zusammen und konnten weiterfahren. Es war fast zehn Uhr abends, als sie in La Rivière de Thibouville im Tal der Risle ankamen.

Der Kutscher hielt vor dem Gasthaus ›Zur Goldenen Sonne‹, mit einem schon ziemlich verblaßten Schild mit einer aufgehenden Sonne. Evans betrat die große, hell erleuchtete Wirtsstube. Frauen rührten geschäftig in Töpfen, die über einem offenen Feuer hingen. An einem langen Tisch saßen Bauern, die aßen und tranken. Die Wirtin erschien und erklärte auf Befragen, so spät in der Nacht in La Rivière noch einen Wagen aufzutreiben, wäre völlig unmöglich. Mit hämischer Freude, wie sie Frauen dieser Art oft haben, fügte sie noch hinzu, daß ihre beiden einzigen Gastzimmer besetzt wären und im ganzen Ort kein Bett mehr zu haben sei. Bei der Vorstellung, daß sie womöglich alle vier bis zum Morgengrauen am Straßenrand sitzen müßten, überkam Evans Verzweiflung. Die Wirtin ließ sich jedoch erweichen und erklärte sich bereit, ihnen auf dem Flur ein paar Betten aufzustellen. Evans fand es unziemlich, daß die Kaiserin und ihre Vorleserin mit zwei amerikanischen Ärzten gemeinsam auf dem Gang kampieren sollten. Als er erfuhr, daß die beiden Gastzimmer von einem englischen Kutscher und seiner Familie besetzt waren, der nach Trouville unterwegs war, um seinen Herrn abzuholen, sprach er mit ihm.

Er erzählte von seiner nervenkranken Schwester und winkte gleichzeitig mit einem Geldgeschenk. Der Kutscher sah ein, daß die arme Dame keine Unannehmlichkeiten haben durfte, kassierte das Geld und installierte sich mit seiner Familie in seiner Kutsche.

Evans ging voran, die Kaiserin folgte, schwer auf den Arm von Crane gestützt; Mme. Lebreton bildete die Nachhut. So durchquerten sie die Gaststube und gelangten über eine wacklige Treppe in ihre Zimmer. Eugénie sah sich um; als sie die harten Betten und den primitiven Waschständer erblickte, bekam sie einen Lachkrampf.

»Oh, mein Gott, mein Gott, Madame!« flüsterte Mme. Lebreton. »Wie können Sie in einer solchen Situation noch lachen? Nebenan sind Leute, die könnten Sie doch hören.« Die arme Frau dachte ständig an die Guillotine.

Die beiden Herren ließen den Damen etwas zu essen bringen und bestellten für sich ein Abendessen ins Nebenzimmer. Sie aßen gut und saßen noch bis ein Uhr nachts bei Schnaps und Zigarren zusammen. Sie dachten über das bisher Erlebte nach und machten Pläne für die Weiterreise. Kaum hatten sie sich schlafen gelegt, als unten im Hof ein Höllenlärm losbrach, Pferdehufe trappelten, Männer schrien. Übermüdet, wie sie waren, dachten die beiden Ärzte sofort, nun wäre alles aus, eine Kavalleriepatrouille sei gekommen und würde sie gefangennehmen. Sie öffneten das Fenster und hörten zu ihrer großen Erleichterung, daß es nur Wildhüter waren, die ein paar Wilddiebe verfolgten. Evans stand früh auf und erkundigte sich, wo er einen Wagen mieten könnte. Der nächste Ort sei Bernay, sechzehn Kilometer entfernt, antwortete die Wirtin und fragte, warum sie denn im Wagen fahren wollten, zur Bahnstation seien es doch nur anderthalb Kilometer. Sie war überzeugt, die Reisenden seien Engländer, und meinte: »Die Engländer sind wirklich komisch.« Der Doktor erfuhr, daß Rivière an einer Nebenstrecke lag, die in Serquigny auf die Hauptstrecke Paris – Cherbourg traf. Wenn sie in La Rivière den Zug fünf Minuten nach acht nahmen, konnten sie den Expreß erreichen und zwanzig Minuten nach neun in Lisieux sein. Das Problem war nur, wie sie zur Bahnstation kommen sollten. Madame bot ihren hohen zweirädrigen Karren an. Aber die Kaiserin durfte natürlich nicht so offen auf einem hohen Wagen sitzen. Während die beiden noch miteinander verhandelten, kam eine elegante Kutsche angefahren. Ihr entstieg ein ebenso eleganter Herr auf der Suche nach einem Frühstück. Evans, inzwischen schon ein geübter Manager, erzählte dem eleganten Herrn seine traurige Geschichte und erreichte, daß man ihm den Wagen für kurze Zeit lieh.

Im Bahnhof La Rivière war außer dem Stationsvorsteher und dem Schaffner, der die Fahrkarten kontrollierte, kein Mensch zu sehen. Der Zug kam an, und die vier bestiegen ein leeres Abteil. Jetzt beging Eugénie einen Fehler. Sie wähnte sich vor Entdeckung sicher und schlug den Schleier zurück. In diesem Augenblick lief draußen der Bahnhofsvorsteher vorbei, um nachzusehen, ob die Wagentüren geschlossen waren. Erst starrte er die Kaiserin verblüfft an, doch als der Zug anfuhr, verwandelte sich der Ausdruck der Überraschung in ein hämisches Grinsen. Ein Schauder überlief Eugénie, und sie fröstelte. In den fünfzig Jahren, die sie noch vor sich hatte, sollte sie dieses grausame, triumphierende Grinsen nicht mehr vergessen. Zum erstenmal hatte sie wirklich Angst. Aber es war ihr auch klar, daß der Polizei wahrscheinlich aus ganz Frankreich gemeldet wurde, man habe »die Kaiserin gesehen«. Das verschaffte ihr noch einen gewissen Vorsprung. In Serquigny hatte der Zug sofort Anschluß, und mit Hilfe eines Trinkgeldes bekamen sie im Expreß nach Lisieux auch wieder ein Abteil für sich. Bei ihrer Ankunft regnete es. Auf dem Bahnhofsvorplatz standen nur Omnibusse. Während die anderen drei unter einem Torbogen Schutz suchten, machte sich Evans auf die Suche nach einem Wagen. Nach sechs vergeblichen Versuchen bekam er schließlich zu einem exorbitanten Preis einen Mietwagen. Über eine Stunde war er unterwegs gewesen, und inzwischen regnete es in Strömen. Bei seiner Rückkehr sah er Eugénie allein und nur halb geschützt im Torweg stehen. Ihre Schuhe und ihr Rock waren mit Schmutz bespritzt. Das Wasser tropfte von ihrem Hut, lief an ihrem Schleier entlang und durchnäßte ihren Mantel. Sie bot ein Bild des Jammers. Vor seinem geistigen Auge sah er sie, wie sie ihm vor einem Jahr erschienen war, bei einem Festmahl im Palast des Sultans: Sie trug damals ein weißes Tüllkleid, ein Brillantdiadem im Haar und kostbaren Schmuck. Jetzt war sie ein Flüchtling, naß bis auf die Haut und hatte als einzige Beschützer zwei Amerikaner bei sich.

Während der Fahrt über die baumbestandene Straße zur Küste kam ab und zu die Sonne zwischen den Wolken hervor. Sie fuhren durch Frankreichs üppigstes Wiesenland. Eugénies Lebensgeister erwachten wieder, denn die Gegenwart der beiden zuverlässigen und unermüdlichen Freunde machte ihr Mut.

In Pont l'Evêque hielten sie, um die Pferde zu tränken und etwas für ein Picknick zu kaufen. Gegen ein Uhr fuhren sie über die Brücke, die Trouville mit Deauville verbindet.

Eugénie war noch nie hier gewesen. Deauville verdankte seinen Ruf als Modebad den Bemühungen und dem Unternehmungsgeist des Herzogs von Morny, des Halbbruders und Beraters ihres Gatten. Aber sie und Morny hatten sich noch nie von Angesicht zu Angesicht gesehen, und deshalb hatte sie Deauville nie besucht. Am Ende der Avenue sah sie sogar ein Denkmal von ihm. Evans dagegen war hier zu Hause. Er hatte sich gerade erst acht Tage zuvor im ›Hôtel du Casino‹ von seiner Frau verabschiedet. Er ließ seine Mitreisenden im Wagen zurück und betrat durch ein Seitentor und den Garten das Hotel. Zum Glück war seine Frau in ihrem Zimmer. Sie erlitt einen ziemlichen Schock, als sie die Geschichte von der waghalsigen Flucht erfuhr.

Schnell ging Evans wieder zum Wagen, brachte einen Schirm mit, wegen des Regens und um die Flüchtlinge vor neugierigen Blicken zu schützen. Am Seitentor stiegen Evans und die Kaiserin aus und eilten unter dem Regenschirm verborgen durch den Garten. Crane und Mme. Lebreton fuhren um den Häuserblock und betraten das Hotel durch den Haupteingang. Sie nahmen Einzelzimmer im ersten Stock. Evans und die Kaiserin schlichen über die Hintertreppe hinauf und erreichten unbemerkt das Zimmer von Mrs. Evans. Eugénie begrüßte die Frau des Arztes und sank dann erschöpft in einen Sessel mit dem Ausruf:

»Oh, mein Gott, ich bin gerettet!«

Über den Kanal

Um zwei Uhr mittags setzten Evans und Crane mit der kleinen Fähre nach Trouville über und machten sich auf die Suche nach einem Motorboot, mit dem die Kaiserin nach England fahren könnte. Sie hatten beschlossen, daß sie es notfalls für eine ›Angeltour‹ mieten würden, hofften jedoch einen hilfsbereiten britischen Jachtbesitzer zu finden. Sie wanderten an der Küste von Trouville entlang, gingen über die Brücke nach Le Touquet und kamen zum Quai de Marine, wo die Jachten lagen. Ein Matrose, auf dessen Mütze ›Gazelle‹ stand, lehnte gelangweilt an einem Bretterstapel. In der Nähe lag eine Jacht dieses Namens vertäut; sie sah ganz brauchbar aus. Als die Amerikaner für das Boot Interesse zeigten, erzählte ihnen der Matrose bereitwillig, der Schiffseigner sei an Bord und würde es ihnen sicher zeigen.

Sir John Montagu Burgoyne, zehnter Baronet, war achtunddreißig Jahre alt, ›High Sheriff‹ von Bedfordshire und ehemaliger Offizier der Gardegrenadiere. Er war nach Frankreich gekommen, um seine Frau abzuholen, die hier Ferien gemacht hatte. Doch das schlechte Wetter hinderte ihn seit einigen Tagen am Auslaufen. Er langweilte sich und war hoch erfreut, mit jemandem über seine Jacht sprechen zu können. Er führte die beiden Ärzte überall herum und erzählte ihnen, daß die ›Gazelle‹ eine Zweiundvierzig-Tonnen-Jacht wäre, sechzig Fuß lang sei, sechs Mann Besatzung hätte und daß er am folgenden Morgen um sechs Uhr nach England absegeln wollte.

Evans hatte sofort festgestellt, daß es genügend Kabinen gab, daß das Boot solide gebaut und Sir John offensichtlich ein erfahrener Seemann war. Deshalb vertraute er ihm, mit Verschwörermiene, die Fluchtgeschichte an und fragte, ob die Kaiserin als Passagier mitfahren könne. Noch während er sprach, merkte er, wie der Engländer frostig wurde. »Ich bedaure, meine Herren«, sagte er, »ich kann Ihnen in dieser Sache nicht helfen.«

Evans war wie vor den Kopf gestoßen. Nun nahm er kein Blatt mehr vor den Mund. In Amerika helfen Männer den Frauen, die in einer Notlage sind, sagte er. Im vorliegenden Falle seien zwei Amerikaner, ohne vorher Bescheid zu wissen und ohne Rücksicht auf ihre eigene Sicherheit, der Kaiserin zu Hilfe gekommen. Sie hätten riskiert, verhaftet zu werden und womöglich ins Gefängnis zu wandern. Er habe geglaubt, ein Engländer werde ebenso rücksichtsvoll handeln. Damit wandte er sich zum Gehen.

Vor hundert Jahren war die Kluft zwischen den Gesellschaftsschichten, den Berufen und zwischen den Nationalitäten noch sehr groß und wurde selten überbrückt. Daß Evans auf Sir Johns aristokratischen Nimbus so spontan reagierte, war ebenso zu erwarten wie die Tatsache, daß der Engländer es ablehnte, in ein Abenteuer mit einem ausländischen Zahnarzt und dem Mitglied einer Gesundheitskommission verwickelt zu werden. Später sollte Evans das besser verstehen, vor allem, daß Sir John sich Gedanken machte, ob er am nächsten Morgen überhaupt aus dem Hafen herauskommen würde, und daß er mit einer temperamentvollen Kaiserin womöglich mitten auf dem Ärmelkanal in einen Sturm geraten könnte. Außerdem befürchtete er, man könne in England annehmen, er habe die Kaiserin in Deauville erwartet. Derartige Späße wurden in seinen Kreisen nicht geschätzt, und am wenigsten von Queen Victoria.

Als Evans zornentbrannt weggegangen war, machte Crane noch einen Versuch. Er war jünger, besaß mehr Taktgefühl und erreichte schließlich, daß Sir John die Entscheidung seiner Frau überlassen wollte. Die drei gingen nach unten. »Na gut, warum nicht?« meinte Lady Burgoyne. »Sie kann kommen, sobald sie will.« Nachdem die beiden Amerikaner sich mit Sir John für elf Uhr nachts auf dem Holzplatz am Quai verabredet hatten, um die Einzelheiten zu regeln, kehrten sie sehr erleichtert zum Essen in ihr Hotel zurück.

Die Kaiserin empfing die Nachricht, daß sie sich noch im Laufe der Nacht einschiffen sollte, mit einer fast kindlichen Freude. Sie hielt es für selbstverständlich, daß nun alles Elend ein Ende haben würde. Sie plauderte und lachte. Die Flucht aus Paris wurde für sie zu einer Komödie, und sie erinnerte sich jetzt nur noch an die angenehmeren, menschlicheren Episoden: Wie die schwarze Katze durch die Luft flog und die Wirtin hinterherschimpfte, wie sie in Boulogne die Wurst mit einem Taschenmesser geschnitten hatte, in welch einfachen Betten sie in La Rivière geschlafen hatten. Auch beim Abendessen hatte sie viel Spaß. Da die Anwesenheit einer Fremden in Mrs. Evans Zimmer nicht bemerkt werden durfte, konnte nur eine Mahlzeit für zwei Personen bestellt werden. Sie wurde dem Kellner an der Tür abgenommen. Nun gab es viel Gelächter darüber, wie man die Suppe und das Fleisch aufteilen sollte, wer die größere Portion Pudding bekäme und wer als nächster das Messer haben durfte. Für Eugénie war es seit ihrem letzten Frühstück am Sonntag in den Tuilerien die erste richtige Mahlzeit.

Als die Sonne hinter den schaumgekrönten Wellen im Meer unterging, versank Eugénie für ein paar Augenblicke in Schweigen. Dann zog sie ein goldenes Medaillon mit einem Bild des Kronprinzen aus der Tasche. Sie erzählte den anderen, es sei das erste Mal, daß sie es anschaue, seit sie das Telegramm des Kaisers mit der Nachricht von der Katastrophe in Sedan und von seiner Abdankung bekommen habe. Sie habe geglaubt, sie müsse verrückt werden, wenn sie es ansähe. Jetzt brach sie in Tränen aus. Mrs. Evans führte sie ins Schlafzimmer, und nach wenigen Minuten war die letzte Kaiserin der Franzosen fest eingeschlafen. In der Zwischenzeit war auch Sir John Burgoyne nicht untätig gewesen. Er hatte das Kasino aufgesucht und den Gesprächen an den Tischen und an der Bar gelauscht. Was er vernahm, beunruhigte ihn sehr. Die Suche nach der Kaiserin war in vollem Gange: Man nahm an, sie befinde sich hier in der Gegend. Alle Kanalhäfen würden überwacht. Aber nachdem Sir John einmal gesagt hatte, er richte sich nach der Entscheidung seiner Frau, gab es für ihn kein Zurück mehr. Um elf Uhr traf er mit Evans bei dem aufgestapelten Lagerholz zusammen. Sie verabredeten, daß die Kaiserin um Mitternacht an Bord kommen solle. Sir John sagte zu dem Arzt: »Kommen Sie hierher, wo wir jetzt gerade stehen. Einer meiner Leute kommt mit einer Laterne. Ich erwarte Sie am Quai bei dem Laufsteg, an dem ein Licht brennt.«

Um halb zwölf kamen zwei Männer auf die ›Gazelle‹. Den einen kannte Sir John flüchtig, den anderen hatte Sir John noch nie gesehen. An der Art, wie sie überall herumschnüffelten, merkte er, daß es Geheimpolizisten waren. Als sie wieder gingen, folgte er ihnen im Schutze der Holzstapel, bis er sah, wie sie die Brücke nach Trouville überquerten. Dann eilte er zurück, um am Landungssteg die Kaiserin zu empfangen.

Evans und die Kaiserin verließen das ›Hôtel du Casino‹ durch den Garten und das Seitentor. Crane und Madame Lebreton folgten ein paar Minuten später durch den Haupteingang. Madame Lebreton trug eine Handtasche, in die Mrs. Evans ein paar notwendige Toilettensachen, einige Umhänge und Schals gepackt hatte. Es war eine stürmische Nacht, dicke Wolken jagten von Westen heran und verdunkelten zuweilen den Mond. Die Flüchtigen hatten fast eine Meile zu laufen, teilweise über sehr schlechte Wege. Die Uferstraße war voller Pfützen. Für Kavaliersallüren war jetzt keine Zeit: Evans ließ Eugénies Arm los, und jeder suchte sich seinen Weg allein, wobei die gewandte Kaiserin sogar schneller war als ihr Begleiter. Sie gingen über einen verschlammten Pfad an den offenen Feldern entlang, erreichten die Rue du Casino, überquerten den Place Morny und liefen dann bis zu den Docks auf der Straßenmitte. Dann entdeckte Evans den Matrosen mit der Laterne. Sie folgten ihm im Schatten der großen Holzstapel bis zur ›Gazelle‹. Blinzelnd, keuchend, in Kleidern, die mit Schlamm bespritzt waren, und Schuhen, aus denen das Wasser rann, standen sie in Lady Burgoynes hell erleuchteter Kabine. Für eine förmliche Vorstellung blieb kaum Zeit. Crane und Madame Lebreton kamen bald danach. Sie waren noch schlechter durchgekommen und mußten bis über die Knöchel im Wasser waten. Lady Burgoyne nahm das weitere in die Hand. Sie brachte einen Arm voll Kleidungsstücke und führte die Damen in ihre eigene kleine Kabine, wo sie sich umziehen konnten. Dann zauberte sie eine Terrine mit heißem Punsch auf den Tisch, wofür ihr besonders die beiden Ärzte dankbar waren.

Nachdem sich die Damen zur Ruhe begeben hatten, unterhielt sich Sir John an Deck mit Evans und Crane; er erzählte ihnen, was er im Kasino gehört hatte, daß Gerüchte über eine Verhaftung der Prinzessin Mathilde umliefen, daß aber über das Schicksal des Kronprinzen noch nichts bekannt sei. Danach erwähnte er den Besuch der Geheimpolizisten. Da unter diesen Umständen die Nacht über an Bord Wache gehalten werden mußte, erbot sich Crane, noch dazubleiben, obwohl er am nächsten Morgen nach Paris zurückwollte, um ein paar Besuche zu machen und einiges für die Kaiserin zu erledigen. Mit neun Mann an Bord mußte es ja möglich sein, etwaige Eindringlinge zu vertreiben. Kurz nach sieben Uhr morgens verließ die ›Gazelle‹ den Hafen und nahm Kurs auf Southampton. »Der Himmel war bedeckt, es regnete leicht, und die See war rauh. Doch die Jacht machte mit ihren Großsegeln, dem Spinnaker und einem zweiten Klüver gute Fahrt«, berichtete Evans in seinen Memoiren. Gegen Mittag kam eine Bö auf, der Wind drehte sich nach Nordwest, und der Spinnakermast brach. Alle Mann wurden an Deck beordert, der Klüver wurde eingeholt und das Großsegel gerefft; alles wurde festgezurrt und ein Sturmsegel gesetzt. Sturzwellen rollten über das Deck. Sir John war der Ansicht, sie sollten in einem französischen Hafen Schutz suchen. Aber davon wollte die Kaiserin nichts wissen. Sie hätte keine Angst, sagte sie. Sie wurde nicht seekrank. Sir John betrachtete sie mit offener Bewunderung. Von Umkehren sprach er nicht mehr. Nach Madame Lebretons Meinung fragte niemand; die Arme lag in ihrer Koje und war fest entschlossen, sich nie wieder um den Posten einer Vorleserin bei einer Kaiserin zu bewerben, wenn sie diese Hölle überleben sollte.

Um sechs Uhr abends kam während einer kurzen Windstille die Isle of Wight in Sicht; von da an bis Mitternacht tobte wieder der Sturm. Die Böen wurden heftiger, es regnete in Strömen. Zickzackblitze erhellten die Dunkelheit, und der Donner rollte. »Die Jacht schwankte und schlingerte in der aufgewühlten See, Sturzwellen rollten über das Deck und schlugen mit riesiger Wucht gegen die Schiffsplanken. Es schien uns, als ginge das Schiff unter und unser Ende sei gekommen«, berichtete Evans. Selbst die Kaiserin gab später zu, das Brausen des Sturms und der Wellen sei so unerträglich gewesen, daß sie sich mehrmals verloren glaubte. Endlich schlug der Wind nach Westen um, und das Wetter beruhigte sich. Trotz gerefftem Großsegel jagte die ›Gazelle‹ auf das Leuchtfeuer von Nab zu, und um vier Uhr nachmittags ging sie in Ryde Roads vor Anker. Die Kaiserin ließ jedem einzelnen Besatzungsmitglied ihren Dank und ihre Anerkennung aussprechen, und Evans verteilte Goldmünzen zur Erinnerung an diese unvergeßliche Nacht.

Um sieben Uhr verließen sie die ›Gazelle‹ und mieteten unter dem Namen Thomas Zimmer im ›York-Hotel‹. Sie waren gerädert und durchnäßt. Inzwischen spielte Evans bei der Kaiserin die gleiche Rolle wie John Brown bei Queen Victoria. Sie, die sich seit ihrer Hochzeit nie mehr ohne Hilfe ausgezogen und gebadet hatte, streifte hinter einer halb geöffneten Tür ihr Kleid ab, reichte es dem Doktor hinaus und bat ihn, das silberne ›E‹ vom Gürtel abzutrennen, bevor er es zum Trocknen und Aufbügeln in die Küche hinunterbrachte.

Nach dem Frühstück ging Evans in die Stadt, um eine Zeitung zu kaufen. Über die Ereignisse in Frankreich gab es eine Menge Gerüchte; unter anderem wurde auch berichtet, der Kronprinz sei in England gelandet und befände sich auf dem Weg nach Hastings.

Jetzt war die Aufgabe für den Arzt in vieler Hinsicht weit schwieriger als bei der Flucht aus Paris. Da hatte es sich darum gehandelt, die Kaiserin sicher außer Landes zu bringen. Nun tauchten aber mannigfache Probleme auf. Er hatte keine Ahnung, wie man Eugénie in England aufnehmen würde. Er kannte sich hier lange nicht so gut aus wie in Frankreich.

Die Kaiserin wußte auf der Isle of Wight besser Bescheid als er. Was er jedoch am meisten fürchtete, war ein Nervenzusammenbruch der Frau, für die er verantwortlich war. Er hatte erlebt, welche Qualen und Ängste sie ausgestanden hatte, als die ersten deutschen Siege gemeldet wurden. Er wußte, daß sie sich nur mit Schlafmitteln und schwarzem Kaffee aufrecht gehalten hatte. Er rechnete nach, wie wenig Schlaf sie in den vergangenen vier Tagen gehabt hatte. Als Arzt hielt er es für ratsam, daß Mutter und Sohn erst eine Nacht durchschlafen sollten, bevor sie sich trafen. Auch der Kronprinz war sein Patient. Evans wußte, daß der Junge sehr empfindsam war und unter unerträglichem Druck stehen mußte. Deshalb berichtete er der Kaiserin vorläufig nur, es seien Gerüchte aufgetaucht, wonach der Kronprinz sich in England befände. Es sei wohl das beste, fügte er noch hinzu, nach Brighton zu gehen, wo man Näheres erfahren werde.

Sie nahmen die Fähre nach Southsea, von da eine Straßenbahn nach Portsmouth und bekamen einen Zug nach Brighton. Dort lud Evans die Damen im ›Queen's Hotel‹ ab.

Evans brauchte nicht lange, um herauszufinden, daß der Kronprinz im ›Marine-Hotel‹ in Hastings war. Er teilte es der Kaiserin beim Abendessen mit. Sie sprang vom Tisch auf und erklärte, sie werde sofort hinfahren. Sie war jetzt nicht mehr der Flüchtling, der gehorsam und klaglos alles hinnahm. Sie war wieder die Kaiserin.

Evans bewunderte ihre Willenskraft. Er fand einen Zug heraus, der schon in wenigen Minuten abfahren sollte. In letzter Sekunde kletterten sie hinein. Noch immer beharrte der Arzt darauf, daß sie sich vor dem Zusammentreffen ausruhen müsse. Er war auch der Ansicht, daß der Junge zu ihr kommen sollte, nicht sie zu ihm. Evans versuchte noch etwas. Er kaufte Fahrkarten nur bis Saint-Leonards, der letzten Station vor Hastings, wo es, wie er wußte, ein gutes Hotel gab.

Beim Aussteigen fragte die Kaiserin: »Ist mein Sohn hier?« Als Evans stotterte, er wäre an der nächsten Station, entlud sich Eugénies Zorn. Sie verlangte, sofort weiterzufahren. Leider wußte Evans nicht, daß die beiden Städte nicht weit auseinander lagen. Sie hätten leicht einen Wagen nehmen können. Statt dessen warteten sie auf den nächsten Zug. Die fünfundzwanzig Minuten Wartezeit auf dem dunklen Bahnsteig gehörten zu den unangenehmsten, die er und Madame Lebreton mit ihr je erlebt hatten.

Um zehn Uhr erreichten sie Hastings. Evans redete den beiden Damen zu, im ›Havelock-Hotel‹ zu warten, während er in das ›Marine-Hotel‹ ging. Er fand den Prinzen und seine Adjutanten im Salon ihrer Suite. Der Junge stürzte auf ihn zu, packte ihn am Arm und überschüttete ihn mit Fragen nach seiner Mutter. Evans sah, wie erregt er war, und versuchte ihn zu beruhigen. Er verriet wenig, sagte nur, seine Mutter sei in England. Er solle im Salon warten, bis er zurückkäme. Dann ging Evans, um die Kaiserin zu holen.

Sie ging nicht nur schnell, sie rannte durch die Straßen. Der Direktor des ›Marine-Hotels‹ hielt sie wegen der Kapuze ihres Mantels, die sie über den Kopf gezogen hatte, und wegen ihres ernsten Gesichtsausdrucks für eine Krankenschwester. Er versuchte deshalb, sie daran zu hindern, zu der Suite des Prinzen hinaufzugehen. Doch sie ließ sich nicht zurückhalten. Der Doktor schob einen Diener beiseite, und sie gingen hinauf. Bei seinem ersten Besuch hatte Evans bemerkt, daß die Schlafzimmertür des Kronprinzen unmittelbar vom Korridor aus zu erreichen war und nicht durch eine Verbindungstür vom Salon aus. Er öffnete die Tür zum Gang, führte die Kaiserin schnell hinein und betrat den Salon. Dort wartete der Kronprinz. Dr. Evans deutete auf die Schlafzimmertür. Der Junge stürzte darauf zu. Es gab einen Freudenschrei. Dann schloß sich die Tür.

Teil VI

Im Exil
1870 – 1920

Napoleons III. Tod

Als am 9. September 1870 bekannt wurde, daß die Kaiserin in Hastings war, hatte jeder Gelegenheit, seine Meinung über sie zu äußern. Im allgemeinen erwiesen sich die Männer ihr gegenüber freundlicher und verständnisvoller als die Frauen. Zwölf stellten ihr Häuser zur Verfügung. Der Herzog von Hamilton ließ ihr die Wahl zwischen seinen zwei schottischen Schlössern, und der Herzog von Sutherland bot ihr seinen Landsitz in Trentham an. Der Prinz von Wales lud sie ein, ins Chiswick House zu ziehen, das ihm der Herzog von Devonshire leihweise überlassen hatte. Wegen dieser freundschaftlichen Geste wurde der Prinz vom Außenminister getadelt. Die Queen lehnte diesen Vorschlag als anmaßend und taktlos ab. Die Männer bewunderten Eugénies Mut. Gladstone verteidigte sie, und Lord Cowley sagte: »Was diese arme Frau durchgestanden hat, zeigt ihren bemerkenswerten Schneid. Sowohl vor wie nach der Flucht aus Paris hat sie einen Mut bewiesen, den man nur bewundern kann.«

Die Frauen hingegen fanden das, was Eugénie mitgemacht hatte, gar nicht so schlimm, weder die Anstrengungen, die sie einen Monat lang bei ihrer tage- und nächtelangen Arbeit aushalten mußte, noch ihre Flucht und die stürmische Fahrt über den Kanal. Sie verglichen ihr schlechtes Aussehen mit ihrem Auftreten im Jahre 1855. Eigentlich hatten sie erwartet, eine Modedame inmitten ihres Hofstaates ankommen zu sehen, die ganz bequem mit der kaiserlichen Jacht nach England gesegelt war. Prinzessin Mary von Teck fand: »... sie ist leider sehr verändert, seit ich sie zuletzt sah, ... ihr Gesicht ist müde und faltig.« Lady William Russell beschrieb sie als »eine Gans, die ein Schwan sein möchte...«. Queen Victoria beschränkte sich auf ein paar Adjektive wie »arm, lieb, reizend, geduldig, sanft«. Sie entsandte Lady Ely nach Hastings, um die Lage dort zu erkunden, und schrieb dann an ihre älteste Tochter, die Kronprinzessin von Preußen:

»*Sie sieht sehr krank und ganz verändert aus, hustet viel und war ziemlich ärmlich in Schwarz gekleidet... Sie ist in Hastings in einem scheußlichen, übelriechenden Hotel mit überheizten, ungemütlichen Zimmern abgestiegen.*«

Die Kaiserin selbst beklagte sich weder über die Hitze noch den Gestank. Trotzdem wollte sie so schnell wie möglich das ›Marine-Hotel‹ verlassen. Den ganzen Tag über stauten sich nämlich Scharen von neugierigen Sommerfrischlern vor der Hoteltür und hofften, sie werde sich zeigen. Dadurch hatte sie überhaupt keine Bewegungsfreiheit. Aber sie war der Ansicht, sie könne nicht die Gastfreundschaft eines großzügigen Lords annehmen, solange sie noch Regentin von Frankreich war. Da sie zu Dr. Evans volles Vertrauen hatte, bat sie ihn, nicht allzu weit von London für sie ein Landhaus zu mieten. Durch einen sonderbaren Zufall wählte Evans ausgerechnet Camden Place in Chislehurst, wo vor langer Zeit Prinz Louis Napoleon Emily Rowles hofiert hatte. Was noch merkwürdiger war: Es gehörte jetzt dem Nachlaßverwalter der verstorbenen Elizabeth Howard.

Am 20. September zog die Kaiserin ein. Bald kamen alle Mitglieder des kaiserlichen Haushalts zu ihr, die auf die eine oder andere Weise aus Paris entkommen waren. So hatte sie bald wieder einen kleinen Hofstaat. Der Herzog von Bassano kam; alles, was er besaß, trug er in einem Reisesack mit sich. Er bot seine Dienste an und wurde Chef des kaiserlichen Haushalts. Marie de Larminat, eine ›Demoiselle d'honneur‹, wurde neben Madame Lebreton Hofdame. Der treue Filon übernahm den Posten des Kronprinzenerziehers. Graf und Gräfin Clary richteten sich in einem Häuschen im Park ein. An Dienerschaft war kein Mangel: es gab Flüchtlinge aus den Tuilerien, darunter einen Maître d'hôtel, zwei Küchenchefs, einen Butler und einen Lakai. Was für Eugénie am allerwichtigsten war, auch ihre geliebte spanische Zofe Pepa war wieder da. Zur Freude des Kronprinzen kam auch sein altes Kindermädchen Miß Shaw. Die Etikette und der Lebensstil der Tuilerien und von Saint-Cloud wurden so gut es ging beibehalten. Alle Wünsche der Kaiserin konnten erfüllt werden.

Es kamen viele Besucher: sie waren in dem kleinen und noch wenig organisierten Haushalt nicht immer willkommen. Die Herzogin von Mouchy und Fürstin Pauline Metternich wurden jedoch mit offenen Armen empfangen. Letztere konnte berichten, daß die Juwelen der Kaiserin sicher in einem britischen Banksafe lägen.

Zu den unerwünschten Besuchern gehörte Plon-Plon, der sich mit seiner Mätresse Cora Pearl in London niedergelassen hatte. Er stolzierte im Zimmer herum, als sei er Napoleon I., kritisierte die Maßnahmen während der letzten Tage des Kaiserreichs und nannte das Palikao-Ministerium »schwachsinnig«. »Und wo waren Sie am 4. September?« fuhr ihn Eugénie an. Rot vor Zorn verließ er wortlos das Zimmer.

Inzwischen hatten sich die Ereignisse in Frankreich so überstürzt, daß die Berichte die Kaiserin bis tief in die Nacht beschäftigten. Die Franzosen kämpften weiter, obwohl der Kaiser kapituliert hatte. Bismarck marschierte mit seiner Armee in Richtung Paris. An dem Tag, als Eugénie in Chislehurst einzog, verlegte Kronprinz Friedrich Wilhelm sein Hauptquartier nach Versailles. Paris war völlig eingekreist.

An diesem Abend stand der Schwiegersohn der Königin Victoria auf der Terrasse des Schlosses von Versailles und betrachtete den Sonnenuntergang. In sein Kriegstagebuch schrieb er:

»Ich mußte dabei viel an den schönen warmen Sonntag des Jahres 1867 zurückdenken, an welchem hier zu Ehren meines Vaters und des Zaren Alexander die Wasserspiele liefen, und wir in Gesellschaft einer Menge fürstlicher Personen, umgeben von einer harmlosen Volksmenge, die Gäste Napoleons und Eugénies waren, die in liebenswürdiger Weise uns die Ehre erwiesen. Wie rasch ist der Stern jenes Kaiserpaars verblichen!«

Auch Bismarck dachte an die Vergangenheit. Er hatte sich in dem prächtigen Schloß des Baron Rothschild in Ferrières einquartiert. Der jüdische Millionär war überstürzt nach Paris abgereist. Sein Haus und die unbezahlbaren Schätze seines Weinkellers hatte er der Obhut seines Butlers überlassen. Das Jagdtagebuch lag noch auf dem Tisch. Bismarck blätterte es durch und zeigte seinem Sekretär, was er selbst am 3. November 1856 dort geschossen hatte. Beim Abendessen weigerte sich der Butler, die gewünschten Weine heraufzubringen. Nach einem Wutausbruch Bismarcks gab er nach. Doch Bismarck war nun verstimmt, und er erzählte seinem Stab Geschichten von der Knauserigkeit der Rothschilds. Die Juden hätten immer noch keine richtige Heimat, sagte er, sie seien eine Art Universal-Europäer. Ihr Vaterland sei Zion. König Wilhelm benahm sich respektvoller. In dem Park von Versailles lebten viele Fasanen und Hirsche, doch der König gab den strengen Befehl, es dürfte nichts geschossen werden. Bismarck wartete, bis sein König bei einer Truppenparade war, und knallte dann munter in den Wäldern herum. »Mich können sie nicht verhaften«, sagte er, »dann hätten sie ja niemanden, der sich um den Frieden kümmert.« Es hatte schon einen Versuch gegeben, den Krieg zu beenden. Auf Bitten Lord Lyons war Jules Favre, der Außenminister der ersten republikanischen Regierung, von Bismarck empfangen worden, der zu ihm gesagt hatte:

»An der Form Ihrer Regierung liegt uns nichts. Finden wir Napoleon unseren Interessen günstig, so werden wir ihn nach Paris zurückführen ... Sie stellen nur eine verschwindende Minderheit dar, wir haben keine Gewähr, weder bei Ihnen noch bei einer Regierung, die nach Ihnen kommt. Wir müssen an unsere Sicherheit in der Zukunft denken und werden das ganze Elsaß und ein Stück Lothringen mit Metz fordern.«

Favre nahm seinen staubigen Überzieher und seinen zerknitterten Hut und antwortete hitzig: »Keine Handbreit von unserem Gebiet und kein Stein aus unseren Festungen!«

Bismarck hatte in der Tat seine Meinung geändert. Noch ein paar Wochen zuvor hatte er davon geredet, er werde das Zweite Kaiserreich zerschlagen und die Napoleon-Dynastie entthronen. Mit dem französischen Volk führe er keinen Krieg. Er wollte allerdings auch nicht mit Napoleon verhandeln, weil er krank, gebrochen und in Gefangenschaft war. Er wollte mit Eugénie verhandeln und nicht mit irgendeiner republikanischen Regierung. Er war nämlich der Ansicht, sie böte eine bessere Garantie für die Zukunft, und außerdem verehrte und schätzte er sie. Er zog starke Persönlichkeiten als Gegner vor, selbst wenn diese bereits im Nachteil waren.

Am 5. Oktober begab sich Bismarck nach Versailles. Am 7. gelang dem einäugigen Gambetta, dem Innenminister der neuen Regierung, die aufsehenerregende Flucht aus dem belagerten Paris in einem Ballon. Von Tours aus begann er, die Verteidigung Frankreichs zu organisieren. Eugénie war begeistert, wollte zu ihm nach Tours reisen und in Südfrankreich die Anhänger Napoleons sammeln. Es wurde ihr höflich, aber bestimmt erklärt, man werde sie kurzerhand festnehmen lassen, wenn sie sich auf ein so verrücktes Abenteuer einließe.

Eugénie war in einer sehr schwierigen Lage. In politischen Dingen zeigte sie wohl Mut, verstand aber nicht, taktisch vorzugehen. Dazu fehlten ihr die Berater. Die Briefe des Kaisers waren lange unterwegs und auch notgedrungen sehr vorsichtig abgefaßt. Eugénie wollte vor allem Bazaines Armee retten, wußte jedoch, daß das französische Volk Friedensbedingungen, die mit Gebietsabtretungen verknüpft waren, auf keinen Fall akzeptieren würde. Geheimnisvolle Sendboten kamen nach Camden Place, mit hoffnungsvollen Plänen, von denen man nicht wußte, wer sie eigentlich ausgeheckt hatte. Eugénies Briefe an Zar Alexander und Kaiser Franz Joseph hatten wenig Erfolg. Dann schickte Bismarck ihr seine Bedingungen:

1. *Die Armee in Metz sollte erklären, daß sie weiterhin dem Kaiserreich die Treue halte.*
2. *Die Kaiserin-Regentin sollte das französische Volk auffordern, über die Regierungsform abzustimmen, die es wünsche.*
3. *Die wesentlichen Grundzüge eines Friedensvertrages sollten von einem Bevollmächtigten der Regentin unterzeichnet werden.*

Unter diesen Bedingungen könnte sich die Metzer Armee »in ein Gebiet zurückziehen, über das eine Militärkommission entscheiden« werde.

Als Eugénie diese Bedingungen las, schrie sie General Boyer, der sie überbracht hatte, an: »Ein Blankoscheck! Soll ich Bismarck einen Blankoscheck geben? Sie verlangen von uns, daß wir unsere Ehre opfern.« In ihrem Antwortschreiben erbat sie einen vierzehntägigen Waffenstillstand sowie die Erlaubnis, die in Metz eingeschlossenen Truppen mit dem Nötigsten zu versorgen. Gleichzeitig erklärte sie jedoch, sie werde niemals zustimmen, daß für einen Friedensvertrag französischer Boden abgetreten werden sollte. Am 25. Oktober schrieb ihr König Wilhelm, die Verhandlungen seien abgebrochen worden.

Am 27. ergaben sich in Metz die halbverhungerten Soldaten, nachdem sie ihre Pferde geschlachtet hatten; einhundertdreiundsiebzigtausend Franzosen folgten ihren Kameraden von Sedan in die Gefangenschaft. Die deutsche Armee, die die französischen Truppen eingekesselt hatte, konnte jetzt anderweitig eingesetzt werden und marschierte nach Westen zur Verstärkung der Streitkräfte, die Paris belagerten. Das Schicksal der Hauptstadt war damit besiegelt. Bismarcks Versuch, mit der Regentin zu verhandeln, war gescheitert. Sie konnte nicht mehr für Frankreich sprechen. Bald stellte sich jedoch heraus, daß die Bedingungen, die sie hätte erreichen können, leichter und günstiger gewesen wären als die, die im Jahr darauf die französische Regierung annehmen mußte.

Die Niederlage von Metz war eine Katastrophe, über die Eugénie nicht hinwegkam. In Camden Place fühlte sie sich gefangen wie ein Goldfisch in seinem Becken. In der typisch englischen Landschaft regnete es viel. Das Haus wäre trist, wie ein großes, etwas verkommenes Café, sagte ein Besucher. Eugénie hatte immer die gleichen traurigen Gesichter um sich. Sie war an Raum, Bewegungsfreiheit und Handeln gewöhnt, und plötzlich glaubte sie, dies Gefängnis in Kent nicht länger ertragen zu können.

Nach zwei Wochen des Schweigens war zwischen Napoleon und seiner Frau ein regelmäßiger Briefwechsel entstanden. Für ihn bedeuteten diese Briefe Hilfe und Trost. Für Eugénie brachten sie einen Wandel ihrer Gefühle. Vorbei waren Geringschätzung und Verachtung, die damals auf der windigen Schloßtreppe der Tuilerien aus ihr herausbrachen, als sie wegen seiner Kapitulation in Sedan in Wut geraten war. Es gab viele Gründe für diese Veränderung. Erstens zeigten seine Briefe sehr deutlich, wie sehr er sie liebte: »Woran soll ich mich halten, wenn nicht an Deine Zuneigung und die unseres Sohnes? Wenn ich frei bin, würde ich gern nach England kommen und mit Dir und Louis in einem kleinen Landhaus mit efeuumrankten Erkerfenstern leben.« Zweitens hatte sich Napoleons Ansehen in der Welt wesentlich gebessert, weil er Würde und Zurückhaltung gezeigt und nicht nach Entschuldigungen für seine Niederlage gesucht hatte. Dazu kamen die Legenden über seine Tapferkeit und Ausdauer auf dem Schlachtfeld. Und außerdem hatte Eugénie endlich die Wahrheit über seine Krankheit erfahren. Als die Herzogin von Mouchy bemerkte, daß die Kaiserin keine Ahnung von seinem Leiden hatte, erzählte sie ihr in allen Einzelheiten, was bei der ärztlichen Konsultation im Juli herausgekommen war.

Aber auch Außenstehende halfen, die Kluft zwischen den beiden Ehepartnern zu überbrücken. Lady Cowley und die Herzogin von Hamilton hatten beide den Kaiser in Wilhelmshöhe besucht und mit ihm gesprochen. Ebenso auch Dr. Evans, der ihm ausführlich über die Flucht der Kaiserin berichtet hatte. In Eugénie war langsam das Bewußtsein erwacht, daß ihre Familie doch wichtiger war als die Staatsgeschäfte. Am 29. Oktober trug sie Pepa auf, eine kleine Reisetasche zu packen. Nur mit dem Grafen Clary und Madame Lebreton als Begleitung bestieg sie das Nachtschiff zum Kontinent und reiste nach Wilhelmshöhe.

Am Sonntag, dem 30. Oktober, nachmittags erfuhr Napoleon, daß seine Frau auf dem Bahnhof in Kassel angekommen und auf dem Weg zum Schloß sei. Obgleich ihr Besuch für ihn völlig überraschend kam, ging er ruhig und mit unbewegtem Gesicht die Treppe hinunter, um sie zu begrüßen. Dies war seine berühmte undurchdringliche Maske. Sie gelang ihm so gut, und seine Begrüßungsworte klangen so frostig und konventionell, daß selbst Eugénie nicht wußte, ob sie ihm überhaupt willkommen war. Dafür war die Freude bei seinem Gefolge um so größer; sie knieten auf dem Kies nieder, um den Saum ihres schwarzen Kleides zu küssen. Erst als die Tür zu seinem Arbeitszimmer sich schloß und sie allein waren, nahm er sie mit einer solchen Leidenschaft in die Arme, daß ihr die Tränen kamen.

Der deutsche Gouverneur, General von Monts, war über den Besuch äußerst beunruhigt. Er hatte vom König telegraphische Order bekommen, daß das Ehepaar sich ohne Zeugen unterhalten dürfe. Wenn die Kaiserin es wünsche, könne sie in Wilhelmshöhe bleiben. Doch weder Napoleon noch Eugénie wollten den Vorwurf riskieren, sie lebten ein luxuriöses Leben in einem goldenen Käfig, während die Pariser hungerten. So wie sie gekommen war, ohne Ankündigung, reiste Eugénie am Abend des 1. November wieder ab. Ein Mietwagen hielt am Hinterausgang des Schlosses, und sie fuhr mit ihren Begleitern zum Bahnhof. Von den Deutschen wünschte sie keine Almosen anzunehmen und bezahlte ihre Fahrkarte selbst. Spione verfolgten die Kaiserin, bis sie die Grenze passiert hatte. Ihr überraschender Besuch hatte beim König Wilhelm von Preußen und seinem Sohn großes Interesse erregt. Kronprinz Friedrich Wilhelm fragte sich, was diese Frau bewogen haben mochte, so plötzlich und so heimlich nach Wilhelmshöhe zu kommen, die gleiche Frau, die erst ein paar Tage zuvor den Vorschlag gemacht hatte, den Oberbefehl über die Armee in Metz zu übernehmen und sich mit ihr zusammen zu ergeben. Es war in der Tat eine schwierige Lage für ihn, da seine Schwiegermutter die Königin von England war und England der Kaiserin Zuflucht geboten hatte.

Queen Victoria sah selbst ein, wie kompliziert die Situation geworden war, und beschloß im November, Eugénie einen Besuch zu machen. In den vergangenen Monaten hatte sie eine Reihe heftiger Schocks erlebt. Es wurde ihr vor allem klar, daß nicht alle Pläne und Ansichten ihres verstorbenen Gatten richtig und so unanfechtbar waren, wie sie sich eingeredet hatte. Noch im August hatte sie an Königin Augusta von Preußen geschrieben: »Wie mein Herz klopfte, als ich von den schnellen, glorreichen Siegen unseres geliebten Fritz hörte.« Alberts Alptraum, daß französische Horden über den Rhein setzen und nach Coburg und Berlin stürmen könnten, hatte sich als völlig falsch erwiesen. Es hatte sich gezeigt, daß der Krieg eine von Preußen seit langem beschlossene Sache war. Doch die deutsch-britischen Beziehungen wurden nicht enger und freundlicher, sondern das Gegenteil trat ein. Die Kronprinzessin gab ihrer Mutter deutlich zu verstehen, wie bitter man es in Berlin aufgenommen habe, daß Großbritannien die Deutschen nicht gegen den Angreifer unterstützt hätte. Auf der anderen Seite hatten die deutschen Siege und die Errichtung der Dritten Republik eine profranzösische und antideutsche Stimmung in England erzeugt. Bei einer Versammlung auf dem Trafalgar Square im September wurde sogar die ›Republik von England‹ ausgerufen, und bei republikanischen Treffen in verschiedenen Teilen des Landes wurde die königliche Familie als ›Deutsches

Pack‹ bezeichnet. Man kritisierte die Affären des Prinzen von Wales und das hohe Einkommen der Queen. Irgend etwas an dem Plan der Coburger war schiefgelaufen.

Deshalb reiste Queen Victoria mit einiger Beklemmung am 30. November nach Camden Place. In ihrer Begleitung waren nur ein Kammerherr, Lady Ely, die die Kaiserin vor zwanzig Jahren bei ihrem Londoner Besuch betreut hatte, und Prinzessin Beatrice, die dreizehnjährige, jüngste Tochter der Queen. Sie war ein Jahr jünger als der Kaiserliche Kronprinz. Bei diesem Besuch entstand eine dieser ganz unwahrscheinlichen, reinen Jugendlieben, in die sich Queen Victoria dann immer so gern einmischte.

In ihren Tagebuchaufzeichnungen über den Besuch beschränkte sich Victoria auf ein paar allgemeine Bemerkungen.

Fünf Tage darauf wurden die Kaiserin und ihr Sohn nach Windsor eingeladen. Während Louis mit den jüngeren Mitgliedern der königlichen Familie im Schloß auf Entdeckungen ging, unterhielt die Queen Eugénie damit, sie bei strömendem Regen in das Mausoleum zu führen und ihr das Denkmal ihres geliebten Prinzgemahl Albert zu zeigen.

Weihnachten in Paris. Neunzehn Grad Kälte und Schneetreiben. Für die meisten bestand das Festmahl aus einer Ratte, einer Karotte oder bestenfalls aus einem kümmerlichen Stück Pferdefleisch. Am 27. Dezember begannen die Deutschen die Vororte zu bombardieren. Der schöne Palast von Saint-Cloud wurde zertrümmert und brannte aus, der Marmor wurde zu Staub. Am 5. Januar 1871 fielen die ersten Bomben auf das Stadtzentrum. Sechs Frauen, die um Lebensmittel anstanden, kamen dabei um. Am 18. Januar wurde im Spiegelsaal des Schlosses von Versailles König Wilhelm von Preußen zum Deutschen Kaiser proklamiert. Am 20. bat Jules Favre um eine Zusammenkunft mit Bismarck; um Mitternacht des 27. schwiegen die Kanonen. Der Waffenstillstand war erreicht, doch die Pariser Bevölkerung nahm diese Nachricht mit Empörung und Ungläubigkeit auf. Am 1. März zogen die deutschen Truppen in Paris ein; die Straßen waren leer, die Fenster schwarz verhängt. Für Kaiser Napoleon III. war der Zeitpunkt gekommen, wo er zu seiner Familie nach Kent reisen durfte.

Er verließ am 19. März 1871 Wilhelmshöhe und nahm an der belgischen Grenze herzlich Abschied von seinem Gefängniskommandanten General von Monts. Er war während seiner Gefangenschaft sehr gut behandelt worden, sein Gesundheitszustand hatte sich gebessert, und er hatte sogar zugenommen. Das kalte, sonnige Winterwetter in Deutschland hatte ihm gutgetan. Er war wieder geritten und Schlittschuh gelaufen.

Am Morgen des 20. März erschien der Stationsvorsteher von Chislehurt in Camden Place und meldete der Kaiserin, »einer blassen, ängstlichen Frau in einem einfachen Morgenkleid, ohne Schmuck«, ein Sonderzug stünde bereit, um sie und den Kronprinzen nach Dover zu bringen. Die Erscheinung, die ihm eine Stunde später auf dem Bahnsteig entgegentrat, erkannte er kaum wieder. Sie war strahlend, würdevoll, elegant und mit Juwelen geschmückt.

Dover war eine Überraschung. Als das Schiff einlief, stand der Kaiser mit seinem kleinen Gefolge an der Reling. Eine große Menschenmenge jubelte ihm zu. Taschentücher wurden geschwenkt, Hüte flogen durch die Luft. Napoleon war verwirrt und hatte Tränen in den Augen, als ihn derselbe Bürgermeister von Dover begrüßte, der ihn 1855 schon einmal empfangen hatte. Als das Kaiserpaar sich umarmte, wurde es mit Blumen überschüttet. Nur mit Mühe konnte die Polizei den beiden einen Weg durch die begeisterte Menge bahnen. Es war ein wundervolles Erlebnis für die Exilierten; doch einige Zeitungen, besonders die ›Times‹, fanden diesen Empfang nicht angemessen.

Queen Victoria hörte vom Jubel bei dem englischen Volk. Eine Woche später war Napoleon bei ihr in Windsor zu Gast, und sie schrieb darüber:

»Kurz vor drei Uhr ging ich mit den Kindern und einigen Damen und Herren hinunter, um den Kaiser Napoleon zu empfangen. Ich ging mit Louise bis zur Tür und umarmte ihn, wie es sich gehörte. Es hat mich tief bewegt, als ich daran dachte, welcher Triumph sein letzter Besuch 1855 hier gewesen war. Der liebe Albert hatte ihn von Dover abgeholt... Er begleitete mich dann hinauf, und wir gingen in den Audienzsaal. Er ist sehr dick und ganz grau geworden. Sein Schnurrbart ist nicht mehr gekräuselt und gewachst, aber sonst hatte er die gleiche angenehme und sympathische Art wie früher... Während wir allein waren, kam er auf die Ursachen des Krieges zu sprechen. Leider wurden wir unterbrochen, was sehr ärgerlich war. Um halb vier begleitete ich ihn hinunter, und er ging wieder. Die Kommune ist gewählt worden und wird in Paris zusammentreten!«

Paris hatte kaum die Schrecken der Belagerung überstanden, als bereits neue auftauchten. Die Extremisten wollten, unterstützt von der Nationalgarde, Frankreich in einzelne, unabhängige Kommunen aufteilen. Nach einigen blutigen Kämpfen besetzten sie das ›Hôtel de Ville‹ und übernahmen die Kontrolle der Stadt. Die Regierung, die nach Trochu von Thiers übernommen worden war, zog sich nach Versailles zurück und sammelte dort die Reste der französischen Armee. In den folgenden zwei Monaten war die Lage ebenso absurd wie tragisch. Franzosen belagerten Franzosen in ihrer eigenen Hauptstadt, und die deutschen Sieger, die ringsum auf den Hügeln kampierten, standen Gewehr bei Fuß.

Geistig war Napoleon noch immer auf der Höhe. Er dachte wahrscheinlich klarer als je zuvor. Aber sein Leben verlief immer im gleichen Rhythmus: nach einem Rückschlag schien es stets, als habe er keinen Ehrgeiz mehr. So war es nach dem Straßburger Abenteuer, als er daran dachte, im Amerika Farmer zu werden. Ähnlich war es auch nach seiner Flucht aus Ham gewesen. Und nun geschah nach Sedan genau das gleiche. Doch jedesmal, wenn der Schock vorüber und seine Gesundheit wiederhergestellt war, erwachte sein Ehrgeiz von neuem: er begann wieder, Pläne zu schmieden. Was dabei in seinem Kopf vorging, war schwer, ja unmöglich zu erraten.

Nachdem er in Wilhelmshöhe genesen war und in Dover die belebende Wirkung eines begeisterten Empfangs gespürt hatte, träumte er in Camden Place viele Stunden lang von einer möglichen Rückkehr nach Frankreich. Aber noch war es nicht soweit. Solange das Land in Aufruhr war, hielt er es für besser, sich im Hintergrund zu halten, wie er es getan hatte, als er noch Präsident war. Wieder wollte er durch eine Volksabstimmung zur Macht kommen. Wenn er sich jetzt schon einmischte, würde es ihn später Stimmen kosten. Es war ein Glück, daß er sich ruhig verhalten hatte.

Am 21. Mai begannen nämlich die Regierungstruppen von Versailles aus nach Paris vorzudringen. Vier schreckliche Tage und Nächte lang glich die Stadt einem Schlachthof. Die Kommunarden erschossen eine große Anzahl von Geiseln, darunter den Erzbischof von Paris. Als sie merkten, daß sie sich nicht länger halten konnten, steckten sie die wichtigsten öffentlichen Gebäude in Brand. Die Tuilerien und das ›Hôtel de Ville‹ wurden zerstört, Notre-Dame nur durch ein Wunder gerettet. Als die Regierungstruppen die rauchgeschwärzten Ruinen erobert hatten, nahmen sie in ihrer Wut wilde Rache. Tagelang erschossen sie jeden Kommunarden, der ihnen in die Hände fiel. Zwischen zwanzig- und dreißigtausend Pariser wurden dabei getötet. Der Schaden, den Franzosen in Paris angerichtet hatten, war weitaus größer als der, den die gesamte deutsche Armee der Stadt zugefügt hatte. Aber kein Tropfen Blut aus dieser Tragödie hatte die Hände des Kaisers Napoleon III. befleckt.

Mit dem Leben in Camden Place schien er ganz zufrieden. Er hatte einen geregelten Tagesplan, er las, schrieb, legte Patiencen und arbeitete an seiner Drehbank. Manchmal schlenderte er zum Krämer ins Dorf hinunter und verteilte Pennies an die Kinder. Oder er sah interessiert beim

Kricket-Spiel zu, konnte aber nicht begreifen, daß sich erwachsene Menschen, ohne Aussicht auf einen Gewinn, mit einem solchen Spiel beschäftigten. An Sonntagen kamen per Bahn einzelne Gruppen von Bonapartisten und tranken Tee unter der Zeder im Park. Napoleon wußte, daß die republikanische Regierung Spione geschickt hatte, die die Namen aller seiner Besucher notierten. Eine Kopie ihrer Berichte lag jeden Morgen auf seinem Frühstückstisch. Er beherrschte noch immer seine Tricks.

Finanziell waren die Emigranten ganz gut gestellt. Reich waren sie jedoch nicht, jedenfalls nicht reich genug, um eine Invasion zu finanzieren. Napoleon kam mit etwa dreihundertfünfundzwanzigtausend Francs in der Tasche nach England. Eugénie und er hatten Besitzungen in Frankreich, Italien, Spanien und der Schweiz; allerdings war es jetzt schwierig, ihre Vermögenswerte in Frankreich zu Geld zu machen. Eugénie gelang es, für sechzigtausend Pfund ihren Schmuck zu veräußern. Eine auf zwölftausend Pfund geschätzte Perlenkette wurde durch Clarys Vermittlung an eine unbekannte, ›tiefverschleiert‹ auftretende Dame verkauft.

Eugénie war nicht so geduldig wie ihr Ehemann. Sie langweilte sich sehr in Camden Place. Jeden Tag sah sie von ihrem Fenster aus die gleichen Kühe im feuchten Gras weiden. Täglich sah sie das runde, freundliche Gesicht von Dr. Conneau, wenn er das Zimmer ihres Mannes betrat und wieder verließ. Am Mittagstisch saßen immer dieselben Leute, und dieselben Geschichten wurden immer wieder erzählt. Es war deprimierend, an den Sonntagen immer dieselben Menschen ankommen zu sehen. Eugénie fror und ließ bereits im August Feuer machen. Im September reiste sie nach Spanien, angeblich, um ihre Mutter zu besuchen, die ihr Augenlicht verloren hatte, und um ein Haus zu verkaufen. Lord Cowley schrieb an die Königin von Holland: »Wie ich hörte, hat sich die Kaiserin in Spanien viel besser amüsiert, als sie es unter den gegebenen Umständen hätte tun dürfen.« Inzwischen machte der Kaiser mit seinem Sohn Ferien in Westengland. In Torquay wohnten sie im ›Hotel Imperial‹. Das Menü schmeckte Napoleon so gut, daß er den Küchenchef kommen ließ, um ihn zu beglückwünschen. Er stand einem seiner früheren Köche aus den Tuilerien gegenüber.

Als Eugénie im Dezember zurückkehrte, hatte der Kronprinz im King's College in London einen Kurs in Physik und Mathematik belegt und fuhr täglich mit Filon und Louis Conneau in die Stadt.

Noch ein letztes Mal sollte Napoleon den Glanz kaiserlicher Macht erleben. Vor Weihnachten war der Prinz von Wales beinahe an Typhus gestorben und war wie durch ein Wunder wieder genesen. Am 27. Februar fuhr dieser mit seiner Mutter und der Familie zu einem Dankgottesdienst in die St.-Pauls-Kathedrale. Die Queen lud das Kaiserpaar in den Buckingham-Palast ein, damit sie den Beginn des Festzuges sehen konnten. Sie wurden von Prinzessin Beatrice empfangen, die in ihrem mauvefarbenen, mit Schwanendaunen besetzten Kleid sehr reizend aussah. Vor den Augen der kaiserlichen Gäste tauchte ein Bild aus ihrer eigenen Vergangenheit auf. Sie sahen die Herrscherin mit ihrer Eskorte und den langen Zug der offenen Wagen, erlebten die Menschenmengen auf den Tribünen und den fahnengeschmückten Straßen, hörten Trompetenbläser und Musikkapellen. Diese große Schau auf Londons Straßen war ein deutlicher Beweis für die Königstreue der Briten; die republikanische Bewegung in England war damit zu Ende. Ob sich die gleichen Gefühle wohl auch in Frankreich regten? Im Frühjahr trafen Berichte ein, daß Napoleon bei einer Volksabstimmung jetzt etwa fünf bis sechs Millionen Stimmen bekommen würde.

In Frankreich schien tatsächlich die Stimmung wieder zugunsten Napoleons umzuschlagen. Thiers, der die politische Führung übernommen hatte, vollführte einen Drahtseilakt; die Landbevölkerung wünschte sich die verhältnismäßig stabile Lage des Kaiserreichs zurück. Napoleon ließ in den Gebieten, in denen seine Anhängerschaft am stärksten war, Flugblätter verteilen, und nahm Kontakt mit der Armee auf. Seine Agenten fuhren ständig hin und her. Napoleon erkundigte sich in Rußland, was man dort über seine eventuelle Rückkehr dachte, und erhielt eine positive Antwort. Ganz im geheimen streckte er seine Fühler auch nach finanzieller Hilfe aus. Einem Besucher erklärte er in Camden Place: »Ich weiß, ich bin die einzige Lösung. Es ist nur schade, daß ich so krank bin.«

Voll neuer Hoffnung träumte auch Eugénie bereits von ihrer Rückkehr. Sie wollte dann im Louvre residieren, da die Tuilerien zerstört waren. Das Trianon würde das neue Saint-Cloud werden.

Im Sommer plante Napoleon, zur Stärkung seiner Gesundheit in einem süddeutschen Badeort Ferien zu machen. Aber eine so weite Reise war für ihn zu anstrengend. Er mußte sich mit Bognor und Brighton begnügen, während Eugénie mit ihrem Sohn eine Reise durch Schottland unternahm.

In Cowes traf die Familie in einer Mietvilla wieder zusammen. Mit Jennie Jérôme, der späteren Lady Randolph Churchill und Mutter von Winston Churchill, machten sie eine Segelfahrt. Zu Eugénies Entzücken lud Sir John Burgoyne sie ein, seine neue Jacht ›Jolanthe‹ auszuprobieren. Als die ›Jolanthe‹ an der ›Gazelle‹ vorbeisegelte, brach die Besatzung in so begeisterten Jubel aus, daß der Kaiserin die Tränen kamen. Man kehrte dann wieder nach Camden Place zurück. Im Oktober trat der Kronprinz in die königliche Militärakademie in Woolwich ein.

Im November rechnete man bereits mit der Rückkehr der Bonapartes nach Frankreich. Napoleon ließ von seinen Absichten nichts verlauten, obwohl seine Pläne gefaßt waren. Das größte Hindernis war seine angeschlagene Gesundheit. Er war krank, das gab er zu, aber die Ärzte konnten ihn behandeln. Er sah deutlich ein Bild vor sich, das eines Kaisers, der auf einem prächtigen Pferd in Paris einreitet. Allein würde er reiten, wie er es immer getan hatte.

Zu seiner Frau sagte er: »Ich kann an der Spitze der Truppe nicht zu Fuß gehen, und es würde einen noch schlechteren Eindruck machen, wenn ich im Wagen käme. Ich muß reiten.« Darum gab er nun endlich seine Zustimmung zu der Operation, die er so lange aufgeschoben hatte. Nach der Operation wollte er sich in Cowes erholen. Zu seinem Erholungsprogramm sollten auch Segelfahrten auf den Jachten seiner Freunde gehören. Die Spione, die in Camden Place lauerten, würden einen schwerkranken Mann in Cowes nicht verdächtigen. Aber von einer dieser Segelfahrten würde er dann nicht mehr zurückkehren.

Der Tag für sein Verschwinden sollte der 20. März 1873 sein, vier Tage nach dem siebzehnten Geburtstag des Kronprinzen. Die Jacht, mit der er segeln wollte, gehörte Mr. James Ashbury. Sie sollte den Kaiser in Ostende absetzen. Dann wollte er durch Belgien fahren, die französische Grenze passieren und Châlons erreichen. Dort würden zu den Frühjahrsmanövern etwa vierzig- bis fünfzigtausend Mann zusammengezogen sein. Nach Informationen aus Frankreich schien es sicher, daß diese Truppen zum Kaiser überlaufen würden. Auch die finanzielle Seite war geregelt; später hieß es sogar, der Geldgeber sei niemand anderer als Bismarck gewesen.

Im Dezember untersuchte Sir William Gull, der Leibarzt der Queen, den Patienten. Er berief Sir Henry Thompson, den führenden Urologen, zur Konsultation. Sir Henry war über die Größe des Blasensteins entsetzt und sagte, er müsse in kleine Stücke zertrümmert werden, wofür drei Operationen nötig wären. Am 2. Januar begann er sein Werk und setzte vier Tage später die Behandlung fort. Napoleon schien erleichtert und wirkte kräftiger. Doch Sir Henry war durchaus nicht zufrieden. Die letzte Operation war auf den Morgen des 9. Januar angesetzt. Um sicher zu sein, daß der Patient die Nacht durchschlief, verschrieb ihm Dr. Gull ein Schlafmittel. Napoleon wollte es nicht nehmen, doch Eugénie bestand darauf.

In der Annahme, daß der Kaiser gut geschlafen habe, plante Eugénie am nächsten Morgen eine Fahrt nach Woolwich, um ihren Sohn zu besuchen. Als sie abfahren wollte, wurde ihr mitgeteilt: »Der Kaiser hat eine kleine Krise.« Sie nahm den Hut wieder ab und ging zu seiner Schlafzimmertür. Sie hörte, wie jemand dringend nach dem Priester rief: »Pater Goddard, Pater Goddard!«

Die letzten Worte, die Napoleon zu seinem alten Freund Dr. Conneau sagte, der an seinem Bett saß, waren: »Nicht wahr, Conneau, vor Sedan waren wir keine Feiglinge?«

Als er Eugénie eintreten sah, deutete er schwach einen Kuß an. Pater Goddard führte sie hinaus. Fünf Minuten später war Napoleon tot. »Ein gewaltiger Name ist aus der Welt der Lebenden in die Geschichte eingegangen«, lautete der Kommentar der ›Times‹.

Tod des Kronprinzen

Durch den Tod Napoleons verlor Eugénie ihren Mann, aber sie gewann eine enge und treue Freundin, die Königin Victoria. In den folgenden achtundzwanzig Jahren waren sie ›liebe Schwestern‹ füreinander; ständig spielten sie das neckische Spiel, wer den Vortritt hätte, und stritten sich darum, wer zuerst die Treppe hinaufgehen sollte: »Nach Ihnen, meine liebe Schwester.« – »Aber nein, meine liebe Schwester, nach Ihnen!«

Seit dem Tode des Prinzgemahls hatte Victoria weibliche Freundschaft entbehrt. Daran war zum einen ihre ›Einmaligkeit‹ schuld, zum andern eine gewisse Eifersucht auf die Frauen, die Männer hatten. Aber nun trat eine Frau in ihr Leben, die ihr ebenbürtig, die gleichfalls verwitwet war und mit der sie viele Erinnerungen verbanden. Napoleons bedrohliche Pläne waren jetzt kein Hindernis mehr.

Die sieben Jahre ältere Queen spielte die Rolle der größeren Schwester und gab den Ton an. Eugénie nahm das hin; sie wußte die Vorteile des Schutzes der englischen

Königin zu schätzen. Doch wie jüngere Schwestern es gern tun, machte sie sich manchmal hinter dem Rücken der Queen über sie lustig und fand es auch nicht unter ihrer Würde, des öfteren Geschichten über John Brown zu erzählen.

Am 20. Februar 1873 reiste Queen Victoria mit Prinzessin Beatrice von Windsor nach Chislehurst und schrieb darüber in einem Brief:

»Wir fuhren durch London, das in dichtem Nebel lag. Vom Bahnhof ging es in einem geschlossenen Landauer zu der kleinen katholischen Kapelle St. Mary, einer hübschen ländlichen Dorfkirche. Rechts vom Altar, oder vielmehr unterhalb, hinter einem Gitter an der engsten Stelle, liegen die sterblichen Überreste des armen Kaisers. Den Sarg bedeckt ein mit goldenen Bienen besticktes Tuch. Darauf und davor liegen viele Kränze und Blumen. Auch vor der Kirche waren Kränze aufgebaut. Beatrice und ich legten einen Kranz nieder. Pater Goddard, ein ruhiger, jüngerer Priester, führte uns herum und zeigte uns auch die Pläne für die kleine Privatkapelle, die noch angebaut werden soll. Die Fahne der französischen ›Ouvriers‹ stand neben den Kränzen.

Von dort fuhren wir zum Camden House, wo uns an der Tür der Kronprinz erwartete, anstelle seines Vaters, der mich immer so herzlich empfangen hatte. Er sah blaß und traurig aus. Ein paar Stufen weiter oben stand die arme liebe Kaiserin, in tiefer Trauer, sehr krank, aber noch immer hübsch aussehend, ein Bild des Leids. Sie hatte darauf bestanden, zu meinem Empfang herunterzukommen. Schweigend umarmten wir uns. Sie faßte mich unter, war aber zu bewegt, um zu sprechen. Sie führte mich hinauf in ihr Boudoir, ein kleines Zimmer voll mit den Erinnerungsstücken, die sie gerettet hat.

Die arme Kaiserin sagte, Prinz Napoleon habe sich sehr schlecht benommen. Er wollte ihr den Sohn wegnehmen, ›alles was ich habe‹, und ihn nicht in England lassen. Doch sie ist fest geblieben, denn nach dem Testament des Kaisers ist sie Vormund ihres Sohnes. Prinz Napoleon verlangte dann von ihr, sie solle ihn von Woolwich nehmen (wo sich der Junge recht wohl fühlt.

Es ist von Chislehurst mit dem Wagen in einer halben Stunde zu erreichen). Prinz Napoleon behauptete, Bertie wäre dagegen, daß der Kronprinz dort bliebe. Aber ich konnte ihr versichern, daß genau das Gegenteil der Fall sei. Prinz Napoleon hat ihn wegholen wollen, um mit ihm auf Abenteuer auszugehen und um ihn zu verderben. Der Junge sei aber fest entschlossen, den Wünschen seines Vetters nicht nachzugeben.«

Plon-Plon hatte sich nicht nur schlecht, sondern auch recht dumm benommen. Nach dem Tode des Kaisers war er großspurig in Camden Place erschienen und hatte verlangt, das Testament zu sehen. Man zeigte es ihm. Es war im April 1865 abgefaßt worden, und die entscheidenden Abschnitte lauteten folgendermaßen:

»Ich hinterlasse der Kaiserin Eugénie all meinen Besitz... Ich vertraue darauf, daß sie in Liebe meiner gedenken und nach meinem Tode all den Kummer vergessen wird, den ich ihr vielleicht bereitet habe. Was meinen Sohn betrifft, soll er das Petschaft als Talisman behalten, das ich an meiner Uhr getragen habe und das zuvor meiner Mutter gehörte. Er soll sorgfältig alles bewahren, was von meinem Onkel, dem Kaiser, stammt, und er soll überzeugt sein, daß mein Herz und meine Seele stets um ihn sein werden. Ich erwähne meine treuen Diener nicht einzeln. Ich bin überzeugt, daß die Kaiserin und mein Sohn sie nie im Stich lassen werden.«

Plon-Plon schäumte vor Wut. Er konnte einfach nicht glauben, daß er übergangen worden war. Er machte Andeutungen, daß es noch ein Testament neueren Datums geben müsse und daß es versteckt oder vernichtet worden sei. Eugénie führte ihn in das Arbeitszimmer ihres Mannes. Dort waren alle Schubläden unmittelbar nach dem Tode des Kaisers von seinem Sekretär Pietri versiegelt worden. Der Prinz riß die Siegel ab und durchwühlte die Kästen. Er beharrte darauf, daß er gesehen habe, wie der Kaiser in eine bestimmte Schublade ein höchst geheimes Dokument gelegt habe; das sei jetzt nicht mehr da.

Eugénie war übermüdet und von den Vorbereitungen für die Beerdigung erschöpft. Doch sie bemühte sich, die Angelegenheit im guten zu regeln. Sie ging mit ausgestreckten Händen auf den Vetter ihres Mannes zu und bat ihn inständig, daß sie doch Freunde sein wollten. Er antwortete, er werde sich den Vorschlag überlegen, und verließ das Haus. Achtundvierzig Stunden später kam die Antwort. Er bot Eugénie seine Freundschaft an unter der Bedingung, daß er als Haupt der Partei der Bonapartisten anerkannt würde, daß der Kronprinz seiner Obhut übergeben und von der Militärakademie in Woolwich genommen werde. Der Wutausbruch Eugénies, der darauf folgte, war ein heilsames Ventil für ihre aufgestauten Gefühle und ein Mittel gegen ihren Kummer.

Plon-Plon hatte sich immer eingebildet, seine Macht und sein Einfluß seien bedeutend. Das entsprach bei weitem nicht den Tatsachen. Diese Selbstüberschätzung hatte ihn seinerzeit dazu getrieben, Queen Victoria bei ihrem Frankreichbesuch zu düpieren. Er war unbeliebt wegen der schäbigen Art, mit der er seine Frau, Prinzessin Clothilde, behandelte, und wurde vollends zur Witzfigur, als seine ehemalige Mätresse Cora Pearl ihren Liebhabern erlaubte, das Nachthemd anzuziehen, das Plon-Plon bei ihr gelassen hatte. Dabei war Prinz Napoleon, nach dem Gründer der Dynastie, bei weitem der Klügste von allen Bonapartes und ein vielseitig begabter Mann. Im hohen Alter erkannte dieser gestürzte Cäsar endlich sich selbst: »Mir gelingt nie etwas.« Als er 1891 starb, nannte man ihn den »brillantesten Versager des neunzehnten Jahrhunderts«.

Queen Victoria mußte in diesen traurigen Tagen noch eine andere Rolle übernehmen. Bis zu einem gewissen Grade füllte sie im Leben des Kronprinzen die Lücke aus, die durch den Tod seines Vaters entstanden war. Sie bewahrte ihn vor Plon-Plons Plänen, und nur sie allein konnte ihm den Lebensstil bieten, an den er seit Geburt gewöhnt war. Alle seine Erinnerungen waren mit den Tuilerien und Compiègne, mit Saint-Cloud und Biarritz verknüpft. Das düstere kleine Haus, in dem er in Woolwich wohnte, und die Karikatur eines Hofes in Chislehurst waren ein seltsamer Kontrast dagegen. Deshalb waren ihm Besuche in Windsor und Osborne immer sehr willkommen. Das Leben in einem Schloß beeindruckte ihn nicht sonderlich, denn er war ja daran gewöhnt. Da er sich immer unter Königen und Kaisern, Premierministern und Botschaftern bewegt und mit ihnen geplaudert hatte, war er von der Gegenwart der Queen weder überwältigt noch eingeschüchtert. Die unbekümmerte und zutrauliche Art des Jungen gefiel ihr sehr. Nachdem er bei einem Diner in Osborne pausenlos mit seiner Gastgeberin geschwatzt hatte, fragte ihn ein Mitglied des Hofstaats, ob er vor Ihrer Majestät denn keine Angst hätte. »Du meine Güte, nein«, antwortete er, »sie ist doch meine Freundin.« Tatsächlich nahm er sich Freiheiten heraus, die sich nur John Brown erlauben durfte.

Die Königin glaubte an den jungen Louis und hielt es im Interesse Frankreichs für das beste, wenn er in absehbarer Zeit als Napoleon IV. dorthin zurückginge. Dies half ihm über den bitteren Schmerz hinweg, daß der linke Flügel der republikanischen Partei fortwährend gegen ihn Propaganda machte. Es hieß, er sei degeneriert und schwächlich. Das »Baby«, wie sie ihn nannten, hätte sich auf dem Schlachtfeld feige gezeigt, er wäre eine »taube Nuß«, ein Dummkopf, seine Zeugnisse in Woolwich würden von seinen Lehrern gefälscht. Er sei dort so unbeliebt, daß seine Mitschüler nicht mit ihm sprächen. In Wirklichkeit war er dort sehr gern gesehen, war der beste Reiter. Seine Noten entsprachen nur deshalb nicht seinem Wissensstand, weil er die englische Sprache noch nicht ganz beherrschte und etwas flüchtig war.

Der Prinz konnte nicht zurückschlagen. Wenn er Zeichen von Ungeduld zeigte, wurde ihm sofort sein Vater als Beispiel vorgehalten. Napoleon hatte aber ein anderes Temperament gehabt, Kritiken und Vorwürfe hatte er ignoriert, mit Ausnahme der Kränkung allerdings, er sei vor Sedan feige gewesen. Der Prinz geriet mehr nach seiner Mutter. Sie war bei den Angriffen, die vor ihrer Heirat gegen sie gerichtet worden waren, immer vor Zorn erblaßt. Doch im Exil hatte auch sie gelernt, die vergifteten Pfeile, die man auf sie abschoß, zu ignorieren. Sie mußte zum Beispiel hinnehmen, daß eine Karikatur von ihr erschien, auf der sie nackt auf einem Billardtisch lag. Darunter stand »Die Hure«. Die einzig mögliche Reaktion war, solche schmutzigen Geschichten nicht zu beachten. Doch die ständigen Sticheleien untergruben in Frankreich allmählich den Ruf des abwesenden Prinzen, vor allem bei den braven Bauern, unter denen sich die meisten Anhänger der Bonapartisten-Partei befanden.

Ganz brauchte der Kronprinz allerdings nicht auf den angenehmen und ermutigenden Klang von Beifallsrufen zu verzichten. Dies erlebte er an den zwei glücklichsten Tagen im Exil. Die erste Gelegenheit war sein achtzehnter Geburtstag am 16. März 1874, als die politische Lage für ihn noch rosig aussah. Durch Frankreich ging eine Welle von Sympathie und Mitgefühl. Viele hätten gern den kleinen Jungen wiedergesehen und ihm zugejubelt, den Jungen, der ein Ausstellungsstück des Zweiten Kaiserreichs gewesen und jetzt ein Mann war. Auch Paris wurde von dieser Begeisterung angesteckt. In den Theatern wurde wieder ›Partant pour la Syrie‹ gespielt. Die Republikaner tobten und drohten mit schweren Strafen für die, die zur Geburtstagsfeier nach Kent reisen wollten. Doch die Bonapartisten ließen sich nicht einschüchtern. Sie strömten auf die Kanaldampfer oder segelten in kleinen Booten zu den Kreidefelsen von Dover hinüber. Nach Camden Place kam man nur mit einer Einlaßkarte, die man in London kaufen konnte. Die Nachfrage war weit größer als die Zahl der verfügbaren Karten. Die South Eastern Railway witterte ein Geschäft und setzte von London Bridge und von Charing Cross Sonderzüge ein. Plakate verkündeten: »Der Kaiserliche Kronprinz wird mündig.« Auch die Londoner strömten in Scharen nach Kent, um zu sehen, wie Franzosen sich bei festlichen Gelegenheiten benehmen. An diesem strahlenden, sonnigen Morgen herrschte in dem fahnengeschmückten Chislehurst ein Chaos. Glocken läuteten, Musikkapellen spielten, Budenbesitzer priesen ihre Ware an, der Weg zum Bahnhof war vollgestopft mit Wagen und Fußgängern. An den Parktoren von Camden Place stand ein Trupp hart bedrängter Polizisten, die die Einlaßkarten zu kontrollieren hatten. Auf den Rasenflächen waren zwei große Zelte errichtet; in dem einen, das dreitausend Personen faßte, sollte der Kronprinz eine Ansprache halten. In dem andern wurden Erfrischungen angeboten.

Die Feier wurde mit einem Gottesdienst in der St.-Mary-Kapelle eröffnet, in der der Kaiser begraben war. Hier waren nur Ehrengäste zugelassen. Pater Goddards leidenschaftliche Lobrede auf den Verstorbenen wurde mit lautem Beifall aufgenommen. Nach der Messe begaben sich die Gäste in das große Zelt und trafen dort mit der schon versammelten Menschenmenge zusammen.

Der Kronprinz betrat mit seiner Mutter am Arm die Bühne. Ohrenbetäubender Beifall begrüßte ihn. Danach folgte tiefes Schweigen. Der Prinz erhob sich. Er sprach gut, in gewählten Sätzen. Seine Stimme festigte sich und füllte das Zelt. In diesen wenigen Augenblicken wurde er erwachsen und vom erstmals erlebten Machtgefühl überwältigt.

»Wenn der Name Napoleon zum achtenmal aus den Wahlurnen herauskommen sollte«, sprach der kaiserliche Thronerbe, »dann bin ich bereit, die Aufgabe zu übernehmen, die mir durch den Willen der Nation übertragen wird... Überbringt den Abwesenden meine Grüße und sagt Frankreich, daß eines seiner Kinder für es betet. Mein Herz und mein Leben gehören ihm.«

Als er geendet hatte und sich verneigte, brach ein Sturm der Begeisterung los, und die Menge drängte an die Rednertribüne. Einige Diener erkannten die gefährliche Situation, schlossen sich eng um die Kaiserin und ihren Sohn und brachten sie in Sicherheit. Als endlich wieder Ordnung hergestellt war, begann für den Prinzen die Tortur des Händeschüttelns. Die Gäste zogen langsam an ihm vorbei, zögerten, um ein Wort von ihm zu erhaschen oder ihn zu berühren. Als die Sonne unterging, war erst die Hälfte der Gäste begrüßt worden. Den übrigen wurde gesagt, der Prinz stehe ihnen am nächsten Morgen zur Verfügung. Als es dunkelte, stand er an einem erleuchteten Fenster. Die Hochrufe der noch immer riesigen Menschenmenge waren Musik in seinen Ohren. Trotz diesem phantastischen Erfolg fragte sich Eugénie, ob es eigentlich klug war, die Feier so groß aufzuziehen. Sie hatte Bedenken, welche Folgen das haben würde. Hätte man die Feier in Frankreich veranstaltet, dann hätte die Begeisterung womöglich noch weitere Kreise gezogen. Aber sie fand in einem ruhigen Winkel in einem fremden Land statt, und die französischen Wähler erfuhren davon nur aus zweiter Hand. Die Republikaner waren jedoch dadurch gewarnt worden, daß die Asche des Bonapartismus rasch wieder zu einer lodernden Flamme angefacht werden konnte. Sie hatten Zeit, ihre Vorkehrungen zu treffen und Vergeltungsmaßnahmen zu planen. Und damit zögerten sie nicht lange.

Der zweite große Tag im Leben des Prinzen in England war der Abschied von seiner Schule. Am 15. Februar 1875 schrieb der Herzog von Cambridge, der britische Oberkommandierende, in sein Tagebuch:

»Ich ging nach Woolwich zum Tag der offenen Tür der Königlichen Akademie, sah die Kadetten beim Drill, sie sahen gut aus. Der Kronprinz exerzierte sie erstaunlich gut, als er aufgerufen wurde. Kaiserin Eugénie war den ganzen Tag anwesend. Sie ging mit mir in die Sporthalle, wo die Zeugnisse verlesen und die Preise verteilt wurden. Der Kronprinz war Siebenter auf der Liste, ein ausgezeichneter Platz für einen Kadetten, der elf Monate jünger ist als der größte Teil seiner Mitschüler, und der sein Studium in

einer fremden Sprache absolvieren mußte... Ich sah beim Reiten zu, es war großartig. Der Kronprinz kam auf den ersten Platz, ebenso beim Fechten.«

Obwohl der Prinz im Durchschnitt auf den siebenten Platz kam, war er in einer Vorprüfung Erster gewesen, wie jetzt im Reiten und Fechten. Der siebente Platz interessierte ihn nicht, er dachte nur an das magische Wort ›Erster‹. Wenn er nach Frankreich zurückgehen sollte, mußte er unbedingt wieder der Beste sein. Bei einem Ball am Abend wurde er auf den Schultern herumgetragen. Damit war die republikanische Lüge widerlegt, daß er bei seinen Mitschülern nicht beliebt gewesen wäre. Bei einem Abschiedsbankett hielt er eine Rede und sagte: »Nie werde ich diese Jahre in Woolwich vergessen. Ich werde auch nie aufhören, die Ehre zu schätzen, daß ich zu einem Korps gehört habe, dessen Devise lautet ›Ubique quo fas et gloria ducunt‹ (Überall dabei sein, wo Taten und Ruhm hinführen).« Das wurde jetzt sein Leitspruch. Nur durch Ruhm allein könnte er an der Spitze seiner Truppe über die geliebten Boulevards von Paris reiten. Er sah seine Laufbahn vor sich, wobei das Endziel weit hinter einem steinernen Grabmal lag. Der Tod wäre nur ein mißlicher Zwischenfall auf dem Weg dahin. Frankreich, ja alle Menschen sollten sich an ihn erinnern und gut von ihm denken, lange nach seinem Ableben. Er hatte einen guten Start gehabt.

Die Queen schrieb an den Herzog von Cambridge:

»*Ich bin wirklich zufrieden und erfreut über den Erfolg des lieben, jungen Kronprinzen... Die Akademie wird, glaube ich, immer stolz darauf sein, daß er sich an ihrer Schule hervorgetan und so redlich seine Pflicht erfüllt hat.*«

Bei dem guten Benehmen dachte sie wohl an die traurige Geschichte mit ihrem einzigen Sohn, dem Prinzen von Wales. Dessen einziges Militärerlebnis war die Teilnahme an einem Sommerlager mit dem Garderegiment im Jahre 1861. Damals hatte er Schande über die Familie gebracht, weil er die letzte Nacht mit Nellie Clifden, einer Schauspielerin, verbrachte, die in sein Quartier geschmuggelt worden war.

Nach Rückkehr ihres Sohnes begann die Kaiserin, sich Sorgen um ihn zu machen. Die Schule hatte ihn voll in Anspruch genommen; aber jetzt würde er viel freie Zeit haben. Sicher, er hatte die Einberufung zu einem Bataillon der ›Royal Horse Artillery‹ in Aldershot bekommen. Doch Eugénie glaubte nicht, daß das Lagerleben und die Manöver ihn lange interessieren oder seinen Ehrgeiz befriedigen würden. Sie fragte sich, ob er sich nun auch auf solche Abenteuer einlassen würde wie sein Vater in diesem Alter. Das werde er niemals tun, versicherte er ihr. Dies wären Erfahrungen, die ›unter seiner Würde‹ lägen. Er hatte keine Lust, in kleinem Stil eine unangekündigte Rückkehr nach Frankreich zu versuchen, in schimpflicher Weise verhaftet und dann verbannt oder gefangengesetzt zu werden. Er wollte sich für den richtigen Zeitpunkt bereit halten, der nach seiner Überzeugung eines Tages kommen mußte.

Eugénie nahm ihren Sohn so oft wie möglich auf Reisen ins Ausland mit. Den Sommer verbrachten sie meistens in Arenenberg. Sie und Napoleon hatten das Schloß in der Schweiz häufiger besucht. Napoleon hatte es geliebt und wieder so eingerichtet, wie es zu Lebzeiten seiner Mutter Hortense war. Nach der Schlacht bei Sedan hatte er veranlaßt, daß der Wagen, den er in dem Feldzug benutzt hatte, zusammen mit dem kaiserlichen Packwagen nach Arenenburg geschickt wurde. In den Tagen des Kaiserreichs hatte Eugénie das Haus im Vergleich zu ihren Schlössern in Frankreich klein und unansehnlich gefunden. Aber jetzt ersetzte es mit seinen Wäldern und Seen mehr und mehr das Schloß von Compiègne.

In England drohte sie zu ersticken. Die Insellage des Landes, die hohe Meinung der Briten von sich selbst und ihre etwas herablassende Art, Exilierte zu behandeln, bedrückte sie. In der Schweiz blieb sie sich selbst überlassen. Die Berge waren hoch, der Himmel weit. Hier konnten sie und ihr Sohn Menschen treffen, auch Österreicher und Italiener, Menschen, die nie nach England kamen. Für das einfache Volk ›zu Hause‹, so nannte sie jetzt Chislehurst, war sie die nette, traurige Dame vom Schloß. Aber an den Ufern des Bodensees war sie immer noch eine echte Kaiserin.

Einen Sommer reisten Mutter und Sohn nach Italien. Der Kronprinz wurde vom Papst empfangen. Mit zweiundzwanzig Jahren schickte man ihn auf eine Skandinavientour, wo er Erfolg bei Hofe hatte.

Zu seiner großen Enttäuschung war inzwischen in Frankreich der Begeisterungssturm für die Bonapartisten abgeflaut. Im Jahre 1874 war er noch eine politische Gefahr für die Republik gewesen. Aber daß das Ansehen der Bonapartes bei der Mehrheit der Wähler so rasch verblassen würde, konnte kaum jemand ahnen. Sein Vater hätte 1873 noch eine Chance gehabt. Doch fünf Jahre später gab es für den Sohn keine mehr. Die Industrialisierung und die Entwicklung der Eisenbahn hatten das Ihre dazu beigetragen. Bei den Wahlen im Oktober 1877 gewannen die Republikaner mit starker Mehrheit dreihundertfünfunddreißig Sitze gegen einhundertachtundneunzig. Nur ein ganz ungewöhnlicher, überraschender Umstand hätte ermöglicht, daß wieder ein Napoleon nach Frankreich zurückkehrte.

Natürlich wollte sich der Kronprinz, als echter Sohn Napoleons III., auch in den Trubel des gesellschaftlichen Lebens stürzen. Es wurde ihm dadurch leichtgemacht, daß der Prinz von Wales ihn in seinen Kreis in Marlborough House aufnahm. Beide hatten viel Sinn für Spaß und lustige Streiche. Bertie war zwar fünfzehn Jahre älter als Louis, aber als er selbst jung war, hatte ihm sein strenger Vater keinerlei Vergnügen gestattet. Jetzt holte er nach, was er damals versäumt hatte. Neben dem französischen

Prinzen gehörten zu seinen jugendlichen Freunden noch sein jüngster, 1853 geborener Bruder Leopold, ein Bluter, aber ein sehr intelligenter und fröhlicher Bursche, und Prinz Ludwig von Battenberg, 1854 geboren, ein gutaussehender Marineoffizier, für den alle Damen schwärmten. Mit ihnen pflegte der Thronerbe durch die Klubs im Londoner Westend zu streifen und bei Wochenenden auf dem Lande Unfug zu treiben.

Die Streiche mußten natürlich vor der Queen geheimgehalten werden. Vielleicht verschloß sie die Augen vor dem, was der kaiserliche Prinz trieb, aber Prinz Ludwig von Battenberg glaubte sie zu durchschauen. Da ihr seine Annäherungsversuche bei Prinzessin Beatrice zu weit gingen, veranlaßte sie, daß er auf ferne Meere geschickt wurde. Ihr Mißtrauen war durchaus begründet. Als er zurückkam, stellte es sich heraus, daß Lillie Lantry von ihm ein Kind erwartete. Daraufhin wurde er erneut in die Verbannung geschickt. Als der Seemann diesmal zurückkehrte, machte er alles wieder gut, indem er die Lieblingsenkelin der Queen, Viktoria von Hessen, heiratete.

Seit dem Schulabgang des Kronprinzen beschäftigten sich die Skandalblätter eifrig damit, auch für ihn eine Braut zu suchen. Prinzessin Thyra von Dänemark, eine Schwester der Prinzessin von Wales, war als Kandidatin im Gespräch. Favoritin aber war Prinzessin Beatrice. Seltsamerweise tat die Queen nichts, um diesen Gerüchten entgegenzutreten. Sie mußte doch wissen, daß der Kronprinz oft erst mit dem ersten Frühzug nach Chislehurst zurückfuhr, wenn er die Nacht in Marlborough House durchgefeiert hatte, und daß die Sorte ›Damen‹, die Bertie um sich hatte, auch den jungen Prinzen in ihre Netze ziehen würden. Sie wußte auch, daß ein Bonaparte selten einer Versuchung widerstehen konnte. Trotzdem ließ sie ihn gewähren.

Als junges Mädchen war Beatrice keck und mutwillig; sie war ziemlich frech gegen ihren Vater und band ihre Mutter mit ihren Schürzenbändern an einen Stuhl. Doch nach dem Tode des Prinzgemahls griff die düstere Stimmung am Hofe auch auf die junge Beatrice über. Die Queen erstickte alle Lebensfreude in ihr. Als Backfisch war sie so schüchtern, daß sie errötete und stotterte, wenn man sie ansprach. In ihrem bisherigen Leben war ihr nie erlaubt worden, mit einem männlichen Wesen allein in einem Zimmer zu sein, nicht einmal mit ihren eigenen Brüdern. In ihrer Gegenwart durfte bei Tisch nie von ›Verlobung‹ gesprochen werden. Die Queen hatte als echte viktorianische Mutter beschlossen, ihrer jüngsten Tochter nicht zu erlauben, jemanden zu besuchen. Sie hatte zu Hause zu bleiben und die Rolle einer Gesellschafterin und Sekretärin zu spielen.

Im Falle des französischen Kronprinzen kam eine Heirat mit Beatrice einfach deshalb nicht in Frage, weil er Katholik war. Der Prinz gab durch die Art, wie er sich um Beatrice bemühte, den Gerüchten neue Nahrung. Er tat dies ganz unbefangen und direkt. Er ritt neben ihrem Wagen her, ging mit ihr im Garten spazieren und unterhielt sich mit ihr ebenso natürlich wie mit der Queen und jedem anderen. Ob er sich zu ihr hingezogen fühlte, ist schwer zu sagen, aber sehr gut möglich. Er war schlank, dunkelhäutig und lebhaft, sie pummelig und rotwangig, mit zartem, hellem Teint. Gegensätze ziehen sich ja bekanntlich an. Vielleicht ließ Queen Victoria das Getändel mit Rücksicht auf Kaiserin Eugénie zu. Doch fragt man, ob Beatrice in den Kronprinzen verliebt war, so muß man das bejahen, soweit man bei einem Mädchen von Liebe sprechen kann, das niemals die Hand eines Mannes gehalten hatte. Was sie später tat, zeigt, wie es um ihre Gefühle bestellt war. Sie hatte wahrscheinlich einmal das gleiche für Ludwig von Battenberg empfunden, heiratete dann aber dessen Bruder Heinrich.

Doch Louis dachte noch gar nicht an eine Heirat. Mit dreiundzwanzig sagte er: »Ich hatte keine Lust, mir die Flügel durch eine Ehe stutzen zu lassen.« Er hatte zu seiner Mutter eine sehr innige Beziehung, aber er schlug seinem Vater nach in der Art, wie er jede Frau an einem Ideal maß.

Es ist schwer zu glauben, daß der Sohn eines solchen Vaters noch unerfahren gewesen sein sollte. Seine Verleumder in der republikanischen Presse enthüllten, er habe eine Mätresse aus dem unteren Mittelstand, die er in der Eisenbahn auf der Fahrt nach Chislehurst kennengelernt hätte. Es hieß, er habe sie in einer Wohnung im Süden von London untergebracht. Wenn das den Tatsachen entsprach, kann es nur eine Episode gewesen sein.

Als er reifer wurde, begann das gesellschaftliche Leben ihn zu langweilen. Er vertiefte sich in politische Geschichte und verfaßte Pamphlete. Außerdem suchte er nach einem Kriegsabenteuer, dem er sich anschließen könnte, um militärischen Ruhm zu ernten. Als Österreich in die Wirren auf dem Balkan verwickelt wurde, bewarb er sich um Aufnahme in die Armee des Kaisers Franz Joseph. Er wurde abgelehnt. Als Großbritannien eine Strafexpedition gegen die Zulus beschloß, sah er wieder eine Chance.

Am 22. Januar 1879 überrannten die Zulus die in ihr Land eingedrungenen Streitkräfte bei Isandhlwana. Achthundert britische Soldaten fielen, mehr als die Hälfte waren südwalisische Grenzbewohner. Aus England wurde Verstärkung geschickt, darunter auch das Bataillon, dem der Kronprinz zugeteilt war. Der Prinz bat den Herzog von Cambridge um die Erlaubnis, mit seiner Einheit und seinen Freunden mitgehen zu dürfen. Als die Antwort eintraf, war er bei seiner Mutter in Camden Place. Sie beobachtete sein Gesicht, als er den Brief öffnete, es war vor Enttäuschung und Ungläubigkeit verzerrt. Dann stammelte er: »Man hat mich abgelehnt« und weinte.

Eugénie hatte ihn seit dem Tag in Biarritz, als man ihn als Kind ins Meer geworfen hatte, nicht mehr weinen sehen. Sie ertrug es nicht, sie, die vor Sedan gesagt hatte, sie würde ihren Sohn lieber tot als entehrt sehen. Damals war er ein Junge, jetzt war er ein Mann und Offizier. Sie fuhr zur Gardekavallerie-Kaserne und sprach mit dem Oberkommandierenden. Der Herzog war von jeher Wachs in den Händen einer schönen Frau; er gab nach. Auch die

Queen unterstützte den Wunsch der Kaiserin. Disraeli fand den Gedanken »höchst unklug«, sagte aber, er könne angesichts »zweier hartnäckiger alter Damen« nichts dagegen tun. Der Kronprinz sollte als Zivilist reisen und nach seiner Ankunft dem Stab des Kommandierenden Generals auf irgendeinem untergeordneten Posten zugeteilt werden. »Er soll sehr darauf achten, daß er sich nicht unnötig in Gefahr begibt. Wir wissen ja, wie waghalsig er ist«, sagte die Queen.

Beobachter an der Front sind bei den Kommandeuren nicht sehr beliebt. In Afrika konnte der Prinz die Offiziere, die zu seiner Überwachung abgestellt und stark beansprucht waren, überlisten. Er spielte mit dem Tod ebenso leichtsinnig, wie sein Vater es vor Sedan getan hatte. Aber während Napoleon den Tod als Erlösung von seinem Schwächezustand und seinen Schmerzen gesucht hatte, reizte seinen Sohn die Gefahr als Mittel zum Zweck.

Am 1. Juni wurde eine Patrouille, zu der er gehörte, von Zulus überfallen. Er versuchte, mit einem Satz in den Sattel seines davongaloppierenden Pferdes zu springen. Das hatte er oft getan, und es war schon ein beliebtes Kunststück seines Vaters gewesen. Doch der Sattelgurt riß, und als er stürzte, traf ein Hufschlag seinen rechten Arm. Langsam stand er auf und trat seinen Feinden entgegen, mit dem Revolver in der linken Hand. Er schoß dreimal. Dann rannte er auf sie zu, stolperte und wurde auf der Erde liegend von achtzehn Speeren durchbohrt.

Am nächsten Tag wurde seine Leiche geborgen und zur Küste gebracht. Ein französischer Journalist, der den Trauerzug mitansah, schrieb:

»Ich mußte daran denken, wie tief alle es bereuen werden, die den unglücklichen Prinzen durch ihre Kränkungen dazu getrieben haben, seinen Mut zu beweisen und das mit seinem Leben zu bezahlen. Es wird in die Geschichte eingehen, wie in diesem fernen Land der letzte Napoleon durch seinen Tod der Fahne Frankreichs Ehre gemacht hat.«

Die Nachricht erreichte England am 19. Juni. Queen Victoria sorgte dafür, daß sie der Kaiserin schonend beigebracht wurde. Stundenlang saß Eugénie da, weiß wie der Tod und bewegungslos. Geraume Zeit später schrieb sie:

»*Ich bin allein zurückgeblieben, als einzige Überlebende eines Schiffbruchs. Das zeigt, wie eitel die Größe in dieser Welt ist... Ich darf nicht einmal sterben; Gott, in seiner unendlichen Gnade, wird mich hundert Jahre alt werden lassen...*«

Am 11. Juli kamen die sterblichen Überreste des Kronprinzen in Chislehurst an. Er hatte ein Auge verloren und war bis zur Unkenntlichkeit verstümmelt. Deshalb durfte seine Mutter ihn nicht sehen. Ihr alter Freund und Lebensretter Dr. Evans identifizierte den Toten an Hand einer Goldfüllung, die er seinerzeit gemacht hatte.

Die Queen und Prinzessin Beatrice kamen zur Trauerfeier nach Camden Place, knieten vor dem Sarg in der Chapelle Ardente nieder und legten Kränze darauf. Als sich der Trauerzug formierte, gingen sie zu der Kaiserin, die in einem Raum mit geschlossenen Fensterläden saß. Dort war es so dunkel, daß man sie kaum erkennen konnte. Eine schwache Stimme fragte, ob Beatrice da sei. Dann erhob sich Eugénie wie ein Gespenst und umarmte das Mädchen.

Der Prinz von Wales und der Herzog von Cambridge hielten mit anderen zusammen das Bahrtuch. Die Fahnen Frankreichs und Englands deckten den Sarg, der auf einer Lafette gezogen wurde. Dahinter folgte das Pferd des Prinzen. Jetzt lagen in der Kapelle von St. Mary die Gebeine des letzten Kaisers der Franzosen und die seines Sohnes.

Eugénie versank in einen Zustand der Hoffnungslosigkeit. Sie verbarg sich vor den Menschen. Ihr ganzes Leben und Denken konzentrierte sich auf die kleine Kirche hinter dem Dorfanger. Ihr einziges Ziel war, allein mit ihren Erinnerungen die Stelle zu besuchen, an der ihr Sohn gefallen war. Zehn kurze Jahre zuvor war sie in der kaiserlichen

Jacht über das Mittelmeer gesegelt, war in der Türkei gefeiert worden, und die Augen der ganzen Welt waren auf sie gerichtet, als sie den Suez-Kanal eröffnete. Damals regierte ihr Mann in Frankreich, und ihr Sohn saß in seinem Schulzimmer in Saint-Cloud.

Und jetzt war sie allein zurückgeblieben, »die einzige Überlebende eines Schiffbruchs...«.

Queen Victoria bemühte sich sehr um sie. Sie hatte Angst, die Kaiserin werde unter der Belastung geistig oder physisch zusammenbrechen. Als sie im Herbst in Balmoral war, lud sie Eugénie in das nahe gelegene Schloß Abergeldie ein. Die beiden Frauen wanderten zusammen am Ufer des Dee entlang und picknickten in schottischen Weidehütten. Die Ferien taten Eugénie gut. Aber dort in Abergeldie erfuhr sie, daß ihre Mutter im Sterben lag.

Die fünfundachtzigjährige und fast blinde Manuela hatte den Tod ihres Enkels und die vielen herzzerreißenden Briefe aus Camden Place nicht mehr verkraften können. Eugénie brach nach Madrid auf, sobald sie die Erlaubnis bekommen hatte, durch Frankreich zu reisen. Sie hatte fast die Hoffnung aufgegeben, jemals wieder den Hafenbetrieb von Calais zu erleben, die Pariser Boulevards, und danach die Landschaft wiederzusehen, über die so oft ihr Blick geschweift war, wenn sie im Sommer nach Biarritz fuhr. Einen Tag nach Manuelas Tod erreichte sie Madrid. Ihr Schwager, der Herzog von Alba, nahm sich ihrer an.

Sie stand alles tapfer durch. Im März 1880 reiste sie zum Kap der Guten Hoffnung. Es war eine Gruppe von sieben Personen, die von Sir Evelyn und Lady Wood geführt wurde. Achthundert Meilen fuhr Eugénie in einem Vierspänner, fünfzig Nächte schlief sie in Zelten. Die Nacht zum 1. Juni, dem Todestag des Prinzen, verbrachte sie allein am Fuß eines steinernen Kreuzes, das Queen Victoria an der Stelle, wo er gefallen war, hatte errichten lassen. Brennende Kerzen standen davor. In der großen Stille vor dem Morgengrauen flackerten die niedergebrannten Kerzen, als hätte ein Geist sie ausblasen wollen. Eugénie glaubte ihren Sohn neben sich zu sehen, und flüsterte: »Willst du, daß ich weggehe, Louis?«

Dann machte sie sich auf ihre lange Rückreise nach Kent.

Die Witwe

Inzwischen war Eugénie vierundfünfzig. Die vierzig Jahre, die ihr noch zum Leben blieben, teilten sich in zwei gleich lange, aber sehr verschiedene Epochen. In den ersten zwanzig Jahren war sie die Kaiserin im Exil, die trauernde Witwe, die ihren einzigen Sohn verloren hatte, der Schützling der Queen Victoria. Während der zweiten zwanzig Jahre war sie die Doyenne unter den gekrönten Häuptern Europas. Tragik umgab sie lange Zeit, weil es im neunzehnten Jahrhundert üblich war, viele Jahre zu trauern. In Wirklichkeit war ihr Leben sehr aktiv und ausgefüllt, nachdem sie den ersten, furchtbaren Schock nach dem Tod des Kronprinzen überwunden und dafür gesorgt hatte, daß für ihn und seinen Vater eine angemessene Gedächtnisstätte geschaffen wurde. Es ist gar nicht abwegig, sie als ›Lustige Witwe‹ zu bezeichnen. Sie lachte gern, war gesellig und genoß ihr Leben bis wenige Tage vor ihrem Tode. Sie erreichte ein hohes Alter, weil sie nicht wie Queen Victoria ihren Kummer in sich verschloß. »Man darf das Leben nicht zu sehr dramatisieren«, sagte sie, »denn so wie es ist, ist es schon dramatisch genug.« Sie ließ ihren Gefühlen stets freien Lauf, ob es Trauer, Zorn, Ärger oder Freude war. Sie reiste und begegnete vielen Menschen. Ihre Jacht war ein vertrauter Anblick in allen europäischen Häfen zwischen Skandinavien und Ägypten. Ihr Gesicht war hinter den Fenstern der internationalen Schlafwagen zu sehen; um reservierte Plätze in den Zügen bemühte sie sich selten. Sie erfüllte sich einen ehrgeizigen Traum mit einer Reise durch Ceylon, wovon sie schon geträumt hatte, als sie 1869 nach der Eröffnung des Suez-Kanals am Roten Meer war. Sie liebte die Sonne. Sie umgab sich mit jungen

Leuten, am liebsten mit gutaussehenden schönen Menschen. Im Garten ihrer Villa an der Riviera errichtete sie einen Anbau für die Scharen von unverheirateten, jungen Männern, die ihre Gäste waren.

Sie las gerne und legte sich eine prachtvolle Bibliothek an. Doch sie lebte deshalb so lange, weil sie sich nicht aufregte und weil sie Spaß verstand. Als Kaiserin war sie am 4. September 1870 gestorben. Jetzt war sie ein anderer Mensch, jemand, der das Leben nur noch als Zuschauer betrachtete. Wenn Besucher in ihr Pariser Hotel kamen, führte sie sie ans Fenster. Dann wies sie auf die Stufen an der Place de la Concorde und sagte: »Dort sind König Louis Philippe und Königin Amélie in einen Fiaker geklettert und geflohen.« Dann zeigte sie auf den Louvre und fügte hinzu: »Und dort bin ich in einen Fiaker gestiegen und geflohen.«

Als sie im Sommer 1880 aus Afrika zurückkam, war ihr erstes Anliegen, eine bessere Ruhestätte für ihre Toten zu errichten. Die Kirche St.-Mary war zu klein. Sie erwog, eine angrenzende Wiese zu erwerben und den Platz zu vergrößern. Doch der Besitzer, ein Protestant, wollte nicht verkaufen. Eugénie dachte nicht daran, ihre Pläne durchkreuzen zu lassen. Deshalb bat sie Sir Lintorn Simmons, der zu Zeiten des Kronprinzen Kommandant von Woolwich gewesen war, und ihre Anwälte, für sie ein anderes Haus zu finden. Sie schlugen Farnborough Hill in Hampshire vor. Sie war damit einverstanden. Im Jahr darauf zog sie um. Sie wollte die Verbindungen zu Camden Place mit den vielen traurigen Erinnerungen ganz abbrechen.

Farnborough Hill liegt in einem achtundsechzig Morgen großen Park. Man blickt von dort über das Tal, durch das die Bahn von London nach Southampton fährt, und auf die dahinterliegenden, tannenbewachsenen Hügel. Die Kaiserin erwarb dieses Gelände noch hinzu, so daß sie insgesamt zweihundertfünfundsiebzig Morgen Land besaß. Hier plante sie den Bau einer Gedächtniskirche und eines Mausoleums für ihren Gatten und ihren Sohn und eines

Priorats für die vier Mönche, die die Seelenmessen für die Verstorbenen lesen sollten. Über die Bahnlinie wurde eine private Brücke gebaut.

Farnborough Hill war ein rein viktorianischer Bau. Es hatte ein normannisches Dach, gotisierende Bogenfenster und Veranden. Auf dem Gartengelände gab es Weinberge, Farnkraut und Treibhäuser für Orchideen. Eine baumbestandene Insel verschönte einen künstlichen See. Dichtes Gestrüpp schirmte den Besitz vor neugierigen Blicken ab. Alles war anders als in den Schlössern, in denen sie in Frankreich gelebt hatte. Aber hier gab es Hügel und viele Bäume, hier wuchs Rhododendron in allen Farben und blühte goldener Ginster. Sie liebte dieses Haus in Hampshire mehr und mehr.

Sie engagierte einen französischen Architekten, einen Monsieur Destailleur, der erst einige Umbauten am Haus vornahm und dann die Arbeiten an dem geplanten Priorat begann (das später von Papst Leo XIII. zu einer Abtei geweiht wurde) und an der Kirche, die auf Eugénies Wunsch St.-Michaels-Kirche heißen sollte. Bald entwickelte sich Farnborough selbst zu einem Napoleon-Museum. Die Kutschen und andere Erinnerungsstücke an Napoleon I. und Königin Hortense kamen aus Arenenberg (dieses Schweizer Schloß ging 1906 in den Besitz des Kantons Thurgau über). Als Eugénie auch ihr Privateigentum von den französischen Behörden zurückbekam, schien das Zweite Kaiserreich wieder aufzuleben. In der großen Galerie hingen die sieben Gobelins, die sie aus ihrer Villa in Biarritz gerettet hatte.

Dort waren auch die berühmten Gemälde von Winterhalter, Porträts von der Herzogin von Mouchy und von ihr selbst im Kreise ihrer Hofdamen. Es gab Stühle aus Compiègne, in Vitrinen stand wundervolles Sèvres-Porzellan. Den kleinen Ziegenwagen, mit dem der Kronprinz in Saint-Cloud herumkutschiert war, hatte man neben den Kinderwagen gestellt, den ihm Prinz Albert geschenkt hatte.

Der einzige bedrückende Raum war das sogenannte ›Studio des Prinzen‹. Hier stand und lag alles, was ihm gehört hatte, der Tisch, auf dem er seinen Letzten Willen geschrieben hatte, sein Hauskäppchen, seine Bücher und Broschüren, seine Säbel, Uniformen und seine ganzen Schätze aus der Zeit in Woolwich. Es schien alles auf seine Rückkehr zu warten.

Anfang 1888 war die St.-Michaels-Kirche vollendet. Am 9. Januar, dem fünfzehnten Todestag Napoleons III., kam eine Abteilung der ›Royal Horse Artillery‹ zur St.-Mary-Kapelle in Chislehurst. Die Särge des Kaisers und seines Sohnes wurden auf Lafetten gestellt und nach Farnborough Hill, zu der Krypta von St.-Michael gebracht. Dort standen, im Querschiff zu beiden Seiten des Altars, zwei Sarkophage aus Aberdeen-Granit bereit, ein Geschenk der Königin Victoria. Die Aufgabe, die sich Eugénie als Frau und Mutter gestellt hatte, war nun gelöst.

Was Eugénie von den verlorenen Herrlichkeiten und Annehmlichkeiten der Kaiserzeit am meisten vermißte, war ihre Jacht ›Aigle‹. Das Meer war für sie ein Mittel gegen Krankheiten und Langeweile; darum kaufte sie von dem Herzog von Hamilton die ›Thistle‹. Als Schiff gehörte die ›Thistle‹ nicht zur Klasse der ›Royal Yachts‹, denn sie rollte, schlingerte und stampfte beim leichtesten Seegang. Kluge Gäste lehnten aus diesem Grund von vornherein eine Einladung zu einer Segelfahrt ab.

Doch die Kaiserin war seefest; bei Sturm erklomm sie die Brücke und genoß das seltene Schauspiel.

Zweimal im Jahr kamen Einladungen von Queen Victoria; im Sommer zu einem Ferienaufenthalt im Osborne Cottage auf der Isle of Wight, und im Herbst nach Schloß Abergeldie am Dee. Eugénie liebte Schottland fast ebenso wie das Meer. Das prächtige Schloß im französischen Stil kam als Wohnsitz den Schlössern von Saint-Cloud und Compiègne am nächsten.

Der Ferienaufenthalt am Dee war für Eugénie immer besonders nett durch ihre Freundschaft mit John Brown,

Wollte man angeln oder ein gutes Pferd reiten, mußte man sich mit dem ›Ghillie‹ gut stellen, was nur wenigen Besuchern gelang. Eugénie verstand die eigenartige Beziehung der Queen zu ihrem Leibdiener, und das wurde gebührend gewürdigt. Als John Brown starb und auf dem alten Friedhof in Crathie beigesetzt wurde, lag auf seinem Sarg ein Kranz der letzten Kaiserin der Franzosen neben dem der Königin Victoria.

Trotz der engen Freundschaft zwischen den beiden Frauen ließ Victoria Eugénie deutlich spüren, daß sie selbst die Hauptperson war. Sie duldete keine Frau auf der gleichen Rangstufe. Eines Abends waren in Balmoral Adelsfamilien aus der Umgebung geladen. Dabei entschlüpfte der Kaiserin eine Bemerkung über die Verwandtschaft ihrer beiden Familien. Die Queen fauchte sie an. Eugénie versuchte, die Situation zu retten, aber dadurch machte sie die Sache noch schlimmer. Darauf zog sie sich in eine Fensterecke zurück und weigerte sich, über irgend etwas anderes als das Wetter zu reden. Jedesmal, wenn sie den Mund aufmache, sagte sie, träte sie ins Fettnäpfchen.

In ihrem eigenen Haus war Eugénie ganz anders, als Queen Victoria sie kannte. In Balmoral bemerkten viele, wie respektvoll sie sich benahm, wenn sie zur Queen kam. In Farnborough hingegen war sie für alle ›Sa Majesté‹. Da sie in Gedanken noch immer in Fontainebleau und Versailles, in Compiègne und in den Tuilerien weilte, fühlte sie sich in Hampshire eingeengt, und dies übertrug sich auf ihre Stimmung und ihre Launen. Gelegentlich schlug sie mit der Faust auf den Tisch, daß die Teller und Gläser klirrten. Wenn das Gespräch auf umstrittene Figuren wie Garibaldi und Trochu kam, ergriff sie einen Zahnstocher und fuchtelte damit herum, als sei er ein Stilett.

Für einen Teil ihres Personals wurde die Nervenbelastung zu groß. Sie konnten auf die Dauer nicht mit einer Verbannten von so vulkanischem Temperament auf engem Raum zusammen leben. Sie kehrten deshalb nach Frankreich zurück. Doch die meisten hatten Verständnis für sie, nahmen sie, wie sie war, und blieben ihr treu bis in den Tod. Eugénie langweilte manches. Dann pflegte sie langsam die fünf Eheringe abzunehmen, die sie trug, ihren eigenen, den ihres Mannes, den ihres Vaters, den ihrer Mutter und den von Paca. Dann steckte sie sie unter vielen Seufzern wieder zurück. Die englischen Landadligen fand sie ziemlich spießig und schwerfällig. Sie hatte ein eigenes Verfahren entwickelt, mit ihnen umzugehen. Wenn eine Witwe mit Töchtern zu Besuch kam, erzählte sie irgendeine gewagte Geschichte von zwei Schwänen, worauf die Mama ihre Töchter um sich versammelte und sich hastig verabschiedete.

Eugénie war eine gute Schauspielerin. Wenn sie sich über einen Anwesenden ärgerte, sprach sie über dessen Fehler in der dritten Person und tat das so lange, bis ihr Opfer den Raum verließ. Sie brauchte in ihrem Bekanntenkreis unbedingt einen impulsiven Menschen. Endlich fand sie jemanden, als sie Dame Ethel Smyth kennenlernte.

Ethel Smyth war eine dynamische Person; sie war Komponistin und Suffragette, Rebellin und Schriftstellerin in einem. Als sie der Kaiserin vorgestellt wurde, war sie fünfundzwanzig. Sie blieben ihr Leben lang Freundinnen. Nach Farnborough kam sie auf ihrem gerade in Mode gekommenen Fahrrad; dabei trug sie Hosen. Hinter einem Busch zog sie sich dann um und erschien in einem Tweedrock. Ethel ließ sich keinerlei Vorschriften machen. In Farnborough herrschte die strenge Regel, daß niemand in Anwesenheit der Kaiserin rauchen dürfe. Doch wenn Ethel meinte, sie sei allein im Haus, warf sie sich in einen wertvollen Empiresessel, schlug die lehmbespritzten Beine übereinander und zündete sich eine Zigarre an. Das erboste wiederum den Sekretär Pietri dermaßen, daß er sie einmal aus dem Hause wies. Mit Kopfschütteln sagte damals Eugénie: »Immer sucht sie Streit!« Aber das konnte man auch von ihr sagen. Einmal packte sie nach einem heftigen Wortwechsel Ethel an den Schultern und schob sie auf den Gang hinaus. Dort solle sie bleiben, bis sie sich wieder beruhigt hätte. Sie hatten über viele Dinge recht verschiedene Ansichten. Wenn Ethel sagte, sie hasse die reichen Leute, fuhr Eugénie sie an: »Mein Gott, wie dumm Sie sind!« Aber im Grund kamen sie gut miteinander aus.

Aber auch mit Prinzessin Beatrice kam Eugénie häufig zusammen. Sechs Jahre nach dem Tode des Kronprinzen hatte sie Heinrich von Battenberg geheiratet. Sie hatten sich in Darmstadt bei der Hochzeit des Prinzen Ludwig von Battenberg mit Viktoria von Hessen kennengelernt. Beatrice war sehr verliebt gewesen und hatte, wie alle Damen der britischen Königsfamilie, keinen Hehl daraus gemacht. Die Queen hatte das sehr rasch bemerkt und ärgerte sich, auch noch ihre letzte Tochter zu verlieren, die sie als Gesellschafterin, Sekretärin und Krankenschwester für sich beschlagnahmt hatte.

Sechs Monate lang sprach die Queen kein Wort mit ihrer Tochter. Wichtige Dinge teilte sie ihr schriftlich am Frühstückstisch mit. Durch die Bemühungen der Kaiserin und des Prinzen Ludwig wurde endlich ihre Zustimmung gewonnen. Beatrice und Heinrich heirateten in der Pfarrkirche St.-Mildred in Whippingham auf der Isle of Wight. Sie bekamen drei Söhne und eine Tochter. Das Mädchen wurde auf die Namen Victoria Eugénie Julia Ena getauft. Die Kaiserin wurde Patin. Ena wurde später als Frau des Königs Alfons XIII. Königin von Spanien. Im Jahre 1895 wiederholte sich in seltsamer Weise das Schicksal, das den jungen französischen Kronprinzen 1879 in Afrika getroffen hatte. Die Engländer beschlossen, eine weitere Strafexpedition in Afrika zu unternehmen, diesmal in Ashanti. Prinz Heinrich von Battenberg meldete sich als Freiwilliger, wie seinerzeit der Kronprinz. Prinz Heinrich von Battenberg hatte allerdings andere Beweggründe: er wollte den Nachstellungen einer allzu verliebten Dame entgehen. Die Queen verweigerte ihre Zustimmung, doch Beatrice bestand darauf, daß ihr Mann auch die Chance haben sollte, ein aktives Leben zu führen. Heinrich ging nach Afrika, wurde fieberkrank und starb am 20. Januar 1896.

Die Prinzessin war einem Zusammenbruch nahe. Sie hatte zwei Männer geliebt, und beide waren im aktiven Dienst in Afrika umgekommen. Sie war von ihrer Mutter nie länger als ein paar Tage getrennt gewesen. Aber jetzt mußte sie einfach weg. Sie reiste mit der Kaiserin nach Südfrankreich. Fünf Wochen lang war sie für niemanden zu erreichen.

Die engen Beziehungen Eugénies zur Queen und zu Prinzessin Beatrice führten dazu, daß sich die Einstellung der britischen Königsfamilie gegenüber der katholischen Kirche merklich änderte. Prinz Albert hatte einen ›Horror vor der Priesterherrschaft‹ gehabt. Auch seine Witwe erklärte, sie könne die ewigen »Kniebeugen, Betteleien und Beichten« nicht leiden. Der Tod Napoleons und des Kronprinzen und die herzliche Freundschaft mit Eugénie machten diesen Haßgefühlen ein Ende. Eugénie konnte die Queen sogar zu einer Reise nach Spanien überreden. Und diese war damit die erste Protestantin, die in dem Kartäuserkloster bei Aix-les-Bains empfangen wurde. Um das Jahr 1890 war Victorias Animosität gegen die katholische Kirche vollkommen verschwunden. Eugénie erhielt von dem Erzbischof von Chambéry ein Glückwunschschreiben, das der Dekan von Windsor, Dr. Davidson, so kommentierte:

»Ich zweifle, ob sich in der Geschichte ein Parallelfall zu diesem Schreiben finden läßt. Es ist von einem hohen Würdenträger der römisch-katholischen Kirche in den devotesten Wendungen an einen protestantischen Herrscher gerichtet, dem gegenüber er zu nichts verpflichtet ist. Es ist von nicht geringer Bedeutung, daß die wertvollen Prinzipien der Toleranz, mehr noch der Unvoreingenommenheit und des Verständnisses gerade von jener Seite offiziell anerkannt werden. Es gibt einem die Hoffnung, daß die Entfremdung und die gegenseitigen Anklagen, die bis in unsere Tage manchmal das Verhältnis der beiden christlichen Kirchen trüben,

wenigstens zum Teil einer christlicheren Einstellung Platz machen. Daß Ihre Majestät ein wenig dazu beigetragen hat, diese Tendenz bei uns und auch anderswo zu fördern, muß in Zukunft als eine große Tat in der englischen Geschichte verzeichnet werden.«

Das Verhältnis der Kaiserin zu den französischen Machthabern blieb weiterhin gespannt. Die Angewohnheit, von ihr als von der ›Witwe Bonaparte‹ zu sprechen, ärgerte sie sehr. Erst 1883 ging sie für kurze Zeit nach Paris. Queen Victoria bewunderte ihren Mut.

Der Anlaß für diese Reise war ein Abenteuer von Plon-Plon. Er war wütend, weil im Testament des Kronprinzen sein Sohn Victor als neues Oberhaupt der Bonapartisten-Partei genannt worden war, und versuchte jetzt, irgendwie seine Macht zu beweisen. Als Gambetta starb, verlangte Plon-Plon, der vorher die Republik anerkannt hatte, in einem Pamphlet eine Volksabstimmung in Frankreich. Für diesen Opportunismus landete er im Gefängnis. Die Bonapartisten wollten ihn daraufhin an ihren Beratungen nicht mehr teilnehmen lassen. Eugénie wußte, wie gefährlich eine Spaltung der Partei war, und reiste nach Paris, um sich für ihn einzusetzen. Sie hatte keinen Erfolg. Plon-Plon ging ins Exil nach Italien und in die Schweiz. Aber diesmal besaß er wenigstens den Anstand, seiner Gegnerin, der Kaiserin, für ihre Bemühungen zu danken.

Erst zwanzig Jahre nach ihrer Flucht aus den Tuilerien erhielt Eugénie die Erlaubnis, einen Wohnsitz in Frankreich zu wählen, und auch nur unter gewissen Auflagen. Zu ihrem Hofstaat durften inklusive Gärtner und Kutscher nur acht Männer gehören, und jede Woche erhielt sie den Besuch eines ›Commissaire‹. Sie sehnte sich immer nach Sonne; sie wählte daher für ihre Villa einen Platz auf einer Landzunge an der französischen Riviera bei Cap Martin, zwischen Mentone und Monte Carlo.

Eugénie ließ ihr Haus im italienischen Stil bauen. Ihre Loggia wurde mit pompejanischen Fresken dekoriert.

Vom Fenster ihres Salons aus konnte sie an klaren Morgen draußen auf dem Meer die Umrisse von Korsika erkennen. Sie nannte ihr neues Heim ›Cyrnos‹, der griechische Name für Korsika. Sie umgab es mit dichtem Nadelgehölz und Blumenbeeten und kam bis zum Ersten Weltkrieg jedes Jahr nach Cap Martin.

In den neunziger Jahren war die Riviera das erklärte Ferienziel hoher und höchster Herrschaften. Queen Victoria war Stammgast, ebenso der Prinz von Wales, der Herzog von Cambridge und die Connaughts. Die Queen war so beliebt, daß bei ihrer Ankunft in Nizza die ganze Stadt auf den Beinen war, um sie zu begrüßen. Vier Infanterieregimenter und ein Artilleriebataillon waren nötig, um die Menge in Schach zu halten. Jeder dieser prominenten Sommergäste stattete der Kaiserin einen Besuch ab.

Der berühmte französische Kriminalbeamte Paoli, der für die Sicherheit der königlichen Gäste verantwortlich war, fand sich eines Tages in einer verzwickten Lage. Vor dem Hotel, in dem die Queen wohnte, war eine Ehrenwache postiert, die vor ihr und anderen vornehmen Besuchern die Gewehre zu präsentieren hatte. Paoli kam zum Hotel und sah, daß die Wache herausgetreten war. Er erkundigte sich, wer denn käme, und erfuhr, eine Kaiserin sei unterwegs. Es war, wie sich bald herausstellte, die letzte Kaiserin der Franzosen. So schnell ist noch nie eine Wache abgetreten; sie war aber immer noch zu sehen, als Eugénie um die Ecke kam und sofort erriet, was geschehen war.

Kaiserin Elisabeth von Österreich war ebenfalls häufig in Cap Martin und wohnte in einem Hotel in der Nähe der Villa ›Cyrnos‹. Die beiden Damen unterhielten sich oft und gingen zusammen baden. Im September 1898 wurde Kaiserin Elisabeth in Genf ermordet, als sie einen Dampfer der Genfer Seeflotte besteigen wollte. Wieder war ein Bindeglied zur Vergangenheit gerissen.

In der Villa ›Cyrnos‹ führte Eugénie ein sehr ruhiges Leben. Wenn sie nach dem Essen auf ihrem Lieblingsplatz auf der Terrasse oder im Salon saß, unterhielt sie ihre Gäste mit Geschichten aus den Tagen des Kaiserreichs. Sie sprach von dem Attentat Orsinis vor der Pariser Oper und erzählte, daß in einem Geheimfach der kaiserlichen Kutsche für solche Notfälle immer zwei geladene Pistolen aufbewahrt wurden. Als die erste Bombe explodierte, habe sie in das Fach gegriffen, mußte aber feststellen, daß der zuständige Diener vergessen hatte, die Pistolen hineinzutun. Wenn sie dagewesen wären, sagte Eugénie, dann hätte sie den Attentäter, der an den Wagenschlag kam, bestimmt niedergeschossen.

Um elf Uhr abends erhob sich die Kaiserin meistens, um sich zurückzuziehen. Die ehrerbietigen Verbeugungen ihrer Gäste beantwortete sie mit ihrer berühmt gewordenen Verneigung. Ein Hauch von zartem Veilchenduft blieb zurück.

Am 1. Januar 1901 erhielt Eugénie aus Osborne eine Neujahrskarte mit ein paar unleserlichen Worten in Victorias Handschrift. Drei Wochen später war die Queen tot. Eugénie war siebenundsiebzig. Jetzt wurde es erneut sehr einsam um sie, so wie damals, als sie erst Paca, dann Frankreich und schließlich ihren Gatten und danach ihren Sohn verloren hatte.

Die Doyenne der europäischen Monarchien

Kaiserin Eugénie war jetzt die Seniorin aller Herrscherhäuser Europas, sie war vier Jahre älter als Kaiser Franz Joseph von Österreich. Ihre würdige Haltung in den Jahren des Exils hatten ihr mittlerweile Achtung eingebracht. Sie hatte auch den Wunsch ihres Gatten erfüllt und Schweigen über die Gründe bewahrt, die zum Sturz des Zweiten Kaiserreichs geführt hatten. Viele der Anklagen, die gegen sie beide erhoben wurden, hätte sie an Hand von Dokumenten widerlegen können, aber sie scheute öffentliche Auseinandersetzungen. Als Deutschland wieder auf einen

Krieg zusteuerte, wandten sich englische Politiker an sie, um von ihrer langjährigen Erfahrung zu profitieren. Sie war es, die schon 1859 gesagt hatte: »Wenn Bismarck bellt, wird er bestimmt auch beißen.« Sie hatte zwar als Kaiserin und später als Regentin viele Fehler gemacht, doch ihre Einschätzung der deutschen Absichten, die zum Krieg von 1870 führten, war richtig gewesen.

Nach dem Tode der Queen wuchs Eugénies Einfluß auf das britische Königshaus. Edward VII. war ihr sehr ergeben und schätzte ihr Urteilsvermögen. Auch an seinem Hofe besaß sie Freunde und Bewunderer. Sir Arthur Bigge, der letzte Privatsekretär der Queen und später der des neuen Prinzen von Wales, war ein enger Freund des Kaiserlichen Kronprinzen gewesen und hatte ihn auch nach Afrika begleitet. Eugénie hatte ihn der Queen empfohlen. Ein anderer ihrer Freunde war Frederick Ponsonby, der zweite Sekretär des Königs.

Es war zu erwarten, daß man bei der Suche nach einer Braut für den jungen, schon als König geborenen Alfons XIII. von Spanien die Kaiserin, die ja aus Spanien stammte, um Rat fragen würde. Seine österreichische Mutter, Königin Maria Christina, war bis zu seinem sechzehnten Lebensjahr, bis 1902, Regentin. Eine Heirat mit dem König von Spanien war an allen europäischen Höfen ein begehrtes Ziel, Mütter mit unverheirateten Töchtern bemühten sich, ihn als Schwiegersohn zu gewinnen. Die Situation komplizierte sich dadurch, daß nach damaligem Brauch die Töchter einer älteren Schwester vor denen einer jüngeren den Vorzug haben sollten. Ob die Kandidatinnen geeignet waren, spielte dabei eine untergeordnete Rolle. Beatrice von England war eine jüngere, sogar die jüngste Tochter der Queen und wurde auch stets daran erinnert. Eugénie mischte sich erst ein, als sie von Königin Maria Christina informiert wurde, daß man eine englische Braut vorziehen würde. Sie schickte ein Photo ihres Patenkindes Prinzessin Ena von Battenberg, der Tochter von Beatrice, nach Madrid.

Eugénie hatte ihr Patenkind früher selten gesehen. Die Battenbergkinder gehörten zum Clan der britischen Königsfamilie und wurden zu bestimmten Zeiten von Osborne nach Balmoral und Windsor beordert. Ena war ein ziemlicher Wildfang und zuweilen recht aufsässig. Da die Queen Jungen vorzog, hatte Ena bei ihr kein leichtes Leben. Einmal wurde sie zur Strafe an eine Tür gebunden. Ein andermal, als die Kaiserin zum Lunch in Osborne war, verlangte die Queen von ihrer Enkelin, sie solle die Episteln des Neuen Testaments nennen. Ena erklärte, das seien die Frauen der Apostel. Da wandte sich Victoria an ihren Gast und meinte: »Kinder sind doch gräßliche Wesen, liebe Schwester.«

Im Jahre 1902, als Ena fünfzehn war, wurde sie allein zu ihrer Patentante nach Farnborough Hill eingeladen. Dort lernten sich die beiden näher kennen und lieben.

Im Jahre 1905 besuchte König Alfons von Spanien London; unterwegs wurde ein Attentat auf ihn verübt. Er war ein gutaussehender, immer lächelnder und absolut furchtloser Mann. Er verliebte sich Hals über Kopf in die blonde Prinzessin Ena; ihrem ältesten Bruder, Alexander, Marquess of Carisbrook, vertraute er an, er werde ledig bleiben, bis er sie heiraten könne.

Daß es gegen die Ehe einer Nichte des Königs mit einem Katholiken in England heftigen Widerstand geben würde, war vorauszusehen. Die Sache mußte sehr behutsam angefaßt werden. König Edward fragte die Kaiserin um Rat; sie trafen sich mehrere Male, meist ohne Zeugen. Doch diese Zusammenkünfte verliefen nicht immer ungestört.

In Cowes luden König Edward und Königin Alexandra die Kaiserin zum Fünf-Uhr-Tee auf die Königliche Jacht ›Victoria and Albert‹ ein. Kurz vor der angegebenen Zeit fuhr Frederick Ponsonby mit dem Beiboot der Jacht ans Ufer. Vom Deck einer anderen Jacht winkte jemand heftig mit einem Sonnenschirm, an dessen Spitze ein Taschentuch befestigt war. Solche Signale sind in Cowes nicht üblich, deshalb beachtete Ponsonby sie weiter nicht. Dann fiel ihm ein, das Signal könnte vielleicht doch ihm gegolten haben. Er befahl seinem Steuermann, längsseits der fremden Jacht zu halten. Er rief, bekam aber keine Antwort. Da stieg er die Strickleiter hinauf und rief in die Luke hinunter. Schweigen. Schließlich ging er zum Heck; dort saß unter einem Sonnenschirm die Kaiserin Eugénie. Sie erklärte ihm, daß der Steuermann der ›Thistle‹ gestorben sei und sie der Besatzung erlaubt habe, zu seiner Beerdigung zu gehen. Dabei habe sie völlig vergessen, daß sie mit dem Königspaar Tee trinken sollte. Ob er wohl so freundlich wäre, sie hinzubringen. Ponsonby konnte sie sicher über die Strickleiter nach unten bringen. Doch die See war unruhig, und er konnte sie nicht dazu überreden, einen großen Schritt hinüber ins Beiboot zu machen. Schließlich ergriff er sie am Arm und gab ihr den nötigen Schwung. Als sie auf dem Sitz gelandet war, sah sie zu ihm auf und sagte: »Sie haben mich ja auf den Arm genommen.«

Als die Verlobung von Alfons und Ena bekannt wurde, gab es einen Sturm der Entrüstung. Sowohl der Erzbischof von Canterbury wie der Bischof von London warnten den König vor Mißfallenskundgebungen in der Öffentlichkeit. Die ›Church Association‹ und die ›Protestant Alliance‹ forderten den König auf, seine Zustimmung zu dieser Heirat zu verweigern. Empörte Leserbriefe füllten die Zeitungen. Der König zog sich meisterhaft aus der Affäre: Er sagte, da der Vater der Prinzessin Deutscher gewesen sei, sei sie auch Deutsche, und deshalb ginge ihn die Sache nichts an. Dabei überging er höflich die Tatsache, daß Prinz Heinrich von Battenberg bei seiner Eheschließung mit Beatrice ja Engländer geworden war. Dann machte Beatrice ihrem Bruder den Vorschlag, daß sich ihre Tochter für den Übertritt zum katholischen Glauben unter Aufsicht von Kaiserin Eugénie in deren Villa ›Cyrnos‹ in Cap Martin vorbereiten solle. Aber der König war der Meinung, die Mitwirkung der Kaiserin würde die Lage nur noch verschärfen, und ordnete an, daß die Vorbereitung in aller Stille in Paris stattfinden solle. Am 31. Mai 1906 wurde Ena in der Kirche San Jeronimo in Madrid getraut und war nun Königin Victoria Eugenia von Spanien. Bei der Rückkehr des Paares zum Schloß warf der Attentäter Mateo Morral von einem Balkon aus eine in einem Blumenstrauß versteckte Bombe auf den Hochzeitszug. Es gab ein Blutbad, über zwanzig Personen wurden getötet und sehr viele verletzt. Doch das Königspaar kam mit dem Schrecken davon, ebenso wie damals Napoleon und Eugénie, als Orsini vor der Pariser Oper das Attentat verübte.

Die Kaiserin war jetzt achtzig Jahre alt, und noch immer reiste sie in Europa und auf dem Mittelmeer herum. Im Jahre 1906 bestieg sie den Vesuv. Dann fuhr sie weiter nach Venedig und verbrachte anschließend drei Tage bei Kaiser Franz Joseph in Ischl. Die Presse vermutete, und das wohl mit Recht, daß sie im Auftrag von König Eduard reiste. Als Franz Joseph sie am Bahnhof begrüßte, trug er nur das Kreuz der ›Légion d'honneur‹. Es war deutlich zu sehen, wie sehr er sich freute, sie als Gast bei sich zu sehen. Trübe Gedanken führten sie in die Vergangenheit zurück, zur Schlacht bei Solferino und zu der Tragödie von Maximilian und seiner Frau Charlotte, die jetzt in geistiger Umnachtung in ihrem Schloß in Belgien dahinsiechte. Franz Joseph erinnerte sich besonders daran, wie herzlich und freundschaftlich sich Eugénie gegenüber Kaiserin Elisabeth verhalten hatte, als sie durch die Schüsse von Mayerling so tief erschüttert war. Franz Joseph war müde, war auch geistig nicht mehr auf der Höhe. Sein Gast dagegen war immer noch frisch und munter und ihm an Intelligenz weit überlegen. Isabel Vesey, Eugénies junge Gesellschafterin, schrieb darüber: »Die Kaiserin sah gestern abend beim Diner wunderschön aus. Ihr schwarzes Seidenkleid mit der langen Schleppe, ihr weißes Haar mit einem Jett-Diadem, ihr hübscher Hals und ihre schönen Schultern...«

Im Jahr darauf traf Eugénie mit einem anderen Kaiser zusammen, mit dem deutschen Kaiser Wilhelm II. Sie war auf einer Kreuzfahrt in den norwegischen Gewässern, der Kaiser ebenfalls, an Bord seiner Jacht ›Hohenzollern‹, die von Kriegsschiffen begleitet wurde. Wilhelm hatte oft versucht, die Kaiserin zu treffen; aber sie war ihm immer aus dem Wege gegangen. Als die ›Thistle‹ in Bergen einlief, war der Hafen voller deutscher Kreuzer. Es kam ein Schreiben von Kaiser Wilhelm, worin er um die Erlaubnis bat, ihr am nächsten Vormittag um elf Uhr seine Aufwartung machen zu dürfen. »Gut«, sagte Eugénie, »fünfmal sind wir ihm entkommen. Jetzt gibt es kein Entrinnen mehr. Ich glaube, ich muß ihn empfangen«, und das in einem Ton, über den sich ihre Begleiter amüsierten.

Als der Kaiser, in Zivil, eintraf, war er überrascht, die deutsche Flagge wehen zu sehen. Der Kapitän der ›Thistle‹ hatte sie von der ›Hohenzollern‹ geliehen.

Zwei Stunden lang sprachen Eugénie und Wilhelm II. unter vier Augen miteinander. Der Besatzung der Jacht und Eugénies Begleitern wurde diese Zeit lang, da sie sich krampfhaft bemühten, bei strömendem Regen das Gefolge des Kaisers zu unterhalten. Was zwischen den beiden verhandelt wurde, ist nicht überliefert, außer daß Wilhelm sich darüber beschwerte, von seinen britischen Verwandten keine Andenken an seine ›unvergleichliche‹, von ihm hochverehrte Großmama, Queen Victoria, bekommen zu haben. Eugénie mochte ihn, er machte Späße mit ihr und tat alles, um einen guten Eindruck zu hinterlassen. Sie wußte ihn zu nehmen, so wie es viele Frauen konnten – nur mit Männern geriet er in Streit. Die wirkliche Feindschaft gegen England und Frankreich herrschte an seinem Hof und bei seinem Generalstab. Als die deutschen Schiffe bei ihrer Abfahrt an der ›Thistle‹ vorüberkamen, befahl der Kaiser, die französische Flagge zu hissen und die Mannschaft an Deck treten zu lassen. Napoleon hätte es gewiß gefallen, hätte er sehen können, wie seine Frau geehrt wurde. Allerdings versäumte sie diesen historischen Augenblick, da die Ehrung stattfand, als sie noch fest schlief.

Als Edward VII. 1910 starb, gab es das Europa, das Eugénie gekannt hatte, nicht mehr. Obwohl sie sich mit dem neuen König und der Königin von England gut verstand, war der ›barsche‹ Georg V. für sie kein Europäer mehr. Von der Diplomatie in den Ländern außerhalb Großbritanniens verstand er wenig. In den Schlössern und Hotels zwischen Wien und Kopenhagen, von Hamburg bis Biarritz, in denen sein Vater aus und ein gegangen war, war er ein Fremder. Er war zu jung, um sich an das Zweite Kaiserreich erinnern zu können.

Eugénie war noch immer erstaunlich jugendlich für ihr Alter und schien nicht zu bemerken, wie auch für sie die Zeit weiterging; sie bezeichnete Frauen oft als ›alt‹, die in den Sechzigern waren. Alles Neue nahm sie in sich auf. Sie war mit Marconi befreundet und ließ in ihre Jacht eine Funkanlage einbauen. Die Fliegerei interessierte sie sehr. Sie liebte die Geschwindigkeit. Schon 1913 mußte ihr Chauffeur wegen zu schnellen Fahrens Strafe bezahlen.

Einer der wenigen engen Freunde aus früheren Tagen, die ihr noch blieben, war der Marques de Alcanizes, der einzige Mann, den sie wirklich geliebt hatte, für den sie einen Selbstmordversuch machte und dem sie sich hingeben wollte, bevor sie Napoleon heiratete. Sie neckte ihn, weil er sich mit achtzig seinen Bart färben ließ; das sei doch lächerlich. Und dann sagte sie vorwurfsvoll: »Er hat mich nie heiraten wollen!« »Nie, Eugénie«, war seine Antwort, »und ich werde Sie auch jetzt nicht heiraten.« Er war der einzige Mensch, der sie Eugénie nennen durfte.

Als die Jahre vergingen und der Name Bonaparte seinen Glanz verloren hatte, entschied Eugénie, daß etwas geschehen müsse. Als Plon-Plons Sohn, Prinz Victor Napoleon, der Chef des Hauses, nach Farnborough Hill kam, behandelte sie ihn, als wäre er der Kaiser, ließ ihm den Vortritt und machte einen Hofknicks vor ihm. Prinz Victor war zurückhaltend, intelligent und hatte in Frankreich eine gewisse Anhängerschaft. Aber es fehlten ihm die Dynamik und der Ehrgeiz von Napoleon III., ebenso wie die Dreistigkeit seines Vaters. Eugénie erwartete von ihm keine großen napoleonischen Taten; aber er war von dem Kaiserlichen Kronprinzen zum Chef des Hauses Bonaparte ernannt worden und bewahrte damit die Tradition.

Im Jahre 1910 hatte er eine interessante Ehe geschlossen. Er heiratete Prinzessin Clementine von Belgien. Ihre Schwester Stephanie war mit Kronprinz Rudolf von Habsburg verheiratet gewesen, der seinem Leben in Mayerling ein Ende gemacht hatte. Ihre andere Schwester Louise war mit Prinz Philipp von Coburg verheiratet, dessen Mutter die Tochter von König Louis Philippe war. Der Coburger Prinz Albert hätte diese Verbindung sicher mißbilligt. Victor und Clementine hatten zwei Kinder, ein 1912 geborenes Mädchen und einen 1914 geborenen Jungen.

Ein anderes ›Familienmitglied‹, das häufig in Farnborough Hill Besuch machte, war der ›Bastard‹ von Napoleon III. und der Contessa Virginie di Castiglione. Virginie war eine schlechte Mutter. Ihr legitimer Sohn wurde wie ein Lakai angezogen, mußte bei der Dienerschaft schlafen und hinter ihrem Wagen herreiten. Verständlicherweise lief er weg. Napoleons Sohn wurde bei Dr. Evans ausgebildet und von ihm erzogen. Später übernahm er in Paris die elegante Praxis des amerikanischen Zahnarztes. Er nannte sich Dr. Hugenschmidt. Eugénie lernte ihn erst als Erwachsenen kennen. Seine Ähnlichkeit mit dem Kaiser war ihr sofort aufgefallen. Die beiden verstanden sich gut. Hugenschmidt gab ihr medizinische Ratschläge und war sogar Mittelsmann zwischen ihr und französischen Politikern. Es war natürlich sehr eigenartig für sie, nach so langer Zeit ein wandelndes Abbild ihres Gatten und ihres Sohnes zu treffen, die inzwischen Seite an Seite in der Krypta von St. Michael ruhten.

Im Juli 1914 zog Eugénie wieder einmal die Aufmerksamkeit der Presse auf sich. Nach einer Reise durch Italien war sie nach Paris gekommen und benutzte den Aufenthalt dazu, ihre früheren Wohnsitze Fontainebleau, das in

Ruinen liegende Saint-Cloud, Compiègne und Malmaison zu besuchen.

In den Wäldern von Compiègne hörte sie ein Jagdhorn und lauschte entzückt. In Malmaison traf sie Vorbereitungen zur Errichtung einer Gedenkstätte an den Kronprinzen. In Saint-Cloud entdeckte sie im Gebüsch noch einen Teil des Kamins aus ihrem ehemaligen Salon.

Über ihren Besuch in Fontainebleau, wo sie einst den König von Preußen empfangen hatte und mit Queen Victoria spazierengegangen war, schrieb der ›Daily Telegraph‹:

»*Woran mag wohl diese einsame, verlassene, vom Schicksal verfolgte Gestalt denken, wenn sie das Schloß Fontainebleau betritt, die große, geschwungene Freitreppe hinaufgeht und ein Zimmer nach dem anderen besichtigt, wo in jedem wundervolle Erinnerungen aufleben? Sie hat ein lebhaftes Gedächtnis; sie erkennt das Kästchen aus Elfenbein wieder, das einmal Anna von Österreich gehörte und das ihr der Kaiser zur Hochzeit schenkte. Sie bemerkt, daß die ›Diana‹ von Benvenuto Cellini nicht mehr da ist; man hat sie in den Louvre gebracht... Und wenn sie hinausblickt auf den Karpfenteich, stellt sie mit einem bedauernden Seufzer fest, daß ihre Gondel nicht mehr auf dem Wasser schwimmt. So mag der Geist von Marie Antoinette wieder das mondbeschienene Trianon und Saint-Cloud besuchen...*«

Einige Tage nach ihrer Rückkehr nach England brach der Erste Weltkrieg aus. Sehr bald spürte sie die Folgen. Prinz Victor und Prinzessin Clementine mußten aus ihrem Haus in der Avenue Louise in Brüssel fliehen. Sie kamen nach Folkestone, und die Kaiserin nahm sie mit ihren Kindern bei sich auf. Die Jacht ›Thistle‹ wurde der Admiralität zur Verfügung gestellt. Bereits Anfang November wohnte Eugénie erstmals einem Trauergottesdienst dieses Krieges bei: Prinz Moritz von Battenberg, Beatrices Sohn, war bei Ypern gefallen. Er war im gleichen Alter gewesen wie der Kaiserliche Kronprinz, als er in Zululand fiel.

Ein Flügel des Schlosses Farnborough Hill wurde zum Lazarett für verwundete Offiziere. Es bestand aus acht Räumen und einem Operationssaal. Die Kaiserin bestritt die gesamten Kosten und opferte dafür einen Teil ihres Vermögens. Sie bestand darauf, daß alles aufs beste eingerichtet wurde. Man konnte beobachten, wie sie auf dem Gang einen neuen Krankenstuhl oder ein Paar Krücken ausprobierte.

Die Sorge für ihre Kranken wurde zu ihrem Lebensinhalt. Es war, als erlebe sie noch einmal die Tage im August 1870, als sie in den Lazaretträumen in den Tuilerien Verwundete betreute. Damals war sie Kaiserin und Regentin, und auch jetzt trat sie als Herrin auf und duldete keine Einmischung in ihre Anordnungen. Die beste Behandlung für ihre Patienten war ihrer Meinung nach, sie glücklich zu machen und zum Lachen zu bringen. Eine kleine Romanze hielt sie für das beste Mittel gegen die ›Bombenneurose‹. »Es wird ihnen guttun, wenn sie sich verlieben«, war ihre Ansicht. Deshalb sorgte sie für junge, hübsche Krankenschwestern. Die Patienten dankten es ihr. König George und Königin Mary bewunderten Eugénie. Sie kamen mehrmals nach Farnborough und waren auch unter den Gästen bei der Feier zu ihrem neunzigsten Geburtstag. Der König schickte zwei junge Männer in Uniform zu ihr: David, den Prinzen von Wales (den späteren Edward VIII. und Herzog von Windsor), und seinen jüngeren Bruder, Prinz Bertie (den späteren George VI.). Sie schmückten die letzte Kaiserin der Franzosen mit dem Großkreuz des Britischen Empire.

Eugénie liebte noch immer die Gefahr. Wenn sie nachts das tiefe, dumpfe Dröhnen der Zeppeline hörte, rief sie ihrer Gesellschafterin zu: »Schnell!« Sie warf sich einen Schal über und ging in den Garten. Wenn man sie vor möglichen Bomben warnte, antwortete sie, sie wäre jetzt zu alt, sie könnte nicht mehr lernen, Angst zu haben.

Im September 1919 wurde das Lazarett nach Aldershot verlegt. Beim Abschied sagte sie zu ihren Patienten, sie sollten Farnborough Hill immer als ihre Heimat betrachten. Sie habe sie doch im Bett kennengelernt, und intimer könne man eigentlich nicht sein. Alle besuchten sie nach ihrer Genesung. Sie war sehr stolz darauf.

Im Dezember reiste sie nach Paris und Cap Martin. Sie hatte grauen Star und war fast blind. Man sah ihrer vornübergebeugten Gestalt jetzt das hohe Alter an. Doch ihr Verstand war noch immer klar. Am Gare du Nord wurde sie von ein paar ergebenen Anhängern empfangen, denen sie anvertraute, wie enttäuscht sie sei, daß sie nicht per Flugzeug reisen könnte.

Das Frankreich, in das sie zurückkehrte, war geographisch fast wieder das gleiche wie in den Tagen des Zweiten Kaiserreichs. Unter allen Herrschern war sie die einzige, die die zweite Hälfte des aufregenden neunzehnten Jahrhunderts bewußt miterlebt hatte. Und sie warnte vor dem trügerischen Frieden, da sie mit erstaunlicher Klarsicht die Gefahr eines neuen Krieges voraussahnte.

Zu Ehren der beiden Napoleons machte sie einen Besuch im Invalidendom. Eine zerbrechliche, aber doch imponierende alte Dame ging, hart auf ihren Stock gestützt, hinunter zum Grabmal Napoleons I. Dort nahm sie eine Zeitung aus ihrer Handtasche und las langsam die Bedingungen vor, die die Alliierten den Deutschen für den Waffenstillstand gestellt hatten.

Leb wohl, Paris! Sie stand am Fenster ihres Schlafwagenabteils mit einem Strauß Veilchen in der Hand und lächelte beim Anblick der im Dunst an ihr vorüberziehenden Straßen, Kirchen und Hausgiebel, die sich gegen den Abendhimmel abzeichneten.

In der Villa ›Cyrnos‹ war sie sehr traurig. Der Garten war während ihrer fünfjährigen Abwesenheit sehr vernachlässigt worden. Sie vermißte ihren alten Sekretär Pietri, der jetzt bei seinem Herrn in St. Michael ruhte. Vier Kriegsjahre und vier kalte englische Winter hatten ihren Tribut gefordert. Eugénie fürchtete, völlig zu erblinden, und kein Arzt wollte sie operieren. Es schien zu bedenklich, eine

Dreiundneunzigjährige zu narkotisieren. Die meiste Zeit verbrachte sie im Bett; und zuweilen überkamen sie tiefe Depressionen. Von ihren Zeitgenossen waren so wenige noch am Leben. Ihr einziger Trost war ihre Zofe und Freundin Aline Pelletier, die als junges Mädchen 1868 in ihre Dienste getreten war. Aline konnte sich noch an das Leben in den Tuilerien erinnern.

Mit dem Frühling kam jedoch auch wieder neuer Auftrieb. Eugénie hatte Sehnsucht nach dem strahlend blauen Himmel Spaniens. Sie wollte der Leere und Eintönigkeit entfliehen, die sie in Frankreich umgab. Ihre Ärzte rieten ihr von der Reise ab, doch sie meinte, daß selbst sie eines Tages sterben müßte.

Im April 1920 fuhr sie nach Gibraltar. Der Gouverneur machte ihr seine Aufwartung und hofierte sie sehr. Jetzt war sie nicht mehr ›die Witwe Bonaparte‹, sondern wieder eine Kaiserin. Der Herzog von Alba kam ihr entgegen, und mit einem ganzen Schwarm von Verwandten und alten Freunden fuhren sie nach Jerez und weiter nach Sevilla. Dort in dem Palast der Albas, unter den Palmen, unter denen sie vor langer Zeit mit Paca gesessen hatte, erinnerte sie der Duft von Mimosen, Magnolien und Geißblatt an den Zauber ihrer Jugendzeit. Sie gab Diners und blieb bis in die frühen Morgenstunden auf. König Alfons und Königin Ena besuchten sie und behandelten sie wie eine regierende Fürstin. Sie war ein großer Star, die prominenteste Spanierin ihres Jahrhunderts.

Anfang Mai fuhr sie nach Madrid. Endlich war sie Herrin des Palastes de Liria. Fast siebzig Jahre waren vergangen, seit sie davon geträumt hatte, daß Alba sie dort zur Herrin des Hauses machen würde. Jetzt standen die Besucher Schlange, um sie zu sehen. Sie scherzte mit den Älteren, und die Jungen saßen ihr zu Füßen. Ein ganz besonderer Besucher war seine Exzellenz der französische Botschafter. Endlich erhielt sie Anerkennung und Wiedergutmachung. Dieses Treffen reihte sich in die Kette ihrer großen Erlebnisse ein: Dazu gehörte auch der Tag, als Queen Victoria sie in Windsor Castle empfing. Dann die jubelnde Menge bei der Taufe des Kronprinzen in Notre-Dame. Napoleon, wie er an der Spitze seiner Truppen nach dem Sieg bei Solferino in Paris einzog. Wie sie mit einem scharlachroten Mantel über den Schultern über den von Fackeln beleuchteten See von Annecy fuhr und der Ruf »Vive l'Impératrice!« von einem Ufer zum anderen schallte. Wie sie auf der Kommandobrücke der ›Aigle‹ stand und die Schiffe aller Nationen zur Eröffnung des Suez-Kanals anführte.

Man erzählte ihr von einem Arzt in Barcelona, der Staroperationen ohne Betäubung, ohne Chloroform, durchführe. Sie schreckte vor einer Operation nicht zurück und ließ den Arzt kommen. Der Doktor vollbrachte sein Werk mit Hilfe einer Saugvorrichtung und eines Blutegels. Als ein paar Tage später die Verbände abgenommen wurden, konnte Eugénie wieder sehen! Sie war sehr aufgeregt, las eines ihrer Lieblingsbücher und ging zu einem Stierkampf.

Der siebzehnte Herzog von Alba, Eugénies Großneffe James (›Jimmy‹), ein Enkel ihrer Schwester Paca, wollte heiraten. Es war für Eugénie die Erfüllung eines langgehegten Wunsches. Sie hatte beschlossen, daß die Trauung in Farnborough Hill stattfinden sollte. Sie schickte ihn am 9. Juli nach England und traf ihre Reisevorbereitungen, um drei Tage später nachzufolgen. Am 10. erkältete sie sich und mußte sich ins Bett legen. Sanft schlummerte sie ein. Um acht Uhr am anderen Morgen starb sie. Es war Sonntag; in ganz Madrid läuteten die Glocken.

Zeittafel

1808	20. April: Louis Napoleon als drittes Kind des holländischen Königs Louis und seiner Frau Hortense geb. Beauharnais in Paris geboren.
1809/10	König Louis trennt sich von seiner Frau Hortense.
1809	15. Dezember: Kaiser Napoleon I. wird von Joséphine Beauharnais geschieden.
1810	Louis verliert den Thron. Flucht nach Böhmen. Späterer Aufenthalt in Italien.
	2. April: Kaiser Napoleon I. heiratet in zweiter Ehe Marie Louise, die Tochter des österreichischen Kaisers Franz I.
	September: Louis Napoleon in Fontainebleau getauft.
1811	20. März: Der ›König von Rom‹ (seit 1818 Herzog von Reichstadt), Sohn Napoleons I. und Marie Louises, geboren.
1812	Juni–November: Rußlandfeldzug Napoleons.
1813–1815	Deutsche Befreiungskriege.
1813	16.–19. Oktober: Völkerschlacht von Leipzig. Napoleon I. unterliegt den Alliierten.
1814/15	Wiener Kongreß.
1814	30./31. März: Paris kapituliert.
	6./11. April: Napoleon I. dankt ab und geht nach Elba in die Verbannung. Rückkehr der Bourbonen. Ludwig XVIII. wird König von Frankreich.
	29. Mai: Joséphine Beauharnais gestorben.
1815	1. März: Napoleon I. landet in Frankreich. Die ›Herrschaft der hundert Tage‹ beginnt.
	20. März: Einzug Napoleons in die Tuilerien. Hortense folgt mit den Kindern.
	18. Juni: Schlacht von Waterloo. Blücher und Wellington siegen über Napoleon.
	22. Juni/28. Juli: Napoleon dankt zum zweitenmal ab. Verbannung nach St. Helena.
	7./8. Juli: Zweite Einnahme von Paris durch die Alliierten. Ludwig XVIII. kehrt zurück.

	19. Juli: Hortense muß Paris verlassen. Aufenthalt in Pregny/Aix-les-Bains.
	November: Hortense übersiedelt nach Konstanz. Endgültige Wohnung im Kanton Thurgau.
1820/21	Revolution in Spanien, Portugal, Sardinien-Piemont und Neapel-Sizilien.
1821–1829	Griechischer Unabhängigkeitskrieg.
1821	Louis Napoleon tritt in das Augsburger St.-Anna-Gymnasium ein.
	5. Mai: Napoleon I. auf St. Helena gestorben.
1824	Gefängnishaft Don Cipriano Montijos in Spanien. Bis 1830 bleibt die Familie unter Bewachung.
	16. September: Ludwig XVIII. gestorben. Sein Bruder Karl X. wird König von Frankreich.
1825	Ende der Schulzeit in Augsburg. Louis Napoleon tritt in die Schweizer Militärakademie von Thun ein.
	29. Januar: Maria Francisca de Sales (›Paca‹), erste Tochter von Manuela und Don Cipriano, geboren.
1826	5. Mai: Maria Eugénie Ignace Augustine de Montijo, spätere Kaiserin Eugénie, als Tochter des Obersten Don Cipriano Guzman de Palafox y Porto Carrero, Conde de Teba, und seiner Frau Maria Manuela Kirkpatrick in Granada geboren.
1830	26. Juli: ›Julirevolution‹ in Frankreich. Sturz der Bourbonen.
	2. August: König Karl X. dankt ab. Flucht nach England.
	7. August: Louis Philippe, Herzog von Orléans, wird ›König der Franzosen‹ (›Bürgerkönig‹).
1831	Februar: Aufstand in der Romagna gegen den Papst. Louis Napoleon und sein Bruder Napoleon Louis auf seiten der Aufständischen.
	27. März: Napoleon Louis in Forli an den Masern gestorben. Louis Napoelon überwindet die Krankheit und kann mit Hortense Italien incognito verlassen. Aufenthalt in Paris.
	Mai: Weiterfahrt nach England. Wohnsitz in London. Verbindung zu den Verschwörern gegen das Orléans-Regime.
	7. August: Rückreise in die Schweiz nach Arenenberg. In der Folge wird Louis Napoleon das Bürgerrecht des Kantons Thurgau verliehen.
1832	22. Juli: Napoleons I. Sohn, Herzog von Reichstadt und ›König von Rom‹, in Schönbrunn gestorben.

1833	Mai: Louis Napoleon kehrt von London nach Arenenberg zurück.
	29. September: Tod des spanischen Königs Ferdinand VII. – Thronfolgestreit und Bürgerkrieg (›Karlistenkrieg‹) bis 1840.
	Don Cipriano geht mit seiner Familie nach Madrid.
1834	18. Juli: Manuela Montijo verläßt mit ihren Kindern Spanien und geht nach Paris. Paca und Eugénie besuchen das Kloster Sacré-Cœur.
1836	Schulwechsel der Schwestern Montijo.
	30. Oktober: Die Verschwörung Louis Napoleons in Straßburg mißlingt. Verhaftung.
	21. November: Louis Napoleon muß Frankreich verlassen und geht nach Amerika.
1837	30. März: Ankunft in Norfolk, Virginia.
	Wohnung in New York.
	20. Juni: Wilhelm IV. von Großbritannien gestorben. Queen Victoria besteigt den englischen Thron.
	Rückkehr Louis Napoleons nach Europa wegen Erkrankung der Mutter.
	10. Juli: Ankunft in London.
	4. August: Louis Napoleon erreicht mit falschem Paß Arenenberg.
	5. Oktober: Tod der Mutter Hortense.
1838	Januar: Louis Napoleon bezieht das ererbte Schloß Gottlieben/Schweiz.
	Anfang Oktober: Rückkehr nach London.
1840	Die sterblichen Reste Napoleons I. werden in den Pariser Invalidendom überführt.
	Louis Napoleon plant erneut einen Putsch.
	6. August: Landung in Boulogne. Die Verschwörer finden keine Unterstützung.
	12. August: Louis Napoleon im Gefängnis von Paris.
	28. September: Gerichtsverhandlung. Louis Napoleon zu lebenslänglicher Haft verurteilt. Einkerkerung in der Zitadelle von Ham bei Amiens.
	Historisch-politische und physikalische Studien.
	Während des Gefängnisaufenthalts Beziehung zu Alexandrine Eleanora Vergeot (gemeinsame Söhne Alexandre Louis Eugène und Alexandre Louis Erneste).
1843	Eugénie löst sich vom Herzog von Alba, der später ihre Schwester Paca heiratet.

1846	25. Mai: Louis Napoleon flieht aus der Haft, um seinen erkrankten Vater zu besuchen.
	25. Juli: Vater Louis stirbt in Livorno, ohne seinen Sohn noch einmal gesehen zu haben.
um 1847/48	Unglückliche Beziehung Eugénies zum Marquis Pepe de Alcanizes.
1847	Jahresanfang: Louis Napoleon nimmt Wohnung in St. James.
	April–Dezember: Eugénies Mutter Manuela als Oberhofmeisterin der spanischen Königin Isabella tätig.
1848	22.–24. Februar: ›Februarrevolution‹ in Frankreich. Louis Philippe dankt ab. Die Republik wird ausgerufen.
	27./28. Februar: Louis Napoleon auf dem Weg nach Paris. Er muß Frankreich wieder verlassen und nach London zurückkehren.
	März–Mai: Aufstände in Wien, Berlin und München.
	23.–26. Juni: Pariser ›Juni-Aufstand‹ der Arbeiter.
	10. Dezember: Louis Napoleon siegt bei der französischen Präsidentenwahl.
	Aufenthalt Elizabeth Howards in Paris.
1849	11. März: Eleanora Gordon gestorben.
	April: Louis lernt Eugénie de Montijo kennen.
1851	2. Dezember: Staatsstreich des Präsidenten Louis Napoleon. Verhaftung der Abgeordneten.
	4. Dezember: Blutige Übergriffe der Truppen.
	Wiederwahl zum Präsidenten auf 10 Jahre.
1852	November: Beginn der Beziehung zu Eugénie.
	21. November: Volksabstimmung. Die Mehrheit der Franzosen spricht sich für das Kaisertum aus.
	2. Dezember: Louis Napoleon wird als Napoleon III. Kaiser von Frankreich. Beginn des ›Zweiten Kaiserreichs‹.
	12. Dezember: Prinzessin Adelaide von Hohenlohe-Langenburg, Nichte der englischen Königin Victoria, lehnt einen Heiratsantrag Napoleons III. ab.
1853–1856	Krimkrieg zwischen Rußland und der Türkei.
1853	15. Januar: Napoleon III. hält um die Hand Eugénies an.
	29./30. Januar: Trauung.
1854	28. März: Frankreich und Großbritannien treten in den Krieg gegen Rußland ein.
	4.–8. September: Erstes Treffen Napoleons III. mit Prinz Albert in Boulogne.

1855	16. April: Das französische Kaiserpaar besucht Windsor und London.
	18. August: Queen Victoria und Prinz Albert auf Gegenbesuch in Frankreich.
	Weltausstellung in Paris.
1856	16. März: Kronprinz Napoleon Eugène Louis geboren.
	30. März: Mit dem Frieden von Paris endet der Krimkrieg.
	14. Juni: Offizielle Taufzeremonie für Eugène Louis.
1857	Januar–April: Verhältnis Napoleons III. zu Virginie Oldoini, Contessa di Castiglione.
	Dann Beziehung zu Marianne Gräfin Walewska.
	August: Queen Victoria und Prinz Albert treffen sich mit dem französischen Kaiserpaar in Osborne.
1858	Januar: Prinz Friedrich Wilhelm von Preußen heiratet die englische ›Princess Royal‹ Victoria.
	14. Januar: Mißglücktes Bombenattentat Felice Orsinis auf Napoleon III. und Eugénie.
1859	Italienisch-französischer Krieg gegen Österreich.
	29. April: Kriegserklärung Frankreichs an Österreich.
	11. Juni: Clemens Fürst von Metternich gestorben. – Sein Sohn Richard wird österreichischer Botschafter in Paris.
	11. Juli: Vorfriede von Villafranca zwischen Napoleon III. und Franz Joseph I.
	›Plon-Plon‹ heiratet Clothilde, Tochter des Königs Victor Emmanuel von Sardinien-Piemont.
1860	Mai: Garibaldis ›Zug der Tausend‹ in Süditalien. Beginn der Italienischen Einigung.
	Napoleon III. und Kaiserin Eugénie reisen durch Frankreich nach Korsika und Algerien.
	16. September: Eugénies Schwester Paca gestorben.
	14. November: Heimliche Reise Eugénies nach England und Schottland. Treffen mit Lord Clarendon.
	23. November: Napoleon III. gesteht der Legislative neue Rechte zu.
	4. Dezember: Kaiserin Eugénie besucht Queen Victoria.
	13. Dezember: Eugénie wieder in Frankreich. Ihr politischer Einfluß nimmt in der Folgezeit zu.
1861	14. März: Victor Emmanuel II. wird König von Italien.
1863	Liaison Napoleons III. mit Marguerite Bellanger (Justine Marie Leboeuf).

1864	März: Erzherzog Maximilian von Österreich und seine Ehefrau Charlotte bei Napoleon III. Maximilian wird als Kaiser von Mexiko eingesetzt. Reise nach Mexico-City. Frankreich gewährt dem mexikanischen Kaiser Militärhilfe (bis 1865). 22. August: Auf Initiative Henri Dunants und mit Unterstützung Napoleons III. wird die ›Genfer Konvention‹ abgeschlossen. Gründung des Roten Kreuzes. Sommer/Herbst: Eugénie zur Kur in Bad Schwalbach. Besuche des Königs Wilhelm von Preußen und des Zaren Alexander II.
1866	15. Juni – 26. Juli: Preußisch-österreichischer Krieg. Italienisch-österreichischer Krieg. 3. Juli: Sieg Preußens bei Königgrätz. 8. August: Charlotte von Mexiko bei Eugénie. Frankreich verweigert weitere Unterstützung.
1867	Eugénie besucht Queen Victoria in Osborne. 6. Juni: Attentatsversuch nach der Parade von Longchamps. September: Begegnung Napoleons III. und Eugénies mit Kaiser Franz Joseph und Elisabeth von Österreich in Wien. Weltausstellung in Paris.
1868	Queen Victoria reist durch Frankreich zu einem Sommeraufenthalt in die Schweiz. Treffen mit dem Kaiserpaar in Paris. Jahresende: Schlechter Gesundheitszustand Napoleons III.
1869	Eugénie zieht sich von den Sitzungen des Kronrates zurück. 16. – 18. November: Eröffnung des Suezkanals in Anwesenheit Kaiser Franz Josephs von Österreich und Kaiserin Eugénie von Frankreich.
1870	Juli: Napoleon III. und Eugénie in Saint-Cloud. 19. Juli: Frankreich erklärt Preußen den Krieg. 28. Juli: Napoleon III. übernimmt trotz seiner schwachen Gesundheit den Oberbefehl über die Armee. Begleitung des Kronprinzen. Eugénie bleibt als Regentin in Paris. 2. August: Französischer Angriff auf Saarbrücken. Rückzug der Preußen.

4./6. August: Preußische Siege bei Weißenburg und Wörth.

9. August: Eugénie entläßt Premierminister Emile Ollivier. General Palikao leitet die Regierung der Nationalen Verteidigung.

1. September: Schlacht bei Sedan.

Napoleon III. gerät in deutsche Gefangenschaft. Der Kronprinz kann nach Belgien gelangen. Kaiserin Eugénie flieht mit Hilfe von Dr. Evans nach Deauville. Sir John Montagu Burgoyne bringt sie mit seiner Jacht heimlich über den Kanal.

4. September: Ausrufung der Französischen Republik (›Dritte Republik‹)

9. September: Dr. Evans arrangiert in Hastings ein Treffen zwischen Eugénie und dem Kronprinzen.

20. September: Eugénie mietet Camden Place in Chislehurst. – Der preußische Kronprinz Friedrich Wilhelm verlegt sein Hauptquartier nach Versailles.

27. Oktober: Die französischen Truppen ergeben sich bei Metz.

30. Oktober/1. November: Eugénie besucht Napoleon III. auf Schloß Wilhelmshöhe.

30. November: Queen Victoria in Camden Place.

1871   5. Januar: Beschießung von Paris.

18. Januar: Gründung des Deutschen Reiches. Wilhelm I. in Versailles zum Kaiser proklamiert.

26. Februar: Vorfriede von Versailles. Lothringen und das Elsaß werden an das Deutsche Reich abgetreten.

1. März: Deutsche Truppen ziehen in Paris ein.

18. März – 28. Mai: Aufstand der Pariser Kommune.

19. März: Napoleon III. reist nach Camden Place.

10. Mai: Friede von Frankfurt am Main. Frankreich muß Kriegsentschädigung zahlen und den Verzicht auf Elsaß-Lothringen bestätigen.

September/Dezember: Eugénie besucht ihre Mutter in Spanien.

1873   ab 2. Januar: Napoleon III. muß sich mehreren Blasenstein-Operationen unterziehen.

9. Januar: Napoleon III. in Chislehurst gestorben.

1875   Der Kronprinz schließt die Ausbildung in Woolwich ab.
1877/78   Russisch-türkischer Krieg.
1877   Oktober: Große Mehrheit für die Republikaner bei den Wahlen in Frankreich.

1879	Britische Strafexpedition gegen die Zulus.
	1. Juni: Kronprinz Louis in Südafrika gefallen.
	11. Juli: Überführung nach Chislehurst.
	Eugénie in Madrid. Tod der Mutter Manuela.
1880	März: Eugénie besucht das Kap der Guten Hoffnung.
1881	Umzug nach Farnborough Hill/Hampshire.
1883	Paris-Besuch Eugénies.
1888	9. Januar: Überführung Napoleons III. und des Kronprinzen in die neuerbaute St. Michael-Kirche.
	9. März: Tod des deutschen Kaisers Wilhelm I.
	15. Juni: Kaiser Friedrich III. nach 99tägiger Regierungszeit gestorben. Wilhelm II. wird Kaiser des Deutschen Reiches (Abdankung 1918).
1890	Eugénie erhält die Erlaubnis, sich in Frankreich niederzulassen (Cap Martin/Riviera).
1894–1899/ 1906	Dreyfus-Affäre in Frankreich.
1901	22. Januar: Queen Victoria gestorben. Ihr Sohn Eduard VII. wird König von Großbritannien.
1904	8. April: ›Entente cordiale‹ zwischen Frankreich und Großbritannien.
1905/06	Erste russische Revolution. – Erste Marokkokrise.
1906	Prinzessin Ena von Battenberg, Patenkind Eugénies, heiratet in Madrid den spanischen König Alfons und wird als Victoria Eugenia Königin von Spanien.
	Eugénie besteigt den Vesuv.
	Treffen mit Kaiser Franz Joseph in Ischl.
1907	Wilhelm II. besucht Eugénie bei Bergen an Bord des Kreuzfahrtschiffes ›Thistle‹.
1910	6. Mai: Eduard VII. von England gestorben. Nachfolger auf dem Thron wird Georg V.
	Prinz Victor Napoleon, Sohn von ›Plon-Plon‹, heiratet Prinzessin Clementine von Belgien.
1911	Zweite Marokkokrise.
1912/13	Balkankriege.
1914	28. Juni: Ermordung des österreichisch-ungarischen Thronfolgers Franz Ferdinand in Sarajewo. Ausbruch des Ersten Weltkriegs.
	Juli: Eugénie in Fontainebleau, Saint-Cloud, Compiègne und Malmaison.
	November: Prinz Moritz von Battenberg bei Ypern gefallen.
	Eugénie richtet in ihrem Schloß ein Lazarett ein.

1916	21. November: Kaiser Franz Joseph gestorben. Sein Großneffe Karl I. wird Kaiser von Österreich (Abdankung 1918).
	Eugénie erhält anläßlich ihres 90. Geburtstages das Großkreuz des Britischen Empire.
1917	März/November: Revolution in Rußland.
1918	Waffenstillstand von Compiègne. Ende des Ersten Weltkriegs.
1919	28. Juni: Versailler Vertrag.
	Eugénie leidet am Grauen Star. Drohende Erblindung. Reise nach Paris und Cap Martin.
1920	April/Mai: Reisen nach Gibraltar, Jerez, Sevilla und Madrid.
	Erfolgreiche Star-Operation.
	11. Juli: Eugénie in Madrid gestorben.

Haus Bonaparte
– Übersicht –

Carlo Buonaparte ∞ Laetitia Ramolino
* 1746 † 1785   * 1750 † 1836

Napoleon I. ∞ (1./2., ⊕ 1809) Josephine Tascher
* 1769 † 1821   de la Pagerie
1804 Ks. d. Franzosen   * 1763 † 1814
 ∞ (1.) Alexander de
  Beauharnais
  * 1760 † 1794

nat. Sohn (2./1., ⊕ 1814) 1806 adopt. v. Napoleon I.
(M.: Maria Gfn. Walewska) Marie Louise
Alexander Walewski v. Österreich
† 1868 * 1791 † 1847   Eugène   Hortense
∞ (1.) T. d. Earl of Sandwich ∞ (2.) Adam A. * 1781 † 1824 * 1783 † 1837
 (2.) … Poniatowska Gf. v. Neipperg 1805–1814 Vizekg.
  * 1775 † 1829 v. Italien nat. Sohn
  (3.) Karl 1817 Hzg. v. (V.: Charles
  Gf. v. Bombelles Leuchtenberg de Flahaut)
  * 1785 † 1856 ∞ Augusta Amalia Auguste de Morny
    * 1788 † 1851 * 1811 † 1852/72
  (2.) (T. v. Kg. Maxim. I ∞ Sophie
  3 Kinder Joseph v. Bayern) Trubetzkoi

4 Kinder   7 Kinder 4 Kinder

(2.)
Napoleon II. Franz
* 1811 † 1832
1811 Kg. v. Rom
1818 Hzg. v. Reichstadt

Napoleon   Napoleon   Louis Napoleon   ∞ Eugénie de Montijo
Charles   Louis   Napoleon III.   de Guzman y Porto Carrero
* 1802 † 1807 * 1804 † 1831 * 1808 † 1873   * 1826 † 1920
  ∞ Charlotte, T. d. 1852 Ks. d. Franzosen
  Josephe Bonaparte 1870 abges.
  (S. d. Carlo Buonaparte)
  * 1802 † 1839

     Napoleon Eugène Louis
     * 1856 gef. 1879

(M.: Alexandrine E. Vergeot) nat. Kinder (M.: Virginie di Castiglione)

Alexandre   Alexandre   S.
Louis Eugène Louis Erneste „Dr. Hugenschmidt"
* 1843   * 1844
1870 Gf. d'Orx 1870 Gf. de Labenne

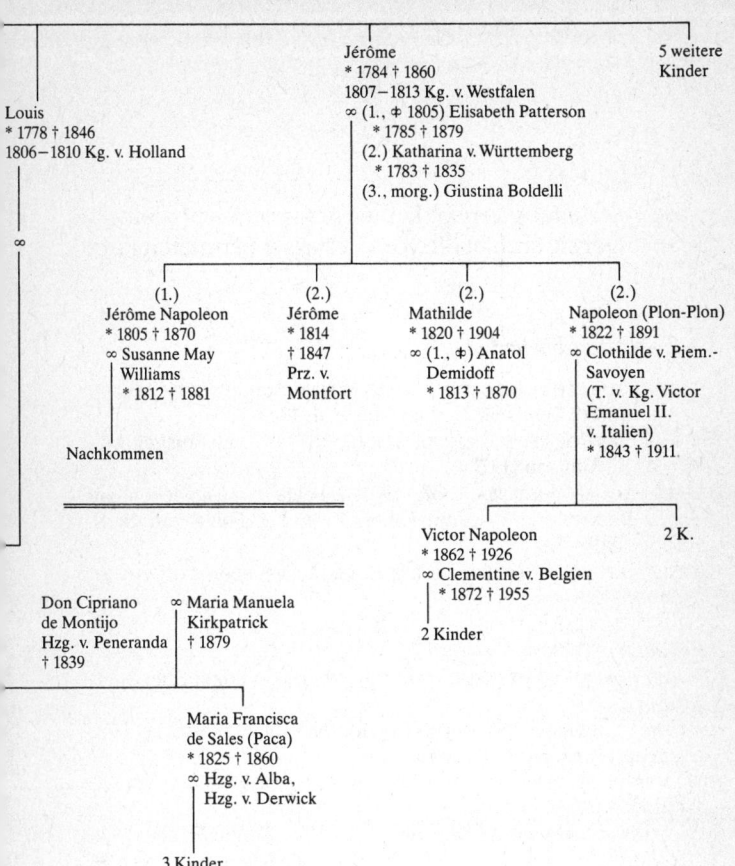

Bibliographie

(Diese Aufstellung erhebt keinen Anspruch auf Vollständigkeit, aber sie enthält die vom Verfasser benutzten Publikationen)

Briefe und Tagebücher

THE LIFE AND LETTERS OF GEORGE WILLIAM FREDERICK, FOURTH EARL OF CLARENDON (2 Bde.). Sir Herbert Maxwell. 1913

THE WAR DIARY OF EMPEROR FREDERICK III, 1870–71. Herausgegeben von A. R. Allinson. 1927

LETTERS OF QUEEN VICTORIA, 1837–1901. 1. Folge herausgegeben von A. C. Benson und Viscount Esher; 2. und 3. Folge von G. E. Buckle. 1907–32

FURTHER LETTERS OF QUEEN VICTORIA. Herausgegeben von Hector Bolitho. 1938

LETTERS OF THE EMPRESS FREDERICK. Herausgegeben von Sir Frederick Ponsonby. 1928

GEORGE, DUKE OF CAMBRIDGE. Herausgegeben von Edgar Sheppard. 1907

›MY DEAR DUCHESS‹ — LETTERS TO THE DUCHESS OF MANCHESTER. Herausgegeben von A. L. Kennedy. 1956

THE EMPRESS FREDERICK WRITES TO SOPHIE. Herausgegeben von A. Gould Lee. 1955

GLADSTONE TO HIS WIFE. Herausgegeben von A. Tilney Bassett. 1936

LETTERS OF LADY AUGUSTA STANLEY. Herausgegeben von Dean of Windsor und Hector Bolitho. 1927

REMINISCENCES OF COURT AND DIPLOMATIC LIFE. (2 Bde.). Lady Bloomfield. 1883

THE TRAGIC EMPRESS: INTIMATE CONVERSATIONS WITH THE EMPRESS EUGENIE. Maurice Paléologue. 1928

LIFE WITH QUEEN VICTORIA. Herausgegeben von Victor Mallet. 1968

THE GREVILLE MEMOIRS. Charles Greville. 1888

QUEEN VICTORIA — LEAVES FROM A JOURNAL, 1855. 1961

Memoiren

SOUVENIRS INTIMES DE LA COUR DES TUILERIES. (3 Bde.). Mme. Carette. 1891
MEMOIRS OF THE EMPRESS EUGENIE. Comte Fleury. 1920
THE REMINISCENCES OF A SPANISH DIPLOMAT. Francisco de Reynoso. 1933
MEMOIRES. Duc de Persigny. 1896
THE MEMOIRS OF DR. THOMAS W. EVANS (2 Bde.). 1894
REMINISCENCES. Prinzessin Marie von Battenberg. 1925
WHEN MEN HAD TIME TO LOVE. Agnes de Stoeckl. 1953
RECOLLECTIONS OF THREE REIGNS. Sir Frederick Ponsonby. 1951
MY MEMORIES OF SIX REIGNS. Prinzessin Marie Louise. 1956
TEN YEARS AT THE COURT OF ST. JAMES. Baron von Eckardstein. 1921
MEMOIRS OF PRINCE HOHENLOHE. (2 Bde.). 1906
THE QUEEN THANKS SIR HOWARD. Mary Howard McClintock. 1946
COLLECTIONS AND RECOLLECTIONS. G. W. E. Russell. 1903
THE PRINCE IMPERIAL. A. Filon. 1913
SOUVENIRS SUR L'IMPERATRICE EUGENIE. A. Filon. 1920
L'INCONNUE — L'IMPERATRICE EUGENIE. Lucien Daudet. 1922
THE REMINISCENCES OF LADY DOROTHY NEVILL. Ralph Nevill. 1906
MEMOIRS OF SARAH BERNHARDT. 1907
AS WE WERE. E. F. Benson. 1932
A GREAT LADY'S FRIENDSHIPS. Herausgegeben von Lady Burghclere. 1933
THE DAYS BEFORE YESTERDAY. Lord Frederick Hamilton. 1920
MY REMINISCENCES. Lord Ronald Gower. 1895
MY ROYAL CLIENTS. Xavier Paoli. Ohne Datum
THE REMINISCENCES OF LADY RANDOLPH CHURCHILL. G. Comwallis-West. 1908
MY DAYS OF ADVENTURE. Ernest Alfred Vizetelly. 1914
THINGS I HAVE SEEN. Sir Charles Oman. 1933
THE VANISHED POMPS OF YESTERDAY. Anon. 1919
STREAKS OF LIFE. Dame Ethel Smyth. 1920
SOUVENIRS 1859–1871. Fürstin Pauline Metternich. 1922

Biographien

DEMOCRATIC DESPOT. T.A.B. Corley. 1961
NAPOLEON III IN ENGLAND. Ivor Guest. 1952
NAPOLEON THE THIRD. Walter Geer. 1921
NAPOLEON III. W.H.C. Smith. 1972
NAPOLEON III AND THE WOMEN HE LOVED. Hector Fleischmann. Ohne Datum

THE RISE OF LOUIS NAPOLEON. F. A. Simpson. 1925
THE EMPRESS EUGENIE. Harold Kurtz. 1964
THE LIFE OF THE EMPRESS EUGENIE. Robert Sencourt. 1931
THE LAST EMPRESS OF THE FRENCH. Philip W. Sergeant. 1909
THE LIFE OF THE EMPRESS EUGENIE. Jane T. Stoddart. 1906
L'IMPERATRICE EUGENIE. Octave Aubry. 1931
THE EMPRESS EUGENIE AND HER SON. Edward Legge. 1916
THE PRINCE IMPERIAL. E.E.P. Tisdall. 1959
THE PRINCESS MATHILDE BONAPARTE. Philip W. Sergeant. O. J.
IMPERIAL BROTHER: THE LIFE OF THE DUC DE MORNY. M. Chapman. 1931
PLON-PLON: THE LIFE OF PRINCE NAPOLEON. Edgar Holt. 1973
NAPOLEON: BISEXUAL EMPEROR. Frank Richardson. 1972
THE AGE OF WORTH. Edith Saunders. 1954
QUEEN VICTORIA AND THE BONAPARTES. Theo Aronson. 1972
QUEEN VICTORIA'S RELATIONS. Meriel Buchanan. 1954
QUEEN VICTORIA. E. F. Benson. 1935
VICTORIA R. I. Elizabeth Longford. 1964
QUEEN VICTORIA (Bd. 1). Cecil Woodham-Smith. 1972
VICTORIA QUEEN AND RULER. Emily Crawford. 1903
CONCERNING QUEEN VICTORIA AND HER SON. Sir George Arthur. 1943
KING EDWARD THE SEVENTH. Sir Philip Magnus. 1964
KING EDWARD VII (2 Bde.). Sir Sidney Lee. 1927
KING EDWARD VII. E. F. Benson. 1933
EDWARDIANS IN LOVE. Anita Leslie. 1972
THE ENGLISH EMPRESS. E. C. Corti. 1957
THE EMPRESS FREDERICK. Anon. 1913
THE PUBLIC AND PRIVATE LIFE OF KAISER WILLIAM II. E. Legge. 1915
THE ROYAL GEORGE. Giles St. Aubyn. 1963
VICTORIAN GALLERY. Meriel Buchanan. 1956
THE LONELY EMPRESS. Joan Haslip. 1965
MAXIMILIAN AND CHARLOTTE OF MEXICO. E. C. Corti. 1928
THE COBURGS OF BELGIUM. Theo Aronson. 1969
KING ALFONSO. Robert Sencourt. 1942
A VANISHED VICTORIAN. George Viliers. 1938
DISRAELI. André Maurois. 1927
DIZZY. Hesketh Pearson. 1951
LORD PALMERSTON. Jasper Ridley. 1970
BISMARCK. Emil Ludwig. 1927
PRINCE BISMARCK. (2 Bde.). Charles Lowe. 1885
GARIBALDI. Jasper Ridley. 1974
FLORENCE NIGHTINGALE. Cecil Woodham-Smith. 1950
SKITTLES: THE LAST VICTORIAN COURTESAN. Henry Blyth. 1970
THE PEARL FROM PLYMOUTH. W. H. Holden. 1950

Personenregister

Abdul Azis, Sultan 250 f.
Aberdeen, Lord 148, 154
Adelaide, Prinzessin v. Hohenlohe-Langenburg 117, 120, 123 ff., 128
Alba, ›Paca‹, Herzogin v. 89, 91, 94, 96–102, 134, 141 f., 191–195
Albert, Prinzgemahl 77, 120 ff., 125–167, 178 ff., 198 f., 202
Alcanizes, Marquis de 101 f., 360
Alexander II. v. Rußland 213, 239 f., 314
Alfonso XIII. v. Spanien 350
Arese, Francesco Graf 42, 49
Augusta v. Preußen 318

Barrott, Odilon 114
Battenberg, Beatrice Prinzessin v. 338 ff., 342, 350, 355, 357
Battenberg, Ena Prinzessin v. 355 f., 350
Battenberg, Heinrich Prinz v. 350 f., 357
Battenberg, Ludwig Prinz v. 338 f.
Beauharnais, Eugène de 23 ff., 135
Beauharnais, Stephanie de 25
Bedford, Herzog v. 35, 55

Ballanger, Marguerite 210–214
Beyle, Henri (Stendhal) 93 f.
Bismarck, Otto Fürst v. 202–219, 241 f., 247, 257 ff., 272, 313 ff., 326
Blessington, Lady 56 ff., 70
Bonaparte, Carlo 12
Bonaparte, Caroline 12, 34
Bonaparte, Jérôme, König v. Westfalen 12, 15, 39, 47, 81, 83, 108, 128, 130, 135, 164, 275
Bonaparte, Josephe, König v. Spanien 12
Bonaparte, Letitia 12
Bonaparte, Lucien 12, 34, 39, 49
Bonaparte, Louis, König v. Holland 12–17, 24, 38 f., 68 f., 70 f.
Brown, John 203, 328, 347 f.
Bruce, Lady Augusta 138, 161, 197
Burgoyne, Sir John und Lady 300–305, 325

Cambridge, George Herzog v. 73, 340, 353
Castellane, Marschall 92 f.
Castiglione, Virginie de 174–177, 361
Cavaignac, General 80, 82
Cavour, Graf Benso di 174 f., 184, 189, 193

Charlotte v. Österreich, Kaiserin
  v. Mexiko 230–236
Chevreau, Minister 279 f.
Clarandon, Lord George
  Villiers 95, 97, 113, 128,
  130 f., 141, 146 ff., 151, 154 f.,
  164 ff., 169, 171, 177, 179, 182,
  198, 203, 213, 247, 255, 257
Clary, Graf u. Gräfin 311, 323
Clothilde, Prinzessin 284, 220
Conneau, Dr. 49, 54, 61, 64 f.,
  68 f., 72, 172, 273 f.
Cowley, Lord 112, 119, 125 f.,
  128, 142, 147, 149 f., 203, 213,
  310
Crane, Dr. Edward A.
  288–293, 296, 300 f., 303 f.

Disraeli, Benjamin 55, 219, 341
Dunant, Henri 188

Edward VII. v. England 355,
  360
Elisabeth, Kaiserin v. Österreich 242 f., 353
Ely, Lady Jane 169 f.
Ernst II., Herzog v.
  Coburg 149
Evans, Dr. T. W. 137, 189, 252,
  287–308, 311, 342, 361

Favre, Jules 208, 283, 313
Ferdinand VII. v.
  Spanien 88 f., 91 f.
Fergusson, Dr. William 172,
  174
Filon, Augustin 281, 311, 324
Fitzroy, James Young 132
Flahaut, Graf 17, 36, 108
Fleury, Graf 108, 194
Franz I. v. Österreich 18, 38
Franz Joseph v. Österreich
  185 f., 230, 242 ff., 254, 314 f.,
  340, 354, 358

Friedrich Wilhelm v.
  Preußen 168, 182, 217,
  263 f., 270 f., 273, 312 f.

Gambetta, Léon 314, 352
Garibaldi, Guiseppe 194
Gladstone, W. E. 216, 247, 310
Goddard, Pater 327, 333
Goltz, Graf von der 211 f.
Gordon, Eleanora 42–46, 59,
  67, 76, 79, 84, 102, 115
Gower, Lord Ronald 284
Gull, Sir William 326

Hamilton, Herzog v. 55
Haussmann, Baron
  Georges 158, 237 f.
Holland, Lady 35, 55, 175
Home, Daniel Dunglas 206
Hortense de Beauharnais,
  Königin v. Holland 27–44,
  47–55, 178
Howard, Elizabeth Anne 74 f.,
  83 f., 113 ff., 117, 119, 127,
  173, 223
Hugenschmidt, Dr. 361

Isabella v. Spanien 92, 127, 141

Josephine de Beauharnais 13 f., 17–20, 23

Karl X. v. Frankreich 28
Kirkpatrick, William 86 ff.

Laity, Leutnant 52, 79
Lamartine, Alphonse 79
Le Bas, Philippe 26
Lebreton, Madame 285, 290 f.,
  296 f., 303 ff., 307, 311, 317
Lebrun, General 262, 270
Leopold I. v. Belgien 37, 75,
  120 ff., 125, 158, 167, 191, 196,
  203

Lesseps, Ferdinand 86, 248 ff., 254
Lhyus, Drouyn de 130
Louis Philippe, König 28, 32, 37, 40, 47, 64, 67, 75, 82, 105, 230
Louise, Prinzessin 75, 231
Ludwig XVIII. v. Frankreich 20, 28, 87
Lyons, Lord 290, 313

Mac-Mahon, General 263, 265 f., 278
Magnan, General 104, 106, 108, 110
Malmesbury, Lord 27, 177, 181 f.
Marconi, Marquis 360
Marie Louise, Kaiserin 18–21, 23, 31, 126, 135, 169
Martin, Francis Montjoye 74
Mary, Prinzessin v. Cambridge 147
Masuyer, Mlle. 33 f., 38, 51
Mathilde, Prinzessin 83, 128, 136, 143, 171, 258
Maximilian v. Österreich, Kaiser v. Mexiko 229–235
Melbourne, Lord 59, 156
Mellinet, General 284
Mérimée, Prosper 91, 93, 141, 208, 211, 217, 230, 237
Metternich, Klemens Wenzel Fürst 18
Metternich, Pauline Fürstin 221 ff., 240, 279
Metternich, Richard Fürst 219 ff., 240, 264, 284–287
Mocquard, M. 79, 106, 132
Moltke, Helmuth Graf 241, 266
Montholon, General 54, 61, 65, 68, 79, 83

Montijo, Don Cipriano 87–94, 118
Montijo, Manuela 86–102, 131, 133, 140 f., 169
Morny, Herzog v. 18, 36, 104, 106 f., 124, 130, 205, 299
Murat, Achille 34, 36, 49
Murat, Lucien Prinz 49 f., 170

Napoleon I. 12–16, 18–23, 25 f., 33, 40 f., 59, 105, 120, 135, 137, 166, 169, 172 f., 187 f.
Napoleon II., König v. Rom 18, 28, 38, 230
Napoleon Charles 14, 170
Napoleon Eugènie Louis, Kronprinz 171, 222–230, 306 ff., 330–342
Napoleon Louis 24, 26–29
Napoleon, Prinz Plon-Plon 128, 135, 147, 164, 170, 185, 228, 278, 312, 328 ff., 352
Nightingale, Florence 54, 76
Nigra, Cavaliere Constantin 284 ff.

Ollivier, Emile 256
d'Orsay, Graf 57 f., 74
Orsi, Graf 60, 77, 81
Orsini, Felice 183, 354

Palmerston, Lord 148, 167, 179, 182, 248 f.
Parquin, Oberst 42, 45, 54, 61
Persigny, Jean Herzog v. 40 ff., 45 f., 51, 54, 61, 63, 79, 104, 106, 178, 181, 205, 248
Pietri, Präfekt 284 f., 364
Ponsonby, Sir Frederick 355 f.

Rothschild, Alphonse Baron de 9 f., 102, 313
Rowles, Emily 58 f., 311

383

Saint-Arnaud, Marschall 104, 106, 108
Schwarzenberg, Karl Fürst 22 f., 31
Shaw, Miß 169 f., 224 f., 226 ff.
Simpson, Dr. James 195, 197
Smyth, Ethel 349 f.
Stockmar, Baron 120, 203

Thélin, Charles 42, 49, 54, 61, 65, 68 ff., 77, 83, 386
Thompson, Sir Henry 326
Trochu, Louis 266, 278 f., 282, 321

Valide, Sultana 251 f.
Vaudrey, Oberst 44 f.
Vergeot, Alexandrine Eleanora 68
Victor Emmanuel, König 184 f., 189, 194, 278

Victoria, Königin v. England 75, 116 f., 119 ff., 123 ff., 129, 131, 134 f., 142, 146–168, 177, 182, 195–198, 202–205, 209, 216 f., 235, 237 f., 243 ff., 310 f., 318 ff., 327 f., 330 f., 335, 338–344, 347 f., 350 f., 353–356
Victoria, Prinzessin v. England 167, 182
Voirol, General 43, 45 f.

Walewska, Marianne Gräfin 176 ff., 183, 204, 210
Walewski, Alexander Graf 34, 124 f., 176 ff., 206
Wasa, Caroline Prinzessin 116
Wellington, Herzog v. 55
Wilhelm I., König und Kaiser 213, 274, 312 f., 315, 319 f.
Wilhelm II., Kaiser 312, 358 f.,
Wimpffen, General 269 ff., 273 f.

Das Gesamtverzeichnis der Heyne-Taschenbücher informiert Sie ausführlich über alle lieferbaren Titel. Sie erhalten es von Ihrer Buchhandlung oder direkt vom Verlag.

Wilhelm Heyne Verlag, Postfach 201204, 8000 München 2